Eckhard Frick

Durch Verwundung heilen

Zur Psychoanalyse des Heilungsarchetyps

Mit 14 Abbildungen
und 2 Tabellen

Vandenhoeck & Ruprecht
Göttingen · Zürich

Für Helmut Remmler
In Dankbarkeit

Die Deutsche Bibliothek – CIP-Einheitsaufnahme

Frick, Eckhard:
Durch Verwundung heilen: zur Psychoanalyse des Heilungsarchetyps; mit 2 Tabellen / Eckhard Frick. –
Göttingen; Zürich: Vandenhoeck und Ruprecht, 1996
ISBN 3-525-45628-X

Umschlagabbildung: Die Heilung des Telephos (aus Gerhard 1843)

Satz: Competext, Heidenrod
Druck und Einband: Hubert & Co., Göttingen

Inhalt

Vorwort 7

I. Konstellation – vom Krankheits- zum Gesundheitsmodell 11

Die Götter sind Krankheiten geworden – Krankheit und Gesundheit in archetypischer Sicht 17

Mythische Gestalten von Leiden und Rettung 23

Ganzheit oder Vollständigkeit? 25

II. In-Beziehung-Sein – vom kausalen Erklären zum Zeichen-Verstehen 30

Die Kausalitätsidee in der modernen Medizin 30

Krankheit zwischen Mythos und Wissenschaft 34

Die Ursache in die Wüste jagen? – Das Sündenbock-Ritual 38

»Nur« Projektion? – Der Kampf gegen die Krankheitsdämonen 48

Die Rückkehr des Sündenbocks 51

Die Wende zum Zeichen 52

III. Symbole – vom distanzierten Beobachten zum Drama der Heilung 57

C. G. Jungs Symbolbegriff 57

Körperliche Genesung als Symbol der Heilung 59

Die Schlange – gefährlich und heilsam 64

Die von Mose erhöhte Schlange 74

Die Schlange und das Kreuz 76

IV. In der Mitte: das Kreuz 80

Fremd und eigen – Symbol der Heilung und der Ganzheit 80
Kreuzvierheit in der Suche nach dem Selbst 82
Das Kreuz als lebendiges Symbol 87
Verwundung und Rettung im Kreuz Jesu 88
Der kreuztragende barmherzige Samariter 98

V. Heilung – von der ärztlichen (Ohn-)Macht zur Ko-Evolution 103

Der Heilungsarchetyp 106
Der Arzt zwischen *Persona* und *Schatten* 111
Nur der *verwundende* Arzt heilt 117
Nur der *verwundete* Arzt heilt 124
Gemeinsame Unbewußtheit 129
Übertragung und Gegenübertragung 131
Das Unbewußte des Patienten 135
Der Sabbat der Heilung 138

VI. Containing – von der Spaltung zum kollegialen Bündnis 141

Der therapeutische Raum als Container 143
Bemutterte Mütterlichkeit 147

Ausblick 153

Literatur 156

Personenregister 164

Sachregister 167

Vorwort

»Birg in deinen Wunden mich!« – Die Zärtlichkeit und Zerrissenheit dieses Verses aus dem *Anima Christi*, einem mittelalterlichen Gebet, drückt für mich am besten das Drama der Heilung aus. Zärtlich ist dieser Satz, weil er Geborgenheit ausdrückt, die uns ja am meisten fehlt, wenn wir uns krank fühlen. Das wird auch für jemanden spürbar, der zu dem geschichtlichen Hintergrund dieses Textes keinen Zugang hat. Birg in deinen Wunden mich! Nicht nur Zärtlichkeit spricht aus diesem Satz, sondern auch Zerrissenheit: Wie soll ich mich denn ausgerechnet *in den Wunden* einer anderen Person geborgen fühlen? Was darf ich für mich hoffen angesichts eines Mitmenschen, der selbst verwundet und damit hilfsbedürftig erscheint? Wer sich in der christlichen Glaubenswelt auskennt, ist möglicherweise schnell mit dem Wissen bei der Hand, daß wir *durch die Wunden* des Herrn geheilt und erlöst sind (1 Petrus 2,22). Jedoch: Dieses theologische Wissen bricht weg, läßt uns irgendwie ratlos und hilflos, wenn wir einem leidenden Mitmenschen gegenüber stehen. Nicht anders geht es demjenigen, der sich bei medizinischen oder psychotherapeutischen Therapie-Forschern erkundigt (vgl. Keller et al. 1995): Er wird erfahren, was wirkt, was verändert oder auch, welche Wirkungen wissenschaftlich nicht zu belegen sind. Aber das Drama der Heilung wird er so nicht verstehen.

»Birg in deinen Wunden mich!« Diesen Satz aus einem mittelalterlichen Gebet greift Ignatius von Loyola auf, als er seine »Exerzitien« abfaßt. Jahrhunderte später wird ihn C. G. Jung ausführlich kommentieren, um den westlichen Individuationsprozeß als Analogie zum indischen Yoga zu verdeutlichen. Der baskische Mystiker Ignatius und der Psychoanalytiker Jung, diese sehr ungleichen Gefährten (Becker 1996), haben mich beim Verfassen dieses Buches begleitet.

Ich möchte *Übergänge* herausstellen, von denen ich meine, daß sie beim Erspüren des Heilungsgeschehens hilfreich sind. Ein erster Übergang besteht im Verlassen eines *krankheitsorientierten* Modells zugunsten eines *gesundheitsorientierten.* Überall in der modernen Medizin, vor allem aber im Verhältnis der Medizin zur Gesamtgesellschaft, bestätigt sich der Eindruck: Wir brauchen eine neue Orientierung an den gesundheitsfördenden Stärken (Ressourcen) der Individuen und sozialen Systeme, ohne die Analyse der krankmachenden Schwächen zu vernachlässigen. Diese Analyse verdanken wir dem herkömmlichen pathogenetischen Modell der Medizin. Es wird in den kommenden Jahrzehnten darauf ankommen, die auf dieser Analyse fußenden Errungenschaften zu bewahren, damit auch Menschen in deren Genuß kommen, die aus sozioökonomischen Gründen oder wegen fehlender Bildung medizinisch unterversorgt sind. Dies wird um so besser gelingen, je aufgeschlossener die Schulmedizin für ein neues bio-psycho-soziales und am Gesundheitsmodell orientiertes Denken wird.

Mit diesem grundlegenden Übergang hängt ein weiterer zusammen: Das für die Medizin ungeheuer fruchtbare *kausale Erklären* muß in einem umfassenderen *Verstehen von Zeichen* aufgehoben sein, ohne daß wir auf unser Wissen über krankmachende Ursachen verzichten (Kap. II). Denn: Ursachen und Wirkungen sind Fiktionen, die lediglich unserer Verständigung dienen, nicht jedoch der Erklärung (NIETZSCHE). Ein zentraler Beitrag JUNGS zu dieser Frage besteht nun darin, daß wir mit seiner Hilfe nicht beim Erfassen von *Zeichen* stehenbleiben, sondern auf *Symbole* aufmerksam werden, die eine Verweisstruktur haben und die unser Bewußtsein nie in den Griff bekommen kann, solange sie lebendig sind. Damit ist gemeint, daß Symbole nie vollständig in die Alltagssprache übersetzbar sind – das wäre der Symbolbegriff der Logik –, sondern der bestmögliche Ausdruck eines Sachverhalts sind, der sich als archetypische Gegensatzspannung herausstellt (Kap. III). Das zentrale Symbol ist das *Kreuz*, das wir in diesem Buch im Zusammenhang mit der Person Jesu Christi, aber auch als universales Zeichen des Menschen betrachten wollen (Kap. IV).

Im V. Kapitel wird es um den Heilungsarchetyp gehen, wie er sich in der therapeutischen Beziehung konstelliert. Es geht dabei um die zentrale Bedeutung der aktiv und passiv verstandenen Verwundung auf seiten des Arztes, das heißt der meist verdrängten zerstörerischen Aspekte des Heilungsgeschehens. Die Einführung des Heilungsarchetyps soll nicht dazu dienen, eine weihevolle Stimmung zu erzeugen. Vielmehr könnte in der archetypischen Betrachtungsweise die Berechtigung dafür liegen, den vielen Büchern über Heilung ein weiteres hinzuzufügen. Denn im aufdringlichen Kokettieren mit dem eigenen *wounded healer*-Sein ebenso wie in verführerisch-geschäftstüchtigen Heilsversprechungen »alternativer« Heilmethoden sind kollektive Verdrängungsvorgänge am Werk, die jeweils bestimmte Aspekte des Heilungsarchetyps ausblenden. Insofern möchte dieses Buch einen Beitrag zur notwendigen kritischen Bestandsaufnahme der Heileridentität leisten. Anknüpfend an WOLFGANG SCHMIDBAUERS klassische Beschreibung des hilflosen Helfers möchte es zeigen, daß die professionellen Wunden der heilenden Berufe eng mit deren Wirksamkeit verknüpft sind. Das VI. Kapitel stellt das heilende Geborgensein in den Zusammenhang von BIONS Containing-Begriff, der in der von MELANIE KLEIN begründeten psychoanalytischen Schule geprägt wurde.

Danken möchte ich allen, die zum Entstehen dieses Buches beigetragen haben, allen voran meinen Patientinnen und Patienten, die mich immer wieder daran erinnern, daß sich in der Analyse jeweils zwei Menschen verändern. BERND FRANKE SJ und BRUNO LAUTENSCHLAGER SJ haben als Mitbrüder und psychotherapeutische Kollegen ihr Imprimatur erteilt. Der Text wuchs aus Vorlesungen, die ich gemeinsam mit MICHEL FÉDOU am Centre Sèvres in Paris und beim fünfzigsten Jubiläum des Krankenhauses der Tutzinger Missionsbenediktinerinnen gehalten habe. In zahlreichen Psychodramaseminaren in Zusammenarbeit mit MARGRET FÜHLES durfte ich lernen, daß das Drama der Heilung umfassender ist als das Setting des psychoanalytischen Behandlungszimmers. Meine Mutter HILDE FRICK, ANGELA THELEN, VERA KÄUFL, RAYMUND SCHAEFFER und THOMAS HOLLWECK haben mit Geduld das Manuskript in den verschiedenen Phasen seiner Entstehung korrigiert.

ECKHARD FRICK

I. Konstellation – vom Krankheits- zum Gesundheitsmodell

Ohne Sympathie keine Heilung.
(Höchstens Einsicht in die Genese des Leidens).
Ferenczi, 13. 8. 1932

Der baskische Mystiker Ignatius von Loyola hatte die Gewohnheit, nachts den Sternenhimmel über der Stadt Rom zu betrachten, und er hatte ein Gefühl des Glücks und des Getröstetseins dabei. Ich weiß nicht, ob Ignatius über astronomische oder gar astrologische Kenntnisse verfügte. Vermutlich kommt es darauf auch gar nicht an. Es geht bei diesem Betrachten des Sternenhimmels eher darum, dankbar anzuerkennen, daß die Sterne ohne mein Zutun ihre Bahn ziehen oder in bestimmten Gruppierungen stehenbleiben. Sie haben das getan, bevor es mich gab, und sie werden es nach meinem Tode tun. Konstellation (von lat. *stella*: Stern) bedeutet zunächst eine Zusammen-Stellung von Sternen. Im übertragenen Sinn konstellieren sich auch Umstände nach einer passenden, höheren Ordnung, die ich nicht erfunden habe, in die wir uns aber einfügen können. Im psychodramatischen Spiel beispielsweise bauen wir eine Szene auf, und wir fragen die Protagonisten, was alles zur Szene gehört. Wir haben auch alle eine Vor-Stellung davon. Aber wie es sich dann im Spiel zusammen-stellt, konstelliert, wissen wir nicht. Es überrascht uns immer wieder, wenn Heilung sich ereignet, gerade dann, wenn wir uns als Therapeuten davon gelöst haben, unseren Patienten verändern zu müssen, wenn wir auch nicht mehr erwarten, daß er dies oder jenes in seinem Leben verändern muß. Manchmal ist es ein freudiges Erkennen im nachhinein, wenn wir sagen: Aha, so ist es, das ist es, was wir erleben wollten. Oder: Ja, so sehen Herr X oder Frau Y aus, wenn sie gesund sind. Jetzt haben sie ihre Vitalität und ihren Humor wieder. Gemacht haben wir das, was sich konstelliert hat, nicht, auch wenn wir uns bemüht und mitgespielt haben. Und oft genug erschreckt es uns auch, daß Veränderung und Heilung sich *trotz* unserer unvollkommenen Bemühungen einstellen. Wir alle, auch wir therapeutisch Tätigen, sind potentielle Patienten. Genauso trägt, wer krank ist, die Möglichkeit der Heilung in sich. Wir haben auch alle, ob Heilende oder Heilung Suchende, eine Vorahnung davon, daß sich Heilung zwischen uns konstellieren kann, oft auf ganz unerwartete Weise. Das geschieht in einer eigentümlichen Losgelöstheit von unseren Bemühungen. Erschöpft von der Anstrengung oder auch angesichts unserer Machtlosigkeit sagen wir: Das ist der Durchbruch. Wir spüren, daß wir ihn nicht durch unsere Effizienz verdient haben. JUNG spricht sogar vom *opus contra naturam*, vom therapeutischen »Werk«, das sich »gegen die Natur« konstelliert. Darum geht es im Drama der Heilung.

Den Übergang vom Krankheits- zum Gesundheitsmodell lerne ich in der Praxis, oder ich vermeide ihn. Im Medizinstudium lernen künftige Ärztinnen und Ärzte, wie Krankheiten entstehen und behandelt werden, wie sie beschrieben und in ein System gebracht werden können. Wie in der Biologie Pflanzen und Tiere oder wie in der Chemie die Elemente geordnet werden, so klassifiziert die Lehre von den Krankheiten des Menschen (Pathologie) unsere Erkrankungen nach deren äußerem Erscheinungsbild, nach deren Ursachen oder nach deren Prognose hinsichtlich der Behandelbarkeit oder hinsichtlich des spontanen Verlaufs. Das Grundwort dieses seit dem 19. Jahrhundert führenden medizinischen Modells heißt *Ätio-patho-genese* (abgeleitet von den griechischen Wörtern *aitía*: Ursache, Schuld; *páthos*: Leiden, Krankheit; *génesis*: Werden, Entstehen). Wir verdanken diesem Denken die bislang größten Fortschritte der Medizingeschichte, vor allem in der Bekämpfung von Infektionskrankheiten durch den Nachweis bestimmter Ursachen (Erreger) und deren Behandlung, zum Beispiel durch antibiotische Medikamente. Wir alle profitieren von den Früchten des pathogenetischen Denkens in der modernen Medizin. AARON ANTONOVSKY (1993) hat die Hypothese aufgestellt, daß wir uns im Übergang vom ätiopathogenetischen zum soteriogenetischen Modell der Heilkunde befinden.* Ich möchte zeigen, wie wir von den Stärken und Schwächen des herkömmlichen Modells beeinflußt sind und wie wir uns alle als Patienten oder Angehörige therapeutischer Berufe von der Sehnsucht nach Heilung, Heil und Ganzheit leiten lassen.

* ANTONOVSKY verwendet den Begriff *Salutogenese,* ich ziehe als Gegenbegriff zu *páthos* das griechische Wort *sōtēría* vor, das Heil und Rettung bedeutet.

Gegen eine Krankheit zu kämpfen kann lebensnotwendig sein. Und doch bedeutet Heilung, von der kollektiven Mentalität des Kampfes Abschied zu nehmen, als Betroffener zu verstehen und individuell zu entscheiden, wann ich kämpfen will. Als Therapeuten verführt uns das traditionelle Krankheitsmodell dazu, diese Entscheidung anstelle unserer Patienten zu fällen. Das ätiopathogenetische Modell ist in erster Linie ein Maschinenmodell: Der menschliche Körper wird durch ein naturwissenschaftlich bestimmtes Denken als Organismus, als System von Organen beschrieben, deren normales Funktionieren von der Physiologie erforscht wird. Die seelische Dimension des Menschen, unser Verhalten, unsere Gefühle, unsere Überzeugungen und unsere Motivation, wird von der Physiologie entweder ausgeklammert, oder es wird versucht, die körperliche Seite des seelischen Erlebens zu erforschen, zum Beispiel Pulsbeschleunigung, Zittern, Magenschmerzen. Verlängerungen dieses Modells reichen bis in die Psychoanalyse hinein, das heißt, die menschliche Psyche wird wie eine Maschine beschrieben, als ein komplexes System von Regelkreisen, Kräften und Gegenkräften. Vielfach wurde dabei übersehen, daß FREUD selbst sich durchaus bewußt war, daß er das Maschinenmodell *metaphorisch* auf die Psyche anwandte (RICŒUR 1965, SCHAFER 1976). Dies hängt vor allem damit zusammen, daß er die junge Wissenschaft Psychoanalyse innerhalb seiner medizinisch-naturwissenschaftlichen Umwelt etablieren wollte (TÖMMEL 1985). Heute sehen wir klarer die Engführungen des Maschinenmodells (UEXKÜLL 1989). Wir wissen auch, daß gerade die traditionelle Sprache der Psychoanalyse dazu mißbraucht werden kann, etwa dann, wenn kranke Menschen abgewertet werden, die sich im Widerstand gegen die Behandlung oder, allgemeiner gesprochen, in der Abwehr gegen den Prozeß der Bewußtmachung und Bewußtwerdung befinden. Gelegentlich werden diese Begriffe außerhalb des geschützten Rahmens einer psychoanalytischen Behandlung verwendet, zum Beispiel in einer Gruppensituation, wenn jemand nicht meiner Auffassung ist und ich meine, dies als seine Abwehr deuten zu müssen. Derartige wilde Deutungen (FREUD 1910k) außerhalb des Behandlungszimmers schaden mehr als sie nützen. Aber auch innerhalb der Analyse gehen immer mehr Therapeuten dazu über, statt von Abwehrmechanismen von erlernten Schutzmöglichkeiten oder von Modi der Verarbeitung (MENTZOS 1982) zu sprechen. Dies hat den großen Vorteil, daß Arzt und Patient die Abwehr zwar klar erkennen, sie jedoch nicht moralisierend verteufeln, sondern zunächst liebevoll als Ich-Leistung respektieren. Dies macht es uns möglich, die Neurose, in ähnlicher Form jedoch auch andere Erkrankungen, als Leistungen des lebendigen Organismus zu bewerten. Zunächst ist diese Sichtweise ungewohnt, Leiden und Krankheit zu positivieren, sie nicht unvermittelt zu behandeln oder zu beseitigen. Es kann für Patienten, Familien, Therapeuten sehr schwer sein, aus der klassischen Mentalität des Kampfes herauszutreten und sich mit der Feindin Krankheit anzufreunden, anstatt sie zu dämonisieren. Es gehört jedoch zu den schönsten Erfahrungen des ärztlichen Berufes, Zeuge einer solchen Einstellungsveränderung zu werden. Durch meinen Verzicht auf therapeutisches Machen und Zwingen kann ich meinen Patienten helfen, allmählich größere Freiheit zu gewinnen, eigene Schutzbedürfnisse und jene der anderen zu verstehen und vielleicht abzubauen, neue Verhaltens-, Erlebens- und Beziehungsweisen aufzubauen, die sich zwischen uns konstellieren.

ANTONOVSKYS Kritik am ätiopathogenetischen Paradigma reicht jedoch tiefer, sie betrifft erstens die Notwendigkeit eines *präventiven* und zweitens eines *systemischen* Denkens in der Heilkunde. Was ist damit gemeint? Den ersten Gesichtspunkt erklärt ANTONOVSKY (1993) durch die Metapher vom Fluß-Geschehen der Krankheit und Gesundheit:

»Man stelle sich einen Fluß mit einer Biegung vor. Flußabwärts, wo der Fluß starke Turbulenzen aufweist, sehen wir Menschen, die verzweifelt darum kämpfen, ihren Kopf über Wasser zu halten. Unter Zuhilfenahme einer großen Zahl von Instrumenten versuchen die Krankheitsversorgungsspezialisten mit großer Hingabe mit Fertigkeiten und zähem Bemühen, diese Menschen vor dem Ertrinken zu retten. Doch fast keine Aufmerksamkeit kommt dem zu und so gut wie nichts wird [...] dafür getan, was flußaufwärts geschieht. Es wird nicht gefragt: Wer oder was schmeißt die Leute in den Fluß hinein?«

Traditionelle, an Krankheitsverhinderung orientierte Prävention stellt immerhin diese Frage und macht das ätiopathogenetische Modell dadurch effektiver. Eine solche Sichtweise lenke zwar, so ANTONOVSKY, den Blick flußaufwärts, aber sie verändert nichts am eigentlichen Paradigma. Sie gehe weiterhin davon aus, daß die einen krank sind (in den Fluß geworfen werden), während die anderen, als gesunde Helfer, trockenen Fußes am sicheren Ufer stehen. Diese vereinfachte Überzeugung vergißt, daß wir *alle* im Fluß des Lebens mitschwimmen und daß wir uns alle in einem Kontinuum zwischen den Polen gesund und krank befinden, ohne jemals ganz krank oder ganz gesund zu sein (Franke 1993).

	Ätiopathogenese	Soteriogenese
Einteilung der Menschen nach ihrem Gesundheitsstatus	Zweiteilung gesund/krank	Kontinuum zwischen Gesundheits- und Krankheitspol
Worauf wird geachtet, welche Handlungskonsequenzen hat dies?	Erhebung krankheitsbezogener Daten. *Behandlung* von Krankheiten bestimmter ›Patienten‹. Klima der Wirksamkeit und der Angst vor Ohnmacht	Gesamtzustand des Leidens wird erforscht. Kontakt zu ›gesunden‹ Menschen und zu gesunden Anteilen der ›kranken‹. Konstellationen verstehen und mit ihnen in Einklang gehen
Wirkfaktoren	ätiologisch / kausal: bestimmte ›Ursachen‹ von Krankheiten. epidemologisch: Risikofaktoren	Geschichte einer Person im Kontinuum gesund – krank. Suche nach heilsamen Ressourcen, persönlichen Stärken
Einfluß von Stressoren	schädlich. Streß muß abgebaut werden. Aber auch Unterforderung ist Streß	nur *potentiell* pathogen, kann auch gesundheitsförderlich sein
Umgang mit Leiden	Phantasie eines wirksamen, erfolgreichen Kampfes gegen Ursachen	Kampf für die Gesundheit ist nie ganz erfolgreich. Ausrichtung auf gesunderhaltende Faktoren. *Kohärenzgefühl:* Verstehbarkeit, Machbarkeit, Bedeutsamkeit

Tabelle 1: Ätiopathogenetisches und soteriogenetisches Modell im Vergleich (modifiziert nach Antonovsky 1993)

Psychoanalytisch ausgedrückt geht es darum, die Spaltung zwischen dem Gesundheits- und dem Krankheitspol zu überwinden. Am Ende dieses Kapitels komme ich hierauf zurück. Antonovskys zweiten Kritikpunkt greife ich im folgenden Kapitel auf: nämlich den Abschied von der herkömmlichen Vorstellung, die bestimmte krankmachende Einflüsse mit bestimmten Krankheiten verbindet und den Übergang zu einem biopsychosozialen Modell. Dieser neue ganzheitliche Ansatz faßt den Menschen als lebendigen Organismus innerhalb seiner Umwelt, als geschichtliches und gesellschaftliches Wesen auf.

Für ANTONOVSKY besteht das eigentliche Rätsel nicht darin, warum Menschen krank werden und sterben, da wir uns ja alle in diesem Fluß des Lebens befinden, der auf den Tod zuströmt. Sein Gesundheitsmodell versucht vielmehr zu beschreiben, wie wir alle zwischen den Polen Gesundheit und Krankheit leben und sterben. Der soteriogenetische Ansatz beruht auf einem ganzheitlichen Krankheits- *und* Gesundheitsmodell. Solange wir leben und auch da, wo wir uns kämpfend mit einer Erkrankung auseinandersetzen, geht es niemals ausschließlich um den verlorenen oder gewonnenen Kampf gegen die Krankheit. Sogar mitten im Leiden kommt es auf die Ressourcen der leidenden Person, auf ihre gesunden Seiten an. »Das eigentliche Rätsel ist, warum einige Menschen manchmal weniger als andere leiden und warum sie sich auf dem Kontinuum in Richtung des Pols ›Gesundheit‹ bewegen« (ANTONOVSKY 1993). ANTONOVSKY weiß sich als Soziologe dem Konfliktmodell verpflichtet, und als überzeugter Jude fragt er, wie Menschen mit einer Todesgefährdung umgehen, deren unfaßbare Höhepunkte Auschwitz und Treblinka sind. Aus dem soteriogenetischen Ansatz ergeben sich fünf Konsequenzen, die in Tabelle 1 zusammengefaßt sind.

In seinen Studien zum Gesundheitsverhalten hat ANTONOVSKY untersucht, aus welchen Komponenten sich das *Kohärenzgefühl,* der Kern unserer Ressourcen in der Bewältigung von Streß, Krisen und Krankheiten, zusammensetzt. Er nennt zunächst das Gefühl der Verstehbarkeit, das heißt die Fähigkeit, Umwelt-Reize sinnvoll zu interpretieren. Zu dieser eher denkerischen Fähigkeit muß für eine gute Bewältigung (coping) das instrumentelle Vertrauen hinzukommen, ich kann etwas tun, es gibt eigene oder durch andere Personen verfügbare Mittel und Ressourcen, um mich den Anforderungen des Lebens zu stellen (Machbarkeitsgefühl). Besonders angesichts sehr schmerzhafter Belastungen, etwa des Todes eines nahestehenden Menschen, müsse jedoch ein drittes Element hinzutreten: nämlich das Bedeutsamkeitsgefühl, um die Verzweiflung zu überwinden und trotz kaum erträglicher Hindernisse in Richtung auf den Gesundheitspol unterwegs zu bleiben. Dies ist eine Ursituation des menschlichen Lebens, das auf seinem Weg zur Vollständigkeit und zur Entfaltung immer von Tod und Zerstörung bedroht ist. Unabhängig davon, wie kultur- und gesellschaftsabhängig das Gesundheitssystem beschaffen ist, in dem wir leben: Immer wieder erleben wir uns im Lauf unseres Lebens dem Archetyp der Heilung ausgesetzt, der sich auch als Archetyp der Krankheit herausstellt. Wir erleben uns im Spannungsfeld zwischen dem konstruktiven Gesundheits- und Heilungspol und dem destruktiven, verwundenden Pol dieses Archetyps.

Die Götter sind Krankheiten geworden – Krankheit und Gesundheit in archetypischer Sicht

Kein Begriff der JUNGschen Psychoanalyse ist so weitreichend und gleichzeitig so sehr Gegenstand der Kritik gewesen wie der Begriff des *Archetypus.* Dies mag damit zusammenhängen, daß JUNG diesen Begriff während eines Zeitraumes von fast fünf Jahrzehnten entwickelt und es nicht schwer ist, widersprüchliche Zitate aus seinem Werk zusammenzutragen. Nach der Definition von SAMUELS et al. (1986) verstehen wir unter Archetyp den »angeborenen Teil der Psyche, der als Muster strukturierend auf die psychologischen Leistungen der Instinkte wirkt; eine hypothetische Einheit, die an sich unerkennbar und nur über ihre Manifestationen nachweisbar ist«. JUNG selber vergleicht (GW 9/I, § 155) den unanschaulichen Archetyp an sich mit der Achsenstruktur eines Kristalls in der Mutterlauge, die als solche keinerlei materielle Existenz habe, jedoch den Aufbau der Ionen zu einem Kristallgitter präformiere. Den Vorgang der Kristallisation können wir mit der Konstellation des Archetyps vergleichen. Wir werden in ein Beziehungsgeschehen hineingezogen, das über unsere persönliche Geschichte hinaus in das kollektive Unbewußte reicht.

Die Götter sind Krankheiten geworden – diese Behauptung JUNGS (GW 10, § 54) klingt provozierend. Sie scheint einmal mehr den Eindruck zu bestätigen, daß die JUNGsche Analyse sich in unwissenschaftlicher Weise mit mythischen Inhalten, Archetypen genannt, beschäftige. Dabei meinten wir doch die Vorstellungen unserer Ahnen überwunden zu haben, die Krankheit und Genesung auf die Einwirkung von Göttern, Geistern und Dämonen zurückführten.

»Was wir überwunden haben, sind aber nur die Wortgespenster, *nicht die seelischen Tatsachen, welche für die Entstehung der Götter verantwortlich waren.* Wir sind von unseren autonomen seelischen Inhalten noch genau so besessen, wie wenn sie Götter wären.« Wer also meint, er könne alles viel einfacher ausdrücken als JUNG, der möge es versuchen. Es reicht jedoch nicht, die Wortgespenster zu entmythologisieren und scheinbar aufgeklärt, in Wirklichkeit jedoch in noch größerer Unbewußtheit, von dem, was sie ursprünglich meinen, besessen zu bleiben, nämlich von autonomen seelischen Inhalten, Komplexen, Krankheiten. Es ist diese Besessenheit, diese unbewußte Identität mit seelischen Inhalten, über die man sich erhaben fühlt oder die das bewußte Ich des aufgeklärten Menschen gern auf Kinder, ungebildete Primitive oder auf unsere Vorfahren projiziert. Auf die Wortgespenster, auch auf jene der JUNGschen Analyse, kommt es letztlich nicht an. Selbstverständlich ist es jedem unbenommen, nach eigenem Geschmack nicht von Archetypen und Göttern, sondern von Konflikten, Traumatisierungen, Krankheitsgewinn und so weiter zu sprechen. Wenn sich jedoch ein Archetyp in seiner schrecklich-destruktiven Gewalt oder in seiner heilenden Kraft konstelliert, so haben wir keine Wahl, ob wir ihn nun so nennen oder eine nüchterne, entmythologisierende Sprache vorziehen. Wir *wählen* nicht aus schöngeistigem Interesse an Mythologie die Muttergebundenheit des ewigen Jünglings, die Anima- oder Animusbesessenheit oder die Bodenlosigkeit existenzbedrohender psychotischer Angst. Wir werden vielmehr durch unsere Lebensentwicklung zur Konfrontation mit archetypischen Symbolen gezwungen.

Die Öffnung unserer persönlichen Biographie auf das kollektive Unbewußte hin gibt uns Deutungsmuster an die Hand, die in der therapeutischen Praxis nützlich sind, und auf die auch in diesem Buch zurückgegriffen wird. Wenn ich mit JUNG von Göttern spreche, die heilen und krankmachen, so geschieht das nicht, um mich mythologisch auszudrücken oder die Götter als Embleme kausaler Mechanismen zu mißbrauchen. Vielmehr erweist sich die Mythologie als Grundmuster für Krankheits- und Heilungs*geschichten,* wie sie unsere Patienten erzählen und auch träumen (HILLMAN 1972). Wir werden darauf aufmerksam, daß Krankheit und Verletzlichkeit notwendigerweise zu jedem Archetyp gehören, nicht nur als zu vernachlässigender Schönheitsfehler, und nicht nur bei jenen Archetypen, die darauf schon in ihrer Benennung hinweisen wie die

Archetypen des Todes und der Behinderung (HILLMAN 1980). Die »Götter« von denen wir »besessen« sind, nennt JUNG auch »gefühlsbetonte Komplexe«. Sie sind um einen Kern gruppiert, der sich durch den Kontakt mit einem oder mehreren Archetypen bildet. Zum Beispiel beinhaltet der Mutterkomplex Facetten des Archetyps der Großen Mutter, um den sich szenische und gefühlsmäßig angereicherte Beziehungserfahrungen ranken. Komplex nennen wir das Bild einer bestimmten psychischen Situation, das als Fremdkörper im Bewußtseinsraum ruht und mit der augenblicklichen Bewußtseinslage eines Menschen unvereinbar ist. Komplexe konstellieren sich in aktuellen Beziehungen und drängen dadurch immer wieder ins Bewußtsein. Ähnlich wie ANTONOVSKY sieht JUNG die Komplexe im Kontinuum zwischen Gesundheit und Krankheit. Wir alle haben unsere Komplexe; entscheidend für ihren Einfluß ist, wie stark sie sich aufblähen (»energetisch geladen« sind), wie wir mit ihnen umgehen, auch im Kontakt zu anderen Menschen, was für unseren Kontext der Heilung von besonderer Bedeutung ist. DIECKMANN (1991) nennt drei Eigenschaften von Komplexen: 1. Ihre fehlende Korrigierbarkeit, 2. der unserer bewußten Willenssteuerung entzogene Automatismus, mit dem sie sich immer wieder konstellieren, und 3. die Selbstanreicherung mit mythologisch-archaischen Erweiterungen (Amplifikationen). Damit ist gemeint, daß der komplexverhaftete Mensch unwillkürlich mythische oder archaische Inhalte in den Komplex einbezieht, ohne daß er sich dazu intellektuell mit Mythologie oder dergleichen beschäftigt hätte oder gar sein Therapeut solche Inhalte an ihn herangetragen hätte. Archaisch kann beispielsweise heißen, daß ein ängstlicher Mensch auf sehr frühes, auch im Tierreich antreffbares Revier-Empfinden zurückgreift und seine Grenzen eng und verletzbar erlebt. Ein zwanghaft-religiöser Mensch kann stundenlang darüber grübeln, ob er verworfen und verdammt ist wie Judas oder der heilige Christophorus vor seiner Bekehrung. Extrem wird die Götter- oder Dämonenbesessenheit in der psychotischen Identität mit archetypischen Vorstellungen: Das Ich kann sich dann gegenüber dem archetypischen Komplexkern nicht mehr abgrenzen. Es ist überschwemmt von archetypischen Inhalten, die sich aus den Elternarchetypen, aus Religion, Geschichte, Technik und so weiter herleiten.

Komplexe entstehen, wenn wir die Bipolarität der Archetypen nicht mehr aushalten und den Zugang zu lebendigen Symbolen verloren haben, welche die Gegensatzspannung ausdrücken. Jeder

Mensch hat gute und böse, schwarze und weiße Seiten. Ein völlig negatives Vater- oder Mutterbild ist aus diesem Grund ebenso eine Komplexprojektion wie ein völlig positives Elternbild. In der Analyse werden die Gegenpole mobilisiert und allmählich bewußtseinsfähiger, das heißt, ich merke in der Analyse, daß meine Eltern eine Mischung aus guten und bösen Anteilen sind, und ich lerne, meine holzschnittartigen Projektionen zurückzunehmen. Ich lerne, sie als Teile meiner selbst zu akzeptieren.

Auch der Archetyp der Heilung, um den es in diesem Buch geht, ist bipolar, in der Gegensatzspannung zwischen Zerstörung und Aufbau, zwischen Tod und Leben. Die schöpferischen Götter sind eben auch die zerstörenden, weil Schöpfung im selben Maße Destruktion wie Konstruktion ist (Jung GW 8, § 245). Wenn ich als Therapeut nicht akzeptiere, daß meine heilenden Bemühungen auch eine zerstörerische Komponente haben, wird diese meine Destruktivität trotz bester Intentionen noch viel chaotischer und verheerender aus dem Unbewußten heraus wirken (Hillman 1972). Diese seelische Tatsache klingt zunächst paradox, für die bewußte Rollen-Motivation der Therapeuten (die doch wie Eltern nur das Beste wollen, also nur helfen) ist sie eine unerträgliche Zumutung, gegen die wir uns gern durch Projektion schützen. Unerträglich ist die Bipolarität des Heilungsarchetyps zunächst auch für kranke Menschen, die Heilung suchen. So sagt mir Herta, eine aus Westfalen stammende depressive Frau, in klagendem Ton: »Herr Doktor, ich will doch nur geholfen werden!« Sie kann sich noch nicht vorstellen, das eigene Depressiv- und Unglücklichsein als seelische Leistung positiv zu sehen und ihre übermächtigen Heiler-Projektionen zurückzunehmen. So entsteht ein für die Depressionsbehandlung charakteristischer Kampf, der bewußt gegen das Zerstörerische der Depression geführt wird, der jedoch unbewußt das archetypische Paar Heiler-Kranker entzweit. Nach der klassischen psychoanalytischen Lehre richtet die Patientin das gesamte zerstörerisch-aggressive Potential gegen sich selbst, indem sie nichts mehr ist, sich klagend die Haare rauft, ja sogar versucht, sich das Leben zu nehmen. Sie ist im archetypischen Bann der Melancholie, besessen von der eigenen Hilflosigkeit. Die Melancholie (früher: endogene Depression) ist ein gutes Beispiel für die Psychoidie der Archetypen, das heißt für ihren ganzheitlichen, in unseren körperlichen Voraussetzungen wurzelnden Charakter. Denn die depressive Affekt-Psychose ist eine somato-psychische Erkrankung des ganzen

Menschen, was die scheinbare Unbeeinflußbarkeit und Unerreichbarkeit der depressiven Aggressionsumkehr (im Gegensatz zu den psychotherapeutisch besser behandelbaren depressiven Neurosen) ausmacht. Aber dennoch: Auch im Kontakt zu meiner melancholischen, mit den depressiven Dämonen identifizierten Patientin, ist die Aggression nicht völlig verschwunden. Die Angehörigen spüren sie, und ich spüre sie. Und meine therapeutische Aufgabe besteht darin, mir meiner eigenen Gegenübertragungs-Aggression bewußt zu werden, damit eine andere Qualität von Beziehung möglich wird als jene des Miteinander-(gegen die Krankheit)-Kämpfens. Dann kann ich als Therapeut die Erkrankung meines Patienten auch als Ich-Leistung respektieren, was nicht heißt, daß ich die Hände in den Schoß lege. Als Patient fühle ich mich vielmehr entlastet, wenn der Therapeut die Krankheit nicht ausschließlich negativ sieht und bereit ist, meinen »Krankheitsgewinn« (Freud) zu verstehen. Dies führt zu einer neuen Qualität der Arzt-Patient-Beziehung, in der schließlich die Mobilisierung des Inneren Heilers und der Abschied vom Kranksein möglich wird.

»*Wir* heilen nicht, *wir* lindern nicht das Leiden, sondern wir können im besten Fall [...] Heilung und Linderung des Leidens *konstellieren*«. Diese Feststellung Guggenbühl-Craigs (1994 in Anlehnung an Fierz) ist schon im Raum der Psychotherapie provozierend genug, auch wenn sich hier immerhin noch sagen ließe: Es bedeutet nicht viel, wenn Psychotherapeuten, die mittellosesten und machtlosesten unter den Heilkundigen, zugeben, daß nicht sie es sind, die heilen und lindern, sondern die Götter. In den folgenden Überlegungen möchte ich jedoch davon ausgehen, daß wir Ärzte grundsätzlich, auch dort, wo wir meinen, wirksam zu sein, nichts anderes tun, als das archetypische Kraftfeld von Heilung und Gesundheit zu konstellieren. Was immer wir tun oder auch nur geschehen lassen, wir sind Zeugen von Krankheit und Heilung in dem Maß, in dem Gott es zuläßt (*Deo concedente,* wie Jung zu sagen pflegte). Die ärztliche Tradition wußte das von jeher, indem sie betonte: *Medicus curat, Deus sanat* (Der Arzt pflegt und sorgt, Gott heilt, dem Chirurgen Ambroise Paré zugeschrieben). Gott ist es, der Wunden schlägt und verbindet, wie der Prophet Hosea sagt (6,1). Heilung *und* Krankheit wurden von altersher den Göttern zugeschrieben, und heilende Heroengestalten haben eine erschrekkende verwundende Seite. Sie tragen beide Aspekte des bipolaren Heilungsarchetyps.

Jung führt den Begriff der Konstellation in seiner Arbeit »Allgemeines zur Komplextheorie« ein (GW 8,3). Seelische Inhalte fügen sich zwischen zwei Menschen oder in einer Gruppe in einer bestimmten Form zusammen, wie Eisenspäne durch einen Magneten gerichtet und geordnet werden. Bisweilen versuchen wir, der Konstellation durch Willen, Wirksamkeit oder Macht zuvorzukommen, gerade im Bereich der Therapie. Für das, was sich zwischen uns konstellieren wird, spielt unser bewußtes Ich jedoch nur eine untergeordnete Rolle. Sehr treffend spricht Jung vom *Ich-Komplex.* Das Ich ist nur einer unter vielen Komplexen, die Arzt und Patient bestimmen und deren Zusammenwirken den Magnetismus ausmacht, der das Kraftfeld des Heilungsarchetyps konstelliert. Selbstverständlich gehen in dieses morphogenetische Feld auch die unbewältigten, abgespaltenen, projizierten Komplexe ein, zum Beispiel ein Allmachtskomplex des Arztes aufgrund einer inflationären Identifikation mit der Berufs-Persona oder ein Minderwertigkeits-Komplex des Patienten, der sich nie aus der kindlichen Abhängigkeit der für ihn Verantwortung tragenden Eltern und älteren Geschwister lösen konnte. Die Konstellation des Heilungsarchetyps wird also von den Komplexen des Arztes und des Patienten sowie durch das umgebende therapeutische System (Team, Autoritäts-Hierarchie, interdisziplinäre Zusammenarbeit, Schichtzugehörigkeit) gefärbt sein. Einerseits wird das therapeutische Gold der Heilung im Schmutz komplexbeladener menschlicher Unzulänglichkeit und Verwundung gefunden. Andererseits muß sich der Arzt wie vor einer chirurgischen Operation um saubere Hände bemühen (Jung, GW 4, § 586). Er muß sich um Rücknahme seiner Komplexprojektionen bemühen, auch wenn er weiß, daß dies nie ideal möglich ist und daß er auch mit seiner Schwäche und Unbewußtheit an der Konstellation mitwirkt.

Wir heilen nicht, *wir* lindern nicht das Leiden, sondern wir konstellieren das archetypische Feld von Verwundung und Heilung. In der psychoanalytischen Behandlung kann dieses Konstellieren von Archetypen (Göttern) nicht nur geschehen, wie dies in jeglicher Therapie der Fall ist, es kann auch bearbeitet, in einem bestimmten Ritual so begangen werden, daß wir die Götter ehren, anerkennen und ausdrücklich machen: *Medicus curat, Deus sanat.* Bei aller Nüchternheit kommt auch in der modernen psychoanalytischen Behandlung den Ritualen eine große Bedeutung zu: festgesetzte Zeiten, abgegrenzte Stunden, akzeptierender Umgang mit

Träumen und anderen Äußerungen des Unbewußten, Möglichkeit, auf der Couch zu liegen (zum antiken Vorbild der Tempelinkubation s.u. III). *Die Götter sind Krankheiten geworden* – dies ist der pathogenetische Pol des Heilungsarchetyps. »Wo aber Gefahr ist, wächst das Rettende auch« dichtet Hölderlin im »Patmos« und formuliert so den soteriogenetischen Pol. Wo komplex- und krankheitsbedingt zerstörerische Gefahr von den Göttern ausgeht, da ist es unsere Aufgabe, den Archetyp in seiner Bipolarität zu konstellieren, Rituale zu begehen, in denen der Gott, der Heros geehrt wird (GUGGENBÜHL-CRAIG 1994). Die Priester der Asklepios-Heiligtümer waren selbst nicht als Ärzte tätig, ihre Tempelmedizin war weit weniger entwickelt als die wissenschaftliche, hippokratische. Ihre Hauptaufgabe (für die sie auch Honorare, Gaben entgegennahmen) bestand darin, die Begegnung mit Asklepios durch die Rituale zu konstellieren, die sich um den Heilschlaf, die Inkubation rankten. GUGGENBÜHL-CRAIG sagt treffend, daß wir modernen Psychotherapeuten den Kranken Rituale anbieten, damit sie ihrem Asklepios, ihrem Inneren Heiler begegnen können. Rituale und mythische Erzählungen nehmen den Patienten und sein Unbewußtes auf, wie es sich etwa in den Träumen zeigt. Unsere Mythologien beständen in dem, was wir den Patienten sagen, wie wir Krankheit und Heilung erklären. Es gibt unzählige Mythologien: die psychoanalytische, die lerntheoretische, die system- und familientherapeutische, die organisch-biochemische und andere. Unterschiedlich sind die Denkstile und das Pathos der Wissenschaftlichkeit, mit dem wir Psychotherapeuten uns gern im Gespräch mit der naturwissenschaftlich geprägten Medizin umgeben. Um nicht mißverstanden zu werden, füge ich hinzu: Es ist auch im Bereich der Psychotherapie notwendig, Forschung zu betreiben und sich dem Konkurrenzkampf und der Erfolgskontrolle zu stellen (KELLER et al. 1995). Ich kann dies jedoch mit viel größerer Gelassenheit tun, wenn ich akzeptiere, daß ich *Deo concedente* »wirksam« bin: wenn und insoweit Gott es zuläßt.

Mythische Gestalten von Leiden und Rettung

In Kulturen mit ursprünglicher Verbindung zu archetypischen Wurzeln gehört es zu den Aufgaben der Schamanen, durch die Bereitstellung mythischer Szenarios Hilfe aus dem Wissen um religiöse, magische oder mythische Zusammenhänge und Symbole zu leisten. Auch in unserer Kultur erwarten Hilfsbedürftige und Kranke, daß die Helfer über ihre Fachkompetenz hinaus beim Deuten individuellen Leidens durch kollektive Symbolsysteme helfen (SCHMIDBAUER 1977, S. 38-41). Die Aufgabe der Psychoanalyse in einer durch Zerstörung heilender Bilder gekennzeichneten Zeit besteht freilich nicht darin, gewissermaßen historisierend oder durch klassische Bildung versunkene Götterhimmel auszuspannen. Vielmehr geht es darum, die symbolische Entwurzelung der Individuen und Kollektive zu verstehen. Dort, wo durch den Verlust archetypischer Rituale Krankheiten entstehen (etwa durch die unbewußte Übernahme einer Sündenbockrolle oder durch scheinbare unlösbare ödipale Verstrickung), stellt das psychoanalytische Behandlungsritual einen Übergangsraum bereit. In diesem wird durch den Kontakt mit Bildern der Prozeß der Resymbolisierung und ein persönlicher Kontakt zum Numinosen gefördert, der zuvor in neurotischen Klischees eingezwängt war.

Für die Griechen sind es dieselben Götter und Heroen, die krank *und* gesund, verwundend *und* heilend sind. Allen voran steht Asklepios, der beliebteste Heilgott der Antike bis zu seiner Verdrängung durch Christus. Beide, Christus und Asklepios, werden *sōtēr* (Retter, Heiland) genannt. Asklepios entstammt der Beziehung zwischen Apoll und Coronis. Apoll selbst ist Gott der Heilkunst, er wird als solcher in der Götterliste des hippokratischen Eides erwähnt. Er selbst ist von Krankheit und Leid unangefochten, die apollinische Medizin ist sauber, wissenschaftlich, klar. Apoll ist zornig über die Untreue seiner Geliebten und erschießt sie mit einem Pfeil. Er rettet das ungeborene Kind Asklepios und gibt es Chiron zur Pflege, dem weisesten und menschenfreundlichsten der Kentauren. In der Gestalt des Chiron zeigen sich alle Gegensatzspannungen unseres Archetyps: Als Kentaur ist er unten Pferd, oben Mensch. Von einem Pfeil des Herakles wurde er am Knie, also in seinem animalischen Bereich, verletzt. Die Wunde will nicht heilen, und Chiron wünscht sich den Tod. Als Verwundeter ist er aber auch der Heiler, der den Knaben später in die Heilkunst einführen wird.

Die Weisheitsgöttin Athene gibt Asklepios zwei mit dem Blut einer Gorgo gefüllte Fläschchen. Das Blut der einen Flasche vernichtet Leben, das andere gibt Leben zurück. Asklepios hat also ebenfalls bipolare Eigenschaften, er kann vernichtend oder lebenserhaltend beziehungsweise zum Leben erweckend wirken. Der Sage zufolge ruft diese Macht über Leben und Tod den Zorn der Götter gegenüber dem selbst zunächst noch nicht zur Unsterblichkeit avancierten Asklepios hervor: Es trifft ihn der Blitzschlag des Zeus, als er versucht, einen Toten zum Leben zu erwecken.

Ganzheit oder Vollständigkeit?

Unter dem Eindruck unserer erfolgreichen Medizin ist die uneingeschränkte Gesundheit, körperliche und seelische Ganzheit, die völlige Unversehrtheit und quasi-göttliche Schönheit zum Leitbild von Heilung und Gesundheit geworden. Es gibt zahlreiche Verlängerungen dieses Gesundheits-Kultes bis in kirchliche Gebetsgruppen hinein, welche die Wiederherstellung völliger Gesundheit beziehungsweise das plötzliche Verschwinden von Krankheitssymptomen als Beweis geistgewirkter Heilung deuten. Dabei verlieren wir nur allzu leicht aus dem Auge, daß einerseits Heilung ein langwieriger Entwicklungsprozeß ist und daß andererseits auch Behinderung, körperliche Stigmatisierung und bleibende Verwundung eine Grundmöglichkeit unseres Menschseins darstellen. ADOLF GUGGENBÜHL-CRAIG (1979) spricht vom »Archetyp des Invaliden«. Wenn wir stark von dem bewußten Leitbild völliger Gesundheit geprägt sind, neigen wir dazu, mit Gesundheit und Ganzheit (und eben auch mit Krankheit und Behinderung) moralisierend umzugehen und die eigene Behinderung als ungelebte Möglichkeit abzuwehren:

> »Unsere Phantasie von Gesundheit läßt uns auch unsere Invalidität in hirngeschädigte Kinder, in die Alten im Pflegeheim, in Querschnittgelähmte projizieren. Wir sorgen für sie und vergessen gleichzeitig, daß dieser Archetyp in unseren kleinen Alltagsbeschwerden auftaucht. Wir sehen nicht, daß wir selbst unheilbar fehlerhaft, unvollkommen sind. Wir spalten Gesundheit von unserer Invalidität ab, wir verdrängen, daß wir kurze Beine und Plattfüße, schwache Muskeln und Herzflattern oder daß wir eine leichte Hirnschädigung erlitten haben, oder vielleicht übererregbar, unsensibel, zwanghaft und psychosomatisch gestört sind.«

Heilung als Bewußtwerdung, als Rücknahme von Projektion, bedeutet auch, die auf andere projizierte und durch das Ideal strahlender Gesundheit abgewehrte eigene Schwäche an mir selbst wahrzunehmen. Das heißt, daß beide, die Heilung suchende und die heilende Person, die Grenzen des Heilens akzeptieren. An dieser Stelle meldet sich der Psychoanalyse-Kritiker zu Wort und fragt: Ist das nicht eine Rationalisierung? Habt ihr jetzt nicht eure eigene Hilflosigkeit und Erfolglosigkeit im Vergleich zu den Erfolgen der (übrigen) Medizin in typisch jungianischer Manier als Archetyp verschleiert? Ich antworte: Es stimmt, daß auch Psychotherapeuten in der Gefahr sind, durch Rationalisierungen von ihren Mißerfolgen abzulenken. Und auch in der Analyse müssen wir uns um Bewußtwerdung durch Rücknahme von Projektion bemühen. Wir versuchen, so gut es uns möglich ist, die eigenen Größenphantasien aufzuarbeiten und unsere Grenzen zu akzeptieren. Bewußtwerdung ist auch der Versuch der Heilung durch das Spüren der eigenen Wunden und die Freisetzung des inneren Heilers beim anderen. Beide Aspekte spielen sowohl in der Arzt-Patient-Beziehung als auch in anderen helfenden Beziehungen eine große Rolle.

Von JUNG selbst (GW 12, § 208) stammt die wichtige Unterscheidung zwischen *Vollkommenheit* und *Vollständigkeit:*

> »Des Thales paradoxe Bemerkung, daß erst der Rost der Münze den richtigen Wert gebe, ist eine Art von alchemistischer Paraphrase, die im Grunde nichts anderes besagen will, als daß es kein Licht gibt ohne Schatten und keine seelische Ganzheit ohne Unvollkommenheit. Das Leben bedarf zu seiner Vollendung nicht der Vollkommenheit, sondern der Vollständigkeit. Dazu gehört der Pfahl im Fleisch, das Erleiden der Mangelhaftigkeit, ohne welche es kein Vorwärts und kein Aufwärts gibt.«

Bezeichnenderweise heilt in der auf dem Bucheinband abgebildeten Szene Achill durch den Rost, den er von der verwundenden Lanze abkratzt. Dies kann uns daran erinnern, daß durch den psychoanalytischen Prozeß Wunden gesetzt werden, die bleiben und dadurch Entwicklung ermöglichen (METZNER). Zwar ist die Ganzheitsphantasie in den Gegensatzspannungen bewußt / unbewußt, weiblich / männlich, Mensch / Gott, böser Gott / guter Gott, gesund / krank und so weiter ein zentraler Motor der Individuation. Die inflationäre Identifikation mit dem Ganzheits-Archetyp führt jedoch zur Manipulation des Unbewußten. So können Projektion, Spaltung und andere Abwehrvorgänge eine illusionäre Vergötterung von Normalität und Gesundheit zur Folge haben. Wir würden dann verleugnen, daß wir im Fluß zwischen Krankheit und Gesundheit, zwischen Patho- und Soteriogenese sind. Die technisch-rationale Mythologie, alles sei machbar, reparierbar oder lösbar, wird durch das Programmwort Ganzheitlichkeit keineswegs begrenzt. Vielmehr führt dieses zu einem Mehr an Methoden, die zudem schlechter kontrollierbar sind als jene der Schulmedizin: »Was mit Chemotherapie nicht geht, geht vielleicht mit Astrologie, Tarot oder Magie« meint NÜCHTERN (1995, S. 91) ironisch.

O'KANE (1990) und LESMEISTER (1992) haben die psychodynamischen Zusammenhänge zwischen dem unbewußten Gottesbild und dem Ganzheitsarchetyp untersucht. Die Inflationierung der Ganzheitsvorstellung hat sowohl in der Psychotherapie als auch in kirchlichen Kreisen Konjunktur, vor allem wenn diese Heilung auf ihre Fahnen geschrieben haben. Wenn aber der Archetyp des Invaliden abgewehrt wird, macht sich der Gotteskomplex (H.E. RICHTER) als Allmachtsschatten der Ganzheit breit. Die unbewußte, nicht gelebte Seite der Ganzheit ist jedoch deren tief verdrängte oder abgespaltene Destruktivität. Jeder Archetyp ist polar und bringt die Gefahr mit sich, daß wir uns mit einem Pol (inflationär) identifizieren, zum Beispiel mit dem lichten, numinosen Aspekt des Selbst als unseres Gottesbildes, und die Gegenseite nicht wahrhaben wollen, zum Beispiel die erdhaft-animalische (chthonische) Seite des Selbst. Der Ganzheitsarchetyp bietet sich darüber hinaus in seinen unterschiedlichen psychischen Bestimmungen (als Vollständigkeit, Einheit, Zentrum und so weiter) für Allmachts-Tendenzen an. Als zentrale archetypische Konfiguration hat er auch eine ungeheure Schattenwirkung, die mehr ist als nur das Unbewußtwerden eines archetypischen Poles (LESMEISTER 1992, S. 35):

> »Die Ganzheit begnügt sich offenbar nicht mit der ihr eigenen Totalität, sie will alle und alles beherrschen. Die verheißungsvollen Bilder des heilen, ganzheitlichen Seins enthüllen einen gewaltförmigen Kern von Expansionismus und Herrschaft. Sie geben ihre eigentliche Schattenseite zu erkennen, die im Streben nach Allmacht besteht. Der Allmachtsschatten darf nicht mit der dunklen Hälfte der Ganzheitsvorstellung verwechselt werden, wie Jung sie etwa in der chthonischen Symbolik des Selbst amplifiziert. Es geht hier überhaupt nicht um eine Hälfte im Sinne polarer oder komplementärer Denkweise, sondern um jenen grundlegend problematischen Aspekt, der der archetypischen Idee der Ganzheit als solcher zukommt, unabhängig davon, wie man sie definiert (als Vollständigkeit oder Vollkommenheit) oder von welcher Strukturkomponente (der geistigen oder chthonischen) aus man sie betrachtet«.

Innerhalb der Ganzheits-Problematik ist es nützlich, Gesundheit von Individuation zu unterscheiden (GUGGENBÜHL-CRAIG 1994);

letztere kann durchaus mit einer Vermehrung von Leiden, zum Beispiel mit größerer Leidensfähigkeit und reiferer Bewältigung von unvermeidlichem psychischem oder körperlichem Leid einhergehen. Der Individuationsprozeß selbst (Annäherung an Vollständigkeit und Einheit) ist zum normativen Konzept geworden, das »faktisch auf eine Identifikation mit dem archetypischen Ganzheitsbild hinausläuft« (Lesmeister 1992, S. 38). Der Archetyp werde zum Ich-Ideal, in ein handlungsleitendes Ideal umgeformt, es bestehe die Gefahr der Inflationierung und der Identifikation mit dem Ideal. Ertragen wir die Verwundung, Unheilbarkeit und Unvollständigkeit nicht mehr, wie sie die Gestalt des Chiron oder die Asklepios-Schlange symbolisieren, so komme es zu Spaltungen durch ein dualistisches Weltbild: Durch den Allmachtsanspruch des Ganzheitsideals werden Schwäche, Verwundung, Zerstörung nur unter dem Gesichtspunkt ihrer Heilung, Überwindung, Rettung wahrgenommen. Unerträgliche depressive Affekte angesichts unheilbarer Zerstörungen (ob im persönlichen Schicksal, in der kollektiven Geschichte oder in der Realität unseres Ökosystems) werden so vermieden. Der Sieg der öffentlichen Meinung über einen Ölkonzern, der nach wochenlanger Aufregung von Medien und Politikern unterschiedlichster Couleur darauf verzichtet, eine von mehreren hundert Bohrinseln im Meer zu versenken, ist vornehmlich ein Sieg der kollektiven Abwehr: Durch die Freude darüber, daß David Goliath besiegt hat, wird jedoch verdeckt, wie groß die Umweltbelastung des Meeres bereits ist, und wie umfangreich jene Schäden, die nicht mehr rückgängig zu machen sind.

»*Die wandlungsfähigen archetypischen Symbole, die im kollektiven Regressionsgeschehen der Gegenwart belebt werden, liegen in den Bildern des Destruktiven und des Todes selbst, nicht jenseits derselben.* Es sind die zweifelsohne schwer zu ertragenden Bilder der selbstverursachten Zerstörung und Selbstzerstörung. Der Zerrissenheit unserer äußeren und inneren Lebenswelten werden wir nur gerecht, wenn wir diese Bilder ins Bewußtsein heben und sie als Ausdruck der destruktiven Dimension der Psyche anerkennen, deren Wertigkeit im Verhältnis zu den synthetischen und für Wachstum sorgenden Kräften seit langem ins Hintertreffen geraten ist. Man sieht, daß die hier vorgeschlagene Therapie in eine ganz andere Richtung weist als jene, die zu den Gipfeln der Einheit und Ganzheit hinaufführt. Statt kompensierende Maßnahmen zu verordnen, hält sie sich an den alten Grundsatz von similia similibus« (Lesmeister 1992, S. 84).

Similia similibus, Gleiches mit Gleichem zu behandeln: Dieses Prinzip hat grundsätzliche Bedeutung über den Bereich der Homöopathie hinaus (WHITMONT 1993). In diesem Buch möchte ich zeigen, daß jegliche Heilkunst Homöopathie ist, insofern sie durch Verwundung heilt. Die Griechen konnten die »göttliche Homöopathie« (MEIER 1985) durch ihre Mythen zum Ausdruck bringen, im Ritual feiern, konstellieren. Wir Heutigen sind auf die Psychoanalyse angewiesen, um uns des zerstörerischen, verwundenden Pols des Heilungsarchtyps bewußt zu werden.

II. In-Beziehung-Sein – vom kausalen Erklären zum Zeichen-Verstehen

Wer heilt, hat recht.
(Ärztlicher Sinnspruch)

Die Kausalitätsidee in der modernen Medizin

Kausalität ist die zentrale Idee neuzeitlicher Wissenschaft. Wie ein Zwang beherrscht sie seit der Mitte des vorigen Jahrhunderts auch das ärztliche Denken: Wir ruhen nicht, bis wir die Erkrankung eines Menschen durch die Verknüpfung einer oder mehrerer Ursachen mit deren krankhaften Wirkungen (Symptomatik) erklärt haben. Wir konstruieren pathogenetische Ketten, Geflechte von Ursachen und Bedingungen mit dem Ziel, eine kausale Therapie in die Hand zu bekommen. Wir wollen nicht nur schrotschußartig Symptome beseitigen, sondern gezielt das Übel (die Krankheit) an der Wurzel packen. Wir haben bereits gesehen, daß auch die Verbesserung des pathogenetischen Denkens durch den systemischen Ansatz nichts an der Besessenheit durch den Zwangsgedanken Kausalität ändert. Hier kann die Philosophie helfen, weil sie sich seit der Antike grundsätzlich und frei von fachwissenschaftlichen oder technischen Anwendungen mit dem Problem der Kausalität beschäftigt. Die Philosophie kritisiert die naive Rede von *Ursache und Wirkung* in der Alltags-, aber auch in der Wissenschaftssprache. JUNG kommt das Verdienst zu, das einseitig kausale Denken in der Psychoanalyse durch die Einführung des finalen und synchronistischen Aspekts ergänzt zu haben (hier ist nur ein Überblick möglich, vgl. ausführlicher: FRICK 1993).

Was in der antiken Philosophie, etwa in der Metaphysik ARISTOTELES', Ursache, *Prinzip*, *aitía* hieß, engen wir auf die instrumentelle Wirkursache (*causa efficiens*) ein. Es ist daher nützlich, mit MALHERBE (1994) die aristotelische Ursachenlehre anhand eines kurzen modernen Beispiels zu erläutern: Wir sprechen dem Aspirin eine schmerzstillende Wirkung zu, wissen jedoch, daß es bei bestimmten Personen nicht wirkt oder nur unerwünschte Wirkungen (zum Beispiel Magenblutungen) zeitigt. Diese passive, im Patienten liegende Ursache nennt die philosophische Tradition im Anschluß an ARISTOTELES *causa materialis*. Weder die *Wirkursache* Aspirin noch die *Materialursache* Mensch führten zu einer Wirkung, verfügte nicht der Körper des Kranken über eine innere Heilungskraft. Diesen inneren Heiler können wir mit ARISTOTELES *causa formalis* nennen, weil er mit der *lebendigen Form* des Körpers gegeben ist. Als vierte Ursache muß jedoch die *causa finalis* hinzukommen, welche allerdings für unser modernes ärztliches Denken besonders anstößig ist. ARISTOTELES nennt diese *Zielursache* »das Worumwillen«. Unserem Alltagsbewußtsein leuchtet es auch sofort ein, daß der Patient nur im Hinblick auf das Ziel Gesundheit sein Aspirin einnehmen wird. In unserem Zusammenhang beschränkt sich die Finalursache nicht auf die bewußte Zustimmung des Patienten zur Behandlung. Vielmehr bedarf es einer bestimmten Einstellung beider Unbewußter, damit der Heilungsarchetyp sich konstellieren kann. In der neuzeitlichen Physik, die das Zusammenwirken der Körper mathematisch erfaßt, verschwindet die Formalursache, die mit der Natur der Dinge zusammenhängt. Wenn alles meßbar wird, erscheint auch die Materialursache entbehrlich, weil das den Dingen innewohnende Wesen nicht mehr interessiert. Innerhalb unseres quantitativen Weltbildes scheint schließlich auch kein Ziel mehr angebbar zu sein, auf welches ein Naturvorgang zuläuft, sei dieses Ziel nun im Plan eines Schöpfergottes oder einer evolutionären Natur verankert. So bleibt am Ende nur die Wirkursache übrig, die allerdings nicht mehr im Zusammenhang einer handwerklichen Lebenswelt verstanden wird wie bei ARISTOTELES, sondern instrumentell, das heißt an Machbarkeit und an unseren technischen Zielen orientiert.

Auch das pathogenetische Denken ist an den Ursachen nicht um ihrer selbst willen interessiert. Sogar in der Grundlagenforschung geht es letztlich nicht um Ursachen, sondern um *Effekte*. Das geheime Ziel der medizinischen Kausalitätsidee besteht in Beeinflußbarkeit und Macht, im zwanghaften Bestreben eines magischen Denkens, das Lebendige »unter die Botmäßigkeit der Erklärung zu stellen« (HEIDEGGER 1989, S. 147). Krankheit wird dann nicht mehr als Leiden und als tiefgreifende Störung zwischenmenschlicher Beziehungen verstanden, sondern als von Arzt und Patient gewissermaßen unabhängiges, dadurch aber beeinflußbares Objekt (Ontologisierung der Krankheit). Bis ins 19. Jahrhundert hinein war es die vornehmste Aufgabe des Arztes, seinen Patienten zuzuhören und mit dem Bericht des Kranken auch dessen subjektive Krankheitstheorie kennenzulernen. Durch die naturwissenschaftliche Revolution der Medizin ist dieses Zuhören viel weniger wichtig als das Sehen, Beobachten, Lokalisieren geworden (Vergegenständlichung des Patienten). Gleichzeitig werden Krankheit und Heilung zu Gegenspielern auf dem Schlachtfeld der Medizin. Es geht darum, Krankheiten hervorrufende Ursachen auszuschalten oder erkrankte Organe zu entfernen, um so wiederherzustellen, was verloren war, nämlich die Gesundheit (LAPLANTINE 1986).

Die Konzeption der Krankheit als Feindin (Erreger, krankmachender Dämon, Teufel, Informationsfehler und so weiter), die man durch ihr Gegenteil besiegen muß, kennzeichnet sowohl große Teile der christlichen Heilsauffassung als auch das moderne, durch die Bekämpfung der Infektionskrankheiten geprägte, medizinische Denken. Dieser »allopathischen« Hauptströmung unserer westlichen Kultur steht nun als kollektives Verdrängtes die »homöopathische« gegenüber, die aus dem kollektiven und individuellen Unbewußten heraus wirkt, also die Überzeugung, daß das Krankmachende auch heilen wird (LAPLANTINE 1986, S. 291). Homöopathie verstehe ich hier nicht im speziellen Sinn der homöopathischen Alternativmedizin, sondern grundlegender als verdrängtes Prinzip der Heilkunde insgesamt (vgl. VONESSEN 1980).

Das kausale Denken der Medizin übt auf uns alle eine ungeheure Faszination aus. Auch heute, da es durch die Berücksichtigung systemischer Gesichtspunkte ergänzt ist, neigen die meisten Menschen dazu, ihre Erkrankungen durch eine Medizin, die *wirkt,* behandeln zu lassen. Sogenannte Außenseitermethoden – wozu selbst viele Ärzte die Psychotherapie rechnen – kommen erst zum Zuge, wenn die Krankheit in ein chronisches oder unheilbares Stadium übergegangen ist oder wenn für die kranke Person finale Gesichtspunkte wichtig werden. Diese Offenheit für die Ziel- und Sinnfrage setzt den Kontakt mit unserem Unbewußten voraus. Auch der kritische Philosoph wird sich als kranker Privatmann an einen Arzt wenden, um in den Genuß einer kausalen Therapie zu kommen. Daß sich Philosophen in ihrer Lebenswelt nach dem gesunden Menschenverstand richten, ist an sich nichts Besonderes. Bedenklich wird es jedoch, wenn das allgemeine Klima der Machbarkeit und Wirksamkeit zerstörerisch-ansteckend auf das kritische Potential der Philosophie zurückwirkt. Dieses kritische Potential der Philosophie ist ein therapeutisches, denn: »Der Philosoph behandelt eine Frage; wie eine Krankheit« (WITTGENSTEIN 1952, § 255). Die Krankheit, um die es hier geht, hat EUGEN BLEULER (1919) als »autistisch-undiszipliniertes Denken« bezeichnet. Der Wissens- und Verständnistrieb des Menschen macht sich vorwissenschaftliche Theorien über die Entstehung der kosmischen Erscheinungen und der Krankheiten; er sucht vage Analogien und affektive Bedürfnisse anstelle von Erfahrungsassoziationen. »All das ist Resultat eines Denkens, das keine Rücksicht nimmt auf die Grenzen der Erfahrung, und das auf eine Kontrolle der Resultate an der Wirklichkeit und eine logische Kritik verzichtet« (BLEULER 1919, S. 1). Wie der Philosoph WITTGENSTEIN verwendet der Psychiater BLEULER die Metaphorik der Krankheit, um auf Fehler des wissenschaftlichen Erkennens hinzuweisen.

Die Besessenheit von der Kausalitätsidee ist Symptom dieser »Krankheit«. Wie sieht nun die philosophische »Therapie« aus? Wie können wir vage Analogien und affektive Bedürfnisse (zum Beispiel nach Kausalität) von Erfahrungsassoziationen unterscheiden, wie permanente von nicht-permanenten Regelmäßigkeiten in der Abfolge bestimmter Ereignisse? Das autistisch-undisziplinierte Denken meint: Durch Einsicht in die kausale Notwendigkeit. DAVID HUME (1777) kontert: Was du beobachten kannst, ist nur die *conjunction* von Ereignissen, nicht ihre kausale *connexion*, oder WITTGENSTEIN: »Der Glaube an den Kausalnexus ist der Aberglaube« (1921, 5.1361). Wir können die kausale Verknüpfung nicht unmittelbar am Einzelfall aufweisen wie etwa bei Sinneserfahrungen. Wir können Kausalität nicht riechen, sehen oder hören. Das Besondere der Kausalrelation liegt darin, daß die Gesetzmäßigkeit selbst nicht zu beobachten ist. HUME unterscheidet zwischen Eindrücken (als dem unmittelbaren Empfinden der äußeren Wirklichkeit) und unseren Vorstellungen. In den Begriffen der JUNGschen Typologie ausgedrückt: HUME hat das Denken als Hauptfunktion der Philosophen durch die Empfindung als *fonction du réel* relativiert und außerdem auf die Bedeutung der intuitiven Vorstellungskraft hingewiesen, mit der wir den Kausalzusammenhang der Dinge vor unserem geistigen Auge entwerfen. Das Kausalgesetz (alles, was geschieht, geschieht aus einer Ursache) hat HUME auf die Gewohnheit des menschlichen Geistes in der Beobachtung von äußeren Ereignissen und nicht auf die Vernunft selbst zurückgeführt.

Anders IMMANUEL KANT. Er hat sich zwar durch HUMES Hinweis auf die Sinneserfahrung »aus dem dogmatischen Schlummer« der Metaphysik wecken lassen. Aber er hält die kausale Verknüpfung für ein Erfordernis unseres Verstandes, nicht nur für eine Gewohnheit, die sich im Kontakt mit der Außenwelt bildet. Wiederum typologisch gesehen, können wir HUME eher der extravertierten, KANT eher der introvertierten Einstellung zuordnen (JUNG GW 6, § 704). KANT geht es um die Gesetze des Denkens *vor aller Erfahrung* (a priori). In seiner Kritik der reinen Vernunft unterscheidet er als Erkenntnisquellen die Sinnlichkeit (Rezeptivität der Eindrücke) und den Verstand (Vermögen, den Gegenstand sinnlicher Anschauung *rein*, das heißt unabhängig von Empfindungen zu denken). Nach KANT ist Kausalität eine Kategorie, ein reiner Verstandesbegriff. Wir müssen diese spannende Frage auf sich beruhen lassen. In unserem Zusammenhang genügt die Feststellung, daß die philosophische Therapie der Kausalitätsmythologie, vor allem durch die extravertierte Skepsis Humes und die introvertierte Reflexion KANTS auf die Bedingungen der Möglichkeit des Erkennens, scheinbar spurlos an der Medizin vorbeigegangen ist. Im pathogenetischen Denken jedenfalls setzt sich ein naives Kausaldenken fort, das Eugen Bleuler autistisch-undiszpliniert nannte. Trotz aller technischen Erfolge bleibt dieses Denken einer vorwissenschaftlichen Mythologie verhaftet.

Krankheit zwischen Mythos und Wissenschaft

Es gehört zu den Versuchungen unserer naturwissenschaftlich geprägten Medizin, Dämonen und Geister dem Bereich primitiver Religion oder überwundener Mythologie zuzuweisen. Als Individuum neige ich dazu, den eigenen Schatten abzuwehren und mir einzubilden, daß mein bewußtes Ich Herr im eigenen Haus sei. Genauso verfallen wir als wissenschaftliche Gemeinschaft oder als Gesellschaft insgesamt der Illusion, es seien die anderen (die Fremden, die schamanistische oder primitive Medizin, unsere Vorfahren), die sich von einer Mythologie leiten lassen. Bei genauerer Untersuchung läßt sich allerdings feststellen, daß wissenschaftliche Tatsachen in einem geschichtlichen Prozeß aus vor-wissenschaftlichen Vorläufern (Präideen) entstehen. Gerade die Medizin bewahrt in ihren wissenschaftlichen Begriffen vorwissenschaftliche

Mythologien (Foucault 1963; Frick 1993). So hat Fleck (1935) die Wurzeln unseres modernen Wissens über die Syphilis bis in das 15. Jahrhundert zurückverfolgt und gezeigt, daß es zunächst zwei Präideen sind, aus denen sich die Krankheitseinheit Syphilis bildet: 1. Der Zusammenhang dieser »französischen« Krankheit mit der *Sexualität*, 2. die Beeinflußbarkeit der Hauterscheinungen durch *Quecksilbersalben*. Bis zum Ende des 19. Jahrhunderts bestanden die ethisch-mystische Krankheitseinheit »Lustseuche« und die empirisch-therapeutische nebeneinander. Die Abgrenzung gegenüber anderen Geschlechtskrankheiten wie auch die Differenzierung der verschiedenen Formen und Stadien der Syphilis blieb unsicher. Es müssen zwei weitere Ideen hinzutreten, die sich ebenfalls lange vor dem naturwissenschaftlichen Zeitalter der Medizin gebildet hatten, die aber erst zu Anfang unseres Jahrhunderts zur Ausprägung der Krankheitseinheit Syphilis führen. Es handelt sich 3. um die Idee der Syphilis als einer *pathogenetischen* Einheit durch schlechte Säftemischung und verdorbenes Blut. Auch in heutigen naturheilkundlichen Vorstellungen findet man oft die Idee, der Körper müsse entschlackt, ungute Substanzen und Energien müßten ausgeschwitzt, ausgeschieden oder ausgefastet werden. Die alte Idee des Syphilisblutes wurde schließlich in der Wassermann-Reaktion als erstem serologischen Test naturwissenschaftlich untermauert. 4. Schließlich kristallisierte sich aus alten Vorstellungen des Krankheitswurmes, des spezifischen Giftes und so weiter der moderne Begriff des Erregers heraus, das heißt die heutige *ätiologische Idee* der Syphilis, die im Jahre 1905 mit dem mikroskopischen Nachweis von Spirochäten in syphilitischen Hauterscheinungen ihren Abschluß fand. Fleck kann zeigen, daß es am Ende alle vier Gedankenlinien (Zusammenhang mit der Sexualität, Quecksilber-Beeinflußbarkeit, Pathogenese durch Blutverunreinigung und spezifische Ätiologie) sind, die das Krankheitsbild »Syphilis« ausmachen. Keineswegs sei eine rein ätiologische Definition möglich, dies führe in die Ungewißheit des bakteriologischen Artbegriffs (Unterscheidung krankheitsverursachender von harmlosen Stämmen, schwierige bakteriologische Differenzierung, wenn vom konkreten klinischen Krankheitsfall abgesehen wird).

Die »Entdeckung« der Spirochäten ist zwar insofern ein qualitativer Sprung, als sie den Ätiologie-Gedanken erstmals auf objektive Füße stellt. Die Erreger sind nun unter dem Mikroskop nachweisbar. Der Versuch einer Krankheitsdefinition durch spezifische

Zuordnung *einer* Ätiologie und *einer* Krankheitseinheit ist jedoch ein autistisch-undiszipliniertes Mythos, der die soziale und historische Realität einer Krankheit außer acht läßt. Dies gilt für die Geschichte der Syphilis ebenso wie für die Tuberkulose, für AIDS und für andere Infektionskrankheiten. Paradoxerweise führten die Erfolge der Bakteriologie in Forschung und Therapie zur Verfestigung eines dämonologischen Kausaldenkens, das hinter die Kritik der Aufklärer HUME und KANT zurückfiel. Zwar sind die Dämonen jetzt objektivierbar, und sie heißen Spirochäten oder Bazillen oder HIV-Viren. Das Vokabular des Kampfes, der Beseitigung und der Entfernung dieser inneren Feinde übernimmt unser aufgeklärtes Zeitalter fast unverändert aus dämonologischen Vorstellungen. Damit sich sogenannte Tatsachen in einer wissenschaftlichen Gemeinschaft durchsetzen können, braucht es jeweils ein geistiges Klima, in dem sich die passende Mythologie und der Fortschritt der Untersuchungsmethoden (einschließlich der Konkurrenz verschiedener Forschergruppen) gegenseitig befruchten.

Nicht nur in den vielfältigen Spielarten der Alternativmedizin geht es um Krankheitsmythen, *illness narratives*, sondern auch in der naturwissenschaftlich geprägten Medizin. Dem Arzt kommt die besondere Aufgabe zu, als Dolmetscher zwischen wissenschaftlichen Mythen und der Mythologie seiner Patienten zu vermitteln. Einen mythenfreien Raum gibt es nicht, auch nicht bei anspruchvollster naturwissenschaftlicher Ausrichtung. Es ist in der Praxis fruchtbarer, nach dem *Wie* der jeweiligen ärztlichen Mythologie zu fragen als nach deren *Ob*. Die naturwissenschaftliche Medizin ist seit ihren Anfängen mit dem weltanschaulichen Moment der Machbarkeit von Gesundheit verbunden (NÜCHTERN 1995). Zu diesem Moment gehören zentral die Kausalitätsidee und der Ganzheits-Archetyp. In beiden Feldern konkurriert die naturwissenschaftliche Medizin mit den vielfältigen Angeboten der Alternativmedizin, die von der Schulmedizin teilweise belächelt, teilweise auch integriert werden, nicht zuletzt unter wirtschaftlichen Gesichtspunkten und unter dem Zwang eines sich wandelnden Therapie-Marktes.

Mit der Schulmedizin teilen alternativmedizinische Methoden die Faszination durch die Kausalitätsmythologie und den Willen zur Macht. Besonders die magische Heilkunde versucht, personengebundene, in den Dingen liegende oder kosmische Kräfte als »Energien« verfügbar zu machen. Ein Mensch erlebt seine persönliche Ausstrahlung, zum Beispiel als Guru oder Heiler, und kann dieses

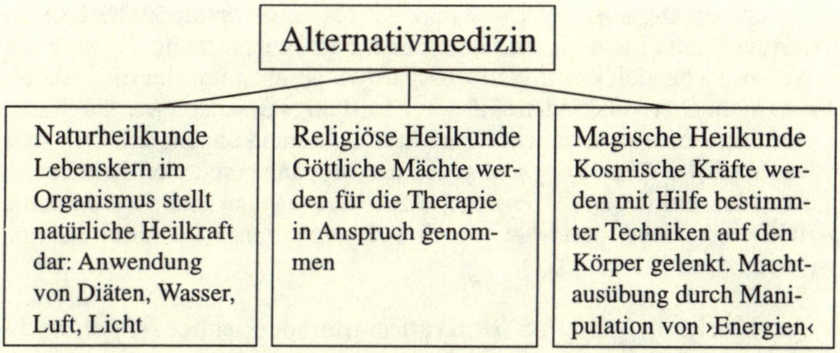

Abbildung 1: Wer hat mehr Macht? – Formen der Alternativmedizin nach SCHOTT (1993)

»Mana« weitgehend unabhängig von äußeren Formen ausüben. In der eigentlichen Magie bedarf es zusätzlich bestimmter Rituale und Beschwörungen, um ein Ziel zu erreichen. Magie »gründet auf vermeintliches Wissen von verborgenen Zusammenhängen und unpersönlichen Kräften, hat instrumentalen Charakter und findet Anwendung in fest determinierten, streng zweckgerichteten Praktiken von automatischer, zwingender Wirksamkeit zur direkten Erreichung konkreter, meist innerweltlicher Ziele« (HAEKEL 1971b). Wie in der Allmachtsphantasie des kindlichen Spiels meint die Magie, ohne fachliches Erfahrungswissen und unabhängig von göttlicher Hilfe ihren Zwang auf Geister, Dämonen, Götter und Naturvorgänge ausüben zu können. Tritt der gewünschte Erfolg nicht ein, so waren eben Gegenmagie, schlechte Schwingung oder eine energetische Blockade im Spiel. Magie ist keineswegs auf die magische Heilkunde eingeschränkt, zu der viele Enttäuschte der Schulmedizin ihre Zuflucht nehmen (NÜCHTERN 1995). Sie ist auch eine mehr oder minder abgewehrte Schattenseite der offiziellen Medizin selbst, die als untergründige Strömung aus dem Unbewußten wirkt.

»Nicht das wissenschaftliche Denken, sondern das magische hungert nach Kausalität. Eine derartige Konzeption, die vor allem darauf aus ist, den Aggressor und die Krankheit zu identifizieren und hieraus eine Krankheit in sich zu machen, ist ganz offensichtlich eine *Abstraktion.* Sogar in jenen klinischen Fällen, die sich wie die Tuberkulose hierzu am meisten anbieten, liegt die Krankheit nie vollständig auf seiten des Kochschen Tb-Bazillus, umgekehrt auch nicht auf seiten des Individuums, sondern in der Beziehung zwischen beiden, d.h. im Zusammentreffen des Koch-Bazillus und eines lebendigen Organismus. Die Krankheit hat keine ontologische Existenz, übrigens nicht mehr als die Gesundheit. Nimmt man sie als eigenständige Wesen, so handelt es sich wissenschaftlich gesehen um Begriffe, die leer, aber symbolisch überladen sind durch vielfältige Bedeutungen. Diese stammen aus Ideologien, die gerade nicht akzeptieren können, daß dem so ist. Das ärztliche Wissen ist nicht gegen den Vorgang gefeit, der darin besteht, als einen wirklichen Gegenstand anzusehen, was nur eine Repräsentation ist. Dieser Gegenstand hat jedoch strenggenommen keinerlei Realität« (LAPLANTINE 1986, S. 321).

Die Macht als geheime Motivation therapeutischer Angebote beschränkt sich nicht auf objektive Ziele wie Symptombeseitigung oder auf die Linderung von Beschwerden. NÜCHTERN spricht mit SCHULZE von der Erlebnisorientierung alternativer Heilmethoden, die zum Selbstläufer werden: Wenn existentielle Bedürfnisse erfüllt sind, führen derartige Methoden systematisch zu einer Therapieabhängigkeit bis hin zum therapeutischen Fundamentalismus oder zur Bildung von Sekten. Gewiß: Auch klassische Therapiemethoden wie die Psychoanalyse können zu einer Abhängigkeit zwischen Arzt und Patient führen. Das entscheidende Kriterium besteht jedoch darin, ob der zwischen den Polen Bindung und Autonomie bestehende seelische Grundkonflikt geklärt, bearbeitet und bewußtgemacht oder aber durch die Therapie einer dieser Pole verdrängt wird, indem beispielsweise die Loslösung vom Therapeuten oder der heilenden Gruppe verhindert wird.

Die Ursache in die Wüste jagen? – Das Sündenbock-Ritual

»Jeder Leidende nämlich sucht instinktiv zu seinem Leid eine Ursache; genauer noch, einen Thäter, noch bestimmter, einen für Leid empfänglichen *schuldigen* Thäter ... Hierin allein ist, meiner Vermutung nach, die wirkliche physiologische Ursächlichkeit des Ressentiment, der Rache und ihrer Verwandten, zu finden, in einem Verlangen also nach *Betäubung von Schmerz durch Affekt*« (NIETZSCHE, zit. in: GRÄTZEL 1989, S. 146). Das im biblischen Buch Leviticus 16 beschriebene Ritual des Versöhnungstages diente wohl der Stillung dieses Verlangens. Die Schilderung bleibt noch nahe an dem, was archetypisch die Zuschreibung von Ursachen ausmacht, an der diabolischen (POLIAKOV 1980) oder Sündenbock-

Kausalität. Es handelt sich dabei um eine über den Kampf gegen feindliche Einflüsse, Erreger oder Krankheitsgeister hinausgehende Stufe. Der kausale Kampf scheint damit entschieden, daß ein Lebewesen gefunden ist, dem man die Last aufladen kann. Doch die Beseitigung des Übels durch die Exilierung in die Wüste ist nur eine vordergründige Lösung. Denn die Wüste ist der Ort, von dem aus das nicht akzeptierte Eigene, die als Schatten abgespaltene Ursache, wiederkehrt. Umgangssprachlich nennen wir jemanden Sündenbock, auf den Schuld und Verantwortung abgewälzt werden. Wie viele oberflächlich oder auch humorvoll gebrauchte Redensarten lassen die alltäglichen Vergleiche mit dem Sündenbock kaum noch einen Bezug zum biblischen Ritual erkennen. Und doch ist die Frage eines zeitgenössischen Theologen alles andere als eine rhetorische: »Brauchen wir einen Sündenbock?« (SCHWAGER 1978).

Die philosophische Reflexion lehrt uns, zwischen dem Bösen als *malum morale* und der Negativität im Reich der Natur (*malum physicum*) zu unterscheiden. Leiden, Behinderung und Krankheit gehören zur zweiten Gruppe; als aufgeklärte Menschen würden wir angesichts eines Blinden niemals die Frage der Jünger in Johannes 9,2 stellen: »Rabbi, wer hat gesündigt, dieser oder seine Eltern, daß er blind geboren wurde?« Immer wieder kritisiert das biblische Denken derartige Tat-Ergehens-Zusammenhänge. Es lenkt die Aufmerksamkeit auf den sozialen Charakter der Krankheit und deckt damit den Mechanismus der Sündenbock-Identifikation auf, etwa in der Gestalt des Gottesknechts. So sind auch die Dämonen im Neuen Testament »Abergeister«, welche die natürliche Ordnung durcheinanderbringen, die jedoch von der widergöttlichen Realität Satans unterschieden werden müssen.

Und doch gibt es einen gemeinsamen archetypischen Grund für die Dämonen-, Heilungs,- und Entsühnungsvorstellungen, den wir uns hier mit Hilfe des biblischen Sündenbock-Rituals erarbeiten wollen. Mit SYLVIA PERERA (1986, S. 23) können wir das Seelenleben heutiger Menschen, die mit dem Sündenbock-Komplex identifiziert sind, »als Manifestation einer pathologischen Verzerrung der archetypischen Struktur des hebräischen Ritus« verstehen. Anstatt die Sündenbock-Vorstellungen insgesamt als Mythologie abzutun, wollen wir versuchen, zwischen Sündenbock-Archetyp und Sündenbock-Komplex zu differenzieren und weiterhin fragen, wie heute eine lebendige Symbolik aussehen könnte, welche die mit diesem Archetyp gegebene Gegensatzspannung ausdrückt. Erst wenn auf der Ebene der archetypischen Bilder die Bedeutung des Sündenbocks für unsere jüdisch-christlich geprägte Kultur geklärt ist, lassen sich auch Kriterien dafür angeben, wie Menschen durch Sündenbock-Identifizierung unfrei werden oder aber durch De-Identifizierung zu sich finden können. Viel tiefer als eine oberflächliche Entmythologisierung geht eine Bewußtmachung und Befreiung von krankmachenden Mythen, Gottesbildern und Komplexidentifizierungen, die umso autonomer und abgespaltener werden, je stolzer unser kollektives Ich sich über all dies erhaben fühlt.

Das Ritual für den Versöhnungstag: Leviticus 16,1-34

Nach dem Tod der beiden Söhne Aarons, die umgekommen waren, als sie vor den Herrn hintraten, redete der Herr mit Mose. Der Herr sprach zu Mose: Sag deinem Bruder Aaron, er soll nicht zu jeder beliebigen Zeit das Heiligtum hinter dem Vorhang vor der Deckplatte der Lade betreten. Dann wird er nicht sterben, wenn ich über der Deckplatte in einer Wolke erscheine. Aaron darf nur so in das Heiligtum kommen: mit einem Jungstier für ein Sündopfer und einem Widder für ein Brandopfer. Ein geweihtes Leinengewand soll er anhaben, leinene Beinkleider tragen, sich mit einem Leinengürtel gürten und um den Kopf einen Leinenturban binden. Das sind heilige Gewänder; deshalb soll er seinen ganzen Körper in Wasser baden und sie erst dann anlegen. Von der Gemeinde der Israeliten soll er zwei Ziegenböcke für ein Sündopfer und einen Widder für ein Brandopfer erhalten. Hat er den Jungstier für seine eigene Sünde dargebracht und sich und sein Haus entsühnt, dann soll Aaron die beiden Ziegenböcke nehmen und sie vor dem Herrn am Eingang des Offenbarungszeltes aufstellen. Für die beiden Böcke soll er Lose kennzeichnen, ein Los »für den Herrn« und ein Los »für Asasel«. Aaron soll den Bock, für den das Los »für den Herrn« herauskommt, herbeiführen und ihn als Sündopfer darbringen. Der Bock, für den das Los »für Asasel« herauskommt, soll lebend vor den Herrn gestellt werden, um für die Sühne zu dienen und zu Asasel in die Wüste geschickt zu werden. Aaron soll den Jungstier für sein eigenes Sündopfer herbeibringen lassen, um sich und sein Haus zu entsühnen, und diesen Jungstier als Sündopfer für sich schlachten. Dann soll er eine Räucherpfanne voll glühender Kohlen vom Altar, der vor dem Herrn steht, und zwei Handvoll zerstoßenen duftenden Räucherwerks nehmen. Er soll alles hinter den Vorhang bringen und das Räucherwerk auf das Feuer vor dem Herrn tun; die Wolke des Räucherwerks soll die Deckplatte über der Lade einhüllen, damit er nicht sterben muß. Dann soll er vom Blut des Jungstiers nehmen und es mit seinem Finger gegen die Vorderseite der Deckplatte spritzen; auch vor die Deckplatte soll er mit seinem Finger siebenmal etwas Blut spritzen. Nachher soll er den Bock schlachten, der als Sündopfer für das Volk bestimmt ist, und sein Blut hinter den Vorhang tragen. Er soll es mit diesem Blut ebenso machen wie mit dem Blut des Jungstiers und es auf die Deckplatte und vor die Deckplatte spritzen. So soll er das Heiligtum von den Unreinheiten der Israeliten, von all ihren Freveltaten und Sünden entsühnen, und so soll er mit dem Offenbarungszelt verfahren, das bei ihnen inmitten ihrer Unreinheiten seinen Sitz hat. Kein Mensch darf im Offenbarungszelt sein, wenn er in das Heiligtum eintritt, um die Sühne zu vollziehen, bis er es wieder verläßt. Hat er sich, sein Haus und die ganze Gemeinde Israels entsühnt, so soll er zum Altar vor dem Herrn hinausgehen und ihn entsühnen. Er soll etwas Blut des Jungstiers und des Bockes nehmen und es auf die Hörner rings um den Altar tun. Etwas von diesem Blut soll er mit seinem Finger siebenmal auf den Altar spritzen. So soll er ihn von den Unreinheiten der Israeliten reinigen und ihn heiligen. Hat er so die Entsühnung des Heiligtums, des Offenbarungszeltes und des Altars beendet, soll er den lebenden Bock herbringen lassen. Aaron soll seine beiden Hände auf den Kopf des lebenden Bockes legen und über ihm alle Sünden der Israeliten, alle ihre Frevel und alle ihre Fehler bekennen. Nachdem er sie so auf den Kopf des Bockes geladen hat, soll er ihn durch einen bereitstehenden Mann in die Wüste treiben lassen, und der Bock soll alle ihre Sünden mit sich in die Einöde tragen. Hat er den Bock in die Wüste geschickt, dann soll Aaron wieder in das Offenbarungszelt gehen, die Leinengewänder, die er beim Betreten des Heiligtums angelegt hat, ablegen und sie dort verwahren. Er soll seinen Körper in Wasser an einem heiligen Ort baden, wieder seine Kleider anlegen und hinausgehen, um sein Brandopfer und das des Volkes darzubringen. Er soll sich und das Volk entsühnen und das Fett des Sündopfers auf dem Altar in Rauch aufgehen lassen. Der Mann, der den Bock für Asasel hinausgeführt hat, muß seine Kleider waschen, seinen Körper in Wasser baden und darf danach wieder in das Lager kommen. Den Jungstier und den Bock, die man als Sündopfer dargebracht und deren Blut man in das Heiligtum zur Entsühnung gebracht hat, soll man aus dem Lager hinausschaffen und ihr Fell, ihr Fleisch und ihren Mageninhalt im Feuer verbrennen. Wer sie verbrannt hat, muß seine Kleider waschen, den Körper in Wasser baden und darf danach wieder ins Lager kommen. Wer sie verbrannt hat, muß seine Kleider waschen, den Körper in Wasser baden und darf danach wieder ins Lager kommen. Folgendes soll euch als feste Regel gelten: Im siebten Monat, am zehnten Tag des Monats, sollt ihr euch Enthaltung auferlegen und keinerlei Arbeit tun, der Einheimische und ebenso der Fremde, der in eurer Mitte lebt. Denn an diesem Tag entsühnt man euch, um euch zu reinigen. Vor dem Herrn werdet ihr von allen euren Sünden wieder rein. Dieser Tag ist für euch ein vollständiger Ruhetag, und ihr sollt euch Enthaltung auferlegen. Das gelte als feste Regel. Der Priester, den man gesalbt und an Stelle seines Vaters als Priester eingesetzt hat, soll die Sühne vollziehen. Er soll die Leinengewänder, die heiligen Gewänder, anlegen. Er soll das geweihte Heiligtum, das Offenbarungszelt und den Altar entsühnen; dann soll er die Priester und das ganze Volk der Gemeinde entsühnen. Das soll für euch als feste Regel gelten: Einmal im Jahr sollen die Israeliten von allen ihren Sünden entsühnt werden. Und man tat, wie es der Herr dem Mose befohlen hatte.

Das Ritual des *Jom Kippur*, im Buch Leviticus unmittelbar dem priesterschriftlichen Heiligkeitsgesetz (17,1–26,46) vorgeschaltet, dürfte auf die meisten heutigen Leser gleich aus mehreren Gründen befremdlich, archaisch und magisch wirken. Wir werden unvermittelt mit verdrängten archetypischen Vorstellungen konfrontiert, die wir nicht mehr im ursprünglichen Ritual erleben können und deshalb nur mit den Gebrochenheiten unserer eigenen fragmentarischen Sündenbock-Vorstellungen zu lesen vermögen. Besonders anstößig für unser modernes Denken ist die fehlende Unterscheidung zwischen kultischer und ethischer Heiligkeit (BLANK 1975). Die priesterschriftliche Theologie des Versöhnungstages sieht in der Sünde ein Spannungsverhältnis zwischen Mensch und Gott, das durch Opfer beseitigt wird. »Entsühnt« werden muß jedoch auch, wer unter einer Hautkrankheit leidet oder sich durch Kontakt mit einer Leiche oder mit Körperflüssigkeiten »unrein« gemacht hat. Die vergleichende Ethnologie zeigt, daß nicht nur antike Menschen, sondern auch wir modernen in streng getrennten Sphären leben, die wir nicht gern vermischen (GERSTENBERGER 1993). Weil wir die Ideale der Heiligkeit und Göttlichkeit in uns tragen, wissen wir um den Schmutzfilm, der sich immer wieder um unsere Persona legt. Die peniblen Reinheitsvorschriften des Buches Leviticus in bezug auf Tod, Krankheit, Sexualität sind Ausdruck dieses archaischen Trennungs- und Schutzbedürfnisses; zu Unrecht sind sie immer wieder als Werturteile mißverstanden worden. HERZOG (1995) spricht bezüglich des Todes von einem außermoralischen Tabu, das der Ärzteschaft und einem hierzulande zum Glück in Vergessenheit geratenen Berufsstand anhaftet, nämlich den Henkern. Mit diesem Tabu scheint jedoch eine eigentümliche Faszination und die Projektion außergewöhnlicher Heilkraft verbunden zu sein. Der Begriff »sakral« (lat. *sacer*, *sanctus*) leitet sich von *sancire* (festsetzen, ausgrenzen) ab, meint also zunächst einen abgegrenzten Kultbezirk (lat. *templum*; gr. *témenos*). Mit dem Begriff *témenos* beschreibt JUNG den durch das schutzbedürftige Ich abgegrenzten Bereich eines Komplexes (SAMUELS et al. 1986). Der Raum der Psychoanalyse ist der Bereich, in dem sich mit Hilfe der priesterlichen Funktion des Analytikers die heilsam-unheimliche Begegnung mit Inhalten des Unbewußten ereignen kann.

Das Ritual des *Jom Kippur* spielt sich auf den ersten Blick im Inneren des Tempels ab, an der Grenze zum Allerheiligsten, das der Priester nur einmal im Jahr, an diesem Tag, betreten darf. Gleichsam magnetisch zieht das Heiligtum die Unreinheit an und braucht deshalb Entsühnung. Das Übertragen der Sünden auf den Sündenbock ist die äußerste Form der Kausalzuschreibung in Verbindung mit einer ekstatisch-sakralen Steigerung des zugehörigen Gefühls und mit einer kollektiven Aggressionsabfuhr durch Ausmerzung der Ursache des Übels (Real-Externalisierung, MENTZOS 1993). So ist der Ort göttlicher Gegenwart paradoxerweise der Ort der Krise, an dem das Unheilige, ja: das Verfluchte (lat. ebenfalls *sacer*) offenbar wird. Durch das Blutvergießen im Tieropfer werden die Sündenböcke, auch und gerade wenn sie mit der Sünde in Berührung kommen, geheiligt (lat. *sacri-ficere:* heilig machen, opfern). JUNG (1940) zitiert PRZYWARAS Interpretation des »Geheiligtwerdens« durch die Seele Christi: »Heilig heißt bei Gott, und doch so, daß es auch verflucht heißt: auf der schmalen Linie von Segen und Fluch – und hierin restlos überantwortet«. Innerhalb des Allerheiligsten verdichten sich Unreinheit und Entsühnung in der Deckplatte (*kapporät*) der Lade, die dem gesamten Ritual ihren Namen gegeben hat. Im Neuen Testament wird Jesus als *kapporät* bezeichnet (Römer 3,25). Jesus übt eine priesterliche Funktion aus, wenn er die Besessenen aus ihrer gesellschaftlichen »Wüstensituation« herausholt. Die geheilten Aussätzigen schickt er für die »amtliche Diagnose« der wiedergefundenen Gesundheit und Reinheit zu den Priestern. Nach dem Buch Leviticus muß sogar ein »aussätziges« Haus durch Entsühnung (von Salpeter- und Sporenflecken) gereinigt werden (LANG 1984). Schwierig ist für unser heutiges Verständnis die Bedeutung des Blutvergießens für den Entsühnungsvorgang. Das Versprengen des Blutes vollendet im priesterlichen Ritual die Lebenshingabe des Opfernden an Gott und an das Heiligtum, wie sie bereits im symbolischen Handaufstemmen zum Ausdruck kommt: Der Sünder identifiziert sich mit dem in den Tod gehenden Opfertier.

Am auffälligsten ist jedoch das Schicksal der beiden Ziegenböcke, das nicht an den heiligen Ort gebunden ist und in die Frühzeit der hebräischen Religion, lange vor der Tempelzeit zurückweist (GERSTENBERGER 1993). Der Sündenbock ist von altersher *phármakon,* ebenso wie die Schlange aufbauendes Heilmittel und zerstörerisches Gift in einem. Der jährliche Sündenbock-Ritus diente der Wiederherstellung des ganzheitlichen Gefühls, der Übereinstimmung zwischen Menschen und Gott durch eine bewußte rituelle Trennung vom Bösen. Ältere Riten fließen ein, zum Beispiel das Austreiben von Krankheiten durch Opfer an den Ziegenbockgott der semitischen Hirten (Perera 1986). Im Ritual von Leviticus 16 fällt eine Dualität der Gottheiten und der geopferten Ziegenböcke auf: Der erste Ziegenbock ist JHWH, dem Gott Israels, geweiht, sein Blut soll Altar, Heiligtum und so weiter heiligen. Die Überreste des geopferten (und dadurch geheiligten!) Ziegenbocks sind unrein und müssen außerhalb des Lagers verbrannt werden. Der zweite Ziegenbock wird durch das Los Asasel geweiht, einem Wüstendämon. Dieser Bock wird mit den durch das Aufstemmen beider Hände übertragenen Sünden des Volkes in die Wildnis der Wüste gejagt. Zuvor wird er JHWH »vorgestellt«; so konnte die Aufnahme eines heidnischen Kultes legitimiert werden (Gerstenberger 1993).

Wie wird aus diesen archetypischen Vorstellungen ein Komplex? Wie kommt es zur Aushöhlung und Perversion lebendiger Symbole, welche die Gegensatzspannung des Archetyps ausdrükken? Perera (1986) nennt als ersten Grund die Auflösung der archetypischen Verbindung zum Sakralen: Wir haben die Struktur des Sündenbock-Archetyps in teilweise verdrängter Form behalten – ohne den lebendigen Symbolhintergrund der alten Rituale. Ferner habe sich Asasel vom vor-hebräischen Naturdämon, der mit dem Weiblichen in Verbindung steht, zum Ankläger, Sündenbock-Bestimmer und -macher gewandelt. Äußerlich spiele die anklagende Familie eines Sündenbock-Komplex-Identifizierten diese Asasel-Rolle, oder sie werde auf den Therapeuten projiziert. In der folgenden Abbildung ist die Struktur des Sündenbock-Komplexes, wie er sich zwischen dem mit dem Sündenbock-Komplex identifizierten Patienten und seinem Therapeuten konstelliert, schematisch dargestellt. Die vertikale Achse des gestrichelten Kreuzes trennt die Patienten- und die Therapeutenseite und drückt die inter-personale Spaltung aus, solange das Beziehungsmuster des Sündenbock-Komplexes noch nicht bearbeitet ist. Die horizontale Achse hingegen trennt die bewußte von der unbewußten Ebene. »Unterhalb« der Bewußtseinsschwelle liegen die gemeinsame Unbewußtheit von Patient und Therapeut, die in kollektiven, archetypischen Vorstellungen wurzeln, die uns ebenso fremd sind wie das kultisch-sakrale Geschehen des Jom-Kippur-Ritus. Außer diesem gemeinsamen oder sogar kollektiven Schatten (das heißt der Summe aller ungelebten Möglichkeiten) enthält das persönliche Unbewußte verdrängte Anteile der beteiligten Personen. Unser Schema beschränkt sich auf Patient und Therapeut:

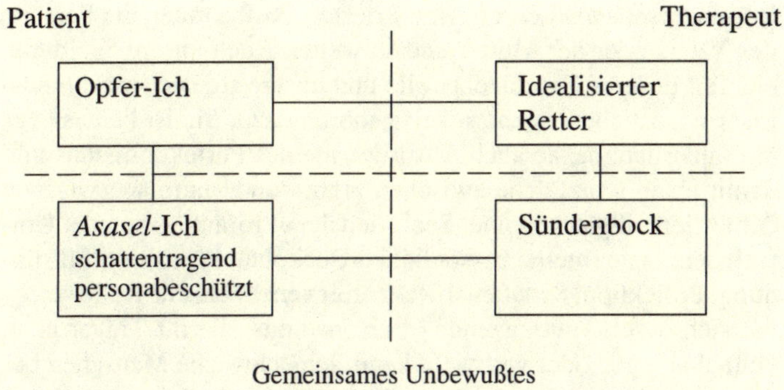

Abbildung 2: Der Sündenbock-Archetyp (nach PERERA 1986)

Der *Patient* verfügt über ein bewußtes Opfer-Ich, etwa eine überwertige depressive und altruistische Hingabetendenz, die seine Beziehungen kennzeichnen. Völlig unbewußt ist ihm jedoch der umherschweifende Ziegenbock, das heißt seine abgespaltenen aggressiven, Sexual- und Abhängigkeitsbedürfnisse. Das Ich trägt diesen Asasel-Schatten und entwickelt nach PERERAS Modell eine großartige frühreife *Persona* (ein falsches Selbst im Sinne WINNICOTTS)zur Verteidigung des Opfer-Ich. Im JUNGschen Denken sind sowohl Schatten als auch Persona im Archetypischen wurzelnde Persönlichkeitsanteile, die wir niemals »loswerden« können, mit denen es vielmehr gilt, in Einklang zu gehen. Die folgende Abbildung soll das Gemeinte verdeutlichen: Der Schatten, die Summe der ungelebten Möglichkeiten, befindet sich gewissermaßen »im Rücken« meines bewußten Ich. Es gibt helle Schatten (zum Beispiel unerreichte, positiv besetzte Wünsche) und dunkle. Besonders dunkle Seiten meiner selbst, all das, was ich *nicht* sein will, versuche ich dadurch loszuwerden, daß ich diese Balken im eigenen Auge als Splitter im Auge des anderen (Mattäus 7,3) kritisiere, bekämpfe, therapiere. Die Sündenbock-Komplex-Projektion ist der verbreitetste Versuch, den kollektiven Schatten einer Gruppe oder eines Volkes einer Minderheit oder einem einzelnen aufzubürden. In Träumen wird der Schatten oft durch eine Person desselben Geschlechts verkörpert. Während ich den Schatten im Rücken habe, trage ich die *Persona* gewissermaßen vor meinem Ich. Sie stellt meine soziale Scheinpersönlichkeit dar, die Art, wie ich gesehen werden will. Wir alle haben mehrere Personae, zum Beispiel die

Berufspersona als Lehrer, Arzt, Priester, Postbeamter, die Persona des Vaters oder der Mutter und so weiter. Auch unsere Kleidung, ein Teil unserer Geschlechtsrolle und unsere soziale sowie landsmannschaftliche Zugehörigkeit gehören dazu. Sie ist keineswegs nur äußerlich, da sie auch Ausdruck meines Perfektionismus und damit jene Grenzfläche zwischen »rein« und »unrein« zwischen dem Allerheiligsten meiner Seele und der »Profanität« meiner Umwelt sein kann, meine persönliche »Deckplatte«, wo sich Entsühnung, Projektion, Schattenabwehr ereignen. Seelische Reife zeichnet sich durch »gut sitzende« Personae aus, die ihr Träger auch einmal ablegen oder wechseln kann. Ich-schwache Menschen befürchten, mit dem Wechsel der Persona auch ihr Ich zu verlieren oder von anderen Menschen »durchschaut« zu werden, wenn sie sich durch Rückzug auf Persona-Eigenschaften schützen.

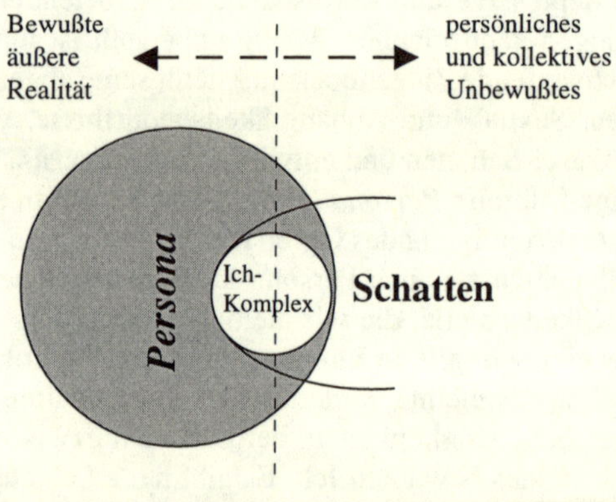

Abbildung 3: Der Ich-Komplex zwischen *Persona* und *Schatten*

Der *Therapeut* tritt dem Opfer-Ich als Helfer entgegen. Wie der Priester im Sündenbock-Ritual soll er die Entscheidung darüber treffen, was als gut erachtet werden soll und was kollektiv tragbar ist. In den Sündenbock-Komplex einbezogen, verliert der Therapeut seine Beziehung zum Überpersönlichen. Wie ein falscher Priester steckt er durch Annahme entsprechender Projektionen unter einer Decke mit dem inneren Ankläger des Patienten, »um die Person zu einer Anpassung zu zwingen, die ihre innere Welt außer acht läßt und nur mit aufgesetzten, notwendigerweise nicht integrierten Masken funktioniert« (PERERA 1986, S. 31).

Zur Entstehung des Sündenbock-Komplexes gehört, daß die Polarität des Archetyps nicht mehr ausgehalten wird. Der Sündenbock-identifizierte Patient trägt den unbewußten inneren Ankläger in sich, den er auf den idealisierten Therapeuten wie auch auf strenge Eltern- oder Kollektivstimmen überträgt. Er findet also in (äußeren) Bezugspersonen immer wieder die Bestätigung für die Unerbittlichkeit der eigenen (inneren) Sündenbock- und Opfermentalität. Der Therapeut seinerseits verdrängt den eigenen Sündenbock-Schatten, und sein bewußtes Ich ist kompensatorisch durch das Ideal des Retters, der das Opfer erlösen wird, inflationiert. Im archetypischen Bild des Messias kommen die Motive des Geopferten, des leidenden, verachteten und zurückgewiesenen Knechtes und des Herrschers zusammen. Deshalb ist der leidende *ebed JHWH* auch der erfolgreiche und siegreiche Herrscher. Der Sündenbock-Komplex besteht hingegen in der masochistischen Abspaltung dieses Herrschaftsaspekts vom Sündenbock-Archetyp. Solange Patientin oder Patient keinen Zugang zum Zepter der eigenen Herrschaft finden (sei es zur eigenen Männlichkeit, sei es zur eigenen bergenden Weiblichkeit), bleibt auch die intra-personale Spaltung zwischen bewußtem Opfer-Ich und dem entfremdeten, sich anklagenden, durch die Persona gepanzerten schattentragenden Ich. Sündenbock-Identifizierte tragen

»die Last der zentralen Gottheit unseres Weltalters, denn der Archetyp des Messias als leidender Knecht gehört zum Kern der abendländischen Psyche, [...] sie erdulden negative Inflation, Exil und Spaltung. Sie werden abgeschnitten von einer angemessenen Beziehung zur äußeren Welt und ihren eigenen inneren Tiefen. Aber selbst wenn sie sich von der Last des Komplexes desidentifizieren können, haben sie eine besondere Beziehung zum Archetypus. Der Komplex wird zu einem Brennpunkt des Lebens [Jung, GW 10, § 456]. [...] Somit sind sie berufen, mit dem Komplex bewußt zu leben. [...] Dieses wiederhergestellte Ganzheitsgefühl ermöglicht es, das Kollektiv zu verlassen und bewußt und gewissenhaft weiterzugehen mit einem Teil seines eigenen Schattens. [...] Erich Neumann legt außerdem nahe, daß das Tragen des eigenen Schattens das Kollektiv befreit: Im Gegensatz zur Sündenbock-Psychologie, in welcher der Einzelne sein Böses an die Schwachen abschiebt, kommt es hier eher zu dem umgekehrten Phänomen, nämlich dem des stellvertretenden Leidens. Der Einzelne nimmt einen Teil der Last des Kollektivs in die eigene Verantwortung mit hinein und entgiftet und integriert in seiner inneren Verwandlungsarbeit das Böse. Wenn es gelingt, führt dies zu einer inneren Befreiung des Kollektivs, das wenigstens teilweise von diesem Bösen erlöst wird [Neumann 1948, S. 132]« (Perera 1986, S. 137-139).

Eine Möglichkeit für unser modernes Denken besteht darin, die im Buch Leviticus beschriebenen Rituale als Mythologie abzutun oder rationalistisch als überholt wegzuerklären. Gerade die Untersuchungen des Innsbrucker Theologen RAYMUND SCHWAGER im Anschluß an RENÉ GIRARD deuten jedoch darauf hin, daß solche wissenschaftlich bemäntelten Verdrängungsversuche die Problematik nicht lösen, sondern verschleiern. Der Sündenbock erscheint als verflucht *und* als heilbringend (*sacer*), im Blutvergießen wird die Gewaltbereitschaft der Gruppe aufgedeckt und (auf Kosten des Opfers) projektiv bewältigt (GIRARD, SCHWAGER). Mit der rituellen Menschentötung in Alt-Mexiko verband sich die Idee, daß der zum Opfer Ausersehene Inkarnation eines Gottes war. Der zeremonielle Kannibalismus wurde deshalb als Kommunion (aztekisch: *teo-qualli* »Gottessen«) verstanden. Dieser Aspekt des Menschenopfers ging über auf das ersatzweise rituelle Essen von Tieropferfleisch oder von »Gebildbroten« (HAEKEL 1971c).

»Nur« Projektion? – Der Kampf gegen die Krankheitsdämonen

Einer der häufigsten Einwände gegen das JUNGsche Denken, gerade gegen seine Kritik des Gottesbildes, lautet: Alle Wahrheit werde hier in Projektion aufgelöst, die Objektivität (der äußeren Welt, der Offenbarung, der Geschichte, der gesellschaftlichen Institutionen) werde nicht anerkannt, sondern auf innerseelische Vorgänge reduziert. In der Tat stellt dieser Einwand jedoch das JUNGsche Denken auf den Kopf. JUNG sagt uns – dies ist allerdings provozierend genug –, daß wir alle, nicht nur Kranke oder Kinder oder Unvernünftige oder Primitive, zunächst in einer ursprünglichen Identität mit den Dingen leben: Primärer Weltbezug ist nicht ein Subjekt-Objekt-Verhältnis, sondern das *Einssein mit den Dingen. Identität* ist für JUNG jedoch nicht Ziel einer Identitäts-Entwicklung (wie zum Beispiel für ERIKSON), sondern der Ausgangspunkt der Individuation. Wir entwickeln uns von der Ur-Identität der Projektion weg, indem wir allmählich die Projektion von anderen Menschen und von den Dingen zurücknehmen und das Projizierte als unser Eigenes annehmen. Immer wieder bezieht sich JUNG auf KANT (zum Beispiel in seiner Typologie), der in seiner kritischen Philosophie die Möglichkeitsbedingungen unseres Erkennens erforscht hat. Für JUNG besteht die Bedingung der Möglichkeit des In-Beziehung-Seins im Bewußtmachen von Projektionen und in deren allmählicher Rücknahme. Das Zum-Sündenbock-Machen (scapegoating) ist nun Projektion par excellence. Das unerträgliche Eigene, der Schatten, die eigene oder die kollektive Schuld werden dem Sündenbock aufgeladen und in die Wüste gejagt, fortgeschleudert – projiziert.

Das Phänomen Krankheit ist ein Spezialfall dieses Vorgangs. Entweder wird ein Individuum durch Sündenbock-Identifikation zum »Index-Patienten« einer Familie oder Gruppe, wie die Systemtherapeuten sagen. Gerade im Bereich psychischen Krankseins (depressives Sich-Opfern, Suizidalität, Psychose und so weiter) ist dies ein häufiger Weg, um stellvertretend für das Kollektiv zum eigenen (falschen) Selbst zu finden (PERERA 1986, VERTEUIL 1966). Aus der Sicht des Kollektivs handelt es sich um eine Projektion (auf die Fremden, die Kranken, die Behinderten usw.). Vom Standpunkt des Sündenbock-Identifizierten aus geht es um den umgekehrten Vorgang, um die Übernahme dieser Zuschreibung, um Introjektion. Wenn sich der Sündenbock dann tatsächlich so verhält, wie es die projektive Zuschreibung in ihn hineinlegt und wahrnimmt, spricht die Psychoanalyse von projektiver Identifikation (KLEIN 1972, OGDEN 1979). Vom Standpunkt des Projizierenden aus gesehen, kommt zu dem innerseelischen Vorgang der Projektion als verzerrter Wahrnehmung eine gegenseitige Verhaltens- und Erlebensbeeinflussung hinzu. MENTZOS (1993) hat diese »Real-Externalisierung« am Beispiel des Krieges aufgezeigt: Der jeweilige Feind ist nicht nur unbewegte Projektionsfläche oder Unschuldslamm, er verändert sich tatsächlich so, daß er das von der Propaganda entworfene Feindbild bestätigt. Gerade im Miteinander-Kriegführen kommt es zu einer gespenstischen Identität, zu einer Schicksalsgemeinschaft des gegenseitigen Zum-Opfer-Machens. JUNG bezeichnet diese Verschmelzung mit LÉVY-BRUHL als *participation mystique:*

»Es wird darunter eine eigentümliche Art einer psychischen Verbundenheit mit dem Objekt verstanden. Sie besteht darin, daß das Subjekt sich nicht klar vom Objekt unterscheiden kann, sondern mit diesem durch eine unmittelbare Beziehung, die man als partielle Identität bezeichnen kann, verbunden ist« (JUNG, GW 6, § 856).

Sündenbock-Identifikation ist immer Sache einzelner, die dem Kollektiv gegenüberstehen. Viel häufiger ist unsere Tendenz, das Kranke wie einen Fremdkörper loszuwerden, möglicherweise durch projektives Hinausverlagern, auf jeden Fall so, daß ich wieder *völlig gesund*, das heißt gewissermaßen gereinigt von allem Kranken, werde. Überall auf der Welt heilen Schamanen, Medizinmänner und Ärzte durch Absaugen, Herausschneiden oder Herausspülen von Fremdkörpern. Umgekehrt besteht Krankheit im Eindringen eines derartigen Fremdkörpers, zum Beispiel durch ein »Krankheitsprojektil«, das ein Zauberer losschießt, um Mensch und Vieh krank zu machen. Sprachliche Reste derartiger Vorstellungen sind der Herz-Schlag, der Schlag-Anfall und der Hexen-Schuß (Ribi 1989). In derartigen Krankheitsmythen steckt eine tiefe Wahrheit. Projektion ist nämlich alles andere als ein aktiver, bewußter Vorgang. Vielmehr handelt es sich um einen unbewußten Verarbeitungsmodus (Abwehrmechanismus), mit dem wir uns gegen das Fremde schützen oder aber versuchen, einen ursprünglichen Identitätszustand aufrechtzuerhalten, der merkbar oder gar störend geworden ist (Jung, GW 6, § 870).

»Die projizierende Instanz ist nicht das Subjekt, sondern der Archetypus. Er veranlaßt die Projektion. Das heißt, hinter jeder Projektion steht ein Archetypus. Archetypus bedeutet eine angeborene Auffassungsmöglichkeit. Wir erleben nicht das Objekt oder die Umwelt, wie sie *sind*, sondern wie sie uns typischerweise *erscheinen*. Ihre Erscheinungsform ist durch den Archetyp, den das Objekt konstelliert, in typischer Form verändert« (Ribi 1989, S. 81).

Also doch: »nur« Projektion? Um Projektionen zurücknehmen zu können, dadurch freier und gesünder zu werden, kommt es darauf an, mit archetypischen Konstellationen in unserer Lebenswelt zu rechnen. Der Sündenbock-Archetyp ist nicht auf Mythologien vergangener Zeiten oder ferner primitiver Völker beschränkt. Er ist unsere Ur-Möglichkeit. Als Arzt muß ich mit archetypischen Konstellationen in den Krankheits-Mythen meiner Patienten rechnen. Wie sie über ihr Leben und ihre Krankheit berichten, klingt aus medizinischer Sicht oft mythologisch: »Seit ich operiert wurde, bin ich nicht mehr auf die Beine gekommen ...«, »seit ich den Unfall hatte, kann ich mich nicht mehr konzentrieren ...«, »seit mir der Hausarzt mitgeteilt hat, daß ...«. Die ärztliche Wissenschaft spricht in solchen Fällen gern vom »Kausalitätsbedürfnis« der Patienten. Daran ist richtig, daß wir alle, ob im Zusammenhang mit wissenschaftlichen »Tatsachen« oder nicht, an kausale Verknüpfung gewöhnt sind.

Die Rückkehr des Sündenbocks

Wie kann der Sündenbock (*scapegoat*) aus seiner Wüste, wohin wir ihn in die Flucht geschlagen haben (*e-scape* goat state, WHITMONT 1983) zurückkehren? Wie können die Projektionen (der eigenen Schuld, der eigenen Triebwünsche, der eigenen Krankheit, des eigenen, nur scheinbar entsorgten seelischen Mülls) zurückgenommen werden? Wenn der Sündenbock zurückkehrt, werden mit ihm die verdrängte Judas-Seite des Messias und die verdrängte Weiblichkeit Asasels zurückkehren und auf Erlösung warten. Der Besessene von Gerasa (Markus 5; vgl. FRICK 1991) trägt als Ausgeschlossener die kollektive Krankheit – wie in unseren Tagen Behinderte, deren Lebensrecht bestritten wird, Psychosekranke, HIV-Infizierte. Die »Wüste«, in welche dieser Sündenbock-Identifizierte vom Kollektiv geschickt wurde, besteht in Grabeshöhlen, wo er sich aufhält. Die Heilung besteht darin, daß Jesus sich auf die Beziehung Heiler-Besessener einläßt – um den Preis, sich selbst dämonisch zu »infizieren« – und den Besessenen so in die menschliche Gemeinschaft zurückführt. Jesus spricht die »unreinen« Abergeister an und läßt sie in eine Herde von Schweinen fahren, die im Judentum als unrein und heidnisch gelten. Die Dämonen gehorchen seinen Befehlen und sind auf eine merkwürdige Weise mit ihm vertraut. Sie »kennen« Jesus und rufen: »Was haben wir mit dir zu tun, Sohn Gottes?« (Mattäus 8,29A). Im »Austreiben der Dämonen mit dem Finger Gottes« (Lukas 11,20) zeigt sich der Anbruch des Gottesreiches und die Vollmacht (*exousía*) Jesu, die paradoxerweise in der Annahme der Machtlosigkeit besteht: Jesus ist zum Rollentausch durch Übernahme der Sündenbock-Position bereit, ähnlich wie der Schamane die Besessenheit durch böse Geister erleidet und sich heilt (ELIADE 1951). Er trägt selbst die Dämonen dieser Welt, indem er sich aus der menschlichen Gemeinschaft ausstoßen läßt, so wie er auch mit den Aussätzigen getauscht hat und in die Grabeshöhle gegangen ist, aus welcher er Lazarus von Bethanien befreite.

»Besessenheit« beschreiben wir heute weitgehend in psychopathologischen Modellen. Die in Markus 5 geschilderte »soziale Krankheit«, der projektive Ausschluß aus der menschlichen Gemeinschaft, trifft in unserer Gesellschaft viele Psychosekranke, denen nicht nur die innere Realität zerbricht, sondern auch soziale Bindungen in Familie, Partnerschaft, Nachbarschaft, Beruf. Besessenheit kann zudem als Symptom der sich ausbreitenden Gewalttätigkeit gedeutet werden. Als »monströse Vorstellung«, »Wahngebilde« und »Phantasievorstellungen, die leidenschaftlich erregte Menschen in andere hineinprojizieren«, wirkt sie »real auf ihre Urheber zurück« (SCHWAGER 1978, S. 175f). Damit ist die dämonische Krankheit als projektive Identifikation, Real-Externalisierung (MENTZOS 1993) beschrieben. Durch diesen unbewußten Vorgang induziert innerpsychisches aggressives Potential im Außen, das heißt im Sündenbock, Verhaltensänderungen, die vom Kollektiv als fremd und bedrohlich erlebt werden und Gegengewalt provozieren. Eine Heilung als Befreiung vom krankmachenden projektiven Sündenbock-Mythos wird erst möglich, wenn ein freiwilliger Sündenbock die Spirale der Gewalt durchbricht. Eine solche archetypische Gestalt ist der Gottesknecht des Propheten Deuterojesaja.

Die Rückkehr des Sündenbocks führt uns unerbittlich vor Augen: Wir hatten ihm Verursachung *und* Schuld aufgeladen. Gerade in Familien psychisch Kranker wird die Schuldfrage gern im Gewand der Kausalität gestellt – *warum bin ich krank?* heißt: *Wer ist schuld?* (FRICK 1993). Bevorzugt werden Mütter sowohl in übertriebener Weise idealisiert und dadurch überfordert, als auch zu Sündenböcken erklärt (ROHDE-DACHSER 1989). Krankheit kann durch die oben beschriebene Identifikation mit der Sündenbock-Rolle geschehen, aber auch dadurch, daß ich eben diese Rolle einem anderen Familienmitglied ersparen will. Besonders in der christlichen Tradition liegen die destruktiven, zur Komplexbeladenheit führenden Anteile des Sündenbock-Archetyps nahe bei seinen konstruktiven, befreienden Aspekten.

Die Wende zum Zeichen

Dem Begriff *Wunderheilung* haftet eine merkwürdige Zweideutigkeit an: Einerseits wird er oft ironisch gebraucht, um eine plötzliche Besserung einer Erkrankung zu beschreiben, die man sich nicht erklären kann oder die man für eine Spontanheilung hält, welche auch ohne die vorausgegangenen therapeutischen Bemühungen zustande gekommen wäre. Hinter dieser Skepsis verbirgt sich jedoch oft eine Größenphantasie, die genau das erwartet, was vordergründig ironisiert oder als magisch abgetan wird, nämlich: Heilung, wo sie medizinisch eigentlich nicht zu erwarten ist. In der religiösen Sprache ebenso wie in der medizinischen tritt das Zeichen-Verstehen zunehmend an die Stelle des effizienten Erklärens und Beeinflussens. Die Entwicklung der religiösen Vorstellungen (die in vielen alternativmedizinischen Subkulturen wieder aufleben) kann in dieser Hinsicht als Vorgeschichte der humanmedizinischen Wende zum Zeichen gelten.

Der Wunderbegriff, wie ihn die Apologetik des 19. Jahrhunderts prägte, diente dem Beweis der Glaubwürdigkeit Jesu und seiner Kirche ebenso wie dem Nachweis der »Wirksamkeit« von Heiligen in Heiligsprechungsprozessen. *Apologetik* heißt Verteidigung, Abwehr von Angriffen der naturwissenschaftlich mitgeprägten Um- und Gegenwelt auf die Tradition der Kirche. Der naturwissenschaftlichen Welterklärung stellte man die »geschaffene Natur« gegenüber. Bezüglich dieser *natura creata* als Norm treten nun gewisse Regelausnahmen, Anomalien auf, die in der religiösen Sprache »Wunder« heißen und der göttlichen Allmacht zugeschrieben werden. Heilung ist Gabe des souveränen Gottes oder seiner irdischen Agenten an den untergeordneten menschlichen Empfänger, ist Einfluß der Gnade oder der Übernatur auf den Bereich der Natur (POUSSET 1992). Aus diesem Grund bilden sich in Lourdes und anderswo Ärztekommissionen, die festzustellen haben, daß ein bestimmter Fall von Heilung (natur-)wissenschaftlich unerklärbar ist. Dieses diagnostische Ausschluß-Urteil gilt innerhalb des herkömmlichen Wunder-Verständnisses als zwar notwendige, aber nicht hinreichende Bedingung für die Annahme einer »übernatürlichen« Heilung – die Naturwissenschaft als Hilfsdisziplin einer Wissenschaft von der Übernatur. Unter dem Einfluß der modernen Exegese kam es in unserem Jahrhundert, katholischerseits erst seit dem zweiten Weltkrieg, zu einem Begriffswandel vom Wunder zum Zeichen: An die Stelle des Schemas von Natur und Übernatur trat die Geschichte Gottes mit uns Menschen. Heilung ist dann nicht mehr Gabe von oben, sondern Beziehung zwischen der um Heilung bittenden Person, Gott und einem oder mehreren Heilenden, die sich selbst innerhalb dieser Beziehung verändern.

Heilung ist ein mehrdeutiges Zeichen, das der Deutung durch die geheilte Person und innerhalb einer Gemeinschaft bedarf. Im Neuen Testament ist Heilung niemals isoliertes Wunder, das den

Messiasanspruch Jesu zweifelsfrei beglaubigt. Solchen Erwartungen entzieht sich Jesus immer wieder (zum Beispiel Markus 8,11-13). Vielmehr stehen alle Heilungen Jesu unter dem Deutungs-Vorbehalt des Kreuzes. Am auffälligsten wird dies in den Schweigegeboten des Markusevangeliums (Steinmetz 1979): Anstatt zur werbenden Verbreitung der Heilungserfahrung aufzurufen oder diese wenigstens zuzulassen, *verbietet* Jesus immer wieder, von den Heilungen zu sprechen, als wollte er einem Mißverständnis seiner Zeichen als Wunderheilungen vorbeugen, von denen es in der Umwelt des Neuen Testaments zahlreiche gab. Denn Jesus ist nur vordergründig der machtvolle Wundertäter. Nicht durch seine Macht nach menschlichen Effizienz-Maßstäben, sondern *durch seine Wunden* sind wir geheilt. Heilung durch das Gebet wird bisweilen in mehr oder weniger unausgesprochener Konkurrenz zu den vielfältigen säkularen Heilungsangeboten unserer Gesellschaft gesehen. In sogenannten »christlichen Therapien« sollen durch Versatzstükke unterschiedlicher Psycho-Techniken Heilungserfolge dort erzielt werden, wo »weltliches« Behandeln und Heilen zu scheitern scheint.

Wie verhält es sich nun mit den entsprechenden Entwicklungen in der Medizin? Auch in der Medizin gibt es ja (meist als kollektive Größenidee) die Phantasie der Wunderheilung, mit der Krankheit und Tod bezwungen oder doch wenigstens zurückgedrängt werden. Die weitgehend unbewußte Phantasie der grenzenlosen Machbarkeit beflügelt wie jede Größenphantasie das Forschen und Heilen in der Medizin. Entsprechend unerträglich ist die Kränkung der Hilflosigkeit, wenn wir als Ärzte oder als auf Heilung hoffende Patienten an die Grenzen unserer zwar großartigen, aber doch nicht unendlichen Möglichkeiten stoßen. Ich möchte keineswegs bestreiten, daß wir kollektiven Größenphantasien wie jener eines gottähnlichen, die Natur bezwingenden Heilens wirkliche Fortschritte verdanken, beispielsweise im Kampf gegen die Infektionskrankheiten. Für unser Thema ist mir die Konvergenz beider Entwicklungen wichtig: Apologetik und Wunder-Phantasien gibt es sowohl in der Medizin als auch in Kirche und Theologie, und das *Verstehen von Zeichen in Beziehung* verändert grundlegend unseren wissenschaftlichen Standort *und* unsere Fähigkeit, in einen heilenden Dialog mit kranken Menschen zu treten (Marty 1992, Perrin 1987). Der kausale Zugang entspricht dem Grundwort Ich-Es Martin Bubers (1923): Nach dem Modell der Physik mache ich den Körper des anderen (und nach demselben Modell auch sein seelisches Erleben und Verhalten) zum Gegenstand meiner wissenschaftlichen Neugier: Ich beschreibe, beobachte und interveniere. Als objektivierender Wissenschaftler abstrahiere ich von der persönlichen Geschichte dieses Menschen, um sein individuelles Leiden in ein überpersönliches Krankheitsbild einzuordnen, in pathogenetische Theorien, mit deren Hilfe ich erkläre, eine Ursachenkette benenne und eine kausale Therapiestrategie entwerfe. Anders im Grundwort Ich-Du: Hier versuche ich, den anderen in seinem unverwechselbaren individuellen Anderssein zu respektieren und zu verstehen. Der Andere ist nicht Objekt meiner wissenschaftlichen Erkenntnis, sondern Dialogpartner in gemeinsamer Suche, in gemeinsamem Verstehen von Zeichen. Die heutige Aufgabe für die Medizin und andere Heilberufe scheint mir darin zu bestehen, die Errungenschaften der kausalen Betrachtungsweise mit einem weiteren Verstehen von Krankheits- und Gesundheitszeichen zu verbinden.

Zeichen heißt in der Medizin erst einmal *Symptom* (von gr. *sympíptein*, zusammenfallen). Was fällt denn da zusammen? Es ist das Eigene, der vertraute Leib, an dem Fremdes, Krankhaftes, Bedrohliches, Schmerzhaftes wahrgenommen wird, wodurch mir alles unselbstverständlich wird. Frühere Selbstverständlichkeiten, ja: die Vertrautheit des gewohnten Lebensumfelds brechen weg. Als Ärzte bemühen wir uns, Symptome möglichst genau zu erfassen und präzise, eindeutige Zeichen für bestimmte Funktionsstörungen des Körpers herauszufinden, die wir dann beheben. Wir »entschlüsseln« einen »Text«, der uns im Idealfall klare Vorgaben darüber macht, wie wir die Maschine Mensch reparieren müssen. Ich schlage vor, den Zeichenbegriff der Humanmedizin weiter zu fassen: Meßbare, beobachtbare Symptome gehören dazu, aber auch Symbole, worunter ich mehrdeutige Zeichen verstehe, die man nicht entschlüsseln oder in Meßgrößen übersetzen, sondern lediglich innerhalb einer Beziehung verstehen kann. Ich möchte also nicht das kausale Denken als solches abschaffen, dem wir so große Erfolge verdanken. Aber es geht darum, das kausale Denken in ein umfassenderes Verstehen von Zeichen einzubringen. Krankheitssymptome sind *psycho-somatische Zeichen,* die wir einerseits beobachten, zählen und *messen* können. Heilung umfaßt jedoch andererseits ein Verstehen der subjektiven und interpersonalen Bedeutungen, die ein kranker Mitmensch seinen Krankheitszeichen und seiner Krankheitsgeschichte *beimißt.* Wir können einen stark unter- oder übergewichtigen Menschen wiegen und nach Ausschluß anderer körperlicher Erkrankungen auch statistische Aussagen über sein Gewicht machen. Was seine Magersucht oder Eßstörung jedoch innerhalb seiner Lebensgeschichte bedeutet, haben wir durch die Messung allein nicht verstanden. Das verstehen wir erst innerhalb einer »subjektiven Anatomie«, die wir alle in unserer frühen Kindheitsentwicklung gelernt haben. Vielleicht müssen wir sie wieder neu lernen, besonders wenn uns durch Krankheit, durch medizinisch-wissenschaftliche Ausbildung oder durch Gewalt von außen der eigene Leib zum Fremd-Körper geworden ist (vgl. UEXKÜLL u.a. 1994).

Die biblischen Heilungsgeschichten können uns helfen, die Zeichen von Gesundheit und Krankheit innerhalb der therapeutischen Beziehung gemeinsam zu deuten (vgl. POUSSET 1992). Zwischen zwei Menschen und innerhalb des Dramas der Heilung, an dem vielleicht eine ganze Gruppe ihren Anteil hat, entstehen durch die biblische Bilderwelt lebendige Symbole, welche die Gegensatzspannung des Heilungsarchetyps ausdrücken. Voraussetzung hierfür ist allerdings, daß zwei Extreme der christlichen Tradition bewältigt werden, die einer lebendigen Heilungssymbolik im Wege stehen. Das erste Hindernis besteht in der Sinnentleerung (Derealisation) des christlichen Redens von Heilung: Die »nur« körperliche Heilung wird abgespalten von einer kirchlichen »Heilungs«-praxis (in Wort, Sakrament, Seelsorgsgespräch), die immer weniger mit den wirklichen Schmerzen, Ängsten, Nöten leidender Menschen zu tun hat und eine Heilung zusagt, die beim Adressaten nicht »ankommen« kann. Die Worthülse *Heilung* wird zusammenhanglos in der Alltagssprache und in der religiösen Sondersprache verwandt. Die der Derealisation entgegengesetzte Gefahr ist in der gegenwärtigen christlichen Mentalität nicht weniger verbreitet, nämlich die Neigung zu einer forcierten, oft magisch-manipulativen Symbolhaftigkeit: Heilung, auch körperliche, muß geschehen, um zu beweisen, daß die angewandte Gebets-, Beschwörungs-, oder Behandlungstechnik mit Gottes Hilfe zustande kommt. Es ist dieser Wettlauf um die Wirksamkeit unterschiedlicher Heilungsbemühungen, der letztlich über das magisch herbeigeredete und herbeigebetete Symbol verfügen möchte, es aber so gerade tötet.

III. Symbole – vom distanzierten Beobachten zum Drama der Heilung

C. G. Jungs Symbolbegriff

Archetypische Gegensätze, vor allem der Gegensatz zwischen Heilung und Verwundung, zwischen Aufbau und Zerstörung, von dem dieses Buch handelt, sind in Bildern vorhanden, welche die psychische Gesamtsituation ausdrücken, beispielsweise in unseren Träumen und Tagträumen oder auch in Begriffen, mit denen mir ein Patient sagt, er könne seine Angst nicht mehr aushalten: »Nicht ich habe Angst, sondern die Angst hat mich!« »Das Bild ist ein Gegensatz*behälter*, das Symbol aber *Vermittler* zwischen Gegensätzen« (Samuels et al. 1986).

»Solange ein Symbol lebendig ist, ist es der Ausdruck einer sonstwie nicht besser zu bezeichnenden Sache. Das Symbol ist nur lebendig, solange es bedeutungsschwanger ist. Ist aber sein Sinn aus ihm geboren, d.h. ist derjenige Ausdruck gefunden, welcher die gesuchte, erwartete oder geahnte Sache noch besser als das bisherige Symbol formuliert, so ist das Symbol *tot*, d.h. es hat nur noch historische Bedeutung« (Jung, GW 6, § 896).

In der vermittelnden (Jung sagt auch: »transzendenten«) Funktion des Symbols liegt seine verändernde, heilende, lebendige Kraft. Durch seine Verweisstruktur läßt sich das Symbol (Sinnbild) einerseits nicht klar definieren wie ein bloßes Zeichen, wie etwa ein Hautausschlag als Symptom für Masern und als Handlungsanweisung für den Arzt. Andererseits wird die Funktion des Symbols sehr konkret in einer mitmenschlichen Beziehung wie der zwischen Arzt und Patient. Zwischen beiden steigt es als ein Drittes aus der unbewußten Psyche auf. Symbole werden miteinander entdeckt und verstanden. Sie sind so lange lebendig, wie sie auf den zugrundeliegenden Archetyp verweisen und dessen Gegensatzspannung ausdrücken. Im Drama der Heilung dienen sie der Verständigung zwischen Arzt und Patient. Vor allem aber ist es der Kranke selbst, der sich durch das *Zusammenwerfen (symbállein)* von Verwundung und Heilungswunsch, von unbewußten und bewußten Inhalten entwikkelt und schließlich keinen äußeren Arzt mehr braucht. Dann hat vielleicht auch das Symbol seine Schuldigkeit getan und bleibt nur mehr eine Erinnerung an einen krankmachenden Konflikt, den die Patientin oder der Patient für seine Entwicklung nützen konnte. Im Lukasevangelium (2,19) wird Maria *symbállousa* (Zusammenfügende) genannt, weil sie die Worte in ihrem Herzen bewahrt. Was *symbállein* meint, wird weder durch »darüber nachdenken« noch durch eine religiöse Stimmung richtig wiedergegeben, die oft mit der Gestalt Marias in Zusammenhang gebracht wird. JUNG betont, daß der Vorgang der Symbolisierung stets alle seelischen Funktionen umfaßt, also gerade nicht auf den intellektuellen oder Gefühlsbereich eingeschränkt werden kann:

»Das Ahnungsreiche und Bedeutungsschwangere des Symbols spricht ebensowohl das Denken wie das Fühlen an, und seine eigenartige Bildhaftigkeit, wenn zu sinnlicher Form gestaltet, erregt die Empfindung sowohl wie die Intuition. Das lebendige Symbol kann nicht zustande kommen in einem stumpfen und wenig entwickelten Geiste, denn ein solcher wird sich am schon vorhandenen Symbol, wie es ihm das traditionell Bestehende darbietet, genügen lassen« (JUNG, GW 6, § 903).

Das Symbol ist in mehrfacher Hinsicht Ausdruck von Gegensatzspannung: hinsichtlich der archetypischen Bipolarität, in bezug auf die Funktionstypen, aber auch auf die Einstellungen, nämlich in der Spannung zwischen extravertierter Orientierung an objektiven Vorgaben und der introvertierten Sehnsucht nach dem je eigenen, subjektiven Ausdruck. Was die Herkunft des Symbols aus den höchsten geistigen Errungenschaften betrifft, so fügt JUNG hinzu, es müsse »im gleichen Maße den niedersten und primitivsten Regungen entstammen« (JUNG, GW 6, § 903). Beispiele hierfür sind die Symbole *Schlange-Drachen* im archetypischen Kontext von Krankheit / Gesundheit und die *Sphinx* als Ausdruck der männlich-weiblichen Gegensatzspannung (REMMLER 1995).

Von großer Bedeutung für die Traumdeutung, für den Umgang mit Phantasien und allgemein für die bildhafte Welt, die sich zwischen Arzt und Patient aufbaut, ist JUNGS Abgrenzung des Symbols gegenüber der Allegorie: Die Allegorie ist nämlich in eine bekannte Sache übersetzbar, und zwar im Prinzip ohne unübersetzbaren symbolischen Rest. So versucht FREUD (1900a), die entstellende

»Traumarbeit« durch die analytische »Traumdeutung« rückgängig zu machen und so aus dem manifesten Trauminhalt den latenten (etwa ein mit dem Bewußtsein kaum vereinbarer Tötungs- oder Liebeswunsch) zu rekonstruieren. Dazu dienen ihm »Symbol«-Register mit klaren Zuordnungen von »Symbolen« (JUNG würde sagen: Zeichen) zu bestimmten Trauminhalten, vergleichbar einem zweisprachigen Wörterbuch. FREUDS revolutionäre Entdeckung bestand darin, daß der scheinbar sinnlose manifeste Traum eine Bedeutung hat, die er jedoch erst im Rückgang auf den latenten Traumgedanken zu erschließen meinte (vgl. FRICK 1993). JUNG hingegen legt den Schwerpunkt eher auf den manifesten Traum und auf die gerade nicht vollständig übersetzbare und vom Bewußtsein zu assimilierende »lebendige« Symbolhaftigkeit.« Die psychologische Maschine, welche Energie verwandelt, ist das *Symbol*« (GW 8, § 88): Kranksein heißt, daß Libido gestaut oder regressiv umgelenkt ist und daß der Konflikt seelischer Gegensätze zur Blockierung führt. Heilung bedeutet, daß durch Symbole (als »Libidogleichnisse«, GW 5, §§ 329; 638) die Gegensatzspannung zu neuer Vitalität führt, zum *Fließen* der Energie.

Körperliche Genesung als Symbol der Heilung

»Nur wo der Arzt selber getroffen ist, wirkt er«, behauptet C. G. JUNG (1962a, S. 139). Ich möchte die Heilung eines verwundeten Arztes als Beispiel dafür anführen, daß körperliche Genesung, auch und gerade wenn sie mechanisch-handwerklich erfolgt oder nur mit Mühe gelingt, symbolhaft für die ganzheitliche Heilung steht. Der Neurologe OLIVER SACKS berichtet in seinem Buch *Der Tag, an dem mein Bein fortging* (1984), wie er sich auf der Flucht vor einem Stier in der Einsamkeit eines norwegischen Berges eine Verletzung des linken Beines zuzieht. SACKS ist so selbstverständlich mit seiner ärztlichen Rolle, mit der sozialen Maske (Persona) seines Berufes identifiziert, daß er das eigene Bein wie ein fremdes distanziert untersucht:

»›Also gut, Herr Doktor‹, sagte ich zu mir selbst, ›würden Sie so gut sein und das Bein untersuchen?‹ Wie ein Chirurg, der einen Fall untersucht, nahm ich sehr professionell und distanziert und ganz und gar nicht behutsam das Bein und untersuchte es: Ich tastete es ab und bewegte es hin und her. Dabei murmelte ich, wie in einer Lehrveranstaltung, meinen Befund laut vor mich hin: [...] ›Ja, meine Herren‹, faßte ich meinen Befund abschließend zusammen, ›ein faszinierender Fall! Ein vollständiger Riß der Quadrizepssehne. Muskel paralysiert und atonisch – vermutlich aufgrund einer Verletzung des Nervs. Instabiles Kniegelenk – erscheint rückwärtig dislozierbar. Wahrscheinlich Riß der Kreuzbänder. Über eine Knochenverletzung läßt sich im Augenblick keine eindeutige Aussage machen – es könnte jedoch sehr gut eine Fraktur vorliegen, vielleicht sogar mehrere. Erhebliche Schwellung, wahrscheinlich Gewebe- und Gelenkflüssigkeit, aber eine Verletzung von Blutgefäßen kann nicht ausgeschlossen werden.‹ Mit einem zufriedenen Lächeln wandte ich mich, als erwartete ich Beifall, meinem unsichtbaren Publikum zu. Und dann fielen plötzlich die ›professionelle Haltung‹ und die *Berufsfassade* [persona im Original] in sich zusammen, und ich begriff, daß es sich bei diesem ›faszinierenden Fall‹ um *mich* handelte – um *mich selbst*, der ich schrecklich behindert war und infolgedessen mit einiger Wahrscheinlichkeit würde sterben müssen« (S. 17f).

Seine Todesangst überwindet er, als man ihn schließlich findet. Sein Quadrizeps ist wieder »heil«, nachdem ihn der Chirurg zusammengenäht und das Bein eingegipst hat. Jedoch: Geheilt, im Sinne der Vollständigkeit und des psycho-somatischen Ganzseins, ist er nicht. Merkwürdigerweise kann er sein Bein weder spüren noch benützen, obwohl er keinerlei zentralnervöse Ausfälle hat:

»Es würde ein gutes Gefühl sein, den Quadrizeps wieder anzuspannen und meine Kraft und Körperbeherrschung, die ich beim Riß der Sehne auf so besorgniserregende Weise verloren hatte, zu *fühlen*. Jetzt, da die Verbindung wiederhergestellt war, würde ich den Muskel wieder gebrauchen können und ihn so schnell wie möglich wieder aufbauen. Seit der Zeit, da ich meinen Körper mit Gewichtheben trainiert hatte, wußte ich ja sehr gut, wie man Muskelstärke und Körperkraft gewinnt. Ich würde alle in Erstaunen versetzen und ihnen zeigen, wozu ich fähig war! Aus Vorfreude lächelnd spannte ich den Quadrizeps an – und unerklärlicherweise geschah nichts, *gar nichts*« (S. 51f).

Wie können wir SACKS' körperliche Genesung als Symbol seiner Heilung verstehen? Zunächst leidet dieser verwundete Arzt unter einer zweifachen Entfremdung: Zum einen ist sein Körperschema auf quälende Art und Weise beeinträchtigt, verletzt. Er hat trotz anatomischer Wiederherstellung die normale Eigen-Wahrnehmung und Bewegung seines linken Beins »verlernt«. SACKS wird nervös. Er fühlt sich wie einer nicht funktionierenden Maschine gegenüber, die er falsch bedient hat. Die *zweite Entfremdung* besteht in dem objektivierenden, mechanistischen Umgang mit der chirurgischen Verletzung. Diese Entfremdung ist notwendig, weil es jedenfalls ohne lokal-anatomische Diagnose und Operation keine Heilung geben wird. Gleichwohl: Es geht ein Riß mitten durch die Identität des Kranken – Er trägt die Berufs-Persona des naturwissenschaftlich ausgebildeten Arztes, *und* er leidet unter einer Störung, die zunächst weder er selbst noch seine Therapeuten verstehen. Die Krankengeschichte dieses Arztes zeigt uns bereits den weiten Begriffsumfang von *Heilung:* Wir meinen damit zunächst sowohl alltagssprachlich als auch chirurgisch das Zusammenwachsen von Rändern einer Wunde. Das ist der klassische Fall von Heilung als *restitutio ad integrum,* die wir als Geheilte alsbald verdrängen. Allenfalls eine »schöne« Narbe erinnert uns an die Verletzung, die wir durch Unfall oder chirurgisches Skalpell eines Operateurs erlitten haben. Dieser »chirurgische« Sprachgebrauch steht am konkreten, lebenspraktischen Ende des Begriffsspektrums von *Heilung.* Dem steht – über viele Zwischenstufen – ein symbolischer Sprachgebrauch gegenüber, der mit meiner Sehnsucht nach Ganzwerden, Vollständigwerden, Mich-gut-in-meiner-Haut-Fühlen zusammenhängt. Unter »symbolisch« verstehe ich keineswegs etwas Irreales oder gar Unerhebliches für unseren ärztlichen Beruf. Ein lebendiges Symbol ist vielmehr nach JUNG »der Ausdruck einer sonstwie nicht besser zu bezeichnenden Sache«. Das Zusammenwachsen des Quadrizeps ist Symbol, noch nicht ganz verstandenes Vor-Zeichen, für eine Heilung, die den ganzen Menschen umfaßt. Es ist also gerade die sehr konkrete, »chirurgische« Bedeutung von Heilung, durch die wir unsere Sehnsucht nach ganzheitlicher Heilung ausdrücken. Im Alltag eines Spitals haben wir es ständig, wenn auch mehr oder minder unbewußt, mit dem gesamten Begriffsspektrum zu tun. Die »nur« körperliche Heilung, auf die wir uns in den einzelnen medizinischen Fachgebieten beschränken, ist eine sinnvolle Abstraktion, damit wir Daten erheben können, umschriebene Symptome erfassen, die wir dann in einem definierten Operations- oder Interventionsfeld bekämpfen können. Trotz dieser notwendigen und auch hilfreichen Abstraktion gilt jedoch: Mit der körperlich-symptomatischen Heilung ist immer die umfassende Heilung mitgemeint. Denn der Kranke »hat« nicht nur bestimmte Symptome einer Erkrankung, er »ist« krank. So können wir sagen, daß die Gesundheit, Schönheit und Energie unseres Körpers unser Heilsein als Menschen mit Leib und Seele symbolisieren, unsere Fähigkeit, zu lieben, zu arbeiten und zu genießen. Umgekehrt zeigen sich Bedrohung oder Verlust unserer Ganzheit immer in körperlichen Leiden. Für dieses Ganzheitserleben hat der Neurologe

HEAD den Begriff Körperschema geprägt: Leiden an zerbrechender Ganzheit können wir mit unserer objektiven Anatomie nicht erfassen. Unsere Patienten wissen oft selbst nicht, worunter sie leiden, wenn sie am Verlust von medizinisch nicht mehr notwendigen oder gut ersetzten Gliedmaßen oder Organen leiden. Und objektiv-anatomische Heilung, sei es durch Schrittmacher-Versorgung eines unregelmäßig schlagenden Herzens oder durch Einrichten eines Knochenbruchs symbolisiert immer »mehr«. Unser äußerer Leib, von der »objektiven Anatomie« als Körper beschrieben, hat eine Innenseite, die wir durch unsere »subjektive Anatomie« wahrnehmen (UEXKÜLL et al. 1994). GRAF DÜRCKHEIMS Unterscheidung zwischen dem *Leib, der ich bin*, und dem *Körper, den ich habe*, scheint in dem Maße in Vergessenheit zu geraten, als wir vom Körper als Gegenstand wissenschaftlicher Erforschung und Beeinflussung sprechen (FRICK 1993). Aber auch da, wo wir als Ärzte den Körper *behandeln*, greifen wir in einen symbolischen Verweisungszusammenhang ein. Unter neuplatonischem Einfluß war die christliche Anthropologie stark von der »*sôma-sêma*«-Vorstellung geprägt: Der Leib (*sôma*) ist *sêma* (Grab, Grabstein, Grabzeichen, vgl. PLATON, *Gorgias* 493a) der Seele, die sich aus diesem schaurigen Gefängnis befreien möchte. Die große Mehrheit der Kirchenväter denkt jedoch ganzheitlich und betrachtet die Heilung nicht als Allegorie, sondern als Symbol: Die Heilung des ganzen Menschen (und damit die Berufung, sich ganz Gott zuzuwenden) wird durch die körperliche Heilung bezeichnet. Heute erkennen wir klarer die neuplatonisch-dualistische Verengung des *sêma*-Begriffs: Der Leib ist Zeichen der Seele, genauer gesagt: Der Leib ist *Symbol* des ganzen Menschen. Was wir untersuchen, objektivieren und was wir subjektiv als unseren Körper erleben, weist auf eine Ganzheit hin, die wir suchen, aber durch unsere bewußten Anstrengungen nie erreichen können.

»Jede ganzheitliche Medizin (auch dort, wo sie noch nicht gerade ›psychosomatisch‹ sein will) weiß, daß nie bloß ein bestimmtes Organ krank ist, sondern immer der ganze Mensch, so daß in der organisch lokalisierten Krankheit der Zustand des ganzen Menschen sowohl in Erscheinung tritt als auch von ihr mitbestimmt wird« (RAHNER 1959, S. 306f).

Wir aufgeklärte Heilkundige des 20. Jahrhunderts lächeln vielleicht über Abbildungen von Armen, Beinen oder Herzen, die aus Dankbarkeit in Wallfahrtskirchen aufgehängt werden. Und wir sind mit dem großen Wort *Heilung* im medizinisch-therapeutischen Feld zurückhaltend, während die Symbole der Heilung im kirchlich-theologischen Sprachgebrauch oft entleert, derealisiert sind. Von Heilung wird nicht mehr symbolisch, sondern nur mehr allegorisch gesprochen. Wir haben es in unserem alltäglichen Umgang mit kranken Menschen immer mit Heilung in einem umfassenden, sowohl konkret-objektivierbaren als auch symbolischen Sinn zu tun, auch dort, wo wir uns auf die Behandlung einer umschriebenen Symptomatik beschränken, und auch dort, wo die Sehnsucht nach Heilung durch unerträgliches Leiden, durch unheilbare Erkrankung, durch Sterben und Tod unerfüllbar erscheint. In gewisser Weise können wir sagen, daß die Chirurgie die symbolischste unter den medizinischen Disziplinen ist (zu denen sie Jahrhunderte lang überhaupt nicht gezählt wurde). Denn hier geht es um sehr konkrete Operationen und Genesungsprozesse, die auf eine ganzheitliche Heilungssehnsucht verweisen, die weitgehend unbewußt bleibt und zum Beispiel im Gespräch zwischen Arzt und Patient keine Rolle spielt. Vielmehr geht es bei der chirurgischen Visite darum, ob die Wundheilung Fortschritte macht, ob die Ausscheidungsfunktionen wieder funktionieren oder ob das operierte Bein wieder belastet werden darf. All das geht in den Symbolisierungsprozeß der Heilung ein, ohne daß hierüber gesprochen werden müßte. Im Gegensatz hierzu haben wir es in der Psychoanalyse oft unmittelbar mit der Symbolbedeutung selbst zu tun. Wir laufen dann gefahr, uns des Symbols zu bemächtigen, es dem Bewußtsein zu assimilieren. Als Patienten und Therapeuten werden wir in das Drama von Gesundheit und Krankheit, von Leben und Tod, hineingezogen, in dem wir Mitspieler sind, nicht Regisseure. Wir versuchen, Zeichen zu verstehen und aus diesem Verstehen heraus zu handeln. Dieses dramatische Handeln geschieht teilweise unbewußt und vermittelt durch Symbole. Ein lebendiges Symbol wie das der *Schlange* ist deshalb immer ein dramatisches.

Heilung ist ein *Drama*, dem wir uns nach inhaltlichen und formalen Gesichtspunkten annähern können. *Inhaltlich* wird nicht etwa das Heldenstück eines erfolgreichen Kampfes gespielt, etwa mit dem Titel »Wie der Arzt durch List und Tat die Krankheit besiegt«. Vielmehr setzen therapeutische Helfer ihre Stärken und Schwächen in einem Drama ein, dessen Ablauf ihnen trotz aller Fachkompetenz entzogen bleibt. Wir können die *formalen* Kriterien des klassischen Dramas auf das Heilungsgeschehen anwenden (vgl. MEIER

1972, S. 128f; Whitmont 1993). Zunächst bestimmen wie bei jedem Theaterstück Angaben über Ort, Zeit und *dramatis personae* den Rahmen, der durch eine bewußte Vereinbarung (Behandlungsvertrag) abgesteckt wird, der jedoch auch unbewußte Aspekte umfaßt. Die *Exposition* (Verwicklung, Schürzung des Knotens) besteht in der Symptomatik, die den Patienten in Behandlung führt, in seinem bewußten und unbewußten Heilungswunsch. Die *Peripetie* oder *Krisis* bringt den dramatischen Höhepunkt, zum Beispiel die Zuspitzung einer suizidalen Krise oder die völlige Blockade (Agonie) des therapeutischen Geschehens. Die *Lysis* (Lösung) bereitet den Abschluß der Behandlung vor, der immer das Element der *Überraschung* beinhaltet und deshalb trotz aller Anstrengungen weder vom Arzt noch vom Patienten zu planen ist. Pläne in der Therapie sind vielmehr Entwürfe, wie diese Lösung aussehen könnte, wie die blockierte seelische Energie wieder in Gang kommen könnte. Dann können seelische Gegensätze, die zuvor als unbewußte Konflikte (zum Beispiel zwischen Triebwünschen und inneren Verboten) schweres Leiden verursachten, schöpferische Quelle der Energie werden. Voraussetzung dafür ist, daß die Therapeutin oder der Therapeut die eigene Lebensflamme zur Verfügung stellt und daß ein gemeinsames Aushalten der tödlichen Bedrohung, ein Beieinander-Aufgehobensein (*containing*) möglich wird.

Die Schlange – gefährlich und heilsam

Die psychoanalytische Bedeutung eines Symbols bemißt sich nicht nach objektiven Kriterien, sondern nach dem (inter-)subjektiven Verständnis in der persönlichen Entwicklung eines Menschen, wie sie im analytischen Dialog, das heißt im Drama der Therapie, deutlich wird. Es macht die Lebendigkeit des Symbols aus, sowohl subjektiv-persönlich zu sein als auch im Kontakt zum objektiv-überpersönlichen kollektiven Unbewußten zu stehen. Da dieses Buch von der objektiven Gegebenheit des Heilungsarchetyps ausgeht, kommt der subjektive Pol notwendigerweise weniger zur Geltung. Das Symbol der Schlange, um das es im folgenden gehen soll, ist jedoch nicht nur ein objektiv-archetypisches, sondern auch ein höchst subjektives Symbol, das nur innerhalb einer Biographie und unter Berücksichtigung seiner jeweiligen Funktion interpretiert werden kann. Für diese klinischen Aspekte der Schlangenthematik sei auf die Arbeiten von IANDELLI (1968), GROESBECK (1975) und DIECKMANN (1991) verwiesen.

Das lebendige Symbol ist Ausdruck der – unvermeidlichen – archetypischen Gegensatzspannung. Es vereint in sich Unbewußtes und Bewußtes, Gefährliches und Rettendes, Animalisches und Göttliches. Nur so kann die erschöpfte, gestaute oder regressiv umgelenkte Libido wieder ins Fließen kommen.

»Das Symbol aber ist auf das allerinnigste verbunden mit dem Gefährlichen und Bedrohenden, so daß es mit ihm entweder verwechselt werden kann, oder daß es bei seinem Erscheinen eben gerade das Böse und Zerstörende hervorruft. Jedenfalls ist die Erscheinung des Erlösenden aufs innigste mit Zerstörung und Verwüstung verknüpft. Wenn das Alte nicht reif wäre zum Tode, so würde nichts Neues erscheinen, und das Alte könnte und brauchte nicht ausgerottet zu werden, wenn es dem Neuen nicht schädlicherweise den Platz versperrte« (JUNG, GW 6, § 503).

JUNG zitiert in diesem Zusammenhang den berühmten Vers aus HÖLDERLINS »Patmos«:

»Nah ist
Und schwer zu fassen der Gott.
Wo aber Gefahr ist, wächst
Das Rettende auch.«

»Stirbt« das Symbol, verliert es seinen Sinn für Individuum und Kollektiv, besteht die Gefahr der Komplex-Identifikation und -Projektion, die schließlich zur Symptombildung führen kann, zum Beispiel durch die neurotische Übernahme einer Sündenbock-Rolle. In Komplex und Symptom bleibt die ursprüngliche archetypische Thematik erhalten, oft in überdeutlicher, destruktiver und pervertierter Weise, wenn die ursprüngliche Gegensatzspannung nicht mehr ausgehalten wird und zu Verdrängungen, Spaltungen oder sonstigen Bearbeitungsweisen geführt hat. Im uralten Symbol der Schlange drückt sich die Erkenntnis aus, daß *Erfahrung* die Gefahr heilt. Erfahrung ist das *Rettende*, somit das *Gleiche* der Gefahr, worum es in jeder Therapie geht, insofern sie »Homöopathie« ist, Heilung durch Gleiches (VONESSEN 1980).

Symbole drücken eine Gegensatzspannung aus, zwischen Trennung und Abhängigkeit oder zwischen Mutter- und Vater-Loyalität im Ödipuskonflikt. Wo wir die Polaritäten, die unser Leben bestimmen, zu »lösen« meinen, stehen wir in der Gefahr, entwicklungsnotwendige Konflikte zu vermeiden oder die Extreme als unvereinbar aufzuspalten. Die Schlange symbolisiert in ihrer Zeitlichkeit auch diesen Entwicklungsaspekt. Wie der Mond, dem sie in vielen Kulturen zugeordnet ist, erscheint und verschwindet die Schlange. Indem sie sich als *Uróboros*, als Kreisschlange, in den eigenen Schwanz beißt, symbolisiert sie Geburt und Tod, Heilmittel und Gift. Der *Drachen* ist eine universelle Gestalt des kollektiven Unbewußten, in dem der tierisch-erdhafte Aspekt der Schlange mit den Elementen Feuer, Luft und Wasser verbunden ist. Zugleich wurde der Drachen in der männlich bestimmten Phantasie immer mehr verweiblicht und in die Nähe der Sphinx gerückt (JUNG, GW 12,3, III). Der Drachen wird einerseits verniedlicht: Kinder lassen ihn steigen, und Erwachsene mühen sich ab, daß er auch in der Luft bleibt; Männer machen Witze über (alte) Frauen als »Drachen«. Andererseits gehört das Drachenmotiv in den Ernst der Heldenthematik. NEUMANN (1949) beschreibt die Auseinandersetzung mit dem Uroboros, als Symbol einer ursprünglichen Ganzheit, anhand des Drachenkampfes: Nur durch die kämpferische Auseinandersetzung mit den Gegensätzen, durch die symbolische Tötung von Mutter und Vater entstehe ein selbständiges Ich.

Im Drachenkampf geschieht Tötung, aber in der Überwindung des Bedrohlichen auch ein neuer Bezug zu den Gegensätzen, zum Beispiel ein neuer Bezug zu den inneren Elternbildern. Zum Drachenkampf zählen außer dem männlich-weiblichen Drachen zwei weitere Elemente: der Held (zum Beispiel Sankt Georg) und der Schatz als Anlaß und Prämie des Kampfes oder die aus der Gewalt des Drachens zu befreiende Jungfrau. NEUMANN schildert den Drachenkampf als »vorpatriarchales« Geschehen; aus der Perspektive der männlichen Entwicklung beschreibt er die Urangst, vom furchtbaren Weiblichen verschlungen und in der »oberen« oder »unteren« Männlichkeit verletzt zu werden: »Es gibt obere und untere Kastraten, und oft genug sind Phallusbesessene obere und oft genug Kopfbesessene untere Kastraten. Erst beide Zonen zusammen ergeben das Ganze der Männlichkeit« (NEUMANN 1949, S. 132). Der symbolische Drachenkampf trennt die Ureltern, tötet die verschlingende Mutter und hilft dem Mann, sich von seinen Ansprüchen an die Allernährende zu lösen. Erst so wird Individuation und die Bindung an eine konkrete Frau möglich. Im Schlangensymbol bleiben der Kampf und die widerstreitenden Gegensätze lebendig.

Der Drachenkampf wurde von NEUMANN zunächst auf dem Hintergrund der männlichen Entwicklung beschrieben. MARGRET FÜHLES wies mich auf eine weibliche Variante des Drachenkampfes hin, nämlich auf den Kampf der heiligen Margarita gegen den Drachen mit Hilfe des Kreuzes. Weil das Kreuz Ursymbol der Ganzheit ist, kann es auch trennen wie ein Schwert und steht im Dienst der neu gefundenen Ganzheit. Angesichts des zischenden, funkelnden, stinkenden und feuerschnaubenden Drachens betet die Heilige – wie es scheint, zunächst ohne Erfolg:

»Als die heilige Margarita also sprach, breitete der Drache mit offenem Rachen seinen Schlund über den Kopf der heiligen Margarita, streckte seine Zunge unter ihre Füße und schlang sie schnaubend in seinen Bauch. Aber das Kreuz Christi, das sich die heilige Margarita gemacht hatte, wuchs in dem Bauche des Drachen und zerteilte ihn in zwei Teile und die heilige Margarita schritt aus dem Leibe des Drachen hervor, ohne einen Schmerz an sich zu fühlen« (FRENKEN 1964, S. 78).

Margarita scheint einen Augenblick auf der Unterlippe des Drachens zu stehen, bevor sie von dem Ungeheuer verschlungen wird. Das Verweilen im Bauch ist (ähnlich wie in der Jona-Erzählung) Voraussetzung für Wiedergeburt und Wandlung. Das »Geborenwerden« aus dem Drachen ist »Umgeburt« (PRZYWARA 1938) und Symbol des therapeutischen Prozesses.

Wenn Schlangen in Therapieträumen auftauchen, so nimmt sie das bewußte Ich häufig im Sinne des negativen Symbolaspekts wahr, der auch in der christlichen Auffassung der Schlange vorherrscht, nämlich als bedrohlich, weiblich (als verführerische Schlangenfrau wie in FRANZ V. STUCKS Malerei) oder auch phallisch-verführerisch, eklig und teuflisch. In der heidnischen Antike hingegen war auch der phallische Aspekt der Schlange ein Heilungssymbol, etwa als Ausdruck des Koitus mit Asklepios. Das Sexuelle, auch wenn es sich in konkreter Weise auf den behandelnden Arzt bezieht, steht hier symbolhaft für das Geistige. WEINREICH (1909) kann belegen, daß die phallische Heilungssymbolik ihre Fortsetzung in der christlichen Volksfrömmigkeit findet, zum Beispiel im Kult der heiligen Ärzte Kosmas und Damian. Der heilsame Aspekt der Schlange muß in vielen Fällen zunächst abgewehrt werden (EIBACH 1993). So erzählt mir Lydia, eine 35jährige Frau, die wegen einer schweren Angstproblematik in Analyse kommt, bereits in der 2. Stunde, sie habe mehrfach von »Schlangen im Bett« geträumt. In der Nacht zur 21. Stunde hat sie im Zusammenhang mit bedrohlichen fremden Männern geträumt, eine Schlange sei nachts durch das gekippte Fenster in ihr Schlafzimmer gekommen, und ihr Ehemann habe dies nicht bemerkt. In der 32. Stunde berichtet sie den folgenden Traum:

»Bei einer Familienfeier, meine Eltern sind da. Erst ist die Stimmung nett. Es sind 20-25 Leute da. Ich hab' gemerkt, daß die Stimmung umschlägt. Jedem, den ich angeschaut hab', kommt eine Schlange zum Mund heraus, und die haben sich dann aufgelöst. Ich hab mich in der Kammer versteckt und bin still geblieben, daß mich keiner bemerkt. Dann war plötzlich ein Mann da, mein Vater. Eine Schlange kam aus seinem Mund und löste sich auf«.

An dieser Stelle sei sie schreiend aufgewacht. Ihr Mann habe sie beruhigen müssen. Überhaupt sei er dafür zuständig, eklige Tiere wie Schlangen oder Ratten zu entfernen, zu Hause und im Urlaub. Die Schlangensymbolik drückt hier das Unheimlich-Schleichende aus, das in der heilen Welt einer Familienfeier lauert. Am Übergang zur bedrohlichen männlichen Welt ist die Träumerin noch in matriarchalen, uroborischen Bindungen gefangen. Im Lauf der mehrjährigen psychoanalytischen Behandlung berichtete sie immer wieder von Varianten des eben geschilderten Traumes. Nach und nach mußte sie nicht mehr den Ehemann zur Angstbewältigung wecken. Ihr Kater spürt nun den Spannungszustand und springt zu ihr ins Bett, als wollte er sie beruhigen. Die Träumerin ist nun auch selber imstande, den doppelzüngigen (triebhaft-geistigen) Aspekt der Schlangen zu erfassen, die aus dem Mund der Erwachsenen hervortreten. Die Schlange steht sowohl für erwachsene Sexualität als auch für die Kraft des Wortes (worum es in der Analyse geht). »Sie repräsentiert Heilung und Tod – und manchmal Heilung durch den Tod einer alten Lebensform. Sie ist auch eine intensive Warnung vor falschem, dem Körper und der Seele entfremdeten bewußtem Leben« (SAUER 1986, S. 82). Dieses »falsche« Leben besteht darin, daß (im Symbol der Schlange) ein Schattenaspekt abgewehrt wird. Hier handelt es sich vorwiegend um den persönlichen Schatten, die Summe der ungelebten Möglichkeiten, all das, was die Träumerin in ihrem bewußten Ich-Bewußtsein nicht sein möchte. Die Schlange symbolisiert sehr häufig einen Schattenaspekt, sei es ein heller (zum Beispiel die Heilungsenergie oder Triebwünsche, die ich mir nicht erlaube und deshalb als verführerisch erlebe), sei es ein dunkler: Im letzteren Fall wird die Schlange gewissermaßen zum Sündenbock, auf den wir persönlich oder kollektiv ungeliebte Persönlichkeitsanteile abladen und diese damit in die Wüste schicken können. Allerdings ist nicht jede im Traum vorkommende Schlange eine Schatten-Repräsentanz. Entscheidend sind nicht bestimmte *Inhalte,* die aus der Schlange einen Schattenträger machen, sondern die dem Schatten eigene *archetypische Dynamik:* Ich will ihn loswerden, und doch klebt er mir an der Haut, er verfolgt mich und begegnet mir in anderen Menschen, auf die ich ihn projiziert habe. Eine Zeitlang versuche ich ihn im Gegenüber zu bekämpfen, was allerdings nie gelingt: »Warum siehst du den Splitter im Auge deines Bruders, aber den Balken in deinem Auge bemerkst du nicht?« (Mattäus 7,3).

Ein anderes Mal träumt Lydia, die Schlangen seien im Keller. Es gehört zum Abenteuer eines psychoanalytischen Prozesses, kindliche Keller-Ängste zu überwinden, in den »Keller« des Unbewußten hinabzusteigen, um dort den Schlangen zu begegnen. Dies kommt in dem Traum eines 12jährigen Mädchens (Sara) zum Ausdruck, das sich von einer Baumschlange »hypnotisiert« fühlte, so daß es auf diese zugehen mußte: »Als die Schlange ihren Mund öffnete, als wollte sie mich verschlingen, war ich erschrocken und brachte es fertig wegzurennen. Dann hörte ich die Schlange sagen: ›Ich bin nur dann schlecht, wenn du wegrennst.‹ Ich wachte auf und hatte schreckliche Angst« (Iandelli 1968, S. 102).

In Kapitel I sahen wir mit Hilfe von Aaron Antonovskys Metapher, daß wir uns alle im Fluß des Lebens zwischen den Polen von Gesundheit und Krankheit befinden. Das archetypische Motiv des Flusses mag dazu beigetragen haben, daß sich auf der Tiberinsel im antiken Rom ein Asklepiosheiligtum befand, genauer gesagt, auf der flußabwärts gelegenen Seite dieser wie ein Schiff geformten und ausgeschmückten Insel. Heilung geschieht, indem ich mich den Kräften des Lebensstroms anschließe und es lerne, mit der heilenden Energie zu arbeiten.

Der Kult des Heilgottes wurde im Jahre 291 vor Christus von Epidaurus nach Rom gebracht. Eigentlich hätte man wegen der Pest-Gefahr gern den rettenden Gott selbst nach Rom geholt, aber die Priester von Epidaurus erlaubten nur die Überführung eines Exemplars der dem Asklepios heiligen Schlangenart, *Coluber longissimus,* einer bis zu 2 m langen Baumschlange. Für die Wahl der Tiberinsel waren weniger hygienische als religiöse Gründe ausschlaggebend. Dort befand sich eine Quelle, die dann noch im Jahre 1000 nach Christus in den Bau der Kirche S. Bartolomeo einbezogen wurde. Denn die Insel ist uralter kultischer Boden, schon lange vor der Ankunft der epidaurischen Schlange von der Bipolarität des Heilungsgeschehens zwischen Krankheit und Gesundheit geprägt. Ursprünglich war die Insel dem altitalischen Wolfsgott Faunus (»Würger«) geweiht, später Vediovis, dem unterweltlichen Jupiter, der Pest und Heilung sandte (KERÉNYI 1956). Die Schlange kam also auf den ihr zukommenden chthonisch-unheimlichen und wunderbar-heilsamen Boden. Sie gehört zu den wichtigsten Symbolen der Gegensatzspannung Krankheit – Gesundheit / Destruktion – Konstruktion und drückt das Mythologem vom verwundeten Heiler aus. Sie symbolisiert jedoch ebenfalls den für unser »nil nocere«-Bewußtsein unerträglichen verwundenden, destruktiven Aspekt der Heilkunst (WHITMONT 1993). Sie ist »Signatur der Einsicht«, daß »Gefahr und Hilfe im letzten identisch sind« (VONESSEN 1980, S. 40), Symbol eines zweifachen Sieges: über die äußere Gefahr, vor allem aber über die eigene Furcht. Sie ist Ausdruck einer zur Erkenntnis gereiften Erfahrung, seelische Kurzformel der unbewußten Aspekte des Heilungsarchetyps wie in dem folgenden Fall (Eva):

»Eine 44jährige Frau mit einer Anamnese einer vierten Scheidung mit ernsten psycho-physiologischen Begleitsymptomen träumte, daß auf dem Wege zum Spital eine riesige Schlange sie in die rechte Brust biß. Ihr letzter Mann kam mit einer Zange, die Schlange zu entfernen, doch ohne Erfolg. Im Traum dachte sie nach, und Furcht befiel sie. Nach dem Erwachen fiel ihr die Schlange in der Geschichte von Adam und Eva ein; sie stellte nach ihrem Gefühl das Böse dar. Wie zuvor dachte sie immer noch, daß ihre physischen Symptome ›hauptsächlich durch Medizin oder Operation geheilt werden würden‹. Drei Monate später stellte sich anhaltender Schmerz und eine Geschwulst in der rechten Brust ein. Sofort dachte sie an den Traum. Die Untersuchung ergab aber nichts Beunruhigendes. Jetzt mußte sie durch Traumauslegung sehen lernen. Daß sie wie einst Eva durch den Schlangenbiß bewußter werden müsse. Hier stellt die Schlange die verwundende Seite des Archetyps dar. Bis sie durch die Wunde bewußter wurde, konnte sie nicht geheilt werden. Adler (1956, 18-19) schreibt: ›Verwundung heißt auch Aktivierung der Heilkräfte; oder könnten wir sagen, daß man ohne Verwundung nie diese Heilkräfte finden kann? Oder sogar, daß die Wunde den Zweck hat, uns auf die innere Heilkraft aufmerksam zu machen?‹« (GROESBECK 1975, S. 199).

In der Antike achtete man auf die Gegenwart lebendiger Schlangen in der Umgebung von Asklepiosheiligtümern als Spielzeug des Gottes, als Real-Symbole der Gegenwart des Gottes. Durch das Abstreifen der verbrauchten Hauthülle ist die Schlange ein altes Symbol von Tod und Wiedergeburt, von Krankheit und Gesundheit. Die Schlange ist eines unserer wichtigsten Symbole. Dort, wo dieses Reptil aus klimatischen Gründen selten vorkommt, findet das Unbewußte kaum einen Ersatz, um seine Vielfalt und Gegensätzlichkeit auszudrücken, nämlich die Symbolik der Wandlung und Erneuerung, der Fruchtbarkeit und schließlich des Fortbestandes in der Generationenfolge. Die Dialektik von Tod und Wiedergeburt in der von Satan geschickten Hautkrankheit Hijobs kann mit dem Häuten der Schlange verglichen werden: »Der Satan antwortete dem Herrn und sagte: Haut um Haut! Alles, was der Mensch besitzt, gibt er hin für sein Leben. Doch strecke deine Hand aus, und rühr an sein Gebein und Fleisch; wahrhaftig, er wird dir ins Angesicht fluchen. Da sprach der Herr zum Satan: Gut, er ist in deiner Hand. Nur schone sein Leben! Der Satan ging weg vom Angesicht Gottes und schlug Hijob mit bösartigem Geschwür von der Fußsohle bis zum Scheitel« (Hijob 2,4-7). Als Sinnbild für Häutung und Wiedergeburt gehörte die Schlange zu den wichtigen Asklepios-Attributen. Möglicherweise ist der Name des Gottes von gr. *askálabos* (Schlange) abgeleitet (Kerényi 1956; Schouten 1967). Hier interessiert uns im Zusammenhang mit dem Kreuz, aber auch innerhalb alttestamentlicher Vorstellungen und des Asklepioskultes der ambivalente Charakter der Schlange als *phármakon* (Heilmittel und Gift), als zerstörerisches und Zerstörung abhaltendes, apotropäisches Symbol. Als Tier des Rückenmarks im Kundalini-Yoga ist sie mit unseren körperlichen Kreuzen und insofern eng mit dem körperlichen Unbewußten verbunden. Sie hat einen unheimlichen und als schützendes Haustier einen vertrauten Aspekt (Schouten 1967). Als *genius loci* steht sie auch für den richtigen Ort (Ribi 1989) und verkörpert so zum Beispiel die Kontinuität der Tiberinsel als eines heilsam-sakralen Orts.

»Die Schlange kennt keine moralischen Kategorien, keine menschlichen Wünsche, Bedenken und keine gefühlsmäßige Wärme. Sie kann sich dementsprechend mit völliger Unbezogenheit über all dies hinwegsetzen. Gleichzeitig hat sie aber auch eine enge Beziehung zum vegetativen Bereich, da sie, wie wir es aus der Paradiesmythe kennen, als ein Baumnumen gilt und traditionell meist an Bäumen dargestellt wird oder sogar als deren Stamm fungiert. Als Drache ist sie der Hüter des Schatzes, der in diesem triebhaft-instinktuösen Bereich enthalten ist. Im positiven Sinne entspricht ihre Doppeldeutigkeit der Heilsschlange oder [...] als die Stimme der Natur, die erhebliche Werte verkörpert, die innerhalb dieses Bereiches liegen. Es ist ein Bereich, der sehr weit vom Bewußtsein entfernt ist und wohl vieles völlig Bewußtseinsunfähige enthält, aber als ein Instinkt auch eine eigentümliche

Weisheit und ein mitunter als übernatürlich empfundenes Wissen zu besitzen scheint« (DIECKMANN 1991, S. 73).

Das Wunderbare der Heilung, durch welche Kausal-Mythologie man sie auch erklären mag, gleicht dem Ergießen einer Quelle, das dem Gott zugeschrieben wurde. Der christliche Heilige ist bei einer solchen Wendung immer nur *dabei,* während die Heilung selbst von Gott erwartet wird oder eben von Christus als dem neuen *sōtḗr*, der Asklepios ablöst (SCHADEWALDT 1967; HERZOG 1994). »Der Sinn eines spezifisch als Heilgott charakterisierten Gottes ist, daß jene Quelle sich gleichsam aus ihm ergießt. Er ist bei der Heilwerdung nicht nur dabei, sondern sein Erscheinen *ist* die Heilung und vielleicht auch umgekehrt: jede Heilung gleichsam seine Epiphanie« (KERÉNYI 1956, S. 27). Die Hauptaufgabe auch des heutigen Arztes besteht darin, diese Konstellation der Heilung unter dem Symbol der Schlange geschehen zu lassen – jenseits aller Bemühungen der ärztlichen Kunst, welche oft Voraussetzung, niemals aber Garantie für das Heilungsgeschehen sind. Für die Epiphanie des Gottes arbeiten, sein Erscheinen im therapeutischen Ritual zu ehren (GUGGENBÜHL-CRAIG 1994) ist eine andere Formulierung dafür, daß wir den Heilungsarchetyp nicht in der Hand haben, sondern nur Zeugen seiner Konstellierung sind.

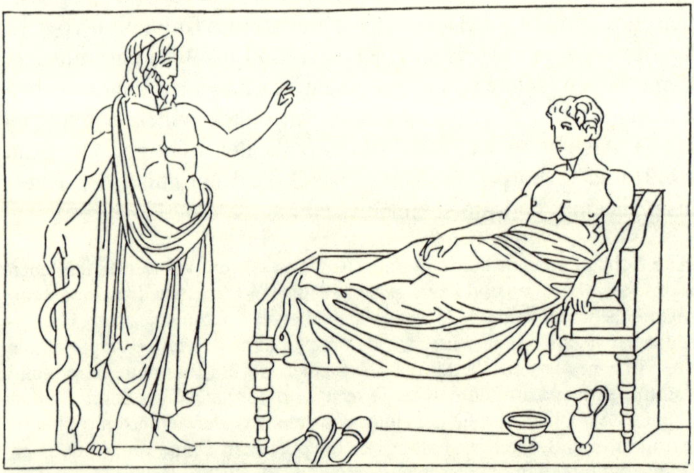

Abbildung 4: Asklepios erscheint dem Kranken. Zeichnung nach einem verlorenen Weiherelief aus KERÉNYI (1956)

Die Schlange als Unterweltssymbol ist Ausdruck der Tatsache, daß Heilung am Rande des Totenreiches geschieht, daß Krankheit nicht nur Funktionsstörung ist, sich vielmehr »auf der Schippe des Todes« abspielt, wie der Volksmund sagt. Ob Schlange oder Drachen religionsgeschichtlich auf Unterweltsgottheiten hindeuten, läßt sich nicht mehr klären. Jedenfalls ist die Schlange eine Gestalt, in der sich der Gott einem Kranken körperlich nähern kann. Die durch das Schlangensymbol ausgedrückte Bipolarität kehrt auch in der griechischen Vorstellung wieder, daß die Götter heilend, verwundend *und* selbst Träger von Wunden sein können. Asklepios befreundete sich mit der Schlange im dunklen, der Unterwelt nahen Reich seines Ziehvaters Chiron. Dieser gütige Kentaur ist ein merkwürdiges Gegensatzwesen: Oben Mensch, unten Pferd, dort von einem tödlichen Pfeil des Herakles verwundet. Chiron kann nicht sterben. Pferd, Schlange und Hund sind als chthonische Tiere übelabwendend (Meier 1985). Der mitleidende mythische Ur-Arzt verfügt über das *Chironion,* das jeden Schlangenbiß und auch die eigene Wunde heilen kann, die aber gleichzeitig als unheilbar gilt. Schon in der Antike und bis in die frühe Neuzeit wurde aus Schlangenfleisch *Theriak* als Allheilmittel, als Panazee gewonnen, und noch die Venezianer richteten eine eigene Schlangenzucht für die Herstellung des begehrten universalen Antidots ein. In der christlichen Kunst wird der Theriaktopf zum Attribut des göttlichen Heilands, das dem sündhaften Apfel gegenübergestellt wird (Schouten 1967). Bisweilen kooperiert auch der Heilige Geist als himmlischer Apotheker, als Salben- und Theriakskrämer mit dem Arzt Jesus Christus (Belege bei Herzog 1994).

Antike Schilderungen von Heilung durch Tempelschlaf und Epiphanie des Gottes im Traum geben sich mit ihrer scharfen Trennung von Traum und Wachgeschehen als »wahre Geschichten« (Kerényi 1956) wie die folgende Schilderung aus Epidauros:

»Ein Mann wurde an seinem Fuß von einer Schlange geheilt. Er war wegen eines bösartigen Fußgeschwürs schlimm dran. Er wurde tagsüber von Dienern (›therapontes‹) ins Freie gebracht und saß auf einem Sessel. Als er gerade eingenickt war, kam eine Schlange aus dem Heilraum, berührte und heilte seinen Fuß mit ihrer Zunge und zog sich wieder zurück. Als er gesund aufwachte, sagte er, er habe ein Gesicht gesehen und geträumt, wie ein schöner Jüngling seinen Fuß mit einer Arznei bestrichen habe« (zit. nach Siefert 1983).

In den antiken Berichten wird häufig der reale Heilungsvorgang durch die erschreckende, flüchtige oder beinahe zärtliche Begegnung mit einer Schlange dargestellt, während im geschilderten Traumerlebnis Asklepios wie ein sterblicher Arzt den Kranken behandelt. Wir haben es also mit einer merkwürdigen Verschränkung zwischen Real- und Symbolebene zu tun: Die Schlange als Symboltier gehört zur therapeutischen Umwelt der Asklepios-Heiligtümer. Sie kann jederzeit auftauchen und wieder verschwinden. Viel konkreter als auf unseren stilisierten Ärzte-Emblemen steht sie stellvertretend für das Heilungsgeschehen. Sie verweist animalisch-erdhaft auf den göttlichen Aspekt der Heilung, die Asklepioserscheinung im Traum, die meistens sehr konkret, gewissermaßen als organ- und symptombezogene Behandlung vorgestellt wurde.

Auch auf der Insel Kos, dem Zentrum der praktisch-wissenschaftlichen Medizin, gab es ein Asklepieion. Hier entstand in der Generationenfolge der hippokratischen Ärzte das Symbol des Familienzepters, um das sich die Schlange windet. Der Stab steht für die Weitergabe des Wissens und der Kunst, wie sie im hippokratischen Eid gelobt wird. Das Aufheben und Heimbringen dieses Stabes in den heiligen Hain bildet zusammen mit der Asklepiosschlange ein Doppelsymbol, das noch heute Emblem der Ärzteschaft ist. Auf dem Umweg über die mittelalterliche Alchimie wurde teilweise der von *zwei* Schlangen umwundene Stab des Hermes caduceus mit dem Asklepios-Emblem gleichgesetzt (SCHOUTEN 1967). Die Zypresse, von welcher der Stab genommen wird, war der Sage nach ursprünglich ein schöner Apollon-Liebling namens Kyparissus, der sich in den Baum verwandelte, weil er aus Versehen seinen geliebten Hirsch getötet hatte. KERÉNYI (1956, S. 60f) deutet Zypresse und Hirsch als Totems der Ärztefamilie (s.u. IV), von der Zeit des HIPPOKRATES an († 370) sei als zusätzliches Symboltier die Schlange hinzugekommen.

Die von Mose erhöhte Schlange

Die Israeliten brachen vom Berg Hor auf und schlugen die Richtung zum Schilfmeer ein, um Edom zu umgehen. Unterwegs aber verlor das Volk den Mut, es lehnte sich gegen Gott und gegen Mose auf und sagte: Warum habt ihr uns aus Ägypten heraufgeführt? Etwa damit wir in der Wüste sterben? Es gibt weder Brot noch Wasser. Dieser elenden Nahrung sind wir überdrüssig. Da schickte der Herr Giftschlangen unter das Volk. Sie bissen die Menschen, und viele Israeliten starben. Die Leute kamen zu Mose und sagten: Wir haben gesündigt, denn wir haben uns gegen den Herrn und gegen dich aufgelehnt. Bete zum Herrn, daß er uns von den Schlangen befreit. Da betete Mose für das Volk. Der Herr antwortete Mose: Mach dir eine Schlange, und häng sie an einer Fahnenstange auf! Jeder, der gebissen wird, wird am Leben bleiben, wenn er sie ansieht. Mose machte also eine Schlange aus Kupfer und hängte sie an einer Fahnenstange auf. Wenn nun jemand von einer Schlange gebissen wurde und zu der Kupferschlange aufblickte, blieb er am Leben. (Numeri 21,4-9)

Nach 2 Könige 18,4 hatte König Hiskija (ca. 725–697 v.Chr.) die kupferne Schlange aus der Mosezeit vernichtet, bei der es sich wohl um eine alte Heilgottheit handelt (NIEHR 1991). Noch in Johannes 3,14 wird die kupferne Schlange des Mose mit dem am Kreuz erhöhten Jesus verglichen. Andere Heilgötter wurden zugunsten des JHWH-Kultes zurückgedrängt. NIEHR ist der Auffassung, daß JHWH als richtender altorientalischer Sonnengott Krankheit als Strafe und Heilung als Recht verhängt. So seien Texte zu erklären, die den Gott Israels in der Doppelrolle des Verursachers von Krankheit und Gesundheit darstellen. Sowohl die heilende als die krankmachende Rolle JHWHs haben einen individuellen und einen kollektiven, auf das Verhalten des gesamten Volkes gerichteten Aspekt, wie aus der zitierten Szene deutlich wird. Die Kombination der Bereiche Rechtsgebung und Krankheit / Heilung bestimmt auch die berühmte Stelle in Exodus 15,26:

Er sagte: Wenn du auf die Stimme JHWHs, deines Gottes, hörst und tust, was in seinen Augen gut ist, wenn du seinen Geboten gehorchst und auf alle seine Gesetze achtest, werde ich dir keine der Krankheiten schicken, die ich den Ägyptern geschickt habe. Denn ich bin JHWH, dein Arzt.

Die heilende Wirkung JHWHs erstreckt sich auch auf seine Boten, zum Beispiel in dem späten alttestamentlichen Büchlein Tobit, wo der Engel Rafael (»Gott heilt«) sowohl die Transzendenz als auch die heilende Nähe JHWHs zum Ausdruck bringt. Im Laufe der Jahrhunderte wurde das ursprünglich aus der Verehrung von Familiengottheiten stammende Motiv »JHWH als Arzt« auf die Ebene der offiziellen Religion übertragen (NIEHR 1991). Ob die Abschaffung der Heilschlange im Jerusalemer Tempel durch König Hiskija in diesen Zusammenhang gehört, muß hier offenbleiben.

Manche sehen im Ritual der Schlangenerhöhung einen phönizischen oder alt-hebräischen Totenkult (VERNES 1918, zit. in SCHOUTEN 1967). Die häufige Illustration von Numeri 21,6.7 könnte die Wiederentdeckung des Asklepios-Emblems in der frühen Neuzeit gefördert haben (SCHOUTEN 1967). Zwar wurde die Schlange mit dem heidnischen Asklepios oder unter dem Einfluß der johanneischen Apokalypse mit Satan identifiziert, so daß im Christentum die negative Einschätzung der Schlange zu überwiegen scheint. Jedoch gibt es Ausnahmen von dieser Regel (HERZOG 1994), und die Symbolkraft der Schlange ist, nicht nur durch die Kontinuität als Emblem der Ärzteschaft, ungebrochen. Bezeichnend für die Bipolarität des Schlangensymbols ist der Vorschlag, Scharfrichter sollten den mit der Schlange umwundenen Hirtenstab im Wappen führen (LUX 1814; WILBERTZ 1996). Sie galten als Schüler des Asklepios und des Paracelsus und »von den meisten Landleuten wird der Scharfrichter noch jetzt als ein halber Gott verehrt, und wenn bey Krankheiten an Menschen und Vieh nichts mehr helfen will; so wird dieser *weise Mann,* wie er fast durchgehends heißt, um Rath gefragt« (GOEZE 1796, zit. in HERZOG 1995).

Es gibt zahlreiche Parallelen zwischen dem Schlangenstab des Asklepios und der christlichen Ikonographie, die auf Numeri 21,4-9 in Verbindung mit dem johanneischen Erhöhungsmotiv zurückgeht: Zum Beispiel wird Bischof Arsatius, der nach der Legende die Mose-Schlange nach Mailand brachte, als Nebenpatron der Münchner Frauenkirche verehrt; dort wird er an zwei Stellen mit der *Schlange* dargestellt, die seinen *Bischofsstab* umwindet!

Die Schlange und das Kreuz

In diesem Kapitel habe ich bereits mehrere Hinweise auf den inneren Zusammenhang zwischen den Symbolen der Schlange und des Kreuzes gegeben. Vor allem Johannes 3,14, wo der Kreuzestod Jesu als »Erhöhung« bezeichnet und mit der Mose-Schlange verglichen wird, zeigt, daß dieser Zusammenhang trotz der vorwiegend negativen Besetzung der Schlange im jüdisch-christlichen Bewußtsein schon in der Bibel gesehen wurde. Daß Jesus wie der Sündenbock als ambivalentes (verfluchtes und sakralisiertes) *phármakon* verstanden wurde, zeigt die Anwendung von Deuteronomium 21,23 auf Jesus im Galaterbrief 3,13: »...dann soll die Leiche nicht über Nacht am Pfahl hängen bleiben, sondern du sollst ihn noch am gleichen Tag begraben; denn ein Gehenkter ist ein von

Gott Verfluchter. Du sollst das Land nicht unrein werden lassen, das der Herr, dein Gott, dir als Erbbesitz gibt«. Ich möchte zwei weitere Beispiele für die Verbindung Schlange / Kreuz aus der christlichen Tradition geben. Das erste stammt aus der Benedikts-Legende: Mönche, denen »es hart vorkam, in unerneuertem Geiste neue Gedanken zu fassen«, reichen dem heiligen BENEDIKT, dem Vater des abendländischen Mönchstums († ca. 560) einen vergifteten Becher mit Wein. Als BENEDIKT segnend ein Kreuz über den Kelch macht, zerspringt dieser. BENEDIKT erkennt, daß man ihn umbringen wollte und nimmt »heiter und ruhig« von den hinterhältigen Mönchen Abschied (GREGOR D. GR., Dialoge II, 3). Der Becher ist seit dem 15. Jahrhundert nördlich der Alpen ein beliebtes Attribut des Heiligen, meist mit einer Schlange, welche das Gift symbolisiert, das durch das Kreuzzeichen sichtbar wird. Auch in der Autobiographie des IGNATIUS VON LOYOLA († 1556) sind die Symbole der Schlange und des Kreuzes verknüpft:

»[...] Als er in jenem Spital war, geschah es ihm häufig am hellen Tag, ein Ding in der Luft neben sich zu sehen, welches ihm viel Tröstung gab, weil es in hohem Maß sehr schön war. Er konnte nicht gut die Art ausmachen, was es für ein Ding war; doch irgendwie schien ihm, daß es die Gestalt einer Schlange hatte; und es hatte viele Dinge, die wie Augen widerstrahlten, obwohl es keine waren. [...]« (Knauer Nr. 19). »Und nachdem dies eine gute Weile gedauert hatte, ging er, sich vor einem Kreuz, das dort in der Nähe war, niederzuknien, um Gott Dank zu sagen. Und dort erschien ihm jene Vision, die ihm viele Male erschienen war, und er hatte sie niemals erkannt: nämlich jenes Ding, das oben genannt wurde, das ihm sehr schön schien, mit vielen Augen. Doch sah er gut, als er vor dem Kreuz war, daß jenes so schöne Ding nicht Farbe wie gewöhnlich hatte. Und er hatte eine sehr deutliche Erkenntnis, mit großer Zustimmung des Willens, daß dies der Teufel war. Und so pflegte er ihm danach viele Male über lange Zeit zu erscheinen, und er verscheuchte es in der Weise der Geringschätzung mit dem Stock, den er in der Hand zu tragen pflegte« (Nr. 31).

Die Schlangenvision des IGNATIUS VON LOYOLA ist in der geistlichen Literatur ein Beispiel für die *Unterscheidung der Geister,* das heißt für die Differenzierung der Seelenbewegungen danach, ob sie vom guten oder bösen Geist stammen, wie IGNATIUS entsprechend der traditionellen Zweiteilung formulierte. Zugleich verdeutlicht die Vision die Ambivalenz des Schlangensymbols, die in der Geschichte des Christentums nie völlig verdrängt werden konnte. JUNG betrachtet den triebhaften und zunächst wenig orthodoxen Charakter der Schlangenvision als Zeichen ihrer Authentizität. Echte Visionen, die aus dem Unbewußten aufsteigen, seien a-moralisch. Jung (1940, S. 21) interpretiert in seinen Exerzitien-Vorlesungen:

»Ignatius hatte eine mit strahlenden Augen bedeckte Schlange gesehen. Dies ist kein isolierter Fall; viele meiner Patienten haben ein ähnliches Bild gesehen. Es ist ein wesentliches Symbol für den unteren Teil des Nervensystems, für die Trieb-[*instinct*]sphäre. Dies ist die Wurzel, aus der das ganze psychische Leben wächst. Deshalb ist die Schlange ein Heilungssymbol, wie es durch das Beispiel des Asklepios wohlbekannt ist. Wenn der Mensch krank ist, ist er von seinen Trieben getrennt. Ein Teil der Heilkunst besteht darin, ihn zu ihnen zurückzubringen, so daß er auf seinen eigenen Wurzeln wachsen kann. Bewußtsein und Ideen, so wertvoll sie in sich sind, schneiden uns von den wesentlichen Wurzeln unseres Seins ab. Ignatius hatte sicherlich seine Gesundheit durch Bußübungen und ständiges Gebet verletzt. So erscheint die heilende Schlange in seiner Vision als Kompensation, aber er war nicht imstande, diese Tatsache zu erkennen.«

Abbildung 5: Die erhöhte Schlange als Kehrseite des Kruzifixus. Pesttaler des Hieronymus Magdeburger, Goldschmied zu Annaberg (aus Jung, GW 5, S. 149)

Die Schlange kann ein erdhaftes, a-moralisches, kompensatorisches Symbol sein, von dem ich mich im Heilungs- und Entwicklungsprozeß zunächst verschlingen lassen muß wie Margarita. Andererseits brauchen wir im Kontakt mit dem Unbewußten das Kreuz, um (ebenfalls wie Margarita) den Drachen zu besiegen. Die Nachtmeerfahrt der Heilung, das Verschlungenwerden vom Unbewußten, hat Jung (GW 5, III, E) mit alchimistischen und biblischen (Joseph in der Zisterne, Jona im Fisch, Grablegung Jesu) Bildern beschrieben. Daß beides zusammengehört, das Kreuz als Symbol der Ganzheit und die Schlange als ambivalentes Gegensatzsymbol der Heilung, wird in dem folgenden Traum deutlich. Ferdinando, ein 39jähriger Mann, kommt auf einem Ausflug mit seiner Freundin zu einer alten romanischen Rundkirche, die im Inneren zu seinem Mißfallen barockisiert wurde. Anschließend hat er einen Traum:

»Ich gehe in eine alte, ziemlich schlichte und leere Kirche. Ich gehe auf den Chorraum zu und die Altarstufen hinauf. Im Zentrum des Steinaufsatzes des unbedeckten Altars sehe ich ein großes rundes Flachrelief. Als ich es mir näher ansehe, stelle ich fest, daß es aus einem äußeren Kreis besteht, der ein gleicharmiges Kreuz enthält, das seinerseits einen anderen Kreis in seinem Zentrum hat. Das Motiv des Kreises und des eingeschlossenen Kreuzes wiederholt sich konzentrisch dreimal. Innerhalb des kleinsten Kreuzes ist noch ein anderer Kreis. Als ich es mit ruhigem Blick anschaue, sehe ich, daß es eine Schlange ist, die auch kreisförmig ist und sich konzentrisch bewegt« (IANDELLI 1968, S. 106).

Der Träumer dieses wunderbaren Mandalas fragt sich zwar, ob die Schlange nicht mit Sünde oder sexuellen Schuldgefühlen zusammenhänge. Aber er ist sich gleich nach dem Aufwachen sicher, daß die »Zentral-Schlange« dort in der Mitte des Kreuzes, am Altar der Kirche am richtigen Platz ist.

IV. In der Mitte: das Kreuz

Tò gàr apróslēpton, atherápeuton
Was nicht angenommen ist, kann nicht geheilt werden.
(Gregor von Nazianz, Brief 101, PG 37,181c)

Fremd und eigen – Symbol der Heilung und der Ganzheit

In der Zeit, in der ich dieses Buch verfaßte, hatte ich einen kurzen Traum: *In der Osternacht bezeichne ich die Kerze mit den Nägeln. Ein Kreuz ist schon vorgezeichnet. Statt »Alpha und Omega«* sage ich: *»eigen und fremd«*. In der Liturgie der Osternacht wird, genauso wie dies am Karfreitag mit dem Kreuz geschieht, eine große Kerze in die Kirche hineingetragen. Auf die Kerze wird ein Kreuz gezeichnet, und fünf Stifte aus Wachs sollen an die Wunden Jesu erinnern.* Im Traum verwechsle ich »Alpha und Omega« mit »eigen und fremd«. Das Kreuz steht im christlichen Glauben am Anfang des Lebens (bei der Taufe, die das Begrabenwerden mit Jesus symbolisiert) und am Ende (beim Begräbnis stellen wir ein Kreuz auf das Grab). Das Kreuz ist ein gängiges, fast inflationäres Zeichen (als Schmuckstück, als Zeichen für das Sterben, für zwei sich überkreuzende Autobahnen, als Plus-Zeichen, als Zeichen der Schweizerischen Eidgenossenschaft oder der Christen). Und doch (oder deshalb) ist es sogar vielen Christen fremd. Nicht nur aus »Feindschaft dem Kreuz des Messias gegenüber« (Philipper 3,18; das heißt aus der Weigerung oder Unfähigkeit heraus, seine Heilsbedeutung für mich persönlich anzunehmen), sondern weil es seine symbolische, auf das noch nicht Sichtbare verweisende Bedeutung nicht entfalten kann.

* Der »richtige« Text lautet: Christus gestern und heute Anfang und Ende Alpha und Omega Sein ist die Zeit und die Herrlichkeit in alle Ewigkeit Amen Durch seine heiligen Wunden die leuchten in Herrlichkeit behüte uns und bewahre uns Christus der Herr Amen

Es ist gut, wenn wir unser Wissen über die christliche Bedeutung des Kreuzes erst einmal einklammern und im Kreuz zuallererst das universale Symbol des Ganzseins, des Heilseins sehen. Beides ist ja in der germanischen Wurzel identisch (engl. *whole*). Gerade in der Meditation darf das Kreuz »nicht nur als Zeichen des Menschensohnes und seiner Passion, sondern muß vielmehr auch als Zeichen des Menschen wirksam werden« (Rosenberg 1976, S. 14). In der leiborientierten Psychotherapie arbeiten wir mit den drei Kreuzen, dem unteren, oberen und obersten, die für Ganzheit, Durchlässigkeit, Verbindung stehen. Das untere Kreuz kennt auch die Alltagssprache, doch sind uns die Verbindung von Lendenwirbelsäule und Becken über den eingepaßten Knochen des Kreuzbeins und die Querverbindung beider Hüftgelenke nicht immer bewußt. Oder das untere Kreuz wird mir durch Schmerzen, Blockaden, Funktionsstörungen bewußt.

»Das obere Kreuz wird gebildet aus der Querverbindung von Schultergelenk zu Schultergelenk und der Längsachse von der Schädelbasis bis zur Mitte der Brustwirbelsäule. Dieses gewichtige ›inwendige‹ Kreuz wird so, wie es ist, ›eingebildet‹ und [...] wieder bodenwärts ›abgegeben‹, in welcher Lage sich der Übende auch befindet. Wichtiger noch wird die Arbeit an den gelenkigen Verbindungen, an der Beweglichkeit dieses Kreuzes in sich selbst. Die dort bestehende Verhärtung, die fehlgeleitete Energie, der falsche Halt sollen aufgelöst werden. Liegend läßt sich die Mobilität dieses inneren Gestells, das uns trägt, zunächst besser erfahren. Sie soll aber später auch bei aufrechter Haltung bestehen bleiben. Statt sich an sich selbst zu fixieren, lernt es der Übende, sich der Schwerkraft zu überlassen, sich tragen zu lassen und am oberen Kreuz frei zu werden für das Spiel mit dem Gleichgewicht. Das gehört zur aufrechten menschlichen Haltung, zur ›flexiblen Identität‹«.

Ich habe Marianne Fuchs (1989, S. 57) so ausführlich zur Wort kommen lassen, weil sich in der leiblichen Kreuz-Erfahrung die Dialektik eigen / fremd wiederholt. Dies gilt auch für das oberste Kreuz, die Querverbindung von Ohr zu Ohr, die Längsverbindung von der Schädeldecke zum 7. Halswirbel. In diesem Bereich (zwischen Schädel und Atlas) bildet sich, was die Umgangssprache »Hartnäckigkeit« nennt. Hier freier zu werden, weniger halsstarrig, mein Eigenes dem fremden Anderen in flexibler Identität begegnen zu lassen, ist Voraussetzung für Nicken (Ja) und Kopfschütteln (Nein). Wie »untere« und »obere« Männlichkeit zusammenhängen (Erich Neumann), so auch das untere mit dem oberen und obersten Kreuz: »Ihr sollt die Vorhaut eures Herzens beschneiden und nicht länger halsstarrig sein« (Deuteronomium 10,16). Das Kreuz ist im christlichen Glauben, in der Leibtherapie und in der JUNGschen Analyse Symbol für Ganzsein, Heilsein, Vollständigkeit. Es ist aber auch Symbol des Leidens an der Unvollständigkeit, an meiner gefährdeten oder halsstarrigen Identität, denn:

»Das Kreuz der Ganzheit und Gerichtetheit ist im natürlichen Menschen zerbrochen; es fehlt entweder dieser oder jener Teil der Kreuzvierheit, oder es haben Teile Überlänge, oder sie sind verkümmert, was auf eine Über- oder Unterentwicklung bestimmter Seelenteile und auf seelisch bedingte leibliche Mängel schließen läßt« (ROSENBERG 1976, S. 15f).

Kreuzvierheit in der Suche nach dem Selbst

Das Kreuz ist in unseren Leib, in unsere seelische Unausgewogenheit und Gegensätzlichkeit eingebildet, eingeschrieben wie in ein Viereck, das wir freihändig zu zeichnen versuchen, und das uns doch nie in idealer Weise gelingt. Individuation, Suche nach Vollständigkeit (nicht: Vollkommenheit) heißt, sich vom Archetyp des Selbst leiten lassen, von der Ganzheit unserer menschlichen Persönlichkeit, von ihrem Gesamtumfang und ihrem steuernden Zentrum, von ihrem tragenden Grund. Empirisch könne man »nie unterscheiden, was ein Symbol des Selbst und was ein Gottesbild ist« sagt JUNG (GW 11 § 231). Das Selbst erscheine in Träumen, Mythen und Märchen als übergeordnete Persönlichkeit (König, Held, Prophet, Heiland) oder als Ganzheitssymbol (Kreis, Viereck, Quadratur des Kreises und so weiter) (JUNG, GW 6 § 891). Warum steht ausgerechnet die Vierzahl in Zusammenhang mit dem Selbst? Zunächst hat dies scheinbar äußere, ästhetische Gründe: JUNG fand in der Viereck- und Kreuzstruktur von Mandalas besonders sprechende Ganzheitssymbole. Er fand sie in Mandalas, die von Künstlern oder von seinen Analysanden gemalt wurden, und in Mandalas, die er selbst malte.

Ich möchte die Suche nach dem Archetyp des Selbst mit dem Eintreten in eine alte Kirche veranschaulichen, deren Bauprinzip wir in der Dunkelheit und Unübersichtlichkeit nicht sofort verstehen. Die Art und Weise, wie wir uns in dieser Kirche orientieren, hat JUNG in seiner Typologie (GW 6) beschrieben. Die vier Funktionstypen (Fühlen und Denken, Empfinden und Intuieren) bilden zwei

Paare, die in Kreuzform dargestellt werden können. Wir verfügen jeweils über alle vier Funktionen, doch eine von ihnen ist *inferior*, sie wirkt aus dem Unbewußten heraus. Das Leiden an dieser Unvollständigkeit und der Wunsch nach typologischer Ganzheit ist ein zentraler Motor der Individuation. Beim Eintreten in unsere alte Kirche werde ich zunächst eine Vielzahl von Details wahrnehmen, wenn *Empfindung* meine Hauptfunktion ist: Lichtverhältnisse, Proportionen und Raummaße, charakteristische Stilelemente, die mir eine Differentialdiagnose zwischen Romanik, Gotik und so weiter erlauben. Bin ich introvertierter Empfindungstyp, so registriere ich vor all dem, daß ich Hunger habe und seit dem Frühstück nichts mehr zu mir genommen habe. Ich schaue auf die Uhr, stelle fest, daß die Kirche ohnehin in einer Viertelstunde zugesperrt wird, und plane einen Restaurantbesuch ein. Ist hingegen *Intuition* meine Hauptfunktion, lasse ich zunächst den Gesamteindruck auf mich wirken: Ich setze mich vielleicht in eine Bank und stelle mir vor, wie in dieser Kirche ein Bachscher Orgelchoral klingen oder wie in diesem Raum eine schöne Liturgie aussehen würde. Oder ich gebe dem sonnendurchströmten Glasfenster, dessen Einzelheiten ich noch nicht erkennen kann, einen Namen. Diesen beiden wahrnehmenden Funktionstypen stehen die urteilenden gegenüber: Als *Denktyp* werde ich vielleicht meinen Reiseführer aufschlagen und systematisch mit der Besichtigung beginnen, wobei ich versuche, die Argumente verschiedener kunstgeschichtlicher Autoren nachzuvollziehen, die ich in meiner Vorbereitung studiert hatte. Bin ich jedoch *Fühltyp,* so frage ich mich zuerst: »Was ist jetzt gut für mich und meine Begleitung?«. Ich fange nicht am Eingang mit der Besichtigung an oder dort, wo der Reiseführer beginnt. Ich stelle möglicherweise fest, daß ich zur Besichtigung überhaupt keine Lust habe. Vielmehr suche ich mir den Ort in der Kirche, wo es mir am besten gefällt, vielleicht in der alten frühromanischen Krypta.

Mit allen vier Fähigkeiten habe ich die Kirche betreten. Sie bilden ein Kreuz (siehe Abbildung 6), wobei sich jeweils die beiden wahrnehmenden und die beiden urteilenden Funktionen polar gegenüberliegen. Ich habe das Denken oben eingetragen. Dies entspricht ROSENBERGS Gestaltsymbolik, der den Geistpol mit dem oberen Kreuz und den Triebpol mit dem unteren in Zusammenhang bringt. Auch wenn dies die übliche Darstellung ist, so ist sie typologisch doch nur für den Denktyp richtig, das heißt, beim Fühltyp wäre F oben und D unten, entsprechend bei den übrigen Typen.

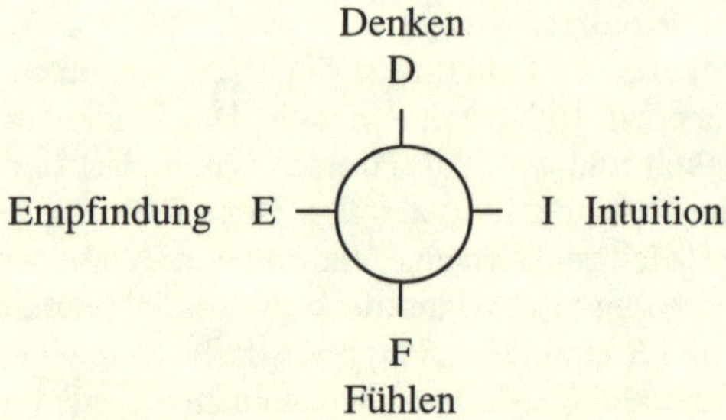

Abbildung 6: Das Kreuz der Funktionstypen

Nach JUNG verfügt jede Persönlichkeit über alle vier Funktionen. Es ist jedoch die Hauptfunktion, die so lange für die bewußte Orientierung in meiner Welt leitend bleibt, bis sich die aus dem Unbewußten wirkende »inferiore Funktion« meldet. Im Kreuzschema ist dies jeweils die der Hauptfunktion gegenüberliegende Funktion. Fühlen ist also jeweils die inferiore Funktion des Denktyps und umgekehrt, ebenso verhält es sich bei Intuition und Empfindung. Das oft schmerzliche Bewußtwerden der inferioren Funktion geschieht in der Regel durch die Krise der Lebenswende, wenn die Hauptfunktion anfängt, zu rattern und Öl zu verlieren wie ein altes Auto (FRANZ 1980, S. 21; vgl. FRICK 1996). Dies kommt in dem Traum Franks, eines 38jährigen Arztes, zum Ausdruck:

Mit Ach und Krach komme ich mit meinem Auto über eine stark befahrene Kreuzung. Ich errege Unmut, weil ich den Verkehr aufhalte. Die letzten Meter schaffe ich nur, indem ich mit Körperkraft schiebe. Ich komme auf einem Behinderten-Parkplatz an der Kirche meiner Heimatstadt gegenüber zum Stehen.

Das Auto ist in diesem Traum wohl ein Symbol für den Individuationsprozeß, wir können auch sagen: Für die Dynamik des Selbst, die mich bis hierher gebracht hat. Genauer gesagt ist es meine Stärke, meine Hauptfunktion, sei sie nun Fühlen, Denken, Empfinden oder Intuition, mit deren Hilfe ich bisher mein Leben meistern konnte. Doch nun, an der Lebenswende, die den typologischen Umschwung bringt, ist sie ausgelaugt. Meine Hauptfunktion kommt in die Krise, ich spüre »meinen wunden Punkt«, »falle auf die Nase«. Ich hinke und empfinde mich gewissermaßen als behindert, weil die inferiore Funktion langsam, infantil und tyrannisch ist. Ich möchte sie oft gern loswerden, aber »neues Lebenspotential«, wie

M.-L. von Franz formuliert, entdecke ich erst, wenn ich mich auf ihren unangepaßten, unangemessenen, ich-fremden Charakter einlasse. Die *Wunde der inferioren Funktion* bildet eine Brücke zum Unbewußten.

Jung unterscheidet zwei »rationale« Funktionen, das Denken und das Fühlen: Mit dem Denken beurteile ich eine Sache danach, *was sie ist und bedeutet.* Ich ordne meine Welt durch logisches Schlußfolgern. Mit dem Fühlen urteile ich darüber, ob eine Situation für mich und für meine Umgebung gut oder schlecht, angenehm oder unangenehm ist, kurz, was sie mir *wert* ist. Ich be*wert*e also, *wie sie für mich und die anderen ist.* Jung nennt Intuition und Empfindung irrationale oder wahrnehmende Funktionen. »Im Deutschen mischt sich das Fühlen in die deutlich sinnlich gemeinte Selbstwahrnehmung, die wir Spüren, Empfinden, Gewahrwerden und Merken nennen können« (Fuchs 1994). Die Empfindung (sensation) sagt aus, *daß* etwas ist. Sie fragt als fonction du réel, *wie* etwas tatsächlich ist. Hingegen nehmen wir mit der Intuition die Möglichkeit wahr: *Woher kommt es, und wohin führt es?* Die Hauptfunktion, mit der wir die erste Lebenshälfte meistern, ist bewußt und ich-nah, während die inferiore Funktion, die der Hauptfunktion gegenüberliegt, unbewußt ist. Alle vier Funktionen zusammen machen eine Vollständigkeit aus, die ich als einzelner nicht erreichen kann. An der Kreuzung der Lebenswende wird mir klar, daß ich selbst ein Kreuz *bin:* Der Kreuzarm der Hauptfunktion ist am stärksten ausgeprägt, nach rechts und links kann ich mich noch leidlich auf meine Hilfsfunktionen verlassen. Die erste und die zweite Hilfsfunktion liegen mehr oder minder oberhalb der Bewußtseinsschwelle. Die inferiore Funktion, die gewissermaßen meine Behinderung ausmacht, ist am schwächsten. Sie ist die offenbleibende Wunde, über die ich Kontakt zum Unbewußten bekomme. Wenn ich mir im unklaren darüber bin, welches wohl meine Hauptfunktion ist, so kann ich sie indirekt über die inferiore Funktion erschließen, welche ihr im typologischen Kreuz gegenüberliegt. Ich kann mich also fragen: Über welche Schwächen stolpere ich immer wieder, so daß ich regelmäßig »auf die Nase falle«? Welche Funktion wird immer wieder in Anforderungssituationen blockiert, wenn etwa ein Fühltyp einen Denker auf seine Gefühle anspricht? Vor allem aber: Welche schlechten Eigenschaften hasse ich an meinem Gegenüber am meisten, also eigene Schattenaspekte, die ich bei ihm unterbringe, um sie an ihm zu bekämpfen oder zu behandeln?

Inzwischen sind wir bei der Besichtigung der Kirche auf verschiedenen Wegen vorne angelangt. Wir stehen vor dem Vierungsaltar. Über ihm hängt ein Kreuz. Mit einem Mal wird mir klar, daß ich im Zentrum der Kirche stehe, in der Vierung, dort wo die beiden Kreuzarme ihres Grundrisses zusammenlaufen. Ich schaue nach vorne, bis zur Apsis, nach hinten, wo ich die Kirche betreten habe. Ich schaue in die beiden Seitenschiffe und mir wird klar, daß diese Kirche ein Mandala ist, das sich in einem kleinen Kreuz fortsetzt, das auf dem Altar liegt und das in der Kommunion der Gläubigen seinen Ausdruck findet.

Es gibt für die Kreuzvierheit noch einen weiteren wichtigen Gesichtspunkt, der für den Heilungsprozeß von entscheidender Bedeutung ist, nämlich die geeinte Zweiheit der Arzt-Patient-Beziehung. JUNG beschrieb in der Psychologie der Übertragung (GW S. 16) die geeinte Zweiheit zwischen Mann und Frau als Viererschema (Hochzeitsquaternio), indem er jeweils das gegengeschlechtliche Unbewußte mitberücksichtigte. So hat der Mann ein unbewußtes »Seelenbild«, eine innere Frau, die JUNG »Anima«, ebenso die Frau ein unbewußtes Mannsbild, das JUNG »Animus« nennt:

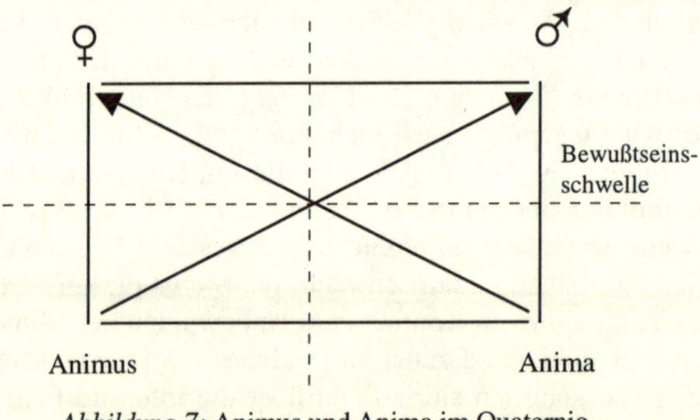

Abbildung 7: Animus und Anima im Quaternio

An diese konservativ-jungianische Kreuzes- und Vierecksform lehne ich mich bei der Darstellung des Sündenbock- und des Heilungsarchetyps an. Die neuere Diskussion darüber, ob nicht auch die Frau eine Anima, und ob nicht der Mann auch einen Animus »habe« können wir an dieser Stelle auf sich beruhen lassen.

Das Kreuz als lebendiges Symbol

Das Kreuz ist, wie ROSENBERG sagt, Zeichen des Menschen allgemein, nicht nur Zeichen der Passion des Menschensohnes Jesus im Besonderen. Es läßt sich nicht bewußtseinspsychologisch und pseudo-liberal auf das Zeichen einer bestimmten gesellschaftlichen Gruppe einengen. Wir alle leben »unter dem Kreuz«, ob wir nun Kruzifixe an unsere Wände hängen oder nicht. An dieser Stelle möchte ich zeigen, daß das Kreuz Jesu über die Erinnerung an den historischen Messiasprätendenten hinaus eine universale heilende Bedeutung hat. Diese Bedeutung hängt mit dem Sündenbockarchetyp in seiner Gegensatzstruktur und in seiner möglichen Pervertierung zusammen. Die Psychopathologie des Christentums ist reich an derartigen Pervertierungen des Sündenbockarchetyps. Hier ist zunächst die masochistische Sündenbockkomplex-Identifikation zu erwähnen, die sich als depressiv-altruistische Opfermentalität zeigen kann und die mit der Verinnerlichung eines strafenden, rachsüchtigen Vatergottes einhergeht, überdeckt durch eine liebend-hilfsbereite Persona. Eine weitere Pervertierung hängt mit der Spaltung des Frauenbildes in die Heilige und die Hure, in Maria und Eva zusammen. Diese Spaltung führte in der Geschichte des Christentums immer wieder dazu, daß Frauen zu Trägerinnen kollektiver Sündenbockkomplex-Projektionen wurden. So haben sich Frauen mit dem destruktiven Aspekt der Hexe identifiziert oder männliche Projektionen durch Selbstentwertung weiblicher Sensibilität, weiblicher Kultur, weiblicher Leiblichkeit übernommen. Die Beispiele klingen wie aus fernen Jahrhunderten, haben jedoch ihre unbewußten Entsprechungen in unserer aufgeklärten Zeit. Wenn das Kreuz als lebendiges Symbol im Sinne JUNGS wirksam ist, so nicht dadurch, daß es übersetzt und erklärt wird. Denn das Symbol ist für JUNG ja »die bestmögliche Bezeichnung oder Formel für einen relativ unbekannten, jedoch als vorhanden erkannten oder geforderten Tatbestand« (GW 6, § 894). Es ist Ausdruck der Gegensatzspannung unseres zerrissenen Gottesbildes. Jede Erklärung dessen, was das Kreuz bedeutet, zum Beispiel als eines Zeichens der göttlichen Liebe, bewegt sich noch im Bereich des vorsymbolischen (semiotischen) Zeichens,

»[...] denn göttliche Liebe bezeichnet den auszudrückenden Tatbestand treffender und besser als ein Kreuz, das noch viele andere Bedeutungen haben kann. Symbolisch hingegen ist diejenige Erklärung des Kreuzes, welche es über alle denkbaren Erklärungen hinaus als einen Ausdruck eines bis dahin unbekannten und unverstehbaren mystischen oder transzendenten, d.h. also zunächst psychologischen Tatbestandes, der sich schlechthin am treffendsten durch ein Kreuz darstellen läßt, ansieht« (JUNG, GW 6, § 895).

Verwundung und Rettung im Kreuz Jesu

Das Kreuz ist ein universales Ganzheitssymbol. Zugleich ist es in der jüdisch-christlichen Tradition mit einem partikulären historischen Geschehen verknüpft, nämlich mit dem Sterben Jesu von Nazaret. Es ist damit nicht nur Ganzheitssymbol, sondern Symbol extremer Zerrissenheit. Verwundung *und* Rettung kommen im Kreuz zum Ausdruck. In dem Maß, in dem die Schlange Heilung und Zerstörung symbolisiert, bringt auch das Kreuz die Bipolarität des Heilungsarchetyps zum Ausdruck, nämlich Heilung und Zerstörtheit, Verwundung. Daß die Verwundung als dunkle Seite des Heilungsarchetyps angenommen werden muß, meint wohl auch der Satz GREGORS VON NAZIANZ (Brief 101, PG 37,181c; vgl. Johannes Dam. Fid. orth. III,20): »Was nicht angenommen ist, kann nicht geheilt werden, und was mit Gott vereint ist, wird gerettet.« JUNG (1940) greift PRZYWARAS (1938) Charakterisierung des Menschen als »Kreuzung« auf, als »Riß« zwischen Leib und Geist, zwischen Mann und Frau, zwischen Hölle und Himmel. PRZYWARA hat MOLTMANNS zentrale These vom gekreuzigten Gott vorweggenommen, von der Zerrissenheit des Kreuz-Fluches, der zum Kreuz-Segen werde (vgl. Deuteronomium 21,23; Galater 3,12f). Mit dem Hinrichtungstod Jesu an einem Kreuz der römischen Besatzungsmacht in Palästina zerreißt das patriarchale Gottesbild eines allmächtigen, gütigen oder wieder gütig zu stimmenden Gottes. Es hat nicht an Versuchen gefehlt, durch theologische Erlösungstheorien diesen Riß zu kitten, zumeist durch eine Gut-Böse-Spaltung zwischen Gott und den Menschen: Der durch die Sünde der Menschen verletzte Gott erwartet eine stellvertretende Wiedergutmachung durch den Opfertod seines Sohnes. Die Schwäche und das Leiden Gottes, sein Schweigen, als Jesus am Kreuz ruft: »Mein Gott, mein Gott, warum hast du mich verlassen?«, vor allem aber seine dunkle, verwundende Seite passen nicht in das patriarchale Gottesbild, das durch den »zerrissenen Gott« (LESMEISTER), durch den bewußtwerdenden Gottesschatten (O'KANE) abgelöst wurde.

Wir können die theologischen Theorien zur »Rettung« des zerreißenden patriarchalen Gottesbildes hier nicht diskutieren. Solche Versuche der Symbol-Erklärung entstammen oft der Unfähigkeit des Denkens, den Skandal des zerrissenen Gottesbildes auszuhalten. Im Neuen Testament gibt es eine derartige Theoriebildung jedenfalls noch nicht. Hier wird das DASS von Heilung und Erlösung mit Bildern aus der biblischen Symbolwelt ausgedrückt. Das WIE des Erlösungsmechanismus wird hingegen nicht erklärt. Ideologiebildungen, die einen christlichen Masochismus oder eine depressive Leidensmentalität bemänteln, sind unbiblisch und geben mehr zu wissen vor, als das Neue Testament sagt (SOBRINO 1991).

Daß das Kreuz im christlichen Kontext immer wieder masochistisch oder gar zur Rechtfertigung individueller und kollektiver Unterdrückung mißverstanden wurde, hängt mit dem zugrundeliegenden *Archetyp des Sündenbocks* zusammen. Sowohl die großen theologischen Theoriegebäude als auch die persönliche Verarbeitung von Krankheit, Leid, Schuld greifen auf denselben, im kollektiven Unbewußten verwurzelten Symbolvorrat zurück: Erlösung durch ein blutiges Opfer, Aufladen der Schuld auf den Sündenbock und dessen »Austreibung«, Vermischung moralischer und physischer Kategorien im Hinblick auf das Übel: Das heißt, ein physisches Übel wie eine Krankheit wird in einen Zusammenhang mit dem menschlichen Verhalten gebracht und als »Strafe Gottes«, als geistliche Krise erklärt. In den biblischen Quellen finden wir zwar derartige Interpretationen des Tat-Ergehens-Zusammenhangs, zum Beispiel wenn JHWH als richtendem Sonnengott Gesundheit und Krankheit als rechtliche Sanktionen zugesprochen werden (NIEHR 1991). Sehr häufig werden jedoch in der Bibel Freunde und Verwandte von Kranken kritisiert, die vorschnell und scheinbar fromm das physische Übel der Krankheit mit dem moralischen der Sünde vermengen. Dies gilt beispielsweise für Tobits Frau, für Hijobs falsche Freunde, aber auch in der prophetischen Kritik an der Vorstellung einer kollektiven Schuld über mehrere Generationen.

Wenn wir versuchen, im Geflecht kultureller Überbauungen, persönlicher und kollektiver Komplexbildungen und deren Abwehr den Blick auf das Kreuz Jesu zu richten, so kann das Wort helfen, das Johannes der Täufer im Johannesevangelium (1,29B) über Jesus sagt: »Seht, das Lamm Gottes, das die Sünde der Welt hinwegnimmt«. Durch die kultische und kulturelle Stilisierung dieses

Satzes weiß heute jeder Konzertbesucher, daß im *Agnus Dei* der Messe das Lamm besungen wird. Dabei wird aber normalerweise nicht bewußt, daß es um das Lamm als Totemtier Jesu (SCHAEFFER) geht. Die Bezeichnung »Totem« ist der Sprache der nordamerikanischen Ojibwa-Indianer entnommen und bedeutet »Verwandtschaft, Familienemblem oder persönlicher Schutzgeist«. Es geht um kollektive oder individuelle Dauerbeziehungen zu Tieren oder Naturobjekten, durch die familiäre Identität und Abstammung symbolisiert werden. Vier generelle Aspekte können unterschieden werden (HAEKEL 1971a): 1. Diese Totems werden als Schützer und Helfer mit Scheu und Furcht verehrt. 2. Namen und Embleme spielen auf das Totem an. 3. Identifikation mit dem Totem und symbolische Angleichung an dasselbe. 4. Das Totem darf nicht getötet, gegessen oder berührt werden. FREUD schuf mit seinem Werk »Totem und Tabu« einen ethnologisch umkleideten modernen Mythos. Er interpretiert das christliche »Totemmahl« als Sühne für den Vatermord, gleichzeitig als Erinnerung an den Opfertod des Sohnes, der dadurch an die Stelle des Vatergottes tritt.

Abgesehen von diesen psychodynamisch bedeutsamen totemistischen Strukturen unseres Unbewußten, gibt es in unserer Alltagswelt nur mehr Reste des Totemismus, etwa Lamm, Adler, Löwe und so weiter als Aushängeschild von Gasthöfen oder Apotheken. Der Graubündner Steinbock und der bayerische Löwe drücken auf ihre Weise kollektive Identität aus. In ähnlicher Weise vermittelt das Maskottchen eines Fußballclubs oder dessen Emblem Gruppenidentität, besonders während der »sakralen« Zeit des Spiels im »Tempel« des Stadions. Im Rahmen der Theorien GIRARDS wird verständlich, daß es hierbei zu kollektiven Gewaltentladungen kommen kann, die nicht auf das Opfertier Stier übertragen werden wie bei der spanischen Corrida, sondern sich gegen Menschen und Gegenstände richten.

»Seht, das Lamm Gottes, das die Sünde der Welt hinwegnimmt«: In diesem Satz verbinden sich die Theologien des hebräischen Sündenbocks und des Gottesknechts (SOBRINO 1991; BONHOEFFER 1944b). Die Prägung der Gestalt des *ebed JHWH* (Gottesknecht) geht auf einen namentlich nicht bekannten alttestamentlichen Propheten zurück, den die Forschung »Deuterojesaja« nennt. Das letzte der vier *ebed JHWH*-Lieder vom leidenden und siegenden Knecht deutet wahrscheinlich das Schicksal dieses Propheten und ist nach dessen Tod entstanden (BLANK 1979). Es setzt sich zusammen aus

Gottesworten, einem Bericht über das Leiden des *ebed* und der Ankündigung seiner Erhöhung:

Das vierte Lied vom Gottesknecht: Jesaja 52,13-53,12

Seht, mein Knecht hat Erfolg, er wird groß sein und hoch erhaben. Viele haben sich über ihn entsetzt, so entstellt sah er aus, nicht mehr wie ein Mensch, seine Gestalt war nicht mehr die eines Menschen. Jetzt aber setzt er viele Völker in Staunen, Könige müssen vor ihm verstummen. Denn was man ihnen noch nie erzählt hat, das sehen sie nun; was sie niemals hörten, das erfahren sie jetzt. Wer hat unserer Kunde geglaubt? Der Arm des Herrn – wem wurde er offenbar? Vor seinen Augen wuchs er auf wie ein junger Sproß, wie ein Wurzeltrieb aus trockenem Boden. Er hatte keine schöne und edle Gestalt, so daß wir ihn anschauen mochten. Er sah nicht so aus, daß wir Gefallen fanden an ihm. Er wurde verachtet und von den Menschen gemieden, ein Mann voller Schmerzen, mit Krankheit vertraut. Wie einer, vor dem man das Gesicht verhüllt, war er verachtet; wir schätzten ihn nicht. Aber er hat unsere Krankheit getragen und unsere Schmerzen auf sich geladen. Wir meinten, er sei von Gott geschlagen, von ihm getroffen und gebeugt. Doch er wurde durchbohrt wegen unserer Verbrechen, wegen unserer Sünden zermalmt. Zu unserem Heil lag die Strafe auf ihm, durch seine Wunden sind wir geheilt. Wir hatten uns alle verirrt wie Schafe, jeder ging für sich seinen Weg. Doch der Herr lud auf ihn die Schuld von uns allen. Er wurde mißhandelt und niedergedrückt, aber er tat seinen Mund nicht auf. Wie ein Lamm, das man zum Schlachten führt, und wie ein Schaf angesichts seiner Scherer, so tat auch er seinen Mund nicht auf. Durch Haft und Gericht wurde er dahingerafft, doch wen kümmerte sein Geschick? Er wurde vom Land der Lebenden abgeschnitten und wegen der Verbrechen seines Volkes zu Tode getroffen. Bei den Ruchlosen gab man ihm sein Grab, bei den Verbrechern seine Ruhestätte, obwohl er kein Unrecht getan hat und kein trügerisches Wort in seinem Mund war. Doch der Herr fand Gefallen an seinem zerschlagenen (Knecht), er rettete den, der sein Leben als Sühnopfer hingab. Er wird Nachkommen sehen und lange leben. Der Plan des Herrn wird durch ihn gelingen. Nachdem er so vieles ertrug, erblickt er das Licht. Er sättigt sich an Erkenntnis. Mein Knecht, der gerechte, macht die vielen gerecht; er lädt ihre Schuld auf sich. Deshalb gebe ich ihm seinen Anteil unter den Großen, und mit den Mächtigen teilt er die Beute, weil er sein Leben dem Tod preisgab und sich unter die Verbrecher rechnen ließ. Denn er trug die Schuld von vielen und trat für die Schuldigen ein.

Der Knecht ist durch Krankheit nicht nur entstellt, sondern aus der menschlichen Gemeinschaft ausgeschlossen. Dieser soziale Aspekt ist für das biblische Denken wichtiger als unsere individuell-medizinische Betrachtungsweise. *Aber er hat unsere Krankheit getragen ...*: Mit diesem »aber« kommt die entscheidende Umkehr der

Sprechergruppe, die sich den Sündenbock-Archetyp bewußtmacht und erkennt, daß der *ebed JHWH* stellvertretend leidet. Als Individuum steht dieser der Gemeinschaft gegenüber. Er ist jedoch nicht unbewußt Asasel-identifiziert, das heißt, er trägt nicht den Schatten des inneren Anklägers, sondern den verborgenen messianischen Erfolg:

»Dazu bietet sich der Begriff der ›Identifikation‹ an. Früher hat sich die Sprecher-Gruppe vom Knecht *distanziert,* jetzt dagegen *identifiziert* und *solidarisiert* sie sich in ihren Aussagen auf irgendeine Weise mit ihm. Allerdings handelt es sich nicht um eine unmittelbare, direkte Identifikation, auch nicht um eine ›kritische‹ Identifikation, sondern schon eher um *selbstkritische Identifikation.* Die Sprecher-Gruppe muß, um die Identifikation vollziehen zu können, zugleich einen Prozeß heilsamer Selbsterkenntnis durchlaufen, sie muß buchstäblich umdenken. Indem sie nun zu einem neuen Verständnis des Knechtes durchdringt, muß sie zugleich ihr eigenes Selbstverständnis genauso gründlich revidieren wie ihr früheres Urteil über den Knecht. So schließt die Identifikation der Gruppe mit dem Knecht eine Art *umgekehrter Übertragung* ein: Seine Krankheit[en] sind in Wahrheit ›unsere Krankheiten‹, gleichsam ihre Projektion, seine Schmerzen in Wahrheit unsere Schmerzen. Eigentlich ist nicht der Knecht gezeichnet und von Gott geschlagen, sondern wir« (BLANK 1979, S. 36f).

Durch die Rücknahme der Projektion der Krankheit auf den Sündenbock deckt das *ebed JHWH*-Lied den Mechanismus der Gewalt auf (GIRARD und SCHWAGER). Es zeigt, daß der Sündenbock stellvertretend eine »soziale« Krankheit trägt, ja, daß er »zum Licht der Völker gemacht« wird (Jesaja 49,6B), eine historische Aufgabe innerhalb der Weltgemeinschaft bekommt, nämlich Gewalt und Unterdrückung durch das Leiden des gekreuzigten Volkes aufzudecken und zu heilen (SOBRINO 1991).

Durch seine Wunden sind wir geheilt (V.5): Dieser in 1 Petrus 2,24f auf Jesus bezogene Vers will nicht nur sagen, daß Leiden zur menschlichen Entwicklung führen kann, sondern daß das »Leiden um JHWHs willen« des Knechtes dem Heil der Gruppe dient (BLANK 1979). Das Bild vom Lamm wie auch das Abgeschnittensein und das Begräbnis außerhalb des Lagers binden den *ebed JHWH* an kultische Sündenbock-Vorstellungen an. Im Unterschied zur Liturgie des großen Versöhnungstages *(jom kippur)* ist jedoch nach BLANK nicht der Priester – durch Aufstemmen der Hände im Übertragungs-Ritus – entsühnendes Subjekt, sondern »JHWH ließ ihn treffen unser aller Verschulden«. Gott selber ist der primär Handelnde an seinem Knecht; die Sündenbock-Identifikation ist nicht mehr eine primär kultische, sondern eine personalisierte, theozentrische und damit an die verborgene Macht JHWHs rückgebundene.

Schon im Neuen Testament, vielleicht unter hellenistischem Einfluß, wurde die archetypische Gestalt des Gottesknechtes an die Peripherie gedrängt (Schwager 1978), um den Skandal des Kreuzes und der Gottverlassenheit Jesu abzuschwächen (Sobrino 1976). Daß sie auch in der heutigen christlichen Mentalität, jedenfalls in Europa, nur eine untergeordnete Rolle spielt, dürfte zwei Gründe haben: Zum einen macht es die Gestalt des Gottesknechtes unmöglich, einen gewissermaßen apathischen Gott durch eine Erlösungstheorie aus dem Leiden dieser Welt herauszuhalten; eine Revision des patriarchalen Gottesbildes drängt sich durch die immanente Kritik der *ebed JHWH*-Gestalt nämlich geradezu auf. Zum anderen zwingt der »Gottesknecht« dazu, jene kollektiven Aspekte des Sündenbock-Archetyps zu berücksichtigen, die in einer eher individualistischen Mentalität für gewöhnlich ausgeklammert werden. Lateinamerikanische Theologen haben das Kreuz als Symbol für die Unterdrückung und Befreiung des »gekreuzigten Volkes« beschrieben (Ellacuría 1990).

Die »Zerrissenheit« unseres Gottesbildes, das selber verwundet ist durch das Leiden, das destruktive Potential der individuellen und der kollektiven Geschichte, erlaubt keine akademischen Antworten der Theologie mehr.

»Die griechische metaphysische Konzeption über das Sein und die Vollkommenheit Gottes macht eine Theo-logie des Kreuzes unmöglich. Im Gegensatz hierzu muß eine geschichtliche Theologie der Befreiung das Leiden als Seinsweise Gottes denken« (Sobrino 1976, S. 149). »Es ist bekannt, daß das griechische Vollkommenheitsideal Unwandelbarkeit voraussetzt: Das Vollkommene ist deshalb das Ewige und das Ahistorische. Deshalb kommen beide Vollkommenheiten der Göttlichkeit wesenhaft zu. Das Leiden setzt jedoch eine Weise von Wandelbarkeit und Passivität voraus und wäre Gott deshalb fremd. Das griechische Denken kann nicht das Leiden als Seinsform Gottes denken, denn dies würde eine Kontradiktion implizieren« (Sobrino 1976, S. 151).

Ausgehend vom griechischen Denken, unfähig den negativen Pol der Wirklichkeit zu denken, kann das Kreuz undialektisch als billiges Ganzheitssymbol mißbraucht werden, das uns die unvermeidliche archetypische Gegensatzspannung erspart. So soll das Bild eines allmächtigen, leidensunfähigen (apathischen), unwandelbar vollkommenen Gottes gerettet werden, der Träger unserer grandiosen Projektionen ist. Immer wieder mußte das Kreuz in einer schiefen Leidensmystik dazu herhalten, den anderen Pol des zerrissenen Gottesbildes (Not, Schwäche, Negativität) leidenden Menschen in einem unseligen Masochismus aufzubürden. Auch heute wiederholt sich noch der scheinheilige Besuch der Freunde beim kranken Hijob. Mit ihren Theorien über Gott und das Leiden wissen sie alles besser. Doch stehen sie durch ihre Erklärungsversuche einer wirklichen *Annahme* des Leidens und der Heilung, die auch angesichts einer unheilbaren Krankheit immer möglich bleibt, gerade im Wege. In solchen abwehrorientierten religiösen Vorstellungen dient das Bild eines »lieben« Vatergottes zur Aufbesserung der Persona des Sündenbock-Identifizierten und zur Abspaltung der verdrängten Asasel-Anteile des Gottesbildes.

Daß der mitleidende, machtlose, auf den Schrei seines sterbenden Messias nicht antwortende Gott am Kreuz Jesu *verwundet* wird, ist die Lektion der Befreiungstheologie. Diese Verwundung Gottes (und unseres Gottesbildes) ist die unausweichliche Konsequenz der Menschwerdung (Inkarnation). So betont KARL RAHNER (1959), »daß die Menschheit Christi eben nicht als Livree oder Vermummung Gottes, als Signal bloß, dessen er sich bedient, aufzufassen ist«, sondern als Symbol, in dem »Gott, sich selbst aus-sagend, sich selbst ent-äußert«. Das Symbol im christlichen Sinn dürfen wir also weniger in Macht- und Wundertaten, als im entscheidenden Zeichen Jesu, nämlich in seiner Machtlosigkeit am Kreuz, sehen. Daß nach biblischem Befund an Hunderten von Stellen Gewalt von Gott selber ausgeht, daß er *Wunden reißt, die er auch wieder heilen wird* (Hosea 6,1), folgt aus den Analysen SCHWAGERS im Anschluß an GIRARD. »Denn er verwundet, und er verbindet, er schlägt, doch seine Hände heilen auch.« Läuft nicht auch NIEHRS (1991) »Solarisierungs-These« (JHWH als rechtschaffender Sonnengott) auf eine Rationalisierung des Leidens am verwundeten und verwundenden Gott hinaus? Als ich die therapeutischen und seelsorglichen Konsequenzen des Heilungsarchetyps mit dem Kriseninterventionsteam eines Krankenhauses diskutierte, wurde mir deutlich: Es fällt uns am schwersten, die Klage des leidenden Menschen gegen den verwundenden Gott zu hören. Allzu rasch finden wir uns in der Rolle von Hijobs Freunden wieder, die vielleicht ein Mitleiden Gottes phantasieren können, nicht jedoch eine Verwundung, die von Gott ausgeht. Diese muß offenbar moralisierend als Strafe, Prüfung oder dergleichen erklärt werden. Sie kann nur schwer in jener erratischen Absurdität stehenbleiben, welche den Psalmvers (22,1) kennzeichnet, den das Markus- und das Mattäusevangelium den sterbenden Jesus rufen lassen: »Mein Gott, mein Gott, warum hast du mich verlassen?«

»Gott in seiner natur kan nicht sterben. Aber nu Gott und Mensch vereinigt ist in einer Person, so heißts recht Gottestod, wenn der Mensch stirbt, der mit Gott ein ding oder eine Person ist«.

Moltmann spricht im Anschluß an diese Äußerung Luthers (WA 50,590,19) weder vom Tode Gottes noch von einem hilflosen Leiden des Vaters, nachdem er selbst den Sohn verlassen hat. Vielmehr nennt er das Kreuz ein (trinitarisches) Geschehen *in* Gott. Der Sohn erleide das Sterben in der Gottverlassenheit, der Vater den Tod des Sohnes. Der Vaterlosigkeit des Sohnes entspreche die Sohnlosigkeit des Vaters (Moltmann 1972, S. 230).

»Wer grundlos leidet, meint immer zuerst, er sei von Gott verlassen. Ihm erscheint Gott als der rätselhafte, unbegreifliche Gott, der das Glück, das er gab, wieder zerstört. Wer in diesem Leiden nach Gott schreit, der stimmt aber im Grunde ein in den Todesschrei des sterbenden Christus, d.h. des Sohnes Gottes. Gott ist ihm dann nicht nur das verborgene Gegenüber, nach dem er schreit, sondern in einem tieferen Sinne der menschliche Gott, der mit ihm schreit und mit seinem Kreuz für ihn eintritt, wo der Mensch in seiner Qual verstummt. Wer leidet, ist nicht nur zornig und wütend und voller Protest gegen sein Geschick. Er leidet ja, weil er lebt und er ist lebendig, weil er liebt. Wer gar nichts mehr lieben kann, auch sich selbst nicht, der leidet auch nicht mehr, denn er ist schmerzlos, gefühllos und gleichgültig geworden. Diese Apathie ist die Krankheit unserer Zeit, eine Krankheit von Personen und Systemen, eine Krankheit zum Tode, zum persönlichen und universalen Tode« (S. 239f).

Die These Moltmanns ist nicht unwidersprochen geblieben. Gross und Kuschel (1992) werfen Moltmanns »neumodischer Theologie der Passion Gottes« vor, sie wolle jede Frage der Verantwortung von Gott ab- und auf den Menschen umbiegen. Damit weiche eine Theologie des im Kreuz ohnmächtigen Gottes der Theodizee-Problematik ebenso aus wie frühere Erziehungs-, Zulassungs-, Straf- oder Privationstheorien (mit letzterer ist gemeint, daß dem Übel keine Substanz zukommt, sondern daß es lediglich als Mangel an Gutsein aufzufassen sei). Gross und Kuschel betonen demgegenüber, daß dem biblischen Gott Heil und Unheil, Gesundheit und Krankheit zugeschrieben werden, vor allem in klagenden Gebeten, die von der Zerrissenheit des Gottesbildes künden. In der Tat ist die

Rede vom leidenden Gott eine zugespitzte dialektische Redeweise. Wer vergäße, daß der König mit der Dornenkrone eben doch ein König ist, würde den messianischen Pol des Sündenbockarchetyps neurotisch verkürzen. »Am Abend brachte man viele Besessene zu ihm. Er trieb mit seinem Wort die Geister aus und heilte alle Kranken. Dadurch sollte sich erfüllen, was durch den Propheten Jesaja gesagt worden ist: Er hat unsere Leiden auf sich genommen und unsere Krankheiten getragen« (Matthäus 8,16-17). Das Neue Testament sieht in der Heilung Besessener einen Hinweis darauf, daß Jesus als der verheißene leidende Gottesknecht die Leiden der Menschheit auf sich nimmt. Paradoxerweise ist er als Sündenbock und Gottesknecht, der andere befreit, sowohl machtlos als auch voller Macht. Wie aber steht es mit Gott? DIETRICH BONHOEFFER in einem Brief aus dem Gefängnis Tegel:

»Der Gott, der uns in der Welt leben läßt ohne die Arbeitshypothese Gott, ist der Gott, vor dem wir dauernd stehen. Vor und mit Gott leben wir ohne Gott. Gott läßt sich aus der Welt herausdrängen ans Kreuz, ist ohnmächtig und schwach in der Welt und gerade so und nur so ist er bei uns und hilft uns. Es ist Matth. 8,17 ganz deutlich, daß Christus nicht hilft kraft seiner Allmacht, sondern [k]raft seiner Schwachheit, seines Leidens.«

Biblisch ausgedrückt, identifiziert sich Jesus mit dem Asasel-Sündenbock, indem er sich in die Wüste jagen läßt und als »Gehenkter ein von Gott Verfluchter wird« (Deuteronomium 21,23). Gleichzeitig identifiziert er sich mit dem Bock, der durch das Los für JHWH bestimmt wurde und dessen Blut auf die Sühne-Deckplatte der Bundeslade gespritzt wurde, um durch dieses Opfer das Volk zu entsühnen. Die Körper dieser Tiere wurden außerhalb des Lagers verbrannt (Leviticus 16,27). »Deshalb hat auch Jesus, um durch sein eigenes Blut das Volk zu heiligen, außerhalb des Tores gelitten« (Hebräer 13,12), in der Wüste der Gottverlassenheit. Und er läßt sich durch die Identifikation mit der archetypischen Gestalt des Gottesknechts auf die Wandlung von der *Verwundung* zum *Erfolg* (Jesaja 52,13) ein, durch das Drama von Tod und Auferstehung. Zu dieser Wandlung gehört auch eine radikale Umkehrung des Gottesbildes von einem je größeren zu einem je kleineren Gott, der in paradoxer Weise in der Gottverlassenheit seines Messias anwesend ist (SOBRINO 1991).

Im Zusammenhang mit dem Sündenbock-Ritual sind wir bereits auf die Bedeutung des vergossenen Blutes eingegangen. Bezüglich des Kreuzes Jesu greift SOBRINO (1991) auf den berühmten Satz

Gregors von Nazianz zurück: »Was nicht angenommen ist, kann nicht geheilt / erlöst werden«. Angenommen werden müsse die Negativität, das Zerstörerische der Gewalt. So sei das Blut Symbol des hohen Preises, der für den Wiederaufbau des Zerstörten zu zahlen ist, nämlich der völligen Annahme der Negativität durch die Menschwerdung mit dem Kreuzestod als Konsequenz. Die Gewalt könne nur dadurch erlöst werden, daß Jesus sie in irgendeiner Form auf sich nimmt (S. 387). Doch wird durch die Bezugnahme auf die kultischen Opfer nirgendwo das *Wie* der Erlösung erklärt, sondern nur das *Daß* der Liebe Gottes in seinem Gekreuzigten. Es handele sich beim Vergießen des Blutes nicht um Wirkkausalität, sondern um symbolische Kausalität (Sobrino 1991, S. 374).

Worin besteht jedoch das Heilsame dieser Sündenbock- und *ebed JHWH*-Identifikation Jesu? Auch wenn sich nicht nachweisen läßt, daß der historische Jesus diese soteriologischen Modelle auf sich bezog, so dürfen wir doch nach der Kontinuität zwischen seinem Verhalten und seiner Mission und dem Sinn seines Hinrichtungstodes fragen (Sobrino 1991, S. 319). Nach René Girards Theorie besteht die Gefährlichkeit der Gewalt nicht in ihrer offenen Brutalität, sondern in ihrer Fähigkeit zur Ansteckung, zur Nachahmung *(mímēsis)* aus guten Gründen. Mörder meinen dann, Gott einen heiligen Dienst zu erweisen (Johannes 16,2), was in der Geschichte des Christentums zu Kreuzzügen und anderen Kriegen im Zeichen des Kreuzes, zu Hexenverbrennungen, zu Inquisition und Folter führte (Schwager 1978, S: 236). In der allgemeinen Gewaltbereitschaft entstehen nach Girard Räume relativen Friedens durch das plötzliche Auftreten von Aggression gegen einen zufälligen Sündenbock, der dadurch sakralisiert wird, als *verflucht und als heilbringend* gilt. Schwager wendet ein, daß die Sündenbock-Identifikation Jesu nicht zufällig (mit einem nachgeschalteten Opfer-Ritual) geschieht, sondern *notwendig und durch freie Entscheidung.*

In der Spätantike entwickelte sich eine Rivalität zwischen Christus, dem Heiland *(sōtḗr)* der Sünder und Kranken einerseits und dem heidnischen *sōtḗr* Asklepios anderseits. In das Motiv des *Christus medicus* flossen auch Züge des alttestamentlichen Gottesbildes ein: »Ich bin der Herr, dein Arzt« heißt es in Exodus 15,26. Das deutsche Wort Heiland (ursprünglich Partizip praesens zu »heilen« übersetzt das griechische *sōtḗr* und das lateinische *salvator.* Im 16. Jahrhundert bezeichnet »Heiland« das Verbandmaterial des Wundarztes (Herzog 1994). Zur medizinisch-pharmazeutischen Metaphorik gehört auch, daß Christus im Vergleich zu Asklepios als der bessere Heiland, als die wirksamere Arznei hingestellt wird.

Die auf das Kreuz zulaufende Existenz Jesu läßt alle Vergleiche mit der Wirksamkeit eines Heilmittels in einem anderen Licht erscheinen. Der Prozeß, der Jesus gemacht wird, die Gewalt, die ihn trifft, beginnt lange vor der Passion, nämlich in seinem Mit-Leiden. Der Prozeß Jesu ist zugleich ein Prozeß des »allmächtigen« Gottes, eine radikale Umwertung der bisherigen Vorstellungen vom Erfolg des Heilands und Gottesknechts. Die Frage »Will Gott das Leiden seines Knechtes?« bleibt noch einem herkömmlichen patriarchalen Gottesbild verhaftet. Daß der *ebed JHWH* von unseren Sünden getroffen wird, drückt Jesaja 53,6 so aus: *Doch der Herr warf all unsere Sünden auf ihn.* Wir können auch übersetzen: *Doch der Herr ließ es zu, daß wir all unsere Sünden auf ihn warfen.* Das Hebräische macht hier keinen Unterschied zwischen aktivem Verursachen und passivem Zulassen. Über diese sprachliche Besonderheit hinaus geht es jedoch vor allem um ein inhaltliches Problem. Es ist ein Skandal für das patriarchale Gottesbild, »daß die Aussagen, gemäß denen [JHWH] selber gewalttätig handelt, und jene, die von einem Ausliefern an menschliche Gewalttäter sprechen, inhaltlich das gleiche meinen« (SCHWAGER 1978, S. 139). Im poetischen Kontext der Klagepsalmen und Gottesknechtslieder trägt der leidende Einzelne seine Persona als *Maske,* die sowohl ihm als auch dem Kollektiv gehört und die außer der weinenden Seite des Leidens noch eine lächelnde einschließt: Dies ist das Lächeln angesichts der Lösung von Krankheit und Gewalt im Heilungsdrama (BEAUCHAMP). Unsere Maßstäbe von Erfolg und Mißerfolg, von Gesundheit und Leiden werden durch*kreuzt:*

»Gott erscheint nicht als derjenige, der Macht über das Negative von *außen* hat; im Kreuz sieht er sich *innerhalb* des Negativen überwältigt. Die mögliche Überwindung des Negativen geschieht im Eintauchen in die Mechanismen des Negativen« (SOBRINO 1976, S. 172).

Der kreuztragende barmherzige Samariter

»Der barmherzige Samariter gilt als der Prototyp des helfenden Menschen, der seine Dienste nicht aus professioneller Verantwortung, sondern aus Mitleid und Nächstenliebe anbietet« (FRANKE 1993). Mit dem Verblassen des christlichen Symbolsystems in unserer Gesellschaft verschwindet der barmherzige Samariter auch als bewußtes Leitbild professioneller und öffentlicher Dienstleistung. Als unbewußtes Zerrbild bleibt der barmherzige Samariter jedoch im sogenannten Helfersyndrom (SCHMIDBAUER 1977) wirksam: Der »hilflose Helfer« setzt seine Fachkompetenz engagiert für andere ein und vermeidet Beziehungen, die auf Gegenseitigkeit beruhen. Teilweise wünscht er sich solche Kontakte, die nicht im Zusammenhang mit der Helferrolle stehen, teilweise hat er Angst vor ihnen. Die eigene Schwäche und Hilfsbedürftigkeit blendet er so lange aus, bis es zum narzißtischen Zusammenbruch kommt. Er verdrängt die hilfsbedürftige, leidende, mit-leidende Seite des Samariters und sieht nur die starke Seite der eigenen Hilfsbereitschaft. Was aber meint das biblische Samaritergleichnis ursprünglich? Hilfe aus Mitleid und Nächstenliebe? Sicher auch das, und ganz ohne diese Motivation wird wohl kein Helfer auskommen. Wer Hilfe braucht, wird sich aber nur bei solchen Helfern und Helferinnen wirklich geborgen fühlen, die ihre eigenen Schwächen und Wunden angenommen und das falsche Ideal eines starken und selbstlosen Retters aufgegeben haben, der angeblich nur an die anderen denkt.

Das Gleichnis vom barmherzigen Samariter wurde im Laufe der Jahrhunderte immer wieder christologisch gedeutet, zum Beispiel in Abwandlung des *Christus-medicus-Motivs:* Als Sanitäter und Krankenpfleger verabreicht der Erlöser der von Krankheit geplagten Menschheit die Sakramente als wirksame Arzneien (HERZOG 1994). Das Gleichnis wird im Lukusevangelium in den Zusammenhang eines Lehrgesprächs gestellt, in dessen Zentrum die Frage Jesu an den Schriftgelehrten steht: »Wer ist zum Nächsten dessen geworden, der unter die Räuber fiel?« (Lukas 10,36). Keiner kann von vornherein Nächster oder Heiler eines jeglichen Mitmenschen *sein.* Dies wäre ein Heilandskomplex, die inflationäre Identifizierung mit dem Messias-Archetyp und die Abspaltung des verwahrlosten, hungrigen Babys hinter einer prächtigen, starken Helfer-Fassade (SCHMIDBAUER 1977).

Das Samariterfenster in Chartres (XIII. Jahrhundert, Abb. 8) zeigt ganz links, wie ein Pilger, erkennbar an dem Stab in seiner Rechten, guten Mutes die Stadt Jerusalem in Richtung Jericho verläßt.

Auf dem Medaillon in der Mitte sehen wir vor dem roten Hintergrund zwei Schurken mit hervortretenden Augen und nach unten gezogenen Mundwinkeln. Der linke zieht sein Schwert und ist be-

Abbildung 8: Der Reisende fällt unter die Räuber (Chartres)

Abbildung 9: Verwundeter und Heiler

reits auf dem Sprung; der rechte lauert und beobachtet den Pilger, der nicht abgebildet ist. Auffällig ein schlanker und hochgeschossener Baum, der das Medaillon durchschneidet. Es ist der Baum des Bösen, der Spaltung und der von hinten sich nähernden Gefahr. Das Böse kommt von hinten, aus dem Schatten. Es ist dem Bewußtsein als *eigene* Möglichkeit zunächst überhaupt nicht zugänglich. Im Nachbarmedaillon taucht erneut ein Baum auf, der klar als Kreuzesbaum erkennbar ist. Hinter dem Pilger schwingt ein Bandit sein Schwert, ein anderer holt mit dem Knüppel zum Schlag aus, und der dritte beraubt das Opfer seiner Kleider. Der Pilger ist gebeugt, wehrlos, der Kreuzesbaum setzt die Linie des geschlagenen Rükkens fort. Der Baum des Kreuzes und der Baum des Bösen entsprechen sich. Der Pilger trägt das Gesicht Christi, des leidenden Gottesknechts, von dem Deuterojesaja sagt: Er wird Erfolg haben. Er hat keine Schönheit mehr, er wird wie ein Lamm zur Schlachtbank geführt, durch seine Wunden sind wir geheilt (MANHES und DEREMBLE 1986).

Abbildung 9 vereint die beiden Aspekte des Heilungsgeschehens: Der Verwundete sitzt passiv wie ein Schmerzensmann da, das Kinn auf die Rechte gestützt. Der Samariter hingegen steht, ist aktiv, hält eine Binde in der Hand. Beide Gesichter gleichen sich, und beide tragen die Züge Jesu, des verwundeten Heilers. Jesus ist sowohl Heiler als auch Kranker. Er ist bereit, auf die andere Seite zu wechseln und die Rolle des Kranken anzunehmen. Er ist nicht in erster Linie der machtvolle Heiler, sondern der machtlose gekreuzigte Heiland (vgl. KOLIÉ 1986).

V. Heilung – von der ärztlichen (Ohn-)Macht zur Ko-Evolution

> O wie bin ich krätzig und lahm,
> Selber den Weg zu gehn.
> An eigener Unrast krank,
> Muß ich euch leidend sehn.
> Soll meine, soll deine Wunde genesen vorher?
> Ich muß beiden helfen:
> Nichts weiß ich mehr.
> So kommt an mein Krankenbett,
> Ob gesund oder krank.
> Nehmet von mir, dem kranken Arzt, den Trank
> (MORENO, zit. in LEUTZ 1974, S. 145)

Der Ausdruck »Ko-Evolution« (WILLI 1989) stammt aus der Paartherapie und meint: gemeinsame Entwicklung, Bildung einer gemeinsamen, interpersonalen Welt. Zwei Menschen erzählen sich, erleben und schreiben eine gemeinsame Geschichte. In diesem Buch geht es um das archetypische Paar Kranker – Heiler. Die Persönlichkeit des Arztes und der dialektisch-interaktive Prozeß der Therapie sind aus JUNGS Sicht entscheidende Wirkfaktoren, die sich auch empirisch belegen lassen (KELLER et al. 1995). In der Hitze von Übertragung und Gegenübertragung kann eine gemeinsame Welt phantasiert werden wie in der »echten« Zweierbeziehung. Das »geistliche« Kind, das aus dieser Beziehung wächst, heißt Heilung oder Entwicklung, Individuation. Weil es in der Übertragung um dieses spirituelle Kind geht (JUNG, GW 16, § 461), müssen Arzt und Patient respektieren, daß ihre »Ehe« symbolischer und nur geistiger Natur ist und auf ein Außerhalb der miteinander phantasierten Welt verweist (JACOBY 1993; FRICK und REMMLER 1995). Die Arzt-Patient-Beziehung ist also von vornherein auf Trennung angelegt und weist über sich hinaus auf ein Ziel.

In diesem Buch wird das Heilungsgeschehen innerhalb der therapeutischen Zweierbeziehung beschrieben: Therapeut(in) – Patient(in). Eigentlich ist es eine Viererbeziehung, denn beider Unbewußtes kommt ins Spiel, worauf wir bald eingehen werden. Man (und frau) möge mir verzeihen, daß ich aus Konventionsgründen von *Arzt* und *Patient* spreche. Ich habe auch da, wo ich von männlichen / weiblichen, väterlichen / mütterlichen Seiten spreche, stets Aspekte im Auge, die Männer *und* Frauen ausmachen. Auch möchte ich mit dem JUNGschen Viererschema nichts gegen therapeutische Teams und Gruppenmethoden sagen. Ich hoffe, daß beim Lesen deutlich wird, wie das Gesagte auch auf komplexere therapeutische Systeme anwendbar ist.

Am wichtigsten ist jedoch: Das duale Zusammenwirken ist auf ein Drittes ausgerichtet, auf ein Ziel, ohne das es keine Therapie gäbe. Bei JUNG ist dieses Dritte zwischen Arzt und Patient durch die symbolische Taube ausgedrückt wie in der folgenden Abbildung:

Abbildung 10: König und Königin steigen in den Brunnen hinab (aus JUNG, GW 16)

Sie ist einer alchimistischen Bilderserie entnommen, die JUNG in der *Psychologie der Übertragung* kommentiert. König und Königin stehen für das archetypische Paar Arzt – Patient. Sie haben sich ihrer Kleider (ihrer jeweiligen Persona) entledigt. Das Wasser steht für ihre intensive gefühlsmäßige, in das Unbewußte hinabreichende Verbindung. Zärtlich-erotische Gefühle, die zwischen ihnen bestehen mögen, haben weder sexuelles Einswerden noch eine reale Zeugung zum Ziel, sondern ein Drittes, das »zwischen« ihnen ist und zugleich von »oben« kommt.

JOHNEN (1994) hat die therapeutische Kategorie der Drittheit (Triangulierung) im Hinblick auf das gemeinsame Zeichenverstehen untersucht. Mit den anderen Mitgliedern der Arbeitsgruppe um MARIANNE FUCHS und THURE VON UEXKÜLL (1994) spricht er von der »*Ein*wicklung« früherer Formen der Wahrnehmung und des Zeichenverstehens in die höheren, symbolischen Formen unserer erwachsenen Beziehungen. Wir müssen also auch im Gespräch, im gemeinsamen Entdecken von Symbolen, damit rechnen, daß stets elementare frühere Ebenen der Selbst- und Fremdwahrnehmung mitgemeint sind. Ein komplexes Zeichensystem wie die wissenschaftliche Anatomie darf uns nicht vergessen machen, daß es »darunter« eine subjektive Anatomie gibt, die durch unser wissenschaftliches Verstehen nicht abgeschafft, sondern lediglich überbaut ist. Dies bedeutet für den Arzt, daß er ständig zwischen dem medizinischen Zeichensystem und jenem seiner Patienten hin- und herpendeln und, was noch schwerer ist, zwischen beiden übersetzen muß. Wenn er selber krank oder verwundet ist wie OLIVER SACKS, wird er die Spannung zwischen »primitiven« und »höherentwickelten« Zeichensystemen am eigenen Leib erleben. Mit PEIRCE unterscheidet JOHNEN drei aufeinander aufbauende Zeichenklassen, die er auf die kindliche Entwicklung und auf die Art bezieht, wie diese in der therapeutischen Situation wiederkehrt:

1. *Ikonische* Zeichen beruhen auf der Ähnlichkeit zum Objekt: Der Säugling empfindet den Teddybär als etwas Weiches, Kuscheliges. Der Teddybär kann damit zeichenhaft für alle mit einer derartigen Empfindung verknüpften Gegenstände stehen. Ebenso ist die Schmerz- oder Spannungswahrnehmung eine Körperempfindung, die auf der Ähnlichkeit beruht. Sehr früh nehmen wir die Lage unserer Gelenke, Dehnung und Verkrampfung der Muskulatur von inneren Organen oder den Zustand unserer Haut wahr. Auf der Ebene des unbewußt ablaufenden ikonischen Zeichenprozesses können wir diese Wahrnehmungen jedoch nicht raum-zeitlich zuordnen und noch nicht von ihnen sprechen. Dennoch laufen in uns als lebendigen, psycho-somatischen Organismen ständig derartige Zeichenprozesse ab, die vorsprachlich sind und bleiben. 2. Auch das *indexikalische* Zeichen bleibt so lange unbewußt, bis eine Störung eintritt. Dieses Zeichen beruht auf dem raum-zeitlichen und real empfundenen Zusammenhang mit dem Objekt. Das Baby bemerkt, daß ihm etwas fehlt, wenn der Teddybär nicht da ist. In Kapitel III sahen wir, daß OLIVER SACKS die veränderte Eigenwahrnehmung seines Körpers auf die Störung des Körperschemas bezieht, die ihm schmerzlich und quälend bewußt wird. Zur Kategorie der Zweitheit gehört das Wahrnehmen eines räumlichen oder zeitlichen Nacheinanders, das allerdings noch nicht in einen Sinnzusammenhang gebracht werden kann. Dies gelingt 3. auf der Stufe des symbolischen Zeichens, das auf Übereinkunft beruht und damit grundsätzlich mitteilbar ist. Das Baby hat auf dieser Ebene ein inneres Bild von seinem Teddybär, es kann sich nach ihm auf die Suche machen. Die Pflegeperson wird darüber hinaus auf Körperwahrnehmungen (Spannung/Entspannung, Lust/Unlust, Hunger/Sattsein und so weiter) mit Zuwendung, Pflegemaßnahmen, Füttern und so weiter so eingehen, daß sich allmählich ein

differenziertes Körperselbst bildet, das teilweise in Worte zu fassen ist. In ähnlicher Weise spielen auch zwischen Arzt und Patient Zeichen der verschiedenen Kategorien eine Rolle, die gemeinsam geordnet, benannt, auf die psycho-somatische Selbstwahrnehmung bezogen werden. Mythen von Krankheit und Heilung wie der Kausalmythos in seiner wissenschaftlichen und in seiner vor-wissenschaftlichen Variante sind Erzählungen, die der Symbolisierung dienen (vgl. FRICK 1993).

Wer krank ist, sucht Heilung außerhalb seiner selbst, bei einer anderen Person, die ihn heilen kann, der eigenen Krankheitsgeschichte zuhört und hilft, verwirrende Zeichen zu ordnen. Zwischen beiden besteht ein Gefälle: Wenn ich krank bin, fühle ich mich schwach, hilfsbedürftig, verletzt, leidend und phantasiere den anderen als gesund, stark, hilfsbereit und vor allem als zur Hilfe fähig. Die Ressourcen der Heilung sind also ungleich verteilt: Als *Patient* bin ich ohnmächtig und hilflos der Krankheit ausgeliefert, während mein *Arzt* (oder Ärztin, Therapeut/Therapeutin, Pfleger oder Krankenschwester und so weiter) im Besitz von Macht und Heilmitteln ist. Tatsächlich wird Gesundheit oft wie eine Ware erlebt, die im Dienstleistungsgeschäft der Heilung weitergegeben wird: Als Patient bin ich ein Habenichts. Nicht nur die Gesundheit habe ich verloren, mir fehlen auch das Wissen, die Heilmethoden und Heilmittel, über welche die gesunden Experten verfügen.

So ungefähr sieht unsere bewußte Vorstellung von Heilung aus. Die Weitergabe des hohen Gutes der Gesundheit innerhalb des professionellen Dienstleistungsgeschäfts der Medizin ist eine Weise zu beschreiben, wie Heilung geschieht.

Ich habe eine andere gewählt.

Der Heilungsarchetyp

Technisch perfekt bediente Patienten sind auch in einem auf Effektivität ausgerichteten Gesundheitssystem noch keine zufriedenen Kunden (HEMMELER und ADLER 1995). Für das, was wir »Zufriedenheit« nennen, ist die – wünschenswerte – technisch einwandfreie Betreuung höchstens eine notwendige, keineswegs jedoch eine hinreichende Bedingung. Einerseits muß der Arzt als Übersetzer zwischen unterschiedlichen Zeichensystemen auf die »individuelle Wirklichkeit« (UEXKÜLL) seines Patienten achten. Andererseits ist Heilung keineswegs identisch mit Zufriedenheit. Der Weg zu

Genesung und Entwicklung wird möglicherweise über Enttäuschung, Unzufriedenheit, Zunahme des Leidens führen. In der psychoanalytischen Behandlung ist dies regelmäßig der Fall. Deshalb ist es besser, Menschen von der Psychoanalyse abzuraten, die vornehmlich eine Beseitigung ihrer Symptome wünschen. »Zufriedenheit« kann innerhalb der psychoanalytischen Arbeit sogar bedeuten, daß Arzt und Patient gemeinsam der psychischen, körperlichen oder sozialen Realität ausweichen. Was aber weiß die Psychoanalyse über Krankheit und Heilung? Anhand des folgenden einfachen, an JUNGS Hochzeitsquaternio angelehnten Schemas möchte ich Ausgangskonstellation, Prozeß und Resultat des Heilungs-Dramas verdeutlichen.

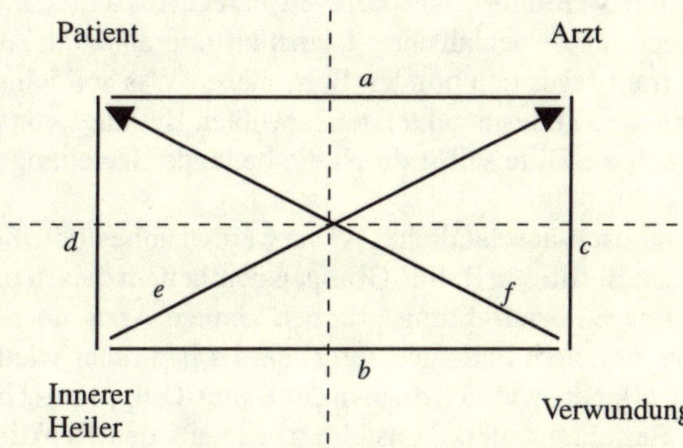

Abbildung 11: Beziehungselemente im Heilungsarchetyp (nach GROESBECK 1975)

Die zwischen zwei Personen bestehende bewußte Ich-Du-Beziehung (a) kann von beiden frei gestaltet werden. Die auf SIGMUND FREUD zurückgehende Entdeckung des Unbewußten zeigt uns jedoch: Dies ist nur ein Teil der zwischenmenschlichen Realität. In unserem Fall ist einer »Patient(in)«, der andere »Arzt« oder »Ärztin« (beziehungsweise Angehörige einer anderen Berufsgruppe). Beide sind von ihrem persönlichen Unbewußten und von der beide verbindenden gemeinsamen Unbewußtheit (b) bestimmt. Es wird sich zeigen, daß sich das Wesentliche des Heilungsprozesses in diesem Bereich abspielt, der unserem kritischen Zugriff völlig entzogen ist. Der Patient möchte immer *mehr* als symptomatische Hilfe. Im Verhältnis zu Krankenhaus und Arzt erlebt er die Sehnsucht nach Heilung und Ganzheit. Der Arzt ist für ihn nicht nur der konkrete Träger beruflicher Kompetenz, sondern *der Heiler,* in den er seine Hoffnung setzt. Diese große Erwartung, die beim Aufsuchen eines Arztes, Therapeuten, Heilers wachgerufen wird, habe ich gespürt, als ich nach meinem Staatsexamen zum ersten Mal »eigene« Patienten hatte, für die ich im Rahmen meiner Station verantwortlich war. Im Vergleich zum Praktischen Jahr hatte ich noch nichts dazugelernt, aber schon am ersten Tag kamen mir unterschwellige Heilungserwartungen entgegen, wenn auch von Patient zu Patient in sehr unterschiedlichem Ausmaß.

Dies bedeutet nicht, daß wir den bewußten Behandlungsvertrag geringachten sollten! Der eine kommt, um seine Krankheitssymptome (körperliche oder seelische) loszuwerden und insgesamt besser mit sich und seiner Umwelt zurechtzukommen, während der andere eine spezialisierte Dienstleistung anbietet. Auf dieser Ebene fragt Jesus den blinden Bartimäus: »Was soll ich dir tun?« (Markus 10,51). Jesus achtet den bewußten Heilungswunsch, auch wenn sich die Bitte selbst durch die heilende Beziehung wandeln wird.

In praktisch-anschaulicher Weise werden unbewußte Seiten des ärztlichen Berufes in Balint-Gruppen deutlich. In diesen patientenzentrierten Selbsterfahrungsgruppen können Ärzte über ihre Beziehung zu einem Patienten sprechen. Es ist immer wieder spannend zu erleben, wie sich dann in der Balint-Gruppe das Unbewußte des Berichterstatters konstelliert, der aus den Reaktionen der Kollegen Aspekte seiner Arbeit erfährt, die vorher mehr oder weniger im Schatten lagen. Erst dann wird es möglich, eigene Projektionen auf den Patienten (f) zurückzunehmen, zum Beispiel ihn einseitig als destruktiv, suizidal oder nicht kooperativ wahrzunehmen, ohne auf die eigenen entsprechenden Seiten zu achten. Wenn ich diese Gegenübertragung besser verstehe, wird auch der Patient seine Übertragung (e) auf mich abbauen können und seinen eigenen Inneren Heiler freisetzen.

Vom Arzt muß verlangt werden, daß er mit seiner eigenen Tiefe in Kontakt gekommen ist, daß er nicht bloß Theorien gelernt hat, sondern eigene Wunden und Schmerzen spürt (Linie c in Abb. 11). Sonst besteht die Gefahr, daß er zum Guru oder zum allmächtigen Heiler wird und damit die Entwicklungsmöglichkeiten und den »Inneren Heiler« des Patienten behindert. Zur psychoanalytischen Ausbildung gehört deshalb eine persönliche (Lehr-)analyse, die von C. G. Jung zu einem frühen Zeitpunkt der psychoanalytischen Bewegung gefordert wurde. Allerdings darf die Lehranalyse nicht mit dem Anspruch verknüpft werden, einen idealen Analytiker zu produzieren. Derartige Anforderungen psychoanalytischer Institute verlängern lediglich das Ideal-Ich der Eltern, anstatt einen halbwegs gesunden Umgang mit den eigenen Schwächen einzuüben beziehungsweise in der Beziehung zum Lehranalytiker zu erfahren (SCHMIDBAUER 1977). Das Selbsterfahrungsprinzip beschränkt sich keineswegs auf die Psychoanalyse. In jeder ernsthaften Psychotherapieausbildung und überall dort, wo es um eine Arbeit mit Menschen geht, erwarten wir diesen ersten, entscheidenden Schritt. So lernen wir im Medizinstudium die körperliche Untersuchung zunächst am eigenen Leib. SCHÜFFEL und JOHNEN (vgl. UEXKÜLL et al. 1994) versuchen, in einer Verbindung aus Theorie und Selbsterfahrung Einsichten der subjektiven Anatomie an Medizinstudenten zu vermitteln. Lehranalyse und sonstige Selbsterfahrung könnten allerdings als Instrumentalisierung des Unbewußten mißverstanden werden, als ein weiterer Versuch der Medizin, »das Lebendige unter die Botmäßigkeit der Erklärung zu bringen« (HEIDEGGER 1989). Der Beitrag der Psychoanalyse – wenn sie überhaupt eine Bedeutung für die Medizin hat – besteht jedoch in der *Leidenschaft des Nicht-Wissens* (BEIRNAERT 1989), also in der Annahme unserer Ohnmacht unbewußten Prozessen gegenüber. Vielleicht ist diese Wunde im Bereich des Wissens sogar die entscheidende, von der alles abhängt.

Worin besteht nun konkret der therapeutische Prozeß? Arzt und Patient bilden ein archetypisches Paar, jeder von ihnen trägt die beiden Pole des Heiler-Patient-Archetyps in sich: Der Kranke ist *auch* Arzt, auf seinen inneren Heiler angewiesen, der die Heilung will oder vielleicht noch nicht will; der Arzt ist *auch* Kranker, insofern er verwundet und machtlos ist und nur aus dieser Schwäche heraus seinem Patienten dienen kann. Für gewöhnlich kommt es zu Beginn jeder Therapie zu einer zweifachen *Spaltung des Archetyps* (gestrichelte Linien in Abb. 11): Der Kranke ist *nur* Patient, der sich ganz auf Ärzte, Schwestern oder Krankenhaus verläßt, von denen er passiv die Heilung erwartet. Gleichzeitig ist der Heiler *nur* Arzt ohne Wunden, der sich als Gesunder einem kranken Mitmenschen zuwendet. Diese zwischenmenschliche (inter-personale) Spaltung des Archetyps steht der Heilung, der Mobilisierung des inneren Heilers entgegen. Wie auf einer Wippe sitzt der Arzt mit seiner Heilungskompetenz »unten«, während der Patient federleicht »in der Luft hängt«. Durch unsere ärztliche Macht und Fähigkeit wird die interpersonale Spaltung des Heilungsarchetyps nur scheinbar überwunden. Freilich brauchen wir oft diese Überwindung der Spaltung durch Macht, etwa in Gestalt eines Antibiotikums gegen eine lebensbedrohliche Lungenentzündung, eines »hochpotenten« Psychopharmakons gegen eine psychotische Krise, einer Hüft-Endoprothese gegen einen Oberschenkelhalsbruch. Es wäre töricht, solche hilfreichen Aspekte ärztlicher Macht zu verleugnen. Jedoch: Heilung geschieht dadurch nicht. Sie kommt erst, wenn der Kranke wieder aufsteht und auf seinen eigenen Beinen das Behandlungszimmer oder das Spital verläßt. Wer therapeutisch tätig ist, weiß, daß es mit einer technisch einwandfreien Versorgung niemals getan ist. Archetypisch gesehen sind wir auf die Kooperation des *Inneren Heilers* angewiesen. Mit anderen Worten: Wenn wir einen bettlägerigen Patienten zu »mobilisieren« versuchen, müssen wir zuvor sein Unbewußtes zur Kooperation einladen.

Eine zweite Spaltung (angedeutet durch die horizontale gestrichelte Linie in der Abb. 11) ist intrapersonal und betrifft das individuelle Abgeschnittensein vom Unbewußten. Dies bedeutet, daß der Patient nicht die eigene Heilerseite und der Arzt nicht die eigene Verwundungsseite spürt. Erst die bewußte Annahme der *Verwundung* des Arztes ermöglicht Entwicklung, ohne diese zu erzwingen. Es ist die freie Übernahme der Sündenbockrolle in Verbindung mit einem messianischen Anspruch. Beides zusammen überwindet sowohl die Besessenheit mit dem Sündenbock-Komplex als auch eine inflationäre Identifikation mit dem Heilands-Komplex (Perera 1986):

»Jesus Christus nun wird verwundet und trägt die Sünden der Menschen. Er selbst leidet an Sünde und Tod. Er heilt die Welt von Sünde und Tod, doch er selbst trägt alle Sünde und hat am Kreuz zu sterben. Und Jesus Christus hat keinerlei Macht. Er weigerte sich, je Macht zu brauchen, nur sein Vater, Gott, wird als mächtig anerkannt. So ist er der ›verwundete Heiler‹ im höchsten Sinne. Durch den Kreuzestod hat Christus die Welt geheilt von Sünde und Tod, dadurch, dass er beide auf sich nahm, und nicht durch Ausweichen und nicht dadurch, dass er sich distanzierte. Im Vergleich zu ihm ist der Arzt nur ein kleiner Zwerg, der sich in den Kampf zwischen Leben und Tod, Krankheit und Gesundheit wirft« (Guggenbühl-Craig 1971, S. 69).

»Nur wo der Arzt selber getroffen ist, wirkt er. Nur der Verwundete heilt. Wo aber der Arzt einen Persona-Panzer hat, wirkt er nicht« (JUNG 1962a, S. 139). Der Arzt erscheint unserem Alltagsbewußtsein als ein Gesunder, der nach den Regeln seiner Kunst und mit ihren Mitteln gegen die Krankheit kämpft. Dies macht seine *Persona,* die soziale Persönlichkeit, Rolle und Maske seines Berufes aus. Schon als Medizinstudenten, Pflegeschüler oder Praktikanten identifizieren wir uns mit der ärztlichen Persona, indem wir in den weißen Kittel schlüpfen. Diese Identifikation kann inflationär werden bis hin zum Halbgott in Weiß und zum pathologischen Narzißmus des säkularisierten Wunderheilers. Hingegen wäre mein Verhältnis zur Persona deflationär, wenn ich mich permanent überfordert und unwohl in meiner Rolle als Arzt fühlte. Ich hätte dann eine schlecht sitzende Persona.

Wo viel Licht ist, da gibt es auch viel Schatten. Das *Licht* ist in unserem Zusammenhang die Persona, der *Schatten* im JUNGschen Sinn stellt die Summe der ungelebten Möglichkeiten dar, die mir größtenteils unbewußt sind, die ich nie loswerden, mit denen ich aber in Einklang gehen kann und auch gehen sollte. Während die Persona in Träumen gern durch Kleidungsstücke symbolisiert wird, tritt der Schatten oft in Gestalt einer unbekannten Person auf, die oft dasselbe Geschlecht wie Träumerin oder Träumer hat. Dunkle Schatten sind meine mißgeliebten schlechten Eigenschaften, die ich gern auf jemanden aus meiner Umgebung projiziere, um sie an meinen Mitmenschen bekämpfen oder »therapieren« zu können. Helle Schatten sind Möglichkeiten, die ich nicht gewählt habe, aber vielleicht hätte wählen können und um die ich andere beneide. Es geht in der psychischen Entwicklung um Annahme, nicht um ein Loswerden des Schattens. Menschen mit Helfersyndrom vermeiden den Kontakt mit ihrem Schatten (zum Beispiel mit dem inneren hilfsbedürftigen »verwahrlosten, hungrigen Baby«), indem sie ihn hinter einer prächtigen und starken Berufspersona verstecken. Diese Fassade sei auf narzißtische Geltung abgestellt, sagt WOLFGANG SCHMIDBAUER (1977): Ich brauche nichts, ich gebe! Volle Gegenseitigkeit in Beziehungen werde vermieden, und das in Fleisch und Blut übergehende Helfenwollen diene der Verdrängung dieser Vermeidungshaltung.

Carl, ein 68jähriger Psychiater, bricht sich innerhalb weniger

Wochen einen Fuß und erleidet einen schweren Herzinfarkt. An der Grenze zwischen Leben und Tod erlebt er Visionen, in die sich lebensgeschichtliche Ereignisse, indische Mythologie und das klassische Griechenland mischen. Er schaut vom Weltraum aus auf die Erde. Von Europa aus steigt das Bild seines behandelnden Arztes auf, umrahmt von goldener Kette und goldenem Lorbeerkranz, in der Urgestalt des Basileus von Kos, der Heimat des Hippokrates. Später, als es dem Patienten wieder bessergeht, bewegt ihn zweierlei: Eine Art Widerstand gegen seinen Arzt, der ihn wieder ins Leben holte, und die Sorge, daß diesem etwas zustoßen könnte.

»›Herrgott nochmal, er muß doch aufpassen, er kann doch nicht so unvorsichtig sein! Ich möchte mit ihm darüber reden, daß er etwas tut für sich!‹ Ich hatte die feste Überzeugung, er sei bedroht, weil er mir in seiner Urgestalt begegnet war. In der Tat war ich sein letzter Patient. Am 4. April 1944 – ich weiß das Datum noch genau – durfte ich zum ersten Mal auf dem Bettrand sitzen, und an diesem Tage legte er sich ins Bett und ist nicht mehr aufgestanden. Ich vernahm, daß er gelegentlich Fieberanfälle hatte. Bald darauf ist er an Seticaemie gestorben. Er war ein guter Arzt und hatte etwas Geniales. Sonst wäre er mir auch nicht als Fürst von Kos erschienen« (JUNG 1962a, S. 297).

Der hier redet, ist niemand anderes als C. G. JUNG. Seine Genesung und die unmittelbar darauf folgende todbringende Erkrankung des anderen mögen auf den ersten Blick wie ein merkwürdiger Zufall, wie eine Laune des Schicksals erscheinen. JUNG selber verfügte zweifellos über schamanische Fähigkeiten und lernte ebenso wie SIGMUND FREUD aus eigenem schöpferischen Kranksein (DOWNTON 1989, ELLENBERGER 1985, GROESBECK 1989) mehr als aus theoretischen Überlegungen. Ähnlich wie bei den von ELIADE (1951) beschriebenen Schamanen sogenannter primitiver Kulturen kommt es auch für den wissenschaftlich gebildeten Therapeuten darauf an, daß er auf seiner initiatorischen Reise in die eigene Verwundung gesunde Ich-Inseln behält, daß er nicht im Feuer der archetypischen Identifikation verbrennt, sondern vielmehr in die Alltagswirklichkeit zurückkehrt.

Als Ärzte oder als medizinisch Begeisterte laufen wir Gefahr, uns mit archetypischen Figuren wie dem Guru, dem Schamanen oder dem allmächtigen Heiler zu identifizieren, damit nicht nur selber Schaden zu nehmen, sondern auch die Entwicklungsmöglichkeiten und den »inneren Heiler« des Patienten abzublocken. In primitiven Kulturen kommt dem Schamanen die Aufgabe zu, durch mythische Szenarios eine idealtypische Darstellung der sozialen Normen und Ideale zu verkörpern. So wird der Helfer »zum Vermittler zwischen dem kulturellen Ideal und dem menschlich-individuellen Versagen, ihm aus eigener Kraft ganz gerecht zu werden« (SCHMIDBAUER 1977, S. 38). Auch in unserer Hochkultur richtet sich an die heilenden Berufe die Erwartung, das in seiner Krankheit hilflose Individuum durch magische oder mythische Sinngebung und symbolische Aktionen zu heilen und die Kontinuität eines Symbolsystems zu sichern, das über das kurze individuelle Leben hinausgeht und Deutungsmuster für die Bewältigung individuellen Krankseins, Gesundens und Sterbens bereitstellt (SCHMIDBAUER 1977, S. 41).

Die schamanistische Versuchung des ärztlichen Berufs, also die Tendenz, mit derartigen Erwartungen inflationär zu verschmelzen, ist mehr als persönliche Unbescheidenheit, die es in der Medizin natürlich ebenso gibt wie in anderen Berufen. Es geht mir in diesem Zusammenhang jedoch keineswegs ums Moralisieren, sondern um eine viel entscheidendere Frage: Bin ich in Ausbildung und Berufsausübung mit meiner eigenen Tiefe in Kontakt gekommen? Habe ich bloß Theorien gelernt, spüre ich eigene Wunden und Schmerzen? Welches Verhältnis habe ich zu den Schattenseiten meines Berufes: Zu Mißerfolg, Irrtum, Kunstfehler, Quacksalberei, Scheitern, eigener Erkrankung, die nicht nur anderen passieren können, sondern die meine ureigenen, wenn auch jetzt gerade nicht realisierten Möglichkeiten sind?

Ein unheimlicher Schattenbruder, destruktiv, aber jahrhundertelang auch ernstzunehmender Konkurrent des ärztlichen Berufes, ist der Scharfrichter. Im Scharfrichter begegnet uns der makabre archetypische Schatten des Arztes, die extreme und leider nicht nur medizingeschichtlich relevante Personifikation dessen, was SCHMIDBAUER (1977) als die »indirekte Aggressivität gegenüber den Hilfsbedürftigen« herausgearbeitet hat. Henker waren als Apotheker oder Ärzte tätig und führten bisweilen die Asklepiosschlange im Wappen. Sie waren die ersten, die Folteropfer untersuchen und behandeln mußten, Zerstörer und Heiler in einer Person. Vom Richtplatz gingen heilsame und schädliche Kräfte aus, »at the one hand a propitious, specially medically healing effect, on the other hand a dangerous and sinister power« (STRÖM 1942, zit. in HERZOG 1995). Im Jahre 1578 erlaubte der Nürnberger Rat seinem Scharfrichter »auf sein ansuchen, den enthaupten cörper zu schneiden u., was ime zu seiner arznei dienstlich, darvon zu nemen« (Knapp 1907). Auf die behördliche Genehmigung des *Anadomierens* mußten die Ärzte in Nürnberg und andernorts noch warten, während ihre scharfrichterlichen Kollegen diese bereits besaßen. Bis zum Beginn des 19. Jahrhunderts war die Parallelmedizin der Henker eine ernsthafte Konkurrenz der Ärzte; so machte beispielsweise Friedrich I. von Preußen den Scharfrichter Coblenz zu seinem Hof- und Leib›medicus‹. Als sich im Jahre 1744 die Berliner Wundärzte über die Heilerlaubnis für Scharfrichter beschwerten, schrieb ihnen Friedrich der Große:

»Sr. Königl. Majestät Unser allergnädigster Herr haben erhalten, was Höchstderoselben, Namens der sämmtlichen recipirten Chirurgorum in Dero Landen wegen der Scharfrichtern konzedirten äußerlichen Kuren an Menschen, unterm dato Berlin den 26.d. allerunterthänigst vorgestellet worden. Da aber Sr. Königl. Majestät nicht indistinctement allen Scharfrichtern, sondern nur denen habilen solch Kuriren erlaubt haben, so lassen Höchstdieselben es auch dabei fernerhin bewenden; maßen das Publikum in nöthigen Fällen Hilfe haben will; und wann die Chirurgi so habil seind, als sie sich in ermeldeten ihrer Vorstellung gerühmt haben, jedermann sich ihnen lieber anvertrauen, als bei einem Scharfrichter in die Kur gehen wird: wohingegen aber, wenn unter den Chirurgen Ignoranten seind, das Publikum darunter nicht leiden kann, sondern jene sich gefallen lassen müssen, daß sich jemand lieber durch einen Scharfrichter kurieren und helfen lasse, als ihnen zu gefallen lahm und ein Krüppel bleibe. Und also sollen sich die Chirurgi nur erst alle recht geschickt machen und habilitiren, so werden die Kuren derer Scharfrichter von selbsten und ohne Verbot aufhören« (zit. in Dau 1963).

Das Schafott zog die Schaulustigen und solche an, die etwas vom Blut des Gehenkten auffangen oder das »Schelmenfleisch« zu volkstümlichen Heilmitteln verarbeiten wollten.

Leider gehört der Scharfrichter als archetypischer Schattenbruder des Arztes keineswegs nur der Medizingeschichte an. Ärzte werden nicht nur Opfer von Menschenrechtsverletzungen, sondern auch Erfüllungsgehilfen einer *Verratenen Medizin* (British Medical Association 1992). Eine Befragung von Folteropfern ergab, daß in 50% der Fälle medizinisches Personal an ihren Qualen beteiligt war. Diese perverse Assistenz besteht in aktiver Teilnahme:

- Wissenschaftliche Entwicklung von Folter- und Tötungsmethoden
- Gabe von Thallium-Zytostatika, Infektion mit dem AIDS-Erreger (HIV)

- Bestätigung der Folterfähigkeit (»fit for flogging«)
- Untersuchung, ob der Patient simuliert oder ob sein Gesundheitszustand tatsächlich ernst ist (»faking or breaking«)
- Stillschweigende Behandlung oder Kaschieren gesundheitlicher Folgen der Folter, Ausstellung falscher Bescheinigungen (»mending or hiding«)

oder in passiver:
- Unterlassung ärztlicher Eingriffe
- Falschinformation als psychologische Folter, z.B., daß bestimmte Organe zerstört seien oder daß die Opfer an einer unheilbaren Krankheit litten
- Legitimierung der Folter
- Beitragen zum reibungslosen Funktionieren der Maschinerie (Vesti 1995).

Über den persönlichen Schatten hinaus taucht schon der junge Arzt in den kollektiven Schatten des ärztlichen Standes ein, so auch in die noch weitgehend unbewältigte geschichtliche Hypothek, daß deutsche Psychiater an der Tötung von Patienten beteiligt waren, die durch eine zynische Ideologie der Humanisierung und Optimierung psychiatrischer Behandlungsmethoden verbrämt wurde. Hitlers formloses Geheimschreiben, durch das Behinderten, psychisch Kranken und unheilbar Kranken der *innere* Krieg erklärt wurde, datierte man auf den 1. 9. 1939 zurück: »Reichsleiter Bouhler und Dr. med. Brandt sind unter Verantwortung beauftragt, die Befugnisse namentlich zu bestimmender Ärzte so zu erweitern, dass nach menschlichem Ermessen unheilbar Kranken bei kritischster Beurteilung ihres Krankheitszustandes der Gnadentod gewährt werden kann« (zit. nach Aly 1989, S. 14). Zunächst in großem Stil durchgeführte zentrale Euthanasieprogramme (ca. 70 273 Tote in den Jahren 1940/41) wurden nicht nur wegen politischer und kirchlicher Widerstände, sondern auch aus »organisatorischen« Gründen durch die *Hungerkost* abgelöst. Ab 1944 ging der Krankenmord durch Verabreichung entsprechender Medikamente weiter (Cranach 1989). Die Identifikation mit dem destruktiven Pol des Heilungsarchetyps ging nach anfänglicher Vertuschung so weit, daß in Filmen, wissenschaftlichen Publikationen und staatlichen Erlassen für die »Menschlichkeit« des »Gnadentodes« geworben wurde. Für den Umgang mit diesem Schatten (Emrich 1993) gilt, was ERICH NEUMANN (1948) nach dem Zweiten Weltkrieg über die Bewältigung des Nationalsozialismus insgesamt geschrieben hat: Es wäre noch Ausdruck der alten Ethik, das unsäglich Böse, damit aber den *eigenen* Schatten, auf *andere,* in diesem Fall auf unsere ärztlichen Vorfahren, zu projizieren. Über den persönlichen und kollektiven Schatten (eines Volkes, eines Berufsstandes, einer Sippe) hinaus haben wir am archetypischen Schatten teil, den TONI WOLFF (1959, S. 154) umschrieben hat: »Es ist alles das, was der Mensch auch ist, wenn er nicht human, sondern bloße bestia humana ist. Ich als Person in meinem *So-sein* bin das nicht, aber ich als Mensch überhaupt bin das auch«.

Das Schreckliche, Bestialische, Destruktive am Heilungsarchetyp gehört auch dann zu unserer therapeutischen Tätigkeit, wenn wir uns die Schatten der Vergangenheit bewußt machen und uns ein klares Urteil bilden, das heißt uns von der Instrumentalisierung der Medizin durch sozialdarwinistische Ideologien distanzieren und den Anfängen wehren. Wenn nämlich der Vernichtungsschatten des Heilers nicht mehr projiziert werden muß, können wir jene fremden Seiten an unseren Patienten zulassen, welche die Euthanasie-Ideologie schon lange vor der nationalsozialistischen Zeit nicht mehr auszuhalten glaubte: Behinderung, Unheilbarkeit, Fremdheit. Leider ist es mit dem Abscheu der alten Ethik (»nie mehr so etwas wie bei den Nazis«) nicht getan. Die neuen und alten Schatten pflegen sich außerhalb unserer moralischen Kategorien und in vielfältigen ethischen Rationalisierungen Bahn zu brechen, auf die wir hier nicht eingehen können. Die archetypische Projektion von Behinderung (GUGGENBÜHL-CRAIG 1990) im Verein mit einer pseudoliberalistischen Gefühllosigkeit menschlicher Selbstzerstörung gegenüber (DÖRNER 1993) verhindert die therapeutische »Entgiftung« menschlicher Schwäche und menschlicher Destruktivität.

In unserem therapeutischen Selbstbild werden wir uns möglicherweise dagegen verwahren, in die Nähe der nationalsozialistischen Machthaber und ihrer ärztlichen Schergen gerückt zu werden. Diese Entrüstung ist der Versuch des bewußten Ich, sich den archetypischen Schatten vom Leibe zu halten. Wir wissen zwar, daß die Guillotine nach einem Arzt Joseph-Ignace Guillotin benannt ist, und wir nehmen die medizinhistorischen Befunde zur Tradition einer scharfrichterlichen Medizin zur Kenntnis. Und doch bleibt uns der Zerstörungs-Schatten des Heilens fremd, unheimlich. Mit diesem schrecklichen Zerstörungs-Schatten des Heilungsarchetyps waren die NS-Ideologen identifiziert, indem sie das Wort »Heil« in inflationärem Ausmaß im Munde führten und im »Hitlergruß« zum Schibbolet rechter Gesinnung machten. Die faschistische Perversion hat der Sprache *Wunden* geschlagen, die nicht durch die verständliche Verdrängung *heilen*, sondern nur durch unsere persönliche und kollektive Bereitschaft, den alten Schatten ins Auge zu sehen. Im Gegensatz zum persönlichen, dem Relativ-Bösen, das wir im Rahmen der Bewußtwerdung assimilieren können, bedeutet es »eine ebenso seltene wie erschütternde Erfahrung«, dem archetypischen Schatten, »dem Absolut-Bösen ins Auge zu sehen« (JUNG, GW 9/II, § 19). In unserer beruflichen- und Alltagswirklichkeit liegt die Gefahr weniger in der bewußten *Identifikation* mit dem Zerstörungsschatten der Heilung, etwa durch Billigung der ärztlichen Mitwirkung an der Folter. Vielmehr wirkt sich der Zerstörungsschatten dadurch unheilvoll aus, daß er aus moralischer Entrüstung auf andere projiziert wird. Nur wenn diese Schattenprojektion zurückgenommen wird, kann der unvermeidliche destruktive Pol des Heilungsarchetyps bewußt werden. Dies heißt natürlich nicht, daß heilsame und zerstörerische Verhaltensweisen ethisch auf einer Stufe stünden. Vielmehr kommt es auf die schwierige und auch nie ganz gelingende Anerkenntnis der seelischen Tatsache an, daß mein Schatten zu mir gehört, daß ich *das auch bin*. Zusammen mit unserer bewußten (konstruktiven, heilenden, lebensbejahenden) Einstellung, mit all dem, was wir in unserer Idealvorstellung sein möchten, macht der destruktive Pol den Spannungsbogen des Heilungsdramas aus.

Nur der *verwundende* Arzt heilt

Auf dem Einband dieses Buches ist ein etruskischer Spiegel abgebildet (GERHARD 1843, ZIMMER 1995). Auf ihm sehen wir König Telephos, der ebenso wie OLIVER SACKS eine Oberschenkelwunde trägt und zur Schonung ein Fußbänkchen benutzt. Die Wunde ist ihm durch den Speer des Achill beigebracht worden. Telephos ist der mythische König Mysiens. Sein Name bedeutet »der weithin Leuchtende«, ein Hinweis auf seine göttliche Abkunft. Er hängt auf mehrfache Weise mit dem Mythos der Heilung zusammen. Sein Sohn mit dem Totenreichnamen Eurypylos, »der mit dem weiten Tore«, hatte den Asklepiossohn Machaon, den ersten Wundarzt, erschlagen (Der zweite, »internistische« Sohn des Asklepios, Podaleiros, heilte die »unsichtbaren« Krankheiten). Die Griechen verwüsteten Mysien irrtümlich in der Annahme, es sei Troja. Dahinter verbirgt sich möglicherweise der historische Konflikt zwischen Achaiern und der Urbevölkerung Kleinasiens.

In der Verteidigungsschlacht um Mysien verletzte Telephos den Patroklos mit dem Pfeil am Oberarm, Achill wandte erfolgreich die Heilkunst an, in die ihn Chiron eingeführt hatte. (Der Kentaur Chiron, halb Pferd, halb Mensch, ist am Knie, in seiner animalischen Körperhälfte verwundet. Er, der selber heilende Fähigkeiten hat, kann nicht von dieser Verwundung genesen, ja, er darf nicht einmal sterben.) Telephos stolperte über einen Weinstock. Der Sage zufolge hat Dionysos diesen mitten auf dem Schlachtfeld ersprießen lassen. Der Gott hatte sich darüber geärgert, nicht genug Verehrung erfahren zu haben.

So konnte Achill den starken Helden Telephos mit dem Speer am Schenkel verwunden. Der Speer stammt ebenfalls von dem Kentaur Chiron, und dieser Lanze gilt auch das Orakel, das Telephos einholt, als seine chironische Wunde nicht heilen will: *Ho trôsas iásetai – Der die Wunde geschlagen hat, wird heilen* (Belege bei VONESSEN 1980). Als Bettler verkleidet, macht sich Telephos nach Argos auf. Dort haben sich die Griechen nach dem vergeblichen Versuch, Troja zu finden, im Palast des Agamemnon versammelt. Achill erklärt sich bereit, die Wunde durch Abschaben des Rostes von der Lanze zu heilen, wenn Telephos im Gegenzug den Weg nach Troja weist. Unsere Abbildung zeigt die Heilungsszene: Die ehemaligen Feinde, der am rechten Oberschenkel verletzte Telephos und der heilende Achill, tragen am linken Oberarm den gleichen Schmuckreif. Der Hausherr Agamemnon, auf sein Szepter gestützt, assistiert, während Achill mit einem krummen, sichelförmigen Messer, das an einen Badestriegel erinnert, den *Rost* von seiner Lanze schabt, jenes Symbol der Unvollkommenheit und Mangelhaftigkeit, »ohne welche es kein Vorwärts und kein Aufwärts gibt« (JUNG, GW 12, § 208). Was der Rost ausdrückt, wird durch den psychoanalytischen Prozeß nicht nur nicht beseitigt, sondern sogar provoziert, um dadurch Entwicklung zu ermöglichen (METZNER). *Der die Wunde geschlagen hat, wird heilen*: Dieses über die verwundende und heilende Wunderlanze gesprochene Orakel war ein gängiges antikes Sprichwort, mit zahlreichen Anwendungen auf geistigem und erotischem Gebiet. Die Liebeswunde, die uns Amor-Cupido mit seinem Pfeil zufügt, kennen wir aus Karikaturen unserer Tage, wo sie wie andere Archetypen auch in banalisierter Form wiederkehrt.

Die Vorstellung der heilenden und verwundenden Lanze kehrt im mittelalterlichen Kontext der Gralssage wieder. Der Fischerkönig leidet ebenfalls an einer »chironischen« Wunde, die in der Legende auf zwei Ereignisse zurückgeführt wird: Als Junge habe der Fischerkönig von einem gerösteten Salm essen wollen und sich daran die Finger verbrannt. Durch das Ablutschen der Finger habe er den Geschmack des Salms im Mund behalten. JOHNSON (1974) deutet dies als (zu) frühen Kontakt mit dem Christus-Fisch als Selbstsymbol. Die zweite Wunde ist im Bereich der Hüfte, nach manchen Versionen auch klarer: im Bereich des Genitales. Auch diese Wunde kommt nach alter Tradition durch Berührung mit dem Göttlichen zustande: So trägt Jakob an der Jabbokfurt eine Hüftwunde davon, weil er mit einer dämonisch-numinosen Gestalt gerungen hatte (Genesis 32,23-33). Die Männlichkeit und Zeugungsfähigkeit des Fischerkönigs ist also verwundet. Nach der Fassung von CHRÉTIEN DE TROYES trägt während eines großen Festes in der Gralsburg ein junger Mann ein blutgetränktes Schwert und eine junge Frau den Gral, die heilige Schale. Parzifal versäumt es, die erlösende Frage zu stellen. (Wozu dienen der Gral und die blutende Lanze?) Und so hält man ihm entgegen, durch seine Frage hätte die Wunde des Fischerkönigs geheilt werden können. Die christianisierende Fassung WOLFRAMS VON ESCHENBACH bringt die Lanze mit jener anderen in Verbindung, durch welche die Seite des gekreuzigten Jesus durchbohrt wurde. Diese Lanze, so heißt es, hätte das Leiden des Fischerkönigs gelindert, wenn sie in seine Wunde gehalten worden wäre: *da half ein nôt für andern nôt dez wart daz sper bluotec rôt* (Parzifal IX, 9711).

Auch Telephos ist ein verwundeter Held, und auch seine Wunde liegt nahe an seinem Genitale, das durch ein Kleidungsstück nur halb verdeckt ist, welches über dem anderen Bein liegt. So liegen auf unserem Spiegel die Symbole männlicher Kraft (Speer, Schild Achills) und der Schwächung durch Verwundung nah beieinander. Was PLUTARCH (De audiendo 47 A, in bezug auf das Telephos-Drama des EURIPIDES) über die Philosophie sagt, gilt auch für die Psychotherapie: »Das verwundende Wort heilt«. GOETHE (Torquato Tasso IV 4) hat diesem Gedanken in unserer Sprache Form gegeben:

»Die Dichter sagen uns von einem Speer,
Der eine Wunde, die er selbst geschlagen,
Durch freundliche Berührung heilen konnte.
Es hat des Menschen Zunge diese Kraft;
Ich will ihr nicht gehässig widerstehn«.

Daß Verletzungen des Patienten durch den Therapeuten unvermeidlich sind, ist kein Freibrief für unbedarftes Handeln. Aber das Sprichwort kann uns daran erinnern, daß wir trotz unserer mangelnden Einfühlung und auf geheimnisvolle Weise gerade durch unsere Schwäche heilend wirksam sind, daß unsere Zunge verletzt und heilt. Indem unsere Patienten ihre Verwundung, vielleicht ihre kumulativen Traumatisierungen im geschützten Raum der Therapie wieder erleben, verletzen wir sie ein zweites Mal. FERENCZI schreibt am 6. 3. 1932 unter der Überschrift *Mutualität* in sein Tagebuch:

«In der Analyse muß also das Gefühl des völligen Alleinseins, Auf-sich-selbst-angewiesenseins, der Verzweiflung an der Hilfe des letzten Strohhalms (Analyse, Güte des Analytikers) aufkommen, damit, diesmal auf dem Ähnlichkeitswege den eigentlichen Schmerz zu erleben. Ja der gegenwärtige Schmerz muß gerade wegen der Gegenwärtigkeit größere Unlust bereiten, als sogar, heute, die Erinnerung an vergangenen Schmerz hervorruft. Also Flucht vor gegenwärtiger Verzweiflung in die relativ erträglichere traumatische Situation (Erinnerung). Um diese Unlust zu ertragen, muß also in der Gegenwart eine noch größere Unlust aktiviert werden. Als Schlußakt nach der ›tiefen Katharsis‹, stelle ich mir [...] eine Versöhnungsperiode und schließlich Verabschiedung vor, mit dem Gefühle des Erlöstseins von der traumatischen Fixierung d.h. von Emotionen zwanghafter Natur puncto Lieben und Hassen«

Wir hoffen, daß sich im Hier und Jetzt des therapeutischen Dramas das heilende, das »wahre zweite Mal« (MORENO) konstelliert. *Der die Wunde geschlagen hat, wird heilen*: Im Kern des Telephosmythos geht es um den magischen Glauben an das unauflösliche Band, das den Täter mit seinen Taten verknüpft (VONESSEN 1980). Dieser Satz gilt für die »iatrogenen« Verletzungen, derer wir uns bewußt sind: In der Psychoanalyse mögen es jene Deutungen sein, die wir wie aggressive Pfeile auf den Patienten »losschießen« (PLAUT, zit. in SEDGWICK 1994). Nicht nur Einfühlungsvermögen, sondern auch die Fähigkeit, dem anderen Schmerz zuzufügen, ist eine Hauptvoraussetzung des psychoanalytischen Berufs. Ebenso wie schweigende Zurückhaltung, Deuten und Honorarforderung wurzelt sie letztlich im *Haß* des Arztes auf seine Patienten. Denn in dem Maß, in dem der Analytiker fähig sein muß, seinen Patienten zu lieben (in bestimmten Grenzen) muß er ihn auch hassen können (ebenfalls innerhalb bestimmter Grenzen, vgl. GREENSON 1966). In der Chirurgie mögen es die mit dem Operationsmesser zugefügten Wunden sein, an die eine alte Inschrift über der Gießener Universitätsklinik erinnert: *Vulnerando sanamus* – durch Verwundung heilen wir. Solche *iatrogenen* Verwundungen sind uns bewußt, sie gehören auf die Linie »a« der Abbildung 11.

Wichtiger und für unser bewußtes medizinethisches Nicht-Schadens-Prinzip ungleich anstößiger ist der unbewußte Verwunder-Schatten des Arztes. Das *nil nocere* stammt aus dem tiefen Wissen um die Polarität des Heilungsarchetyps, der eben auch die dunkle, destruktive Schlächterseite enthält (BERTRAM 1968). Denn vielleicht können wir mit dem Prinzip des Nicht-Schadens noch jene unvermeidlichen Verwundungen vereinen, die wir dem Patienten mit seinem Einverständnis und zu seinem Vorteil beibringen. Wir müssen es dann ja auch akzeptieren, wenn sich zum Beispiel ein Tumorpatient gegen die ihm vorgeschlagene Chemotherapie entscheidet, die zu x % schädigend und zu y % nützlich für ihn wäre. Schwierig wird es jedoch dann, wenn wir uns mit dem eigenen destruktiven Schatten auseinandersetzen müssen, wenn uns durch die archetypische Betrachtungsweise der Spiegel unseres eigenen Unbewußten vorgehalten wird.

Ein solcher Spiegel ist unsere etruskische Telephos-Darstellung. Sie zeigt Verwundung und Heilung, Krieg und Versöhnung, Gegnerschaft und therapeutisches Bündnis in einem Bild. Das Telephosmotiv ist weit mehr als eine Kuriosität aus mythischen Zeiten. Es ist, ähnlich wie das Schlangensymbol, die Reliquie eines alten und früh verdrängten, »homöopathischen« Kausaldenkens (VONESSEN 1980). Die Griechen wußten, daß die Götter verletzen, töten und heilen können, ähnlich wie es beim Propheten Hosea heißt: »Er, der Wunden geschlagen hat, wird sie auch wieder verbinden« (6,1). Unbefangener als das Neue Testament schreibt das Alte Testament, die Bibel Israels und der Christen, seinem Gott das Böse, das Unheil und das Übel zu (GROSS und KUSCHEL 1992). *Denn er verwundet, und er verbindet, er schlägt, doch seine Hände heilen auch.* Die Tatsache, daß dieser Vers zur ersten Rede des Elifas von Teman gehört, eines der moralisierenden Freunde Hijobs (5,18; vgl. Deuteronomium 32,39), stimmt allerdings nachdenklich. In der Tat besteht die Gefahr, die Formulierung unbiblisch, ideologisch und religiös überhöht zu mißbrauchen, um dem leidenden Hijob unserer Tage seine Klage und seine Gottesverzweiflung auszureden.

Wir Ärzte sind auf geheimnisvolle Weise in die Polarität von Verwunden und Heilen einbezogen, wie sie sich im Symbol der Schlange ausdrückt. Wir können Traumatisierung und Destruktivität niemals ganz äußeren Umständen zuschreiben oder aber sie auf den Patienten und seine Krankheit projizieren. Wir selber schneiden, intervenieren, stressen und beschädigen, verursachen Übelkeit, Haarausfall, Schmerzen und vielfältige iatrogene Erkrankungen. Gewiß: *um zu heilen* oder doch zumindest als *unerwünschte Nebenwirkung* einer erwünschten kurativen Hauptwirkung. Bestimmt haben wir auch alle das *primum non nocere*, das Nicht-Schadens-Prinzip der Medizinethik, verinnerlicht. Und doch steht das apollinische Orakel unheimlich über unserem Beruf: *Der Verwundende wird heilen.*

Zur Veranschaulichung des Gesagten eine Chefvisite und eine etwas unkonventionelle Heilmethode. Zuerst die Visite:

»›Nun, Oberschwester‹, sagte er, ›und wie geht es dem Patienten jetzt?‹ ›Kein Fieber mehr, Sir‹, antwortete sie. ›Am Mittwoch haben wir den Katheter entfernt. Er kann normal essen. Keine Schwellung des Fußes.‹

›Das klingt ja gut‹, sagte Mr. Swan und wandte sich dann mir oder vielmehr dem Gips, der vor mir lag, zu. Er klopfte energisch mit den Knöcheln darauf.

›Nun, Herr Sacks‹, sagte er, ›wie geht es Ihrem Bein heute?‹

›Chirurgisch betrachtet scheint es ihm ganz gut zu gehen, Sir‹, antwortete ich.

›Wie meinen Sie das: ‚chirurgisch betrachtet'?‹ fragte er.

›Na ja ...‹ Ich sah die Oberschwester an, aber ihr Gesicht blieb unbewegt. ›Ich habe nicht viel Schmerzen und – äh – der Fuß ist nicht geschwollen.‹

›Ausgezeichnet‹, sagte er, offensichtlich erleichtert. ›Also keine Probleme, nehme ich an.‹ ›Eigentlich nur eins.‹ Swan sah mich streng an, und ich begann zu stottern. ›Ich ... ich ... kann nämlich den Quadrizeps nicht anspannen ... und, äh ... der Muskel scheint keinen Tonus mehr zu haben. Und ... und ... ich habe Schwierigkeiten, die Lage des Beins zu bestimmen.‹

Es kam mir so vor, als mache Swan einen Augenblick lang ein besorgtes Gesicht, aber dieser Eindruck war vorübergehend, so flüchtig, daß ich mir nicht sicher war.

›Unsinn‹, sagte er schroff und entschlossen. ›Es ist gar nichts. Überhaupt nichts. Es besteht kein Grund zur Sorge. Überhaupt kein Grund!‹

›Aber ...‹

Wie ein Polizist, der den Verkehr anhält, hob er die Hand. ›Sie irren sich vollkommen‹, sagte er mit Entschiedenheit. ›Ihrem Bein fehlt überhaupt nichts. Das verstehen Sie doch, oder?‹

Brüsk und, wie mir schien, gereizt wandte er sich zum Gehen. Die Assistenzärzte wichen ehrerbietig zur Seite«.

An dieser Szene (SACKS 1984, S. 101f) fällt nicht in erster Linie auf, daß SACKS wie wir Ärzte ganz allgemein ein schwieriger Patient ist. Sein Beruf und sein schriftstellerisches Talent unterstreichen lediglich, was geschieht, wenn der Heilungsarchetyp gespalten wird: Dem Patienten wird dann am allerwenigsten ein Urteil über die eigenen Beschwerden zugetraut. Er ist ohnmächtig durch sein Leiden *und* dadurch, daß er von den Experten um seine Erfahrung gebracht, (epistemisch) entmachtet wird. Wir Ärzte sind in der Gefahr, unsere therapeutische Macht, die oft *notwendige Voraussetzung* für die Genesung ist, überzustrapazieren. Wir verwechseln sie mit der Heilung, die wir nicht erzwingen können.

Einige Wochen nach dieser Visite sucht Sacks einen anderen Orthopäden auf. Erstmals trifft er auf einen Arzt, der seine Entfremdungserlebnisse versteht, seine Unfähigkeit, das Bein zu gebrauchen und beim Gehen im Kniegelenk zu beugen. Er erfragt von SACKS, daß er gerne schwimmt, telefoniert mit dem Bademeister eines Schwimmbades und bestellt ihm ein Taxi (SACKS 1984, S. 197f):

»[...] Ich lieh mir eine Badehose und ein Handtuch und trat zitternd an den Beckenrand. Der junge Bademeister, der neben dem Sprungbrett saß, sah mich spöttisch an und sagte: ›Na, stimmt was nicht?‹

›Man hat mir gesagt, ich solle schwimmen gehen‹, sagte ich. ›Das hat mir der Arzt geraten, aber ich bin behindert. Ich bin operiert worden, und jetzt habe ich ein bißchen Angst.‹ Langsam und träge stand der Bademeister auf, kam mit einem verschmitzten Gesicht auf mich zu und sagte plötzlich: ›Los, um die Wette!‹. Gleichzeitig nahm er mir mit der Rechten den Gehstock weg und stieß mich mit der Linken ins Wasser.

Bevor ich begriff, was passiert war, fand ich mich wutentbrannt im Wasser wieder, und dann reagierte ich auf diese Unverschämtheit, diese Frechheit. [...] Provozierend hielt er sich ein kleines Stück vor mir, aber ich schwamm in schnellem Kraul vier ganze Bahnen und hörte auch dann nur auf, weil er ›Genug!‹ rief.

Ich stieg aus dem Becken – und stellte fest, daß ich normal ging. Das Knie arbeitete jetzt, es war vollständig ›zurückgekehrt‹.«

Nur der *verwundete* Arzt heilt

An einem Freitagnachmittag im Mai. Nach meiner letzten Therapiestunde fahre ich in die Rettungswache einer Hilfsorganisation. Ich bin eingeladen worden, für die Mitarbeiter des Kriseninterventionsteams eine Fortbildung zu halten. Wir arbeiten mit dem Balint-Psychodrama (CAÏN 1995): Im geschützten Rahmen dieser klientenzentrierten psychodramatischen Selbsterfahrungsgruppe kann die ursprüngliche, für die Helfer problematische Situation wiedererlebt und bearbeitet werden. Diese Methode läßt Gefühle im Gruppenraum lebendig werden, die in viel stärkerem Maß in der Unfallsituation gegeben waren und die jetzt in erträglicher ›Dosierung‹ nacherlebt und bearbeitet werden können. MICHAEL BALINT hat mit den nach ihm benannten Gruppen eine Methode entwickelt, um die unbewußte Seite des Therapeuten durch die Reaktion der anderen Gruppenteilnehmer auf seinen Bericht anschaulich und lebendig zu machen. Dieser mehr oder minder verdrängte Schatten hinter der Persona (hier: der Unfallrettung und Krisenintervention) wird mit der Methode des Psychodramas auch als Szene greifbar. Emotionen, die in der Originalsituation nicht sein durften, die gewissermaßen eingeklemmt waren oder zurückstehen mußten hinter der Notwendigkeit, professionell zu handeln, werden in der Gruppensituation spürbar oder wieder spürbar.

Die gespielte Situation: Eine alte, sehr korpulente Frau wird als Fahrradfahrerin von einem Müllauto erfaßt und schwer verletzt. Der rückwärtsfahrende Müllwagen hatte die Frau zunächst mit einem hinteren Zwillingsreifen erfaßt und sie dann im Vorwärtsgang ein zweites Mal überfahren, um sie freizugeben.

I. Aufbau des Schauplatzes: Zwei Mitspieler stellen die Besatzung des Müllwagens dar, die am Heck ihres Autos stehen und halblaut die Szene kommentieren. Eine andere Teilnehmerin spielt die am Boden liegende Verletzte. Etwas abseits befindet sich die Gruppe der Zuschauer und Angehörigen. Der Protagonist (Michael), auf dessen Wunsch hin wir diesen Fall spielen, ist ein erfahrener hauptamtlicher Rettungsassistent. Ungewöhnlich ist, daß sich der Unfallort unmittelbar vor der Rettungswache befindet.

II. Michael trifft mit seiner Kollegin am Unfallort ein. Sein erster Eindruck: Die Verletzte ist ansprechbar, ihr neben ihr knieender, unbeholfen wirkender 50jähriger Sohn redet auf sie ein. Michael schickt den Sohn zur Gruppe der Angehörigen, wo die Tochter der Verletzten sich um ihn kümmert.

III. Michael stellt fest, daß die Patientin schwerste Verletzungen im Bereich des Brustkorbs und beider Beine hat. Eine Reanimation (Beatmung über Luftröhrenschlauch und Herz-Druck-Massage) erscheint notwendig. Michaels Kollegin ist aufgeregt und fahrig in ihren Bewegungen. Aus Versehen öffnet sie den Notfallkoffer falsch, und dessen Inhalt entleert sich auf die Straße und in die Blutlache der Patientin. Sie hat große Mühe, den Luftröhrenschlauch einzuführen.

IV. Rollentausch: Michael geht in die Position der Verletzten und Thomas geht in die Rolle des Protagonisten. Michael spricht aus der Identifikation mit der Verletzten heraus: »Mir tut alles schrecklich weh, ich werde bald sterben ...«

V. Wieder in der ursprünglichen Rollenverteilung: Ein Notarzt ist mit dem Hubschrauber eingetroffen. Deutlicher noch als der Protagonist scheint dieser den Ekel zu spüren. Michael hingegen fühlt sich verpflichtet, den Ekel zu überwinden. Der Notarzt fordert ihn auf, die Strümpfe der Verletzten zu entfernen. Michael macht das gern, weil er das Gefühl hat, etwas tun zu können. Andererseits ist der Auftrag des Arztes schwer auszuführen: Er befürchtet, beim Ausziehen der Strümpfe die augenscheinlichen offenen Knochenbrüche zu verschlimmern oder der Verletzten sogar einen Fuß abzureißen.

VI. Als schließlich der Notarzt den Tod festgestellt hat, sieht sich Michael mit zwei Aufgaben konfrontiert: Mehrfach tritt der Sohn an seine Mutter heran. Michael möchte es ihm einerseits nicht verbieten. Andererseits möchte er den Angehörigen schonen und fordert ihn deshalb auf, wieder zu seiner Schwester zu gehen. Der Sohn setzt sich aber insoweit durch, als er seine Mutter streichelt und Abschied von ihr nimmt. Michael hat schon viele, auch schwere und entstellende Verletzungen gesehen und behandelt. Heute jedoch ist er überwältigt durch den Ekel angesichts des teilweise in eine Masse aus Fleisch, Blut und Fett aufgelösten Körpers der Toten. Das Gefühl, diesen Ekel alleine überwinden bzw. aushalten zu müssen, belastet Michael. Auch jetzt, im psychodramatischen Spiel, ist er sehr bewegt, aber auch tapfer wie ein geschlagener Held.

VII. Michael ist allein mit der verstorbenen Patientin, obwohl er in einer Menschenmenge und auch umgeben von Rettungsdienstpersonal ist. Er sucht in der Handtasche der Toten nach deren Personalien. Blut entleert sich aus der Handtasche. Er ist froh, schon vor einiger Zeit über Funk Uwe angefordert zu haben, der sich um die Angehörigen kümmern soll. Obwohl Michael über eine Zusatzausbildung in Krisenintervention verfügt, fühlt er sich mit dieser Aufgabe jetzt überfordert.

Es schließt sich ein zweites, kürzeres Protagonistenspiel an, in dem Uwe sich selber spielt.

I. »Übergabe« zwischen Michael und Uwe: Michael erklärt Uwe, daß zwei Personen zu betreuen sind, nämlich die Tochter und der Sohn der Verstorbenen. Uwe ist froh, daß Michael sich bereits um die Verstorbene gekümmert hat. Er nimmt den schrecklichen Anblick der Leiche zwar wahr, betrachtet die Unfallstelle jedoch aus einer gewissen inneren Distanz. Uwe geht zum Sohn der Verstorbenen, der neben der Leiche kniet. Er möchte den Sohn von seiner Mutter Abschied nehmen lassen. Im Hintergrund murren die Polizisten, die fotografieren und Beweisstücke sicherstellen wollen. Uwe spürt diesen Druck »im Nacken«. Er versucht, ein Gespräch mit dem Sohn zu beginnen, der jedoch versunken und wie von der Leiche angezogen neben der Leiche bleibt. Im psychodramatischen Spiel kann Uwe sich in den Sohn einfühlen (»Wenn ich von ihr weggehe, dann ist sie wirklich tot.«). Gleichzeitig weiß er, daß er auch die Tochter der Verstorbenen betreuen muß, die jedoch den Anblick der Leiche nicht erträgt, und deshalb vom Unfallort wegstrebt. Uwe fühlt sich zwischen seinen beiden Klienten hin- und hergerissen. Sein Bewegungsimpuls (weg von der Leiche, hin zu einer Gruppe hilfsbereiter Nachbarn) ist von dem »Kleben« des verbal unerreichbaren Sohnes blockiert.

II. Als Uwe schließlich den Sohn von der Leiche weggeführt hat, bleiben dessen Augen wie auf die Leiche fixiert. Nachbarn und Passanten haben an diesem warmen Sonnentag einen Sonnenschirm über Sohn und Tochter der Toten aufgespannt. Uwe erlebt die Tochter als sehr verschlossen, aber auch als stabiler im Vergleich zum Sohn. Deshalb konzentriert er sich auf das Gespräch mit dem Sohn. Die Tochter verläßt die Unfallstelle mit der Begründung, sie müsse jetzt etwas zum Mittagessen kochen. Während Uwe versucht, mit dem Sohn zu sprechen, hört man das Geräusch eines Polizei-Hubschraubers, der über dem Unfallort kreist. Der Sohn löst den Blick von der Leiche und starrt mehrere Minuten unverwandt zum Himmel, als erwartete er Hilfe von dort. Uwe kann seine Hilflosigkeit, sein Entsetzen und seine nach oben gerichtete Erwartung nachvollziehen, in der sich die eine halbe Stunde zurückliegende Ankunft des Rettungshubschraubers wiederholt.

III. Uwe begleitet den Sohn der Unfalltoten zu dessen Wohnhaus. Er stellt sich darauf ein, das Gespräch in der Wohnung fortzusetzen. Überraschenderweise verabschiedet ihn der Sohn am Gartentor und erklärt, keine weitere Betreuung zu wünschen.

Im Nachgespräch zu diesem psychodramatischen Spiel wird deutlich, wie Uwes ursprünglicher Hilfs- und Bewegungsentwurf scheitert. Bis zum Schluß hofft er, mit den Angehörigen in einer ruhigen Umgebung (Wohnhaus) sprechen zu können. Im Spiel wiederholen sich Bewegungsimpulse des Helfers: Sichten von Prioritäten der Hilfe (Triage), Aufbrechen, Begleiten, Zusammenführen, räumlich und zeitlich Vorwärtsgehen). Diese brechen sich an konträren Bewegungsmustern des Klienten: »Kleben« an der Leiche, Zurückdrehenwollen der Zeit, das Gartentor hinter sich verschließen. »Zu der eigentlichen Betreuung, wie ich sie mir vorstellte, bin ich nie gekommen. Ich bin in der Phase steckengeblieben, wo ich das Umfeld der Betreuung schaffe«, sagt Uwe. Von seinen Klienten ausgesperrt (auch die Tochter ist jetzt unerreichbar), spürt Uwe vor dem Gartentor Trennung, Versagen und Unzufriedenheit. Mußte er unverrichteter Dinge wieder gehen? Bestand seine Hilfe vor allem darin, den Sohn bei der ersten Trennung von der Mutter begleitet zu haben?

Durch die psychodramatische Arbeit fühle ich mich an Notfallsituationen in meiner Krankenhauszeit erinnert. Mich beeindruckt vor allem die Spannung zwischen der Persona des professionellen, objektiven, fast unterkühlt arbeitenden Helfers einerseits und dem Schatten der eigenen Betroffenheit, Machtlosigkeit, des eigenen Versagens und Scheiterns andererseits. Ich spüre die Spannung zwischen der klassischen Tätigkeit des Rettungsassistenten (lebenserhaltende und wiederbelebende Maßnahmen, Versorgung des Patienten) auf der einen und der psychischen Betreuung am Einsatzort (Krisenintervention) auf der anderen Seite. Ich weiß nicht, welcher dieser Aspekte mir mehr Respekt abnötigt. Jedenfalls wird mir klar, wie dicht beieinander professionelle Effizienz und das Scheitern durch die Konfrontation mit dem Tod liegen. Held ist ein im Rettungsdienst eher abgewehrter und allenfalls spöttisch gebrauchter Begriff. Im Krankenhausjargon sprechen wir von einer heroischen Indikation, wenn wir einem Patienten eine besonders belastende medikamentöse oder chirurgische Behandlung zumuten. Das Heldenmotiv scheint mir besonders gut die ungeheure Spannung zwischen hohen Fremd- und Eigenerwartungen in Extremsituationen einerseits und der unausweichlichen Niederlage dem Tod gegenüber anderseits auszudrücken. Als Helden werfen wir uns in den Kampf zwischen Leben und Tod, zwischen Gesundheit und Krankheit, und müssen letztlich doch einsehen, daß wir im Drama der Heilung bloß Zwerge sind: Sei es durch weit überspannte Erwartungen im Rahmen einer inflationären Heilands-Identifizierung, sei es durch den Sieg des Todes, sei es dadurch, daß wir das Staffelholz an den Inneren Heiler weitergeben und dadurch in durchaus erwünschtem Sinne überflüssig werden. Die archetypische Verschuldung des Arztes gegenüber dem Tod, wie sie im Grimmschen Märchen vom *Gevatter Tod* zum Ausdruck kommt, bereitet die eine oder die andere Niederlage vor. Gegen diese Niederlagen schützen wir uns für gewöhnlich durch Routine, gefühlsmäßige Distanz und durch den Schutz, welchen unsere Berufspersona bietet. In Situationen wie der geschilderten erscheint die Persona plötzlich wie durchlöchert. Der Helfer wird selbst anfällig für die posttraumatische Belastungsstörung, die bei erfahrenen Hauptamtlichen nach mehrjähriger Berufstätigkeit auftreten kann. Anzeichen dieser Streßreaktion sind Schlaflosigkeit, Überflutung des Phantasie- und Traumerlebens mit dem traumatischen Ereignis, emotionale Reaktionen bis hin zur schweren Depression (vgl. MÜLLER-CYRAN 1995).

Das Beispiel Michaels zeigt, wie ein erfahrener und kompetenter Therapeut an seine Grenzen stoßen und verwundet werden kann, wie aber andererseits diese Grenzerfahrung dazu motivieren kann, sich mit Seiten des eigenen beruflichen Handelns zu befassen, die für gewöhnlich verdrängt werden (in diesem Fall: psychosoziale Krisenintervention als neu entdeckte Seite der Unfallhilfe). Dies gilt allgemeiner auch für die Art, wie therapeutisch Tätige mit den eigenen Stärken und Schwächen umgehen, wie sie von JUNG bereits 1921 in seiner Typologie untersucht wurden. Therapeutisches Geschick und menschlicher Takt bewegen uns, auf die Schwächen unserer Patienten nicht mit Leistungsanforderung oder gar moralisierender Kritik zu antworten. Vielmehr werden wir auf ihre Stärke eingehen, um eine Beziehung aufzubauen. Ist mein Patient beispielsweise ein Fühltyp, so orientiert er sich durch die Frage »was ist gut für mich und meine Umgebung?« in seiner Welt. Intellektuelles Fragen und Erklären wird ihn unter Druck bringen. Auch wenn Fühlen nicht meine Hauptfunktion ist, kommt mir als Therapeut die Aufgabe zu, eine Atmosphäre zu ermöglichen, in der sich mein Patient wohlfühlt. Erst dann sind auch intellektuelle Einsichten möglich.

Die typologische Sichtweise führt jedoch noch einen Schritt weiter. Paradoxerweise erreicht nämlich jede psychoanalytische Behandlung (und vielleicht jegliche längerdauernde Therapie) irgendwann eine Situation der Blockierung, des Scheiterns, der Ausweglosigkeit. Eine derartige gemeinsam ausgehaltene Agonie ist ein notwendiges Durchgangsstadium auch sogenannter erfolgreicher Therapien. Diese Erfahrung bleibt uns auch dann nicht erspart, wenn der Therapeut die Sabbaterfahrung des Therapieendes innerlich vorwegnehmen kann. Erst wenn beide, Arzt und Patient, dieses Scheitern bewußt annehmen, öffnen sie sich den archetypischen Schichten der Psyche. Das versöhnende Symbol des Inneren Heilers konstelliert sich, wenn beide ihre unbewußten Aspekte spüren. JUNG spricht vom »niederen Ursprung des Erlösers« (GW 12,III). Nicht unsere bewußten Hauptfunktionen (Denken, Fühlen, Empfinden oder Intuieren), sondern unsere »inferiore Funktion« bringt die Heilung. Sie *trägt* nämlich, was wir am meisten verachten und von uns weisen. Der Innere Heiler wird sich also durch den »inneren leidenden Gottesknecht« (Jesaja 53) in Gestalt der eigenen unbewußten inferioren Funktion konstellieren (GROESBECK 1978).

Gemeinsame Unbewußtheit

Schon vor Beginn des Gesprächs besteht zwischen Arzt und Patient eine Kommunikation der beiden Unbewußten, eine vorsprachliche heimliche Identität, in der die Grenzen der beiden Ichs verschwimmen. Für das Verstehen hängt enorm viel von diesem unbewußten Mitschwingen beider Partner ab. Beide werden sich in der Therapie verändern. In genialer Intuition baute JACOB L. MORENO das psychodramatische Verstehen und in dessen Mitte die befreiende Möglichkeit des Rollentauschs auf das *gemeinsame Unbewußte*. Dies gilt auch und gerade dort, wo es auf der bewußten Ebene keinerlei Gemeinsamkeit gibt wie allgemein im Kampf zwischen Protagonist und Antagonist und speziell zwischen Patient und Arzt (vgl. LEUTZ 1974). Mit JUNG können wir sagen, daß sich der Archetyp des großen Heilers konstelliert, also eine überpersönliche, von uralten Menschheitserfahrungen mitgeprägte Beziehung, eine angeborene mögliche Verhaltensform des Menschen. Wie werden beide damit umgehen?

Der Patient erlebt am Arzt die Sehnsucht nach Heilung und Ganzheit. Der Arzt ist für ihn nicht nur der konkrete Träger beruflicher Kompetenz, sondern *der* Heiler, in den er seine Hoffnung setzt. Diese große Erwartung, die beim Aufsuchen eines Arztes, Therapeuten, Heilers wachgerufen wird, kann man als Archetyp bezeichnen. Dies bringen auch die Menschen zum Ausdruck, die von Jesus Heilung erwarten. Doch Heilung ist etwas anderes als die Erfüllung solcher Heilungserwartungen; sie schließt immer Bewußtwerdung, Verwandlung zweier Menschen ein, des Heilenden ebenso wie des Geheilten. So spürt Jesus im Augenblick der Heilung einer kranken Frau, die sein Gewand berührt hatte, »daß eine Kraft von ihm ausströmte« (Markus 5,30). Ereignet sich keine Bewußtwerdung und Wandlung, so können spontane (»Wunder«-) Heilungen zwar eindrucksvoll sein, auch wenn sie nur flüchtige Besserung bringen. Meistens verbirgt sich hinter solchen Übertragungs-Heilungen jedoch eine unbewußte Abhängigkeit zwischen Heiler und Geheiltem und eine gemeinsame Verleugnung der für ein Beziehungsgeschehen notwendigen *Zeit:* Beide wollen nicht wahrhaben, daß ein therapeutischer Prozeß mühselig wie eine Bergbesteigung sein kann und wie jede dauerhafte Erfahrung Geduld braucht. Dies läßt sich gut am 9. Kapitel des Johannesevangeliums zeigen: Der Blindgeborene ist erst geheilt, nachdem er sich von den religiösen Autoritäten und von seinen Eltern gelöst und sich in freier Entscheidung Jesus zugewandt hat.

Man kann an dieser Stelle einwenden, daß wir säkularisierte Heiler schließlich nicht Jesus seien. Dies ist korrekt, und gerade hierauf kommt es an. Sonst besteht nämlich die Gefahr, daß wir uns nicht nur über unsere therapeutische Kompetenz freuen, sondern der Ausstrahlung des eigenen Manas erliegen. Eine derartige Heilands-Identifikation kann durchaus mit persönlicher Bescheidenheit einhergehen, wenn sie etwa auf die kollektive Persona des ärztlichen Berufes verschoben wird. Zu dieser Persona gehört es, sich als *Held* in den archetypischen Kampf zwischen Krankheit und Gesundheit zu werfen.

»Der Held ist ein Übergangswesen, eine Mana-Persönlichkeit. In menschlicher Form kommt ihm der Priester am nächsten. Intrapsychisch steht er für den Willen und die Fähigkeit, zur Erlangung von Ganzheit oder Sinn nach wiederholten Wandlungen zu suchen und sich ihnen auszusetzen. Manchmal scheint er daher das Ich zu sein, dann wieder das Selbst. Er ist die personifizierte Ich-Selbst-Achse. Die Ganzheit eines Helden umfaßt nicht nur die Fähigkeit, der erheblichen Spannung der Gegensätze standzuhalten, sondern diese auch im Bewußtsein zu halten. Nach Jung wird dies erreicht, indem man Regression riskiert und sich absichtlich der Gefahr aussetzt, ›vom mütterlichen Ungeheuer verschlungen‹ zu werden, und dies nicht nur einmal, sondern oft; das ist ein lebenslanger Prozeß, der in der frühen Kindheit beginnt. Das mütterliche Ungeheuer setzte Jung in eins mit der kollektiven Psyche« (Samuels et al. 1986, 95).

»Mana« ist ein melanesisches Wort, das etwa unserem »Charisma« entspricht. Zauberer, Heiler, Gurus können eine quasi-göttliche Ausstrahlung haben, eine Kraft, die andere in ihren Bann schlägt. Von Jesus wird im Neuen Testament verschiedentlich gesagt, daß eine (heilende) Kraft von ihm ausströmt (zum Beispiel Markus 5,30). Als therapeutisch Tätige laufen wir Gefahr, an unseren Mana-Aspekten narzißtischen Gefallen zu finden, so daß wir schließlich vom Mana- oder Heilandskomplex besessen sind, uns in inflationärer Weise mit unserer Ausstrahlung identifizieren.

Der Patient oder Analysand ist in besonderer Weise für die Anziehung durch Mana-Persönlichkeiten anfällig. »Die Wirkung dieser realen oder projizierten Bilder besteht darin, daß sie dem Individuum das Gefühl der Orientierung auf eine realisierbare Bewußtseinserhöhung geben« (Samuels et al. 1986, S. 137). Einerseits gehört die Heldenthematik in den archetypischen Zusammenhang des Schlangen- oder Drachenmotivs. Insofern wird dem Heilungsprozeß immer etwas Kämpferisches anhaften. Ärzte und andere therapeutische Personen werden in der Übertragung Züge des Helden bekommen (die nicht ihnen als Person gelten, sondern vom Heilungsarchetyp »geliehen« sind). Wenn die Therapie jedoch in der vielleicht notwendigen Phase des Kampfes steckenbleibt oder in inflationärer Weise mit dieser identifiziert wird, entstehen die Einseitigkeiten des pathogenetischen Modells, die wir in den ersten beiden Kapiteln betrachtet haben. Um diese bewußt zu machen, bedarf es einer Bearbeitung von Übertragung und Gegenübertragung.

Übertragung und Gegenübertragung

Die Vorstellung, daß in der Heilung ein Kranker und ein Gesunder in Beziehung treten, ist ein Mythos, den die Psychoanalyse inszeniert, bewußtmacht und zu überwinden hilft:

»In Wahrheit ist sie eine Angelegenheit zwischen zwei Persönlichkeiten, deren Ich unter dem Druck vom Es, vom Über-Ich und von der Außenwelt steht; jeder der beiden lebt mit seinen inneren Abhängigkeiten und äußeren Ängsten und pathologischen Abwehrmechanismen und ist noch ein Kind bei seinen inneren Eltern. Mit seiner ganzen Persönlichkeit antwortet sowohl der Analysand als auch der Analytiker auf alles, was in der analytischen Situation geschieht« (Racker 1959, S. 156).

Diese Sätze, zunächst in bezug auf die Psychoanalyse formuliert, können auch unbewußt mitgeschleppte patriarchale Grundmuster in anderen Gebieten der Medizin erhellen. Durch den therapeutischen Prozeß kommt es zu einer wechselseitigen Anregung der jeweiligen Komplexe. Im Fall von Oliver Sacks ist die körperliche Verletzung und die daraus folgende Beeinträchtigung des Körperschemas komplexartig mit Emotionen befrachtet, was auf seiten seiner Ärzte heftige Abwehrreaktionen hervorruft, nämlich in erster Linie den zwanghaften Rückzug auf ein medizinisches Objektivitätsideal und die Weigerung, sich auf das subjektive Erleben des Patienten (und Kollegen, was die Sache noch viel bedrohlicher macht!) einzulassen. Echte Objektivität, welche die Wahrnehmung der eigenen Gegenübertragung auf seiten des Arztes einschließt, wird so gerade verhindert.

Es ist unerläßlich, daß der Patient beim Arzt jene kleineren oder größeren »Häkchen« findet, an denen er seine Projektionen bezüglich des Arztes aufhängen kann. Unter *Übertragung* (Linie e in Abb. 11) versteht man eine besondere Form der Projektion, nämlich die Verknüpfung bedeutsamer früherer Beziehungserfahrungen mit der aktuellen Therapiesituation: Der Patient nimmt beispielsweise sein Gegenüber gefühlsmäßig und unwillkürlich wie Mutter, Vater oder Geschwister wahr; er »projiziert« eigene unbewußte Anteile auf den Arzt. In der Analyse wird die Übertragung sogar gefördert, weil der Arzt auf diese Weise zusätzlich zur Traumdeutung das Unbewußte des Patienten kennenlernen kann. Übertragung ist (in der Begrifflichkeit MARTIN BUBERS ausgedrückt) keine Ich-Du-, sondern eine Ich-Es-Beziehung: Fremdes, Übertriebenes wird an den Arzt herangetragen, etwa verschüttete Erfahrungen mit den frühen Bezugspersonen. Was intrapsychisch (eigenseelisch auf seiten des Patienten) ist, wird interpersonal (das heißt Beziehungsgeschehen zwischen Patient und Arzt). Die »Abwehr« des eigenen Schattens, das heißt das übergroße Schutzbedürfnis dem eigenen Unbewußten gegenüber, wird damit zum »Widerstand«, zu der am Anfang weitgehend unbewußten Weigerung, sich auf den therapeutischen Prozeß einzulassen, trotz eines bewußten Behandlungswunsches.

Jede Projektion, jede Hinausverlegung eines innerseelischen Vorgangs in das äußere Objekt, findet im Außen »Haken«, an welchen sich die Projektion festmachen kann. Im Fall der Therapie bestehen diese Haken in den Wunden des Arztes. Auch wenn es der Therapeut als feindlich und aggressiv empfinden mag, daß der Patient die Wunden seines Arztes wahrnimmt, gehört dies doch zum Wesentlichen der Behandlung. Ja: Das Unbewußte des Patienten muß sogar eine parallele Verwundung zur eigenen auf seiten des Arztes herbeiführen, um sich verstanden zu fühlen (SEDGWICK 1994, S. 108f). Es sind die Wunden des Arztes, seine durch die analytische Situation konstellierten Schattenaspekte, die den Kern der Übertragung bilden.

Als FREUD die *Gegenübertragung* (Linie f in Abb. 11) entdeckte, hielt er sie zunächst für ein störendes Element der analytischen Beziehung: In der Tat ist es fatal, wenn der Arzt eigene unbewußte Inhalte auf den Patienten projiziert, ihm die eigene Welt- und Selbstsicht überstülpt, ohne es zu merken. Es würde letztlich nicht der Heilung des anderen dienen, wenn ich auf dessen Heilungs-Wünsche mit eigenen Größenphantasien reagierte. Andererseits ist auch die eigene Gegenübertragung ein wichtiges Instrument für den Arzt:

Entweder, indem sie eine echte Empathie, ein gutes Mitschwingen mit den Gefühlen des Patienten ermöglicht oder vielleicht auch heftige Reaktionen, die der Patient projektiv bei ihm »untergebracht« hat und selber noch gar nicht spüren kann. Therapeutisches Ziel ist es dann, dem Patienten einen Zugang zu diesen projizierten Inhalten zu eröffnen. Der Arzt wird zum Anwalt des Unbewußten.

Therapeutisches als zwischenmenschliches Verstehen beruht auf mitschwingender, »konkordanter« Gegenübertragung des Arztes, »auf der Resonanz des Äußeren im Inneren, auf der Anerkennung des zu anderen gehörigen Fremden als zu uns gehörendes Eigenes (›Ich bin dies, bin Du‹) und auf Gleichstellung von Eigenem und dem, was zu anderen gehört (›Du bist dies, bist ich‹)« (RACKER 1959, S. 159). JUNG spricht im Zusammenhang mit der Meditation davon, daß im Inneren des Meditierenden ein Äquivalent der objektiven Realität entstehe, »eine völlige Identität des Innen und des Außen, welche technisch als das tat twam asi (das bist du) bezeichnet werden kann« (GW 6, § 179). Ähnlich wie die Meditation stellt das Übertragungs-/Gegenübertragungs-Geschehen einen bildhaften Raum bereit, in dem frühe Erfahrungen von Verschmelzung wieder erlebt, abgespaltene Bereiche eingeholt und starre Grenzziehungen überwunden werden können (SCHWARTZ-SALANT 1989).

Diese Gleichheit, in der schließlich Arzt und Patient ihre Rollen tauschen und sich auf der Grundlage gegenseitigen Verstehens verabschieden können, ist der Sabbat der Heilung, auf den alles therapeutische Bemühen hinarbeitet, und den es in jeder Einzelsituation vorwegnehmen muß. Regelmäßig, und oft genug schmerzlich erlebt, kommt es allerdings vorher zur »komplementären Gegenübertragung«. Damit ist gemeint, daß der Patient Teile seiner Persönlichkeit, innere Objekte wie den Asasel-Schatten, wie eine sich versagende Mutter oder wie einen strengen Vater auf den Arzt überträgt und dieser sich mit einer derartigen Übertragung identifiziert. Der Arzt verhält sich dann wie ein Ankläger, wie die inneren Eltern des Patienten, und er wird vom Patienten auch so erlebt. Das kann das gemeinsame, konkordante Verstehen vorübergehend sehr erschweren. Ich habe zur Charakterisierung der komplementären Gegenübertragung negativ getönte Beispiele genannt, und in der Tat sind es oft die unterschiedlichen »Krankheitsdämonen« des Patienten, die den Arzt (hinter der Persona des gütigen Heilers) zu aggressiven, kämpferischen und sogar zerstörerischen Reaktionen gegenüber dem Patienten und seinem Körper veranlassen.

Im Rahmen unseres Modells heißt Gegenübertragung: *Fähigkeit des Arztes, sich verwunden zu lassen.* Diese Umschreibung Sedgwicks (1994, S. 108) ist provozierend. Sie drückt aber klar aus, was wir den Gegenübertragungs-Widerstand des Arztes nennen, nämlich die Tendenz, jegliche Blessur durch den Patienten zu vermeiden und alle Verwundung bei ihm zu lassen oder aber auf ihn zu projizieren. Eine derartige Beziehung wäre keine therapeutische, sie diente nur der Eigenbestätigung des Arztes (»ich bin gesund und stark, der andere ist krank und schwach«). Meine Bereitschaft als Arzt, mich verwunden zu lassen, und mein Verzicht auf »Erfolg« durch Macht können in einen Masochismus als Ausdruck einer unbewußten negativen Gegenübertragung münden:

»Der Masochismus des Analytikers verfolgt [...] das Ziel, ihn bei seiner Arbeit scheitern zu lassen. Wir dürfen daher nicht allzu sicher sein, daß wir wirklich Erfolg anstreben, und müssen vielmehr darauf gefaßt sein, einen ›inneren Saboteur‹ (...) in uns zu entdecken, der darauf aus ist, Erfolge in unserer Berufsarbeit zu hintertreiben. Ebenso müssen wir damit rechnen, daß insgeheim der Masochismus des Analytikers und der Masochismus des Analysanden zusammenarbeiten« (Racker 1959, S. 295).

Durch Verwundung heilen: Das Thema dieses Buches wäre gründlich mißverstanden, wollte man es im Sinne eines sich gegenseitig aufschaukelnden Masochismus, einer neurotischen Identifikation mit dem Scheitern des Heilands auffassen. Dies wäre nur das Negativ der Mana-Inflation. Es wäre die Verleugnung der Messiaswürde des archetypischen Sündenbocks. Von den einseitigen Bildern der Macht und des Kampfes Abschied nehmen, heißt keineswegs, in Passivität und in der Attitüde des Schmerzensmannes zu versinken. Das wäre ein äußerer Rollentausch, der dem Patienten nichts nützt, weil er lediglich die Kraft innerer zerstörerischer Impulse nach außen verlegt. Bisweilen ist der Kampf, der mir aufgenötigt wird, unvermeidlich. Dies zeigt das Beispiel Michaelas, auf das ich gleich eingehen werde. Als Angehörige therapeutischer Berufe müssen wir letztlich dem Patienten die Freiheit lassen, den Kampf aufzunehmen und zu beenden, den Freiheitsspielraum auszufüllen, dem das Leben ihm gelassen hat. Paradoxerweise geht es in der Therapie um ein *verwundetes Kämpfen,* das sich archetypisch in Jakobs Kampf gegen den dunklen Gott (Genesis 32,23-33) verdichtet. Im dramatischen Wechsel zwischen Verwundetwerden und Kämpfen verfolgt der Arzt,

»[...] wie der Patient aufnimmt und verdaut, was er ihm gibt. Die Passivität weicht; ein häufigerer Rollentausch findet statt, wobei Analytiker und Analysand in stärkerem Maße zwischen Aktivität und Passivität, zwischen Männlichkeit und Weiblichkeit, zwischen Sprechen und Zuhören wechseln. Der frühere therapeutische Pessimismus schlägt um in eine optimistischere Einstellung. Der Kampf mit den Widerständen um die Gesundung des Patienten gewinnt so eine gewisse Ähnlichkeit mit dem berühmten Kampf des biblischen Erzvaters Jakob mit dem Engel. Es verging eine lange Nacht, ohne daß es zu einer Entscheidung gekommen wäre. Jakob gab nicht auf; er sagte: ›Ich lasse Dich nicht, Du segnest mich denn!‹ Und dem Engel blieb kein anderer Ausweg, als ihn zu segnen. Möglicherweise werden auch wir den Kampf wie Jakob, der ›an seiner Hüfte hinkte‹, beenden; aber wenn wir kämpfen wie er, werden auch wir einen Segen aus unserem eigenen Inneren empfangen – und der Analysand auch« (Racker 1959, S. 208).

Das Unbewußte des Patienten

Wie im Jakobskampf am Fluß Jabbok sind auch Arzt und Patient eng durch Kampf, Verwundung und Segen verbunden. Der Patient hat zunächst mit seinem Unbewußten wenig oder keinen Kontakt. Er ist verstrickt in Gefühle, Symptome, Klischees, hat keinen Zugang zu den eigenen Symbolen, auch nicht zu seinen Heilungs- und Entwicklungsmöglichkeiten. Er ist klein und mickrig gegenüber dem Arzt und kann erst wachsen, wenn der Arzt den eigenen Schatten, die eigenen Wunden spürt (Linie c in Abb. 11). Beides, das Entdecken des *Inneren Heilers* auf seiten der hilfesuchenden und das Entdecken der eigenen Verwundungen auf seiten der helfenden Person, wächst miteinander. In gewisser Weise können wir sagen, daß sich die Heiler-Phantasien des Helfers und die Entwicklung des Hilfesuchenden umgekehrt proportional verhalten: In dem Maß, in dem ich mich als Heiler zurücknehme, kann sich der andere entwickeln, das heißt bewußter und offener gegenüber dem eigenen Unbewußten werden.

Verwundetwerden durch Krankheits-Dämonen und der Kampf gegen diese »Abergeister« führen dazu, daß der Arzt in das Drama der Krankheit hineingezogen wird. Es ist schon deutlich geworden, daß die Bearbeitung der Spaltungen des Heilungsarchetyps nur »von beiden Seiten« möglich ist. Eine Überbrückung der Spaltung durch Macht (vgl. Guggenbühl-Craig 1983) kann zwar zur Symptombeseitigung führen, aber nicht zur Freisetzung des Inneren Heilers. Dies setzt die geduldige Rücknahme von Projektionen und den verstehenden Umgang mit Übertragung und Gegenübertragung voraus.

Freud (vgl. 1900a) hat unsere Träume als Königsweg zum Unbewußten bezeichnet. Jung spricht ergänzend davon, daß es für gewöhnlich die Komplexe sind, die uns den Weg zum Unbewußten eröffnen. Die Komplexwege gleichen allerdings eher »einem hökkerigen und vielfach gewundenen Fußpfad« (GW 8, § 210), als einem königlichen Weg. Gelegentlich eröffnen sich uns beide Wege wie in Michaelas Geschichte. Diese 32jährige Frau wurde mir von ihrem Gynäkologen geschickt, bei dem sie wegen eines Eierstock-Krebses in Behandlung war. Gebärmutter und Eierstöcke hatten entfernt werden müssen, und Michaela hatte eine Chemotherapie hinter sich, an der sie sich sehr aktiv beteiligt hatte, um im Körper verbliebene Krebszellen zu »besiegen«. Angesichts der Todesbedrohung handelte es sich dabei um eine bewußt bejahte und notwendige Phase des therapeutischen »Kampfes«, in der Michaela jedoch nicht steckengeblieben ist. Die Motivation zur Psychotherapie mag aus der Kampfesmentalität gewachsen sein. Doch schon bald war Psychotherapie für die Patientin mehr als eine Fortsetzung der Chemotherapie mit anderen Mitteln. Die tödliche Bedrohung machte es möglich, den eigenen Komplexen zu begegnen, diese abgesprengten Teilpsychen wieder teilweise zu integrieren. Der *Komplex,* an dem Michaela leidet, wurde durch ihre Erkrankung und die operative Behandlung aktiviert: Es ist die Wiederbelebung einer weit zurückliegenden Angst, nämlich nicht so geliebt und anerkannt, nicht so in ihrem Frausein akzeptiert zu werden, wie sie ist. Es fällt ihr auch schwer, den Beteuerungen ihres Partners zu vertrauen, der ihr versichert, es sei alles wieder wie vor der Krankheit. Nach eineinhalb Jahren gemeinsamen Arbeitens mit der *Katathym-Imaginativen Psychotherapie* nach Leuner träumt Michaela von ihrem Freund, von ihrem Gynäkologen und von einem Arbeitskollegen:

Mit Andi in einem niedrigen Raum, wie eine Taverne. Dr. von Heimgarthen ist auch da. Was wird bloß Andi dazu sagen? Aber er ist gar nicht empört. Dr. v. H. gehört zu den Männern, die mir gefallen würden. Dann macht er auch Annäherungsversuche, legt den Arm um mich und flüstert mir was ins Ohr. Dann putze ich mit Dr. v. H. Gemüse, besonders Möhren. Wir verabreden, daß er in die alte Wohnung nach Sch. kommen soll. Zu Andi sage ich, daß er kommt, um das Kabelfernsehen anzuschließen. Dann bin ich mit Dr. v. H. im Schlafzimmer. Durch das Fenster können wir hinüber in das Haus meiner Großmutter schauen. Dort sitzt Andi am Fernsehen. Kurz bevor Dr. v. H. und ich aufs Bett gesunken sind, klingelt es. Herr Tüpfel kommt und bringt was zum Essen. Wir ziehen alles wieder an, und zwar auf links. Darüber ist Herr T. irritiert.

Kurze Zeit sei Dr. v. H. »schwanger mit dickem Bauch« gewesen, sagt mir Michaela, als wir den Traum besprechen. Der Traum zeige, »was ich suche: Zuwendung, Zärtlichkeit, Bestätigung als Frau«. Daß es klingelte, kurz bevor es ernst wurde, bedeute, daß sie »so etwas« nie tun würde. Sie verehre Dr. v. H. platonisch: Er sei groß, schlank, gelockt, intelligent und lustig. »Und er hat was damit zu tun, wie ich mich als Frau fühle ... Er, der mir einen Teil meiner Weiblichkeit genommen hat, gibt mir's auch zurück!« *Ho trôsas iásetai – Der die Wunde geschlagen hat, wird heilen:* Die in der Traumarbeit mögliche Rücknahme von Projektionen auf den äußeren Arzt eröffnet den Zugang zum eigenen, zum inneren Heiler.

Die Schwangerschaft des Gynäkologen hängt zunächst mit der konkreten Tatsache zusammen, daß Michaela keine Kinder mehr bekommen kann. In unserer Therapie hatte die verlorene *Möglichkeit,* schwanger zu werden, schon eine große Rolle gespielt. Im klassischen psychoanalytischen Sprachgebrauch sind die *Identifikation mit dem Aggressor* (hier: mit dem Operateur) und die *altruistische Abtretung* (hier: des Schwangerschaftswunsches einer Frau an den Mann und Arzt) Abwehrmechanismen. Man könnte sagen, daß die Träumerin sich so gegen unerträgliche Trauer und gegen Todesangst schützt. In einem vertieften Verständnis ereignet sich jedoch ein Wandlungsgeschehen: Genesung geschieht durch ärztliche Macht (symbolisiert durch das Skalpell, mit dem erkrankte Organe herausgeschnitten werden). Heilung wird in so weit möglich, als die Träumerin diese Organe weiblicher Fruchtbarkeit ihrem Arzt überlassen kann. In der Folge des Traumes mußte Michaela bei einer Routineuntersuchung nicht mehr als strahlende Siegerin auftreten. Irgendwie hatte sie sich hierzu aufgrund der Reaktionen von Ärzten und Pflegepersonal verpflichtet gefühlt. Erstmals kann sie nun Dr. von Heimgarthen mitteilen, sie fühle sich derzeit nicht besonders und leide unter Andis fehlendem Verständnis für ihre Situation. Mich erinnert die Schwangerschaft des Arztes darüber hinaus an den Schwangerschaftstraum eines Priesters (Frick und Remmler 1995) und an das gemeinsame spirituelle Kind als Symbol für den Heilungsprozeß. Michaela spürte sehr genau, daß es bei den zärtlich-erotischen und möglicherweise verschobenen Gefühlen für ihren Arzt um ein *Erkanntwerden* in einem sehr tiefen Sinne ging, nämlich um die Sehnsucht nach Heilung, Ganzsein trotz der Verwundung und in geheimnisvoller Weise gerade durch die Verwundung.

Der Sabbat der Heilung

Indem Jesus immer wieder am Sabbat heilt, »bricht« er die Gesetzesvorschrift, der zufolge der ärztliche Beruf am Sabbat nur bei Lebensgefahr ausgeübt werden durfte. In einem tieferen Sinn »erfüllt« er diesen Festtag durch sein Heilen. Er ist der Heiler, der Retter (*sōtḗr*). Das Wort *sōzein* (retten) hat bereits im Neuen Testament einen über die körperliche Genesung hinausgehenden, befreienden Klang. In der nachbiblischen Zeit wird die Bedeutung von *sōzein/sōtḗr* stark von der Überbietung des *sōtḗr* Asklepios durch Christus bestimmt (Arlt 1988). In den Sabbatheilungen (wie zum Beispiel in Mattäus 12, wo Jesus deshalb auch Gottesknecht genannt wird) ist Jesus dadurch *sōtḗr*, daß er befreit, auch von den Versklavungen durch das Gesetz. Wie in der jüdischen Familie am Freitagabend beim Glanz der Lichter die Königin Sabbat begrüßt wird, so stellt die Heilung, besonders aber die Chance des Rollentauschs zwischen Gesunden und Kranken, die messianische Ordnung (wieder) her, die durch den Einfluß der Krankheit gefährdet war.

Insofern sich in der Rollenverteilung der Arzt-Patient-Beziehung patriarchale Herrschaftsverhältnisse widerspiegeln (Racker 1953), gehört der Rollentausch im Heilungs-Quaternio (Abb. 11) zur Heilung selbst. Wenn wir am Ende eines psychodramatischen Spiels dem Protagonisten eigene, der seinen entsprechende Erfahrungen mitteilen (Sharing), ist dies der Sabbat des Psychodramas (Geisler 1989). Ich teile zum Beispiel Michael und den anderen Gruppen-Mitgliedern mit, wann und wo ich innerhalb meiner persönlichen Erfahrung den Ekel gespürt habe, der zu meinen bewußten Idealen und zu meiner ärztlichen Persona überhaupt nicht passen will. Es gehört zur »Gleichmacherei« des Sharings, daß alle, auch die Leiter, sich an diesem abschließenden Sabbat beteiligen. Grete A. Leutz (1985) hat das »kollegiale Bündnis« zwischen dem äußeren Arzt und dem Inneren Heiler als Prinzip und Ziel der Therapie beschrieben: Im Psychodrama könne der Rollentausch zwischen Arzt und Patient spielerisch realisiert werden, dadurch erlebe der Patient auch eine Distanzierung bezüglich seiner Patientenrolle und er könne sich durch dieses Probehandeln versuchsweise von dem Leiden distanzieren, das ihn zum Patienten macht. So wird ihm bewußt, daß er selbst die größte Verantwortung für seine Heilung trägt. Am Ende des Heilungsdramas, am Sabbat, werden sich zwei Menschen voneinander trennen: ein Heiler, der sich seinen Verwundungs-Schatten bewußtgemacht, und ein (ehemaliger) Kranker, der seinen Inneren Heiler entdeckt hat.

Das Heilungs-Mandala auf dem Umschlag fängt in »weiblicher« Form eine betont »männliche«, kriegerische Stimmung ein. Gleichzeitig betont der Erstbeschreiber die Zartheit der Gebärdensprache, das Beieinander von Vorbildern männlicher Kraft und weiblicher Schönheit:

»...und als ein solches scheint hier denn auch Achilles, der junge und hier so besonders gefällige Held, in eine Handlung, die seiner Milde und seiner Tapferkeit gilt, von unserem Künstler zum schicklichen Schmuck eines weiblichen Putzgeräthes erwählt worden zu sein« (GERHARD 1843, S.12).

Dies mag zur patriarchalen Tradition der Medizin passen, die sich allmählich ihrem Ende entgegenneigt. Symbole hierfür sind der Stab, auf den sich Agamemnon stützt, und besonders die verwundende und heilende Lanze Achills. Im Speer stellt sich das Selbst des Mannes dar, der Speer ist eine *Organprojektion,* als sei er ein an einer Stange befestigtes Messer, mit dem ich dort schneiden kann, wo ich gar nicht bin. Das Zerbrechen von Speer und Szepter bedeute die Opferung der bisherigen Macht, einer in bestimmter Richtung organisierten Libido, schreibt JUNG (GW 5, § 638). Der Speer ist das Symbol männlicher Energie, auch der heilenden schamanischen Kraft, wenn sie mit der Schöpfungskraft des Weltenbaums verbunden ist. Der Speer ist das *Mal der Mitte* in kultischen, politischen oder gerichtlichen Bezirken (vgl. den Übersichtsartikel von GEHRTS 1984).

Wer in all dem die Gefahr eines männlichen Hochmuts wittert, spürt berechtigterweise schon die Gefahr eines inflationären Umgangs mit unserem etruskischen Spiegel. In der Tat bleibt der Speer als männliches Mittenmal (den freilich auch eine Frau tragen und werfen kann) so lange unvollständig, bis er mit einem weiblich-mütterlichen Gefäß verbunden ist. Die Polarität von Speer und Schale kommt im Schlangenrelief auf dem frühchristlichen Gosforth-Kreuz zum Ausdruck. Eine archaische Gottheit hält in der rechten Hand einen Speer, mit dem sie die beiden Mäuler einer drachenartigen Schlange auseinandersperrt. In der Linken hält der Urgott ein lebensspendendes Füllhorn. Von der heilenden Kraft der enthaltenden Schale und des verwundenden Speeres handeln viele Mythen, nicht nur die Gralslegende.

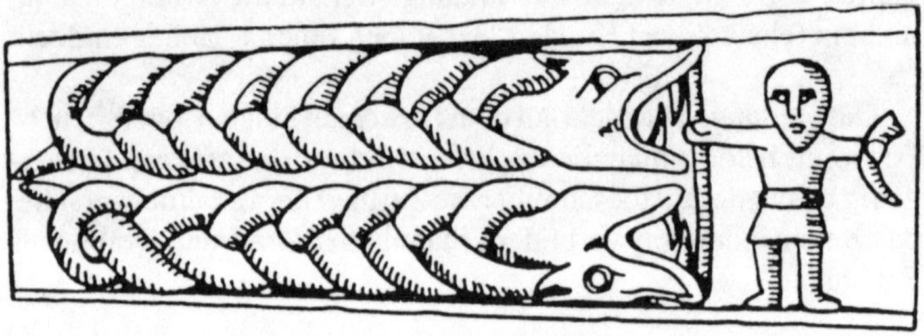

Abbildung 12: aus GEHRTS 1984

VI. Containing – von der Spaltung zum kollegialen Bündnis

Die folgende Legende (zit. nach ZERFASS 1985) kann verdeutlichen, wie eine heilsame Verbindung von Sündenbock-Identifikation und Messianität möglich ist, die in der neurotischen Besessenheit vom Sündenbock-Komplex aufgespalten ist. So wird ein vertieftes Verständnis therapeutischer Wirksamkeit durch Bewältigung von Verwundung und Zerstörung möglich:

Rabbi Josua Ben Levi trifft den Propheten Elija.
Er fragt den Elija: Wann kommt der Messias?
Elija: Geh hin und frage ihn selbst!
Josua: Wo finde ich ihn denn?
Elija: Er sitzt am Tor der Stadt!
Josua: Woran soll ich ihn erkennen?
Elija: Er sitzt unter den Armen, mit Wunden bedeckt. Die anderen binden ihre Wunden alle zugleich auf und nachher verbinden sie sie wieder. Er aber bindet immer nur eine Wunde auf und verbindet sie anschließend sofort, denn er sagt sich: Vielleicht werde ich gebraucht! Ich muß immer bereit sein, damit ich keinen Augenblick Zeit verliere!

¡Dentro de tus llagas escóndeme! – birg in deinen Wunden mich, diesen Vers aus dem mittelalterlichen Gebet des Anima Christi hat JUNG in seinen Vorlesungen (1940) über IGNATIUS VON LOYOLA, den baskischen Mystiker, kommentiert. Ausführlich geht JUNG auf die Bedeutung der (androgyn verstandenen) Person Jesu und seines Kreuzes als eines Versöhnungs-Symbols ein. »In der Meditation über den leidenden Christus mit der Seitenwunde scheint das Selbst auf; und die ›männliche‹ Seite des Menschen muß ›verwundet werden‹, wenn im Individuationsprozeß die ›weibliche‹ Seite auftaucht« (KÜGLER 1989, S. 349; dagegen kritisch: H. WOLFF 1977). Es geht bei diesem Kontakt des Helfers zur eigenen Wunde nicht um Erklärungen oder bewußte Mitteilungen von Verwundungen,

sondern um das Wahr-Nehmen der eigenen Wunde, das dem anderen Entwicklungsraum eröffnet. Dieses Geborgensein – in der Weiblichkeit und Mütterlichkeit Jesu, interpretiert JUNG (Vorlesung 5, 1. 12. 1939) – ist wohl die geheimnisvolle Transzendenzerfahrung, um die es im Heilungsgeschehen geht. Denn anderen bergende Nähe, Zuflucht zu geben, heißt: selber geborgen zu sein, die eigenen Wunden zu spüren und sie doch nicht alle gleichzeitig aufzubinden oder den anderen, der kaum die eigenen Wunden aushalten kann, mit meinen zu belasten. Deshalb muß der *verwundete Heiler* auch nicht von seinen Wunden sprechen oder gar den anderen mit den eigenen Klagen zusätzlich beschweren. Es genügt, daß er sie annimmt, um die Heilungskräfte des anderen freizusetzen.

Birg in deinen Wunden mich! Mit Hilfe von BIONS Modell des »Container – Contained« (BION 1962; LAZAR 1993) läßt sich die therapeutische Grundhaltung konkretisieren, die sowohl das Halten und Bergen als auch das Gehalten- und Geborgensein meint. Das Wortpaar »Container – Contained« charakterisiert eine haltende Beziehung nach dem Modell der Mutter-Kind-Beziehung, nach dem archetypischen Muster der Beziehung zwischen dem Weiblichen und dem Männlichen, einen gemeinsamen Modus des Erkennens und vor allem der mentalen Bearbeitung, der Entgiftung oder Verdauung zerstörerischer Inhalte.

Das Leiden an fehlendem Ganzsein, an der eigenen seelischen oder körperlichen Beschädigung, vielleicht an unheilbaren Verletzungen muß dann nicht mehr im Sinne eines einseitigen Gesundheits- und Stärkeideals »beseitigt« werden. Das Leiden, wird es in einer heilenden Beziehung angenommen, kann sogar zu einem bedeutsamen psychischen Symbol werden, das Entwicklung ermöglicht (O'KANE 1990). Wenn seelisches Vollständigsein ein Therapieziel ist, dann besteht sie in der Annahme von Verwundung *und* von Heilung als den beiden Seiten der einen psychischen Wirklichkeit, des Selbst- und Körperbildes. Mein eigenes Containing als Helfer, meine Fähigkeit zum therapeutischen Bemuttern, setzt voraus, daß ich selber in einem »Container« »aufgehoben« bin, so daß ich meinen Platz im messianischen Drama finde, entweder im Rahmen-Dialog zwischen Rabbi Josua und Elija oder in der Begegnung mit dem Messias und den Armen oder sogar in der Übernahme der Persona des Messias selbst.

Rabbi Josua, das ist der Theologe, der sich bei der Tradition *über* den Messias erkundigt und in dessen abstrakter Eschatologie der menschgewordene Messias nicht vorkommt oder eben nicht identifizierbar ist. Die direkte Begegnung mit dem Messias, der unter den Armen sitzt und *jetzt* deren Wunden heilt, scheint ihm kaum zu gelingen. Er fühlt sich selbst nicht aufgehoben in den Wunden des Messias. Er wartet auf das Kommen eines wirkmächtigen, kraftvollen Messias, der alle Schwäche überwindet. Er versteht nicht, daß auch er selbst einer von den verwundeten Armen ist, daß er die Beziehung zum Messias nicht aus einer Position der Stärke heraus aufnehmen kann. Denn das Spüren der eigenen Wunden gelingt weder aufgrund einer falschverstandenen Wehleidigkeit noch aufgrund eigener Begabungen. Jesus stellt mich nicht nur vor die Alternative, entweder dem Nächsten zu dienen oder aus empfindungsloser Stärke den Verwundeten links liegen zu lassen. Er erzählt mir das Samariter-Gleichnis, um mir Samariter *und* Verwundeten als zwei Seiten meiner selbst vor Augen zu stellen. So will die Geschichte auch sagen: Verwechsle nicht deine eigenen Fähigkeiten oder deine Ausstrahlung mit dem messianischen Geheimnis Jesu! Vergiß über dem Auf- und Zuwickeln der Verbände nicht, daß der Messias durch die eigene Schwäche und Verwundung heilt, nicht durch ein besonders perfektes Verbandssystem! Er ist ja ein verwundeter Heiland, kein Heiler nach unseren Vorstellungen von Erfolg und Effizienz.

Als Rabbi Josua zum Messias kam, sagte er zu ihm: Der Friede sei mit dir, mein Meister und Lehrer!
Der Messias antwortete: Der Friede sei auch mit dir, Sohn des Levi!
Jener fragte: Wann kommst du?
Er antwortete: Heute.
Rabbi Josua kehrte zu Elija zurück, der fragte: Was hat er dir gesagt?
Eigentlich hat er mich belogen, denn er hat gesagt:
›Heute komme ich‹, und ist nicht gekommen.
Elija sprach: Das hier hat er dir gesagt:
›Würdet ihr doch heute auf seine Stimme hören.‹

Der therapeutische Raum als Container

»Der Mythus oder die Legende entsteht aus archetypischem Material, das in der Krankheit konstelliert wird, und die psychologische Wirkung besteht darin, den Patienten an den allgemein-menschlichen Sinn seiner besonderen Situation anzuschließen. Der Schlangenbiß zum Beispiel ist eine archetypische Situation, weshalb er auch als Motiv in vielen Erzählungen vorkommt. Wenn die der Krankheit zugrundeliegende archetypische Situation in der richtigen Art und Weise zum Ausdruck gebracht werden kann, so ist der Patient geheilt. Wird kein entsprechender Ausdruck gefunden, dann wird der Patient auf sich selbst, in den isolierten Zustand des Krankseins zurückgeworfen; er ist allein und hat keine Verbindung mit der Welt. Wenn ihm aber gezeigt wird, daß sein besonderes Leiden nicht nur *sein* Leiden ist, sondern ein allgemeines – sogar das Leiden eines Gottes – dann befindet er sich in der Gemeinschaft von Menschen und Göttern, und dieses Wissen erzeugt eine heilende Wirkung. Die moderne geistliche Therapie geht in der gleichen Weise vor: Schmerz oder Krankheit werden mit dem Leiden Christi verglichen, und diese Vorstellung wirkt tröstlich. Das Individuum wird aus seiner elenden Einsamkeit herausgehoben und erweist sich als ein Mensch mit einem heldenhaften, sinnvollen Schicksal, das, wie das Leiden und Sterben eines Gottes, letzten Endes der ganzen Welt zugute kommt« (JUNG, GW 18/I, § 231).

JUNG geht hier auf den Zusammenhang zwischen dem Partikulären und dem Universalen ein. In den Tavistock-Lectures berichtet er den Traum eines Franzosen: Unter der Kathedrale von Toledo befinde sich eine mit Wasser gefüllte Zisterne, in der eine Schlange lebe. JUNG deutet die unter dem Dom liegende Krypta (von gr. *krýptein*: [ver-]bergen) als geheimnisvollen Ort, der eigentlich nicht zu einer christlichen Kirche gehöre. So gehe die Krypta in Chartres auf das Brunnenheiligtum einer jungfräulichen Göttin aus vorchristlicher Zeit zurück. Das Traumbild des Brunnens mit der Schlange stamme aber weder aus persönlicher Erfahrung noch aus archäologischer Bildung. Vielmehr drücke das Wasser in der Tiefe das Unbewußte aus, das von einer Schlange (oder auch einem Drachen) bewacht wird.

»So enthalten die Tiefen, die Schichten äußerster Unbewußtheit, in unserm Traum zugleich den Schlüssel zur individuellen Ganzheit, mit andern Worten, zur Heilung. Die Bedeutung von ganz oder Ganzheit liegt im Heiligmachen oder Heilen (englisch: whole = holy, healing). Der Abstieg in die Tiefe führt zur Heilung. Er ist der Weg zum ganzen Sein, zum Schatz, den die leidende Menschheit dauernd sucht, und der an einem von etwas furchtbar Gefährlichem bewachten Ort verborgen ist. Es ist der Ort ursprünglicher Unbewußtheit und zu gleicher Zeit der Ort des Heils und der Erlösung, weil er das Juwel der Ganzheit enthält. Er ist die Höhle, in der der Drache des Chaos haust, und auch die unzerstörbare Stadt, der magische Kreis oder *temenos,* der heilige Bezirk, in dem alle abgespaltenen Teile der Persönlichkeit vereinigt werden können« (JUNG, GW 18/I, § 270).

JUNG spricht nur einmal ausdrücklich vom »Enthaltenden« und »Enthaltenen«, und zwar in bezug auf die *Ehe als psychologische Beziehung* (GW 17,8). Das Gemeinte kehrt jedoch bezüglich der therapeutischen Beziehung häufig und in unterschiedlichen Bildern wieder. So vergleicht er den therapeutischen Rahmen mit dem alchemistischen »vas hermeticum«, mit dem Taufbrunnen, mit der mystischen Quelle, s.o. Abb. 10), mit dem *témenos,* dem abgegrenzten Tempelbezirk (SAMUELS et al. 1986). Abbildung 13 zeigt das letzte Bild der Samaritergeschichte aus Chartres. Es gleicht ikonographisch einer Grablegung (MANHES und DEREMBLE 1986). Wir sind in einer Krypta, in einem Gewölbe, das von einer Öllampe erhellt wird. Die Haltung des Samariters ist mütterlich wie jene der Frauen am Grab oder des Josef von Arimathäa. Aber der unter die Räuber gefallene Pilger ist nicht tot, er ist verborgen, geborgen in einer Art Krankenhaus, wo er bis zu seiner Genesung bleiben darf. Im Samariter sehen ORIGENES und unser Fenster den Heiland *und* Gottesknecht, er kann mütterlich bergen. Dieses *Containing* wird möglich, weil er selbst durch Verwundung und Tod hindurchgegangen ist, bevor er das Leiden des anderen auf sich nehmen kann.

Abbildung 13: Der Samariter pflegt in der Herberge den Kranken

In ORIGENES' Predigt über unser Gleichnis heißt die Herberge *pandóchion*, das Alles-Aufnehmende und damit Enthaltende. In Michaelas Traum heißt der therapeutische Container »Taverne« oder auch »Schlafzimmer«. »Taverne« kann mit »Tabernakel« assoziiert werden, also einem kleinen Schrank, in dem etwas Wertvolles und Heiliges aufbewahrt wird. Die Träumerin weiß sich in einem geschützten Raum, und dort können die für die Heilung wichtigen Wandlungsprozesse ablaufen. Allerdings wird sie dort auch durch Herrn Tüpfel gestört. Wichtig ist auch die Fernseh-Metapher. Andi schaut weit weg, im Haus der Großmutter (aber auf Sichtweite!) fern. Dr. von Heimgarthen kommt, um das Kabelfernsehen zu installieren, also eine Kommunikationsverbindung, gewissermaßen der archetypische Anschluß an die moderne »Schlange«, das Kabel.

Archetypen sind in unserer seelischen Entwicklung wichtige innere Container. Gerade der Heilungsarchetyp stellt psychische Strukturen bereit, um in der Absurdität der Krankheit Bedeutung zu stiften, um die individuelle Erkrankung an das überpersönliche Geschehen von Krankwerden und Gesunden anzubinden, um Zerstörerisches zu entgiften. Wie alle Containing-Strukturen dient der Archetypus dazu, bedeutungslose, nicht-psychische *Beta-Elemente* (also beispielsweise die Symptome einer schweren Krankheit) zu entgiften und in psychische *Alpha-Elemente* umzuwandeln, die eine Bedeutung haben, die zu gemeinsam verstehbaren Zeichen werden. Nach PEIRCE sind es Symbole, triadische Zeichen. Mit SAUSSURE können wir sagen, daß jedes Zeichen eine physikalische Seite hat (*Signifikant,* zum Beispiel ein meßbares Körpersymptom) und eine Sinn-Seite (*Signifikat,* zum Beispiel die persönliche Bedeutung, die ich diesem Symptom beimesse). Die Geschichte eines Menschen wird zu einer sinnvollen Erzählung, wenn Zeichen zu einem erzählenden Text verbunden sind (FRICK 1993).

Die archetypische Sicht des Containing lehrt uns, daß der Arzt nicht nur zerstörerische Inhalte in Empfang nehmen und bergen muß, um diese zu entgiften. Asklepios heilt vielmehr mit dem Blut der schrecklichen Gorgonen. Das Motiv der heilbringenden und giftigen Schlange verdichtet sich im schlangenumkränzten Haupt der Medusa, der einzigen sterblichen unter den drei Gorgonen. Perseus tötet Medusa mit göttlicher Hilfe: Hermes leiht ihm die Sichel, Athene aber den Schild, in dessen Reflexion er den Anblick der Medusa ertragen konnte, der ihn ansonsten versteinert hätte. ZIELEN (1987) vergleicht die magische Tasche, in der er das abgeschlagene Medusenhaupt verwahrt, mit der Fähigkeit des Therapeuten, schreckliche und angstmachende seelische Inhalte in sich zu tragen.

Nach BION braucht die angeborene Prä-Konzeption einen äußeren Container, das heißt ein »bemutterndes« Gegenüber. In ähnlicher Weise stellt der analytische Raum einen äußeren Container, einen bergenden Rahmen dar, in dem wir mit dem Archetypus als innerem Container auf persönliche Weise in Kontakt kommen können. Die »magische Tasche« des Therapeuten ist selbst nur eine vorübergehende Hilfe. Das Urmodell des »container – contained« ist die Mutter-Kind-Beziehung. Doch selbst die mütterliche Fähigkeit, zerstörerische »Beta-Elemente« des Kindes aufzunehmen und zu entgiften, ist noch einmal in archetypischen Strukturen »enthalten«. Die Mutter bietet sich den formalen und verborgenen archetypischen Strukturen (also zum Beispiel dem Archetyp der Großen Mutter) als »externer Container« an, um diesen Bedeutung und persönlichen Inhalt zu geben (DEHING 1994). In ähnlicher Weise können wir sagen, daß Therapeutinnen und Therapeuten, Krankenhäuser und so weiter einen äußeren Container dafür bieten, daß sich der (zunächst abstrakt-formale) Heilungsarchetyp konstellieren kann.

Bemutterte Mütterlichkeit

Gisela, eine 35jährige Analysandin, träumt in der Nacht vor der 107. Stunde, sie sei mit Kollegen bei einer griechischen oder römischen Ruine unterwegs gewesen, konnte nicht mehr mitkommen und entschwebte:

»Ich bin wieder mal geflogen, zuerst am Boden geschwebt, dann durch Luftböen nach oben getrieben. Sonst habe ich das immer ziemlich genossen, aber diesmal hab' ich mir gesagt: Ich muß wieder auf den Boden zurück. Ich habe Bewegungen gemacht, um wieder auf den Boden zurückzukommen. Ich bin in einer Art Garten oder einer Art Plantage gelandet, in einem umzäunten Gelände. Ich war gar nicht richtig angezogen, hatte keine Jeans an. Dieses Peinliche ... Ich habe Angst, von den Besitzern entdeckt zu werden, würde mich aber über eine freundliche Unterhaltung mit ihnen freuen«.

Wir sprechen zunächst darüber, was das »Abheben« und die »Bodenhaftung« wohl bedeuten könnten. Mir fällt dann auf, daß der Garten wohl ein therapeutischer Container ist, und daß sich in der Befürchtung, von den Besitzern »entdeckt« zu werden, unsere psychoanalytische Beziehung widerspiegeln könnte. Mir kommt eine Intervention von KATHRIN ASPER (1994) in den Sinn, die zu einer

Patientin sagte: *Dann habe ich es versäumt, Sie zu finden, versäumt wahrzunehmen, ... wo Sie stimmungsmäßig waren, versäumt eigentlich, mich auf Sie einzustimmen. Ich könnte mir vorstellen, daß Sie in Ihrer Verzweiflung gewollt hätten, gefunden zu werden.* BION beschreibt, wie der Therapeut ähnlich wie die stillende Mutter in einen träumerischen Zustand gerät und gerade so giftige Beta-Elemente in die sinn- und bedeutungsvollen Alpha-Elemente umwandeln kann. Aus dieser *rêverie* bin ich wohl etwas abgeschweift, *ich* war es also, der abgeschweift und abgehoben ist. Ich frage also meine Patientin, ob sie sich vielleicht zuwenig von mir gesucht fühlt, ob hinter der Befürchtung des Traumes *auch* der Wunsch stehen könnte, (mehr) gesucht zu werden. Offenbar geht es tatsächlich um dieses Ankommen bei mir, auf der Erde des therapeutischen Raumes. Gisela kann nun ausdrücken, daß sie sowohl das Bedürfnis spürt, gesucht, als auch die Angst, gefunden zu werden. Ein halbes Jahr später träumt Gisela:

H. Frick beugte sich über mich, während ich dalag. Erst schien es mir, als wenn er mich zudecken will, ich bin auf jeden Fall erschrocken und bekam Panik. Ich schlug H. Frick und gleich danach entschuldigte ich mich. Jetzt war der Therapieort eine Baumhöhle ca. 2 m hoch und die Therapie dauerte den ganzen Tag ...

Sie ist sehr beeindruckt über das Bild des schwangeren Therapiebaumes, das mehrfach in ihren Träumen und Phantasien wiederkehrt. Subjektstufig vergleicht sie sich selber mit dem Baum. Jetzt ahne sie, daß sie sich oben im Herz-Bereich öffnen kann, ohne unten die Erdung und die Verwurzelung im energiespendenden Erdreich zu verlieren. Es wird deutlich, daß ihr Traumbaum sowohl ein männlich-phallisches Symbol ist wie Speer und Weltenbaum als auch ein weiblich-bergendes wie Krypta, Behälter, magische Tasche. Nach JUNG (GW 13, § 460) stellt der mütterliche Baum in Verbindung mit der Schlange die Anima des Schamanen und in seinem Wachstum den Prozeß der Individuation und Heilung dar (TE PASKE 1983). Baum und Asklepiosstab erinnern an die dem Apoll heilige Zypresse.

Das Traumbild der Patientin spricht mich an. Mir fällt ein, daß das Kreuz als Symbol der Verwundung und Heilung, der Zerrissenheit und der Ganzheit, oft mit einem Baum verglichen wird. Ich träume, *daß Gisela mir gegenübertritt und weinend darüber klagt: Ihre Familie habe sie nicht ernstgenommen und ihr Verantwortung aufgeladen. Im Traum bin ich erstaunt über ihre heftigen Gefühls-*

äußerungen und weiß nicht recht, wie ich damit umgehen soll. Ich fühle mich hilflos. Die Assoziationen der Patientin zu ihrem Traumbild vom schwangeren Baum wie auch mein Gegenübertragungs-Traum scheinen mir Wege zu zeigen, wie die Patienten selbst gesucht werden möchte. ASPER (1987) hat die Suche nach dem Patienten als mutterspezifische Haltung charakterisiert. Sehr anschaulich stellt sie therapeutische Stile gegenüber, die sich vom Mutterarchetyp und solche, die sich vom Vaterarchetyp leiten lassen. Bereits der Garten in Giselas erstem Traum ist ein mütterliches Bild. ASPER geht es bei all dem nicht um geschlechtsspezifische Zuschreibungen, auch nicht in oberflächlicher Weise um ein Bemuttern oder Bevatern als therapeutischen »Trick«. Vielmehr ergänzen sich beide wie *Sorge* und *Gerechtigkeit* (FRICK 1994), wie Soterio- und Pathogenese. In Tabelle 2 fasse ich ASPERS Typisierung zusammen. Sie gilt zunächst für narzißtische Menschen, hat aber auch außerhalb des engeren krankheitsspezifischen Rahmens modellhaften Wert.

Durch die Orientierung am Mutterarchetyp wird klarer, daß das »Kind« auch im erwachsenen Patienten unter einem Mangel an mutterspezifischen Medien leidet. Oft haben sich solche Menschen durch Übernahme vaterspezifischer Haltungen einen patriarchalen Überbau geschaffen. Durch Deutung innerhalb eines vaterspezifischen Konfliktmodells bestünde die Tendenz, »pädagogisch« ein Schüler-Lehrer-Verhältnis aufzubauen und den patriarchalen Überbau aufzugreifen oder zu bearbeiten. Anders im mutterspezifischen Mangelmodell. Hier werden die strengen, patriarchalen Soll-Forderungen an sich selbst erst einmal positiviert. Das Leiden unter dem eigenen Schatten und der Selbst-Abwertung kritisieren wir nicht. Vielmehr *leihen* wir *Gefühle.* Wir orientieren uns vor allem an der Enttäuschung des Patienten, gleichgültig ob sie »berechtigt« und »realitätsangepaßt« ist oder nicht. In der mutterspezifischen *Zwei-Personen-Psychologie* suchen wir das Kind auch im erwachsenen Patienten. Wir spüren nach, wo das Kind emotional und in seinem Körperselbst ist. Die vaterspezifische *Ein-Personen-Psychologie* hingegen wartet, daß das Kind kommt. Ich wiederhole noch einmal, daß es bei dieser Gegenüberstellung um zwei Typen der Begleitung geht, die bei uns in Mischungsverhältnissen auftreten. Wenn wir uns auf die emotionale Lage des Patienten ausrichten wollen, brauchen wir die Inspiration durch den Mutterarchetypus.

Im Eingangsbereich eines kirchlichen Krankenhauses befanden sich zwei große Heiligenfiguren – künstlerisch nicht von besonde-

	Mutterspezifische Haltung	Vaterspezifische Haltung
Betont wird	Beziehung Ursachen-orientiert Eingehen auf Übertragung / Gegenübertragung	Abstinenz finale (Ziel-) Orientierung Selbstreparation der Psyche
vorwiegender Zugang	affektiv	kognitiv
Sicherheit wird gewährt	im basalen Vertrauen Wachstum, getragen auf dem Arm der Mutter	im Orientierung-Geben An der Hand des Vaters Autonomieschritte machen
Beziehung zentriert auf	Patient	Arzt
Grundhaltung	Zeuge sein in Akzeptanz	Deuten
Hauptaufgabe des Arztes	Bedeutung zumessen, Containing, Eintauchen in Universum des Analysanden	Konfrontation Theorie finden und bestätigen
Symbolische Berufe	Gärtner	Detektiv
Fokus auf	Schutzmodi, Überlebensstrategien werden positiv konnotiert	Widerstand/Abwehr werden ›bearbeitet‹, ›aufgelöst‹
tiefenpsychologische Ausrichtung	*Der Herr lasse leuchten sein Angesicht auf dir und sei dir gnädig – Kyrie eleison*	*Ich aber sage euch ... Im Anfang war das Wort*

Tabelle 2: Paradigmen der therapeutischen Beziehung nach Asper (1994)

rem Wert, aber eine Art Blickfang für die unterschiedlichen Personen, die mit oft bangem Herzen diese Klinik betreten wie auch für die alte Pfortenschwester, die seit Jahr und Tag ihren Dienst in dieser Eingangshalle tat. Eines Tages schraubten die Hausmeister beide Heilige von der Wand ab, an der sie mit Schrauben befestigt waren, und verbrachten sie in einen Keller, wo sie nun unter einer Staubschicht lagern. An deren Stelle montierten sie einen Parkgroschen-Wechsler und einen Telefonkarten-Automaten. Symbole der Heilung, die nicht mehr lebendig sind, müssen Platz machen für die flüchtigen Symbole unserer Tauschgesellschaft. Der Name *Hospital* – Krankenhaus leitet sich vom lat. *hospitalis* – gastfreundlich her. Wer krank ist, betritt ein Krankenhaus oder ein Behandlungszimmer mit Furcht und Hoffnung, und er will mit beidem geborgen sein. Der Heiler-Archetyp lehrt uns, daß beide Seiten – Patient und Arzt, Kranke und Therapeuten – *beieinander* geborgen sind. Heilung braucht eine oft vergessene, weil unbewußte therapeutische Konferenz (Leutz 1980): Der *Innere Heiler* muß mit dem *äußeren Arzt* in Kontakt kommen, damit Heilung geschieht. Am Ende trennen sich ein verwundeter Heiler und ein geheilter Verwundeter, die ihre Schatten nicht mehr verdrängen oder gegenseitig projizieren müssen.

Die Eingangstür geht auf, der flüchtige Blick eines kranken Menschen fällt auf die Pfortenschwester. Der oder die Kranke wirft *auch*, wenngleich vielleicht nur unbewußt, einen Blick ins Reich des Todes. *Quid sum miser tunc dicturus?* Was soll ich Arme oder ich Armer dann sagen?, betet der Verstorbene im lateinischen Requiem. *Quem patronum rogaturus?* Welchen Patron, welche Fürsprecherin soll ich anrufen? Der Blick fällt auf die dem Eingang gegenüberliegende Wand. Wenn ich mir dort eine Ikone der Heilung wünschen dürfte, so wäre es das Bild der *Anna Selbdritt*: Maria hält Jesus, und sie ist selbst geborgen bei ihrer Mutter Anna. Besser als jeder Text kann Giselas Traum vom therapeutischen Baum (Abb. 14) zum Ausdruck bringen, was *Containing* bedeutet: die wiedererlangte *Verwurzelung* und *Erdung* eines Menschen durch lebendige Symbole und das gemeinsame therapeutische Verstehen, das Jacob Moreno sehr treffend als *Zweifühlung* charakterisiert hat. Giselas Baum fehlen noch weitgehend die Wurzeln. Doch wirkt der mächtige Stamm bereits breit und solide genug, um das gemeinsame analytische Werk und die Verästelungen der Krone zu tragen.

Abbildung 14: Gisela und ihr Arzt in der »therapeutischen Höhle«

Ausblick

An den Schluß dieses Buches möchte ich ein Märchen setzen, das die Brüder Grimm aufgeschrieben haben:

Es hatte ein armer Mann zwölf Kinder und mußte Tag und Nacht arbeiten, damit er ihnen nur Brot geben konnte. Als nun das dreizehnte zur Welt kam, wußte er sich in seiner Not nicht zu helfen, lief hinaus auf die große Landstraße und wollte den ersten, der ihm begegnete, zu Gevatter bitten. Der erste, der ihm begegnete, das war der liebe Gott, der wußte schon,was er auf dem Herzen hatte, und sprach zu ihm »armer Mann, du dauerst mich, ich will dein Kind aus der Taufe heben, will für es sorgen und es glücklich machen auf Erden«. Der Mann sprach »wer bist du?« »Ich bin der liebe Gott«. »So begehr ich dich nicht zum Gevatter,« sagte der Mann, »du gibst dem Reichen und lässest den Armen hungern«. Das sprach der Mann, weil er nicht wußte, wie weislich Gott Armut und Reichtum verteilt. Also wendete er sich von dem Herrn und ging weiter. Da trat der Teufel zu ihm und sprach »was suchst du? willst du mich zum Paten deines Kindes nehmen, so will ich ihm Gold die Hülle und Fülle und alle Lust der Welt dazu geben«. Der Mann fragte »wer bist du?« »Ich bin der Teufel«. »So begehr ich dich nicht zum Gevatter«, sprach der Mann, »du betrügst und verführst die Menschen«. Er ging weiter, da kam der dürrbeinige Tod auf ihn zugeschritten und sprach »nimm mich zu Gevatter«. Der Mann fragte »wer bist du?« »Ich bin der Tod, der alle gleich macht«. Da sprach der Mann »du bist der rechte, du holst den Reichen mit den Armen ohne Unterschied, du sollst mein Gevattersmann sein«. Der Tod antwortete »ich will dein Kind reich und berühmt machen, denn wer mich zum Freunde hat, dem kanns nicht fehlen«. Der Mann sprach »künftigen Sonntag ist die Taufe, da stelle dich zu rechter Zeit ein«. Der Tod erschien, wie er versprochen hatte, und stand ganz ordentlich Gevatter.

Als der Knabe zu Jahren gekommen war, trat zu einer Zeit der Pate ein und hieß ihn mitgehen. Er führte ihn hinaus in den Wald, zeigte ihm ein Kraut, das da wuchs, und sprach »jetzt sollst du dein Patengeschenk empfangen. Ich mache dich zu einem berühmten Arzt. Wenn du zu einem Kranken gerufen wirst, so will ich dir jedesmal erscheinen: steh ich zu Häupten des Kranken, so kannst du keck sprechen, du wolltest ihn wieder gesund machen, und gibst du ihm dann von jenem Kraut, so wird er genesen; steh ich aber zu Füßen des Kranken, so ist er mein, und du mußt sagen, alle Hilfe sei umsonst, und kein Arzt in der Welt könne ihn retten. Aber hüte dich, daß du das Kraut nicht gegen meinen Willen gebrauchst, es könnte dir schlimm ergehen«.

Es dauerte nicht lange, so war der Jüngling der berühmteste Arzt auf der ganzen Welt. »Er braucht nur den Kranken anzusehen, so weiß er schon, wie es steht, ob er wieder gesund wird, oder ob er sterben muß«, so hieß es von ihm, und weit und breit kamen die Leute herbei, holten ihn zu den Kranken und gaben ihm so viel Gold, daß er bald ein reicher Mann war. Nun trug es sich zu, daß der König erkrankte: der Arzt ward berufen und sollte sagen, ob Genesung möglich wäre. Wie er aber zu dem Bette trat, so stand der Tod zu den Füßen des Kranken, und da war für ihn kein Kraut mehr gewachsen. »Wenn ich doch einmal den Tod überlisten könnte«, dachte der Arzt«, »er wird's freilich übelnehmen, aber da ich sein Pate bin, so drückt er wohl ein Auge zu: ich wills wagen«. Er faßte also den Kranken und legte ihn verkehrt, so daß der Tod zu Häupten desselben zu stehen kam. Dann gab er ihm von dem Kraute ein, und der König erholte sich und ward wieder gesund. Der Tod aber kam zu dem Arzte, machte ein böses und finsteres Gesicht, drohte mit dem Finger und sagte »du hast mich hinter das Licht geführt: diesmal will ich dirs nachsehen, weil du mein Pate bist, aber wagst du das noch einmal, so geht dirs an den Kragen, und ich nehme dich selbst mit fort«.

Bald hernach verfiel die Tochter des Königs in eine schwere Krankheit. Sie war sein einziges Kind, er weinte Tag und Nacht, daß ihm die Augen erblindeten, und ließ bekanntmachen, wer sie vom Tode errettete, der sollte ihr Gemahl werden und die Krone erben. Der Arzt, als er zu dem Bette der Kranken kam, erblickte den Tod zu ihren Füßen. Er hätte sich der Warnung seines Paten erinnern sollen, aber die große Schönheit der Königstochter und das Glück, ihr Gemahl zu werden, betörten ihn so, daß er alle Gedanken in den Wind schlug. Er sah nicht, daß der Tod ihm zornige Blicke zuwarf, die Hand in die Höhe hob und mit der dürren Faust drohte; er hob die Kranke auf, und legte ihr Haupt dahin, wo die Füße gelegen hatten. Dann gab er ihr das Kraut ein, und alsbald röteten sich ihre Wangen, und das Leben regte sich von neuem.

Der Tod, als er sich zum zweitenmal um sein Eigentum betrogen sah, ging mit langen Schritten auf den Arzt zu und sprach »es ist aus mit dir und die Reihe kommt nun an dich«, packte ihn mit seiner eiskalten Hand so hart, daß er nicht widerstehen konnte, und führte ihn in eine unterirdische Höhle. Da sah er, wie tausend und tausend Lichter in unübersehbaren Reihen brannten, einige groß, andere halbgroß, andere klein. Jeden Augenblick verloschen einige, und andere brannten wieder auf, also daß die Flämmchen in beständigem Wechsel hin- und herzuhüpfen schienen. »Siehst du«, sprach der Tod, »das sind die Lebenslichter der Menschen. Die großen gehören Kindern, die halbgroßen Eheleuten in ihren besten Jahren, die kleinen gehören Greisen. Doch auch Kinder und junge Leute haben oft nur ein kleines Lichtchen«. »Zeige mir mein Lebenslicht«, sagte der Arzt und meinte, es wäre noch recht groß. Der Tod deutete auf ein kleines Endchen, das eben auszugehen drohte, und sagte »siehst du, da ist es«. »Ach, lieber Pate«, sagte der erschrockene Arzt, »zündet mir ein neues an, tut mirs zuliebe, damit ich meines Lebens genießen kann, König werde und Gemahl der schönen Königstochter«. »Ich kann nicht«, antwortete der Tod, »erst muß eins verlöschen, eh ein neues anbrennt«. »So setzt das alte auf ein neues, das gleich fortbrennt, wenn jenes zu Ende ist«, bat der Arzt. Der Tod stellte sich, als ob er seinen Wunsch erfüllen wollte, langte ein frisches großes Licht herbei: aber weil er sich rächen wollte, versah ers beim Umstecken absichtlich, und das Stückchen fiel um und verlosch. Alsbald sank der Arzt zu Boden, und war nun selbst in die Hand des Todes geraten.

Das Märchen vom *Gevatter Tod* hat, zumal am Schluß eines Buches über Heilung, etwas Gruseliges. Und doch ist bei aller Fremdheit, die der Tod für uns stets behalten wird, der Arzt von Berufs wegen dem Tode nahe wie sonst nur noch der Bestatter und der Priester. Was ist gruseliger, die Tatsache, daß zu Anfang ausgerechnet der Tod Pate des künftigen Arztes wird, oder der schaurige Realismus, mit dem wir am Schluß den Arzt genau in dem Augenblick zu Boden fallen hören, da sein Lebenslicht erlischt?

Die diagnostische, prognostische und therapeutische Kompetenz des Arztes, so sagt uns das Märchen, beruhen darauf, daß sein Leben bereits lange vor Beginn des Berufs dem Tod verschrieben ist. Dadurch daß die vorgebliche Weitsicht des Arztes und die angebliche Wirksamkeit seiner Kräutlein von der Willkür des Todes abhängen, ist die Verstrickung bereits vorbereitet: Will er Heiler sein und anderen das Leben erhalten, muß sich der Arzt selber gegenüber dem Tod verschulden. Er setzt seine Libido, seine Energie ein um den Preis des *Burning out*, des Erlöschens des Lebensflämmleins in der unterirdischen Höhle.

Ich möchte nicht die therapeutischen Berufe glorifizieren oder gar behaupten, der Einsatz sei hier höher als anderswo. Aber es gibt wohl einen inneren Zusammenhang zwischen dem Drama der Heilung und dem Hinabsteigen in die unterirdische Krypta, wo plötzlich und unheimlich mein eigenes Leben und Sterben auf dem Spiel steht.

Literatur

ALY, G. (1989) (Mitvf. u. Hg.): AKTION T4 1939-1945. Die »Euthanasie«-Zentrale in der Tiergartenstraße 4. Berlin.

ANTONOVSKY, A. (1993): Gesundheitsforschung versus Krankheitsforschung. In: Psychosomatische Gesundheit: Versuch einer Abkehr vom Pathogenese-Konzept. Hg. FRANKE, A./BRODA, M. Tübingen, 3-14.

ARLT, S. (1988): Heilung und Erlösung. Eine Untersuchung zur Soteriologie der Gegenwart. Diss.theol. Regensburg.

ASPER, K. (1987): Verlassenheit und Selbstentfremdung. Neue Zugänge zum therapeutischen Verständnis. Olten/Freiburg im Breisgau [4]1991.

ASPER, K. (1994): Die Entfernung von den Gefühlen bei Selbstwertstörungen. Vortrag im C. G. Jung-Institut München 11. 5. 1994.

BEAUCHAMP, P.: persönliche Mitteilung.

BECKER, K. L. (1996): Unlikely companions. Carl Gustav Jung and the Spiritual Exercises of Ignatius of Loyola. Chicago, Loyola Press (im Druck).

BEIRNAERT, L. (1989): Weitergabe von Erfahrung? Psychoanalytische Überlegungen. In: Geist und Leben 62, 246-260.

BERTRAM, G. (1968): Hippokrates, ein archetypisches Bild ärztlicher Individuation. Vortrag auf dem Zürcher Kongreß der IGAP.

BION, W. R. (1962): Lernen durch Erfahrung. Frankfurt am Main 1990.

BLANK, J. (1975): Begegnung mit dem Heiligen als Krise und Entscheidung. In: Heilkraft des Heiligen. Freiburg/Basel/Wien, 45-77.

BLANK, J. (1979): Der leidende Gottesknecht (Jes 53). In: PAWLOWSKY, P./SCHUSTER, E. (Hg.): Woran wir leiden. Innsbruck/Wien/München, 28-67.

BLEULER, E. (1919): Das autistisch-undisziplinierte Denken in der Medizin und seine Überwindung, Berlin.

BONHOEFFER, D. (1944a): Brief aus dem Gefängnis Tegel an Eberhard Bethge (16. 7.). In: Widerstand und Ergebung. Briefe und Aufzeichnungen aus der Haft. Hg. BETHGE, E., München 1970, 391-394.

BONHOEFFER, D. (1944b): Brief aus dem Gefängnis Tegel an Eberhard Bethge (18. 7.). A.a.O., 394-396.

British Medical Association (1992): Verratene Medizin. Beteiligung von Ärzten an Menschenrechtsverletzungen. Deutschsprachige Ausgabe Berlin 1995.

BUBER, M. (1923): Ich und Du. Heidelberg [11]1963.
CAÏN, A. (1994): Le psychodrame-Balint. Méthode, théorie et applications. Grenoble.
CRANACH, M. VON (1989): Die Psychiatrie in der Zeit des Nationalsozialismus. Kaufbeuren o. J.
DAU, W. (1963): Scharfrichter und Henker als Medici und Chirurgi. In: Materia Medica Nordmark 15, 338-350.
DEHING, J. (1994): Containment – an archetype? In: Journal of Analytical Psychology 39, 419-461.
DIECKMANN, H. (1991): Komplexe. Diagnostik und Therapie in der analytischen Psychologie. Berlin/Heidelberg/New York/London/Paris/Tokyo/Hong Kong/Barcelona.
DÖRNER (1993): Suizid-Schnittpunkt des Rechts zu leben und des Rechts zu sterben. In: Suizidalität. Deutungsmuster und Praxisansätze. Hg. GIERNALCZYK,TH./FRICK, E. Regensburg, 1-10.
DOWNTON, J. V. (1989): Individuation and shamanism. In: Journal of Analytical Psychology 34, 73-88.
EIBACH, H. (1993): Die Heilkraft im Schlangensymbol – Eine KB-spezifische Kreativität. In: Imagination 15, 4-17.
ELIADE, M. (1951): Schamanismus und archaische Ekstasetechnik. Frankfurt am Main 1991.
ELLACURÍA, I. (1990): El pueblo crucificado. In: Mysterium Liberationis. Hg. ELLACURÍA, I./SOBRINO, J.: Conceptos fundamentales de la teología de la liberación, Bd. II, San Salvador/Madrid, 189-216.
ELLENBERGER, H. F. (1985): Die Entdeckung des Unbewußten. Geschichte und Entwicklung der dynamischen Psychiatrie von den Anfängen bis zu Janet, Freud, Adler und Jung. Zürich.
EMRICH, H. (1993): Die Euthanasiefrage aus der Sicht des Arztes. In: Nach Hadamar: Zum Verhältnis von Psychiatrie und Gesellschaft im 20. Jahrhundert. Hg. KERSTING, F.-W./TEPPE, K./WALTER, B. Paderborn, 287-299.
FERENCZI, S. (1932): Ohne Sympathie keine Heilung. Das klinische Tagebuch von 1932. Hg. DUPONT, J. Frankfurt am Main 1988.
FLECK, L. (1935), Entstehung und Entwicklung einer wissenschaftlichen Tatsache. Einführung in die Lehre vom Denkstil und Denkkollektiv, Hg., Einl. SCHÄFER, L./SCHNELLE, TH. Frankfurt am Main. 1980.
FOUCAULT, M. (1963): Die Geburt der Klinik. Eine Archäologie des ärztlichen Blicks [La naissance de la clinique], München 1973.
FRANKE, A. (1993): Suizidprophylaxe – Samaritertum oder professionelle Dienstleistung. In: Suizidalität. Deutungsmuster und Praxisansätze. Hg. GIERNALCZYK, TH./FRICK, E. Regensburg, 26-40.
FRANZ, M.-L. V./HILLMAN, J. (1980): Zur Typologie C. G. Jungs. Die inferiore und die Fühlfunktion. Fellbach.
FRENKEN, G. (1964) (Hg.): Wunder und Taten der Heiligen. München.
FREUD, S.: FREUDS Werke werden in Anlehnung an die Sigmund Freud-Konkordanz und -Gesamtbibliographie [zusammengestellt von MEYER-PALMEDO, I. Frankfurt am Main 1975] zitiert; Paginierung, wenn nicht anders vermerkt, nach den ebd. erscheinenden Gesammelten Werken [GW].

FREUD, S. (1900a): Die Traumdeutung.
FREUD, S. (1910k): Über »wilde« Psychoanalyse.
FREUD, S. (1912–13): Totem und Tabu.
FRICK, E. (1991): Der Besessene von Gerasa. Ein Bibliodrama zu Mk 5,1-20. In: Geist und Leben 64, 385-393.
FRICK, E. (1993): Wer ist schuld? Das Problem der Kausalität in Psychiatrie und Psychoanalyse. Eine Untersuchung zu Martin Heideggers Zollikoner Seminaren. Mit einem Geleitwort von SCHARFETTER, CHR. Hildesheim/Zürich/New York.
FRICK, E. (1994): Zwischen Gerechtigkeit und Sorge – Die Ethik der Suizidprävention. In: Ethische Aspekte der psychozialen Arbeit. Hg. ARNOLD, E./SONNTAG, U. Tübingen, 101-115.
FRICK, E. (1995) (gemeinsam mit REMMLER, H.): The priest and the anima. In: The Way Supplement 83, 64-79.
FRICK, E. (1996): Bewußtwerden des typologischen Umschwungs in den »Exerzitien« des Ignatius von Loyola. In: Analytische Psychologie 27, 89-118.
FUCHS, M. (^{4}1989): Funktionelle Entspannung. Theorie und Praxis einer organismischen Entspannung über den rhythmisierten Atem. Mit einer Einführung von Eckart Wiesenhütter und einem Anhang über »Psychoanalytische Aspekte der Funktionellen Entspannung« von JOHNEN, R./MÜLLER-BRAUNSCHWEIG, H. Stuttgart.
GEHRTS, H. (1984/85): Vom Wesen des Speers. In: Hestia, 71-103.
GEISLER, F. (1989): Judentum und Psychodrama. In: Morenos therapeutische Philosophie. Zu den Grundideen von Psychodrama und Soziometrie. Hg. BUER, F. Opladen, 45-68.
GERHARD, E. (1843): Die Heilung des Telephos (Programme zum Berliner Winckelmannsfest 3). Berlin.
GERSTENBERGER, E. S. (1993): Das dritte Buch Mose: Leviticus (Das Alte Testament Deutsch. Neues Göttinger Bibelwerk). Göttingen.
GIRARD, R. (1988): Der Sündenbock. Zürich.
GRÄTZEL, ST. (1989): Die philosophische Entdeckung des Leibes. Wiesbaden/Stuttgart.
GREENSON, R. R. (1966): That »impossible« profession. In: Journal of the American Psychoanalytic Association 14, 9-27.
GROESBECK, C. J. (1975): Der Archetypus des verwundeten Arztes. In: Heilkraft des Heiligen. Freiburg/Basel/Wien, S. 177-208.
GROESBECK, C. J. (1978): Psychological types in the analysis of transference. In: Journal of Analytical Psychology 23, 23-53.
GROESBECK, C. J. (1989): C. G. Jung and the shaman's vision. In: Journal of Analytical Psychology 34, 255-275.
GROSS, W./KUSCHEL, K.-J. (1992): »Ich schaffe Finsternis und Unheil!« – Ist Gott verantwortlich für das Übel? Mainz.
GUGGENBÜHL-CRAIG, A. (1979): Der Archetyp des Invaliden. In: Das Schreckliche Hg. GIEGERICH, W. Zürich 1990, 53-74.
GUGGENBÜHL-CRAIG, A. (1983): Macht als Gefahr beim Helfer. Basel/München.

GUGGENBÜHL-CRAIG, A. (1994): Was wirkt in der Psychotherapie? In: Gorgo, H. 28 (1995) 21-36.
HAEKEL, J. (1971a): Totemismus. In: Lehrbuch der Völkerkunde. Hg. TRIMBORN, H. Stuttgart, S. 114-118.
HAEKEL, J. (1971b): Magie und Zauberei. A.a.O., S. 118-120.
HAEKEL, J. (1971c): Kult und Ritual. A.a.O., S. 120-124.
HEIDEGGER, M. (1989): Beiträge zur Philosophie (Vom Ereignis) (GA 65), Hg. HERRMANN, F.-W. v. Frankfurt am Main.
HEMMELER, W./ADLER, R. H. (1995): Der kranke Mensch – Patient oder Kunde. Überlegungen zum Problem der ›Zufriedenheit‹. In: Neue Zürcher Zeitung Nr. 222; 25. 9. 1995.
HERZOG, M. (1994): Christus medicus, apothecarius, samaritanus, balneator. In: Geist und Leben 67, 414-434.
HERZOG, M. (1995): Scharfrichterliche Medizin. Zu den Beziehungen zwischen Henker und Arzt, Schafott und Medizin. In: Medizinhistorisches Journal 29, 309-332.
HILLMAN, J. (1972): The myth of analysis. Three essays in archetypal psychology. Evanstan.
HILLMAN, J. (1980): On the necessity of abnormal psychology: Ananke and Athene. In: Facing the Gods. Irving, S. 1-88.
HUME, D. (1777): Enquiries concerning human underconcerning the principles of morals. Hg. SELBY-BIGGE, L. A./NIDDITCH, P. H. Oxford [3]1975.
IANDELLI, C. L. (1968): The serpent symbol. In: The reality of the psyche, Hg. WHEELWRIGHT, J. B. New York, S. 98-113.
JACOBY, M. (1993): Übertragung und Beziehung in der Jungschen Praxis. Solothurn/Düsseldorf.
JOHNEN, R. (1994): Erstheit, Zweitheit, Drittheit. In: Konflikte in der Triade; Spielregeln in der Psychotherapie; Weiterbildungsforschung und Evaluation. Hg. BUCHHEIM, P./CIERPKA, M./SEIFERT, TH. Berlin/Heidelberg/New York/London/Paris/Tokyo/Hong Kong/Barcelona/Budapest/Mailand 1995, S. 59-77.
JOHNSON, R. A. (1974): He: understanding masculine psychology. New York/London.
JUNG, C. G. (1940): The process of individuation. Exercitia spiritualia of St. Ignatius of Loyola. Notes on lectures given at the Eidgenössische Technische Hochschule, Zürich. June 1939–March 1940 (Vervielfältigtes Typoskript).
JUNG, C. G. (1962a): Erinnerungen, Träume, Gedanken von C. G. Jung. Aufgezeichnet und hg. von JAFFÉ, A. Zürich 1976.
Im übrigen werden JUNGS Werke nach der üblichen Paragraphen-Zählung der im Walter-Verlag Olten/Freiburg im Breisgau erschienenen Gesammelten Werke zitiert, die Briefe nach Datum und Adressat.
KELLER, W./VÄTH-SZUSDZIARA, R./ROHNER, R./WESTHOFF, G./DILG, R. (1995): Wirkfaktoren in der Analytischen Psychologie aus der Sicht C. G. Jungs und der empirischen Psychotherapieforschung. In: Analytische Psychologie 26, 289-312.

Kerényi, K. ([2]1956): Der göttliche Arzt. Studien über Asklepios und seine Kultstätten. Darmstadt.

Klein, M. (1972): Das Seelenleben des Kleinkindes und andere Beiträge zur Psychoanalyse. Hamburg.

Knapp, H. (1907): Das Lochgefängnis. Nürnberg.

Knauer, P. (1978) (Übersetzer, Hg.): Ignatius von Loyola, Geistliche Übungen und erläuternde Texte, Graz/Wien/Köln [zit. nach lfd. Nr., Sigel »EB«, »PB« für den Pilgerbericht des Ignatius].

Kolié, C. (1986): Jésus guérisseur? Hg. Kabasélé, F. et al.: Chemins de la christologie africaine. Paris, S. 167-200.

Kügler, H. (1989): Exerzitien als Individuationsprozess. Die Deutung der Geistlichen Übungen des hl. Ignatius durch C. G. Jung. In: Theologie und Philosophie 64, 334-363.

Lang, B. (1984): Art. kippær. In: Theologisches Handwörterbuch zum Alten Testament IV.

Laplantine, F. (1987): L'anthropologie médicale. Paris.

Lazar, R. A. (1993): »Container – Contained« und die helfende Beziehung. In: Hg. Ermann, M.: Die hilfreiche Beziehung in der Psychoanalyse. Göttingen, S. 68-91.

Lesmeister, R. (1992): Der zerrissene Gott. Eine tiefenpsychologische Kritik am Ganzheitsideal. Zürich.

Leutz, G.-A. (1974): Das klassische Psychodrama nach J. L. Moreno. Berlin/Heidelberg/New York.

Leutz, G.-A. (1980): Das Psychodramatisch-Kollegiale Bündnis. In: Gruppenpsychotherapie und Gruppendynamik 15, 176-187.

Lux, J. J. W. (1814): Scharfrichter nach allen seinen Beziehungen. Leipzig.

Malherbe, M. (1994): Qu'est-ce que la causalité? Hume et Kant. Paris.

Manhes, C./Deremble, J.-P. (1986): L'art de visiter. Le vitrail du bon samaritain. Chartres, Sens, Bourges. Paris.

Marty, F. (1992): Modèles pour les rapports âme et corps: des sciences de la cause aux sciences de la signification. In: Atelier de théologie du Centre Sèvres (Hg.), La guérison du corps. Paris, S. 95-110.

Meier, C. A. (1972): Die Bedeutung des Traumes. Freiburg.

Meier, C. A. (1985): Der Traum als Medizin. Antike Inkubation und moderne Psychotherapie. Zürich.

Mentzos, St. (1982): Neurotische Konfliktverarbeitung. Einführung in die psychoanalytische Neurosenlehre unter Berücksichtigung neuer Perspektiven. Frankfurt am Main 1990.

Mentzos, St. (1993): Der Krieg und seine psychosozialen Funktionen. Frankfurt am Main.

Metzner, C.: persönliche Mitteilung.

Moltmann, J. (1972): Der gekreuzigte Gott. Das Kreuz Christi als Grund und Kritik christlicher Theologie. München.

Müller-Cyran, A. (1995): Streßbewältigung für Einsatzkräfte. In: Rupprecht, H. (Hg.): Rettungsdienst und Notfallmedizin. Edewecht, S. 244-247.

Neumann, E. (1948): Tiefenpsychologie und neue Ethik.

NEUMANN, E. (1949): Ursprungsgeschichte des Bewußtseins. München o.J.
NEUMANN, E. (1954): Kunst und schöpferisches Unbewußtes. Zürich.
NIEHR, H. (1991): JHWH als Arzt. Herkunft und Geschichte einer alttestamentlichen Gottesprädikation. In: Biblische Zeitschrift NF 35, 3-17.
NÜCHTERN, M. (1995): Medizin – Magie – Moral. Therapie und Weltanschauung. Mainz/Stuttgart.
OGDEN, T. H. (1979): On projective identification. In: International Journal of Psychoanalysis 60, 357-373.
O'KANE, F. (1991): L'Ombre de Dieu et les cailloux du novice. Une réflexion sur le pôle négatif du Soi. Genf.
PERERA, S. B. (1986): Der Sündenbock Komplex. Interlaken 1987.
PERRIN, L. (1987): Guérir et sauver. Paris.
POLIAKOV, L. (1980): La causalité diabolique. Essai sur l'origine des persecutions. Paris.
POUSSET, E. (1992): Les récits de guérison dans les évangiles synoptiques. Essai de lecture et conséquences théologiques. In: Atelier de théologie du Centre Sèvres (Hg.), La guérison du corps. Paris, S. 95-110.
PRZYWARA, E. (1938): Deus semper maior. Theologie der Exerzitien. Freiburg im Breisgau.
RACKER, H. (1959): Übertragung und Gegenübertragung. Studien zur psychoanalytischen Technik. München/Basel 1988.
RAHNER, K. (1959): Zur Theologie des Symbols. In: Schriften zur Theologie IV, Einsiedeln/Zürich/Köln, S. 275-312.
REMMLER, H. ([2]1995): Das Geheimnis der Sphinx. Archetyp für Mann und Frau. Göttingen/Zürich.
RIBI, A. (1989): Was tun mit unseren Komplexen? Über die Dämonen des modernen Menschen. München.
RICŒUR, P. (1965): Die Interpretation. Ein Versuch über Freud [De l'interprétation. Un essai sur Freud], Frankfurt am Main.
ROHDE-DACHSER, CHR. (1989): Abschied von der Schuld der Mütter. In: Praxis der Psychotherapie und Psychosomatik 34, 250–260.
ROSENBERG, A. (1976): Kreuzmeditation. Die Meditation des ganzen Menschen. München.
SACKS, O. (1984): Der Tag, an dem mein Bein fortging. Reinbek 1991.
SAMUELS, A./SHORTER, B./PLAUT, F. (1986): Wörterbuch Jungscher Psychologie. München 1989.
SAUER, G. (1992): Traumbild Schlange. Von der Vereinigung der Gegensätze. Olten/Freiburg im Breisgau.
SCHADEWALDT, H. (1976): Asklepios und Christus. In: Medizinische Welt. Stuttgart, S. 1755-1761.
SCHAEFFER, R.: persönliche Mitteilung.
SCHAFER, R. (1976): Eine neue Sprache für die Psychoanalyse [A new language for psychoanalysis], Stuttgart 1982.
SCHMIDBAUER, W. (1977): Die hilflosen Helfer. Über die Problematik der helfenden Berufe. Reinbek.
SCHOTT (1993), zit. in NÜCHTERN

SCHOUTEN, J. (1967): The rod and serpent of Asklepios. Amsterdam.

SCHWAGER, R. (1978): Brauchen wir einen Sündenbock? Gewalt und Erlösung in den biblischen Schriften. München.

SCHWARTZ-SALANT (1989): Die Borderline-Persönlichkeit. Vom Leben im Zwischenreich. Solothurn/Düsseldorf 1991.

SEDGWICK, D. (1994): The wounded healer. Countertransference from a jungian perspective. London/New York.

SIEFERT, H. (1983): Inkubation, Imagination und Kommunikation im antiken Asklepioskult. In: Katathymes Bilderleben. Ergebnisse in Theorie und Praxis. Hg. LEUNER, H. Bern/Stuttgart/Wien, S. 324-346.

SOBRINO, J. (1976): Cristología desde América latina. Esbozo a partir del seguimento del Jesús histórico. Mexiko.

SOBRINO, J. (1991): Jesucristo liberador. Lectura histórica-teológica de Jesús de Nazaret. San Salvador.

STEINMETZ, F. J. (1979): Das Rätsel der Schweige-Gebote. In: Damit der Geist komme. Impulse aus der Jesus-Geschichte. Würzburg, S. 129-141.

TE PASKE, B. A. (1983): Schamanismus und archaische Ekstasetechnik: Mircea Eliades Beitrag zur analytischen Psychologie. In: Sehnsucht nach dem Ursprung. Hg. DUERR, H. P. Frankfurt am Main, S. 226-238.

TÖMMEL, S. E. (1985): Die Evolution der Psychoanalyse. Beitrag zu einer evolutionären Wissenschaftssoziologie. Frankfurt am Main/New York.

UEXKÜLL, TH. V. (1989): Freud, die Psychoanalyse und das psychosomatische Problem. In: Psyche 44 (1990), 445–458.

UEXKÜLL, TH. V./FUCHS, M./MÜLLER-BRAUNSCHWEIG, H./JOHNEN, R. (Hg.) (1994): Subjektive Anatomie. Theorie und Praxis körperbezogener Psychotherapie. Stuttgart/New York.

VERTEUIL, R. DE (1966): The Scapegoat archetype. In: Journal of Religion and Health 5, 209-225.

VESTI, P. (1995): Auch Ärzte sind an Folterungen beteiligt. In: Deutsches Ärzteblatt 92, A-2886-2889.

VONESSEN, F. (1980): Was krank macht, ist auch heilsam: Mythisches Gleichheitsdenken, Aristoteles' Katharsislehre und die Idee der homöopathischen Heilkunst. Heidelberg.

WEINREICH, O. (1909): Antike Heilungswunder. Untersuchungen zum Wunderglauben der Griechen und Römer. Religionsgeschichtliche Versuche und Vorarbeiten VIII 1. Gießen.

WHITMONT, E. C. (1983): Return of the goddess. London.

WHITMONT, E. C. (1987): Archetypal and personal interaction in the clinical process. In: Archetypal processes in psychotherapy. Hg. SCHWARTZ-SALANT, N. Wilmette/Ill., S. 1-26.

WHITMONT, E. C. (1993): The alchemy of healing. Berkeley.

WILBERTZ, G.: persönliche Mitteilung.

WILLI, J. (1989): Ko-Evolution. Reinbek.

WITTGENSTEIN, L. (1921): Tractatus logico-philosophicus. Logisch-philosophische Abhandlung. Frankfurt am Main [15]1982.

WITTGENSTEIN, L. (1952): Philosophische Untersuchungen. Frankfurt am Main [2]1980.

Wolff, H. (1977): Jesus der Mann. Die Gestalt Jesu in tiefenpsychologischer Sicht. Stuttgart.
Wolff, T. (1959): Studien zu C. G. Jungs Psychologie. Zürich.
Zerfass, R. (1985): Menschliche Seelsorge. Für eine Spiritualität von Priestern und Laien im Gemeindedienst. Freiburg/Basel/Wien, S. 100-106.
Zielen, V. (1987): Psychose und Individuationsweg. Fellbach-Oeffingen.
Zimmer, G. (1995): Nr. 19. In: Corpus Speculorum Etruscorum Bd. 4. München.

Personenregister

Aaron 40, 41
Achill 26, 117, 118
Adler, Gerhard 70
Adler, Rolf H. 106
Agamemnon 118, 139
Aly, Götz 115
Amor-Cupido 118
Antonovsky, Aaron 12, 14-16, 19
Apoll 24, 148
Aristoteles 31
Arlt, Sabine 138
Arsatius 76
Asasel 40, 41, 44, 45, 92, 94, 96, 133
Asklepios 23-25, 28, 67, 69, 71-74, 76, 78, 97, 118, 138, 146
Asper, Kathrin 147, 149, 150
Athene 24, 146

Balint, Michael 124
Beauchamp, Paul 98
Beirnaert, Louis 109
Benedikt von Nursia 77
Bertram, Gisela 121
Bion, Wilfred R. 142, 147, 148
Blank, Josef 42, 90, 92
Bleuler, Eugen 33, 34
Bonhoeffer, Dietrich 90, 96
British Medical Association 114
Buber, Martin 54, 132

Caïn, Anne 124
Chiron 24, 28, 73, 118
Chrétien de Troyes 119
Christophorus 19
Christus 24, 69, 72, 73, 80, 95-99, 110, 119, 138, 141
Coblenz 114
Coronis 24
Cranach, Michael von 115

Dau, Wolfgang 114
Dehing, Jef 147
Deremble, Jean-Paul 102, 145
Deuterojesaja 52, 102
Dieckmann, Hans 19, 65, 72
Dionysos 118
Dörner, Klaus 116
Downton, J.V. 112
Dürckheim, Karlfried Graf von 62

Eibach, Hannelore 67
Eliade, Mircea 51, 112
Elifas von Teman 122
Ellacuría, Ignacio 93
Ellenberger, Henry F. 112
Emrich, Hinderk 115
Erikson, Erik Homburger 48
Euripides 119

Faunus 70
Ferenczi, Sándor 11, 120
Fierz, Heinrich K. 21
Fleck, Ludwik 35
Foucault, Michel 35
Franke, Alexa 15, 98
Franz, Marie-Louise von 67, 84

Frenken, Goswin 67
Freud, Sigmund 13, 21, 58, 90, 107, 112, 132, 136
Frick, Eckhard 30, 35, 51, 52, 59, 62, 84, 103, 106, 138, 146, 148, 149
Friedrich (Könige von Preußen) 114
Fuchs, Marianne 81, 85, 104
Fühles, Margret 67

Gehrts, Heino 139, 140
Geisler, Friedel 138
Georg 66
Gerhard, Eduard 117, 139
Gerstenberger, Erhard S. 42-44
Girard, René 48, 92, 94, 97
Goethe, Johann Wolfgang von 119
Goeze, Johann A. 76
Gorgo 24
Grätzel, Stephan 38
Greenson, Ralph R. 121
Gregor der Große 77
Gregor von Nazianz 80, 97
Grimm 153
Groesbeck, C. Jess 65, 70, 112, 128
Groß, Walter 95, 121
Guggenbühl-Craig, Adolf 21, 23, 25, 27, 72, 110, 116, 135

Haekel, Josef 37, 48, 90
Head, H. 62
Heidegger, Martin 31, 109
Hemmeler, Willi 106
Herzog, Markwart 42, 72, 73, 76, 97, 99, 113
Hillman, James 18, 20
Hippokrates 74, 112
Hiskija 75, 76
Hölderlin, Friedrich 23
Hosea 21, 94, 121
Hume, David 33, 34, 36

Iandelli, C.L. 65, 69, 79
Ignatius von Loyola 11, 77, 141

Jacoby, Mario 103
Jakob, Robert A. 119, 134, 135
Jesus 43, 51, 54, 73, 75, 76, 80, 87-89, 92, 95-97, 102, 108, 110, 119, 129, 130, 138, 143, 151
Johnen, Rolf 104, 105, 109
Johnson, Robert A. 119
Judas 19, 51
Jung, Carl-Gustav 12, 17-22, 26, 27, 30, 34, 42, 43, 48-50, 57-59, 61, 65, 66, 77, 78, 82, 84-88, 99, 103, 104, 108, 111, 112, 117, 118, 128-130, 133, 136, 139, 141, 142, 144, 148
Jupiter / Zeus 25, 70

Kant, Immanuel 34, 36, 48
Keller, Wolfram 69, 151
Kerényi, Karl 70-74
Klein, Melanie 49
Knapp, Hermann 114
Knauer, Peter 77
Kolié, Cecé 102
Kuschel, Karl-Josef 95, 121
Kyparissus 74

Lang, Bernhard 43
Laplantine, François 32, 38
Lazar, Ross A. 142
Lesmeister, Roman 27, 28, 88
Leuner, Hanscarl 136
Leutz, Grete-Anna 103, 129, 139, 151
Lévy-Bruhl, Lucien 49
Lux, Johann Joseph Wilhelm 76

Machaon 117
Malherbe, Michel 30
Manhes, Colette 102, 145
Margarita 67, 78
Marty, François 54
Meier, Carl Alfred 28, 64, 73
Mentzos, Stavros 13, 43, 49, 52
Metzner, Cornelius 26, 118
Moltmann, Jürgen 95
Moreno, Jacob Levi 103, 120, 129, 151
Mose 40, 41, 75, 76
Müller-Cyran, Andreas 127

Neumann, Erich 47, 66, 67, 81, 116
Niehr, H. 75, 76, 89
Nietzsche, Friedrich 38
Nüchtern, Michael 27, 36-38

Ogden, T.H. 49
O'Kane, Françoise 27, 88

Paré, Ambroise 21
Parzifal 119
Peirce, Charles S. 105, 146
Perera, Sylvia B. 39, 44, 46, 47, 49, 110
Perrin, Louis 54
Platon 62
Plaut 120
Plutarch 119
Poliakov, Léon 39
Pousset, Edouard 53, 56
Przywara, Erich 67, 88

Racker, Heinrich 131, 133-135, 138
Rahner, Karl 62, 94
Remmler, Helmut 58, 103, 138
Ribi, Alfred 50, 71
Richter, Horst-Eberhard 27
Ricœur, Paul 13
Rohde-Dachser, Christa 52
Rosenberg, Alfons 81, 82, 87

Sacks, Oliver 59, 60, 105, 117, 123, 131
Samuels, Andrew 17, 42, 57, 130, 145
Sauer, Gert 68
Saussure, Ferdinand de 146
Schaeffer, Raymund 90
Schafer, Roy 13
Schmidbauer, Wolfgang 24, 99, 109, 111-113
Schouten, Jan 71, 73, 74, 76
Schott 37
Schüffel, Wolfram 109
Schulze, Gerhard 38
Schwager, Raymund 39, 48, 52, 92, 93, 97, 98
Schwartz-Salant 133
Sedgwick, David 132
Siefert, Helmut 74
Sobrino, Jon 89, 90, 92, 93, 96-98
Steinmetz, Franz-Josef 54
Ström 113

Te Paske, Bradley A. 148
Telephos 117-119, 121
Thales 26
Tömmel, Sieglinde Eva 13

Uexküll, Thure von 13, 56, 62, 104, 106, 109

Vediovis 70
Verteuil, Roger de 49
Vesti, Peter 115
Vonessen, Franz 32, 65, 70, 118, 120, 121

Weinreich, Otto 67
Whitmont, Edward C. 28, 51, 64, 70
Willi, Jürg 103
Wittgenstein, Ludwig 33
Wolff, Hanna 141
Wolff, Toni 116

Zerfaß, Rolf 141
Zeus / Jupiter 25, 70
Zielen, Viktor 31, 146
Zimmer, Gerhard 117

Fallbeispiele:
Carl 111
Epidauros, Mann aus 73
Eva 70
Ferdinando 79
Frank 84
Gisela 147, 148
Herta 20
Lydia 147, 148, 151
Michael 124, 125, 138
Michaela 136-138
Oliver 59, 105, 117, 131
Sara 69
Uwe 125, 126

Sachregister

Abgrenzung 35, 58
Abhängigkeit 22, 38, 65, 129
Abstinenz 150
Abwehr s. Schutz
Ätiologie s. Kausalität
Ätiopathogenese 12-16
Aggression 21, 97
AIDS 36, 114
Alchemie 26, 74
Allegorie (in eine bekannte Sache übersetzbares Zeichen) 58, 62
Allmacht 27, 53, 96
Alpha-Elemente (Bion) 146, 148
Alternativmedizin 32, 36
Ambivalenz 78
Analyse 13, 17, 18, 20, 26, 42, 68, 82, 108, 120, 132
Analytiker 109, 121, 131, 135
Anatomie
- objektive vs. subjektive 62, 63, 105, 106, 109
- A. der Scharfrichter 114
Angst 15, 18, 57, 99, 123, 136, 147, 148
Anima 18, 86, 148
Animus 86
Archetyp
- Begriff des A.s 17-23
- der Anima/des Animus 18, 86, 148
- des Ewigen Jünglings 18
- der Ganzheit 12, 25-28, 61, 62, 66, 67, 79-83, 107, 129, 130, 144, 148
- der Großen Mutter 19, 147
- der Heilung 17, 31, 72, 106, 116, 123, 131, 136, 146, 147
- des Invaliden 25, 27
- der Persona 22, 42, 45-47, 59, 61, 87, 94, 104, 111, 124, 126, 127, 130, 134, 138, 142
- des Schattens 26, 34, 39, 44, 45, 47, 49, 68, 69, 92, 102, 108, 111, 113, 115-117, 121, 124, 126, 133, 135, 139, 149, 151
- des Selbst 27, 82, 84, 119, 130, 139, 141
- des Sündenbocks 38-40, 42-52, 65, 69, 77, 86, 89, 91-94, 96, 97, 110, 141
- als Komplexkern 19
- Bipolarität 19, 20-27
Arzt
- potentieller Patient 12, 59-61, 106-112
- Scharfrichter als archetypischer Schatten des A.s 76, 113-117, 121
- A.-Patient-Beziehung 21, 26, 86, 103, 138
Autonomie 38

Balint-Gruppe 108
Balint-Psychodrama 124
Begegnung 23, 42, 74, 142, 143
Bemuttern 142, 149
Besessenheit 18, 30, 33, 51, 52, 110, 141
Beta-Elemente (Bion) 148

Bevatern 149
Bewußtwerdung/Bewußtmachung 13, 25, 26, 40, 117, 129
Bild 47, 57, 78, 105, 112, 121, 127, 145-149
– Definition als *Gegensatzbehälter* 57
– archetypisches B. des Messias 47
Burning out s. Energie

Chartres 99, 144, 145
Containing 64, 79, 140-142, 145, 146, 150, 151
Couch 23

Dämon 32
Denken
– kausales D. 30-39
– D. (Funktionstyp) 58, 82-85, 128
Depression 20, 127
Deuten/Deutung 13, 24, 25, 48, 53, 56, 121, 149, 150
Diagnose 60
Drache 66, 67, 72, 144

Effizienz/Wirksamkeit 15, 21-24, 37, 53, 56, 98, 99, 120, 141, 154
– des Kreuzes 81,87
Einfühlung s. Zweifühlung
Eltern 20, 22, 39, 47, 68, 109, 129, 131, 133
Empathie s. Zweifühlung
Empfinden/Empfindung 33, 34, 58, 82-85, 105, 128, 132
Energie/Libido 59, 61, 64, 65, 69, 81, 139, 155
Entwicklung 26, 48, 53, 58, 64, 66, 67, 92, 103, 105, 106, 110, 111, 114,118, 135, 142, 146
Epidauros 69
Erfolg 37, 67, 70, 91, 96, 98, 102, 134, 143

Frau und Mann 66, 67, 86-88, 103, 104, 119, 129, 136-139
Fühlen 58, 60, 61, 82, 84, 85, 99, 128, 132
Funktionelle Entspannung (Fuchs) 81, 85, 104

Ganzheit 12, 25-28, 61, 62, 66, 67, 79-83, 107, 129, 130, 144, 148
– Allmachtsschatten der G. 27,
– G. und Vollständigkeit, Vollkommenheit 26
Gefäß s. Containing
Gegensatz 21, 47, 57, 63, 93, 117
Gegenübertragung 103, 131-134, 136, 150
– Haß und Liebe in der G. 121
Genesung als Symbol der Heilung 17, 59, 60, 106, 112, 123, 137, 138, 145, 154
Gevatter Tod (Märchen der Gebrüder Grimm) 127, 155
Gott
– Götter 17-21, 23-25, 37, 73, 121
– G.esbild 27, 82, 88, 93, 94-98
– G.esknecht (*ebed YHWH*) s. Deuterojesaja, Hijob 52, 90, 91, 96, 138, 145
– G.esknecht, innerer leidender s. Typologie
– G.eskomplex 27
– G.esschatten 88
Größenphantasie 52, 54
Gruppe 22, 38, 39, 45, 48, 49, 56, 87, 92, 108, 124, 126

Haltung
– leibliche 81
– mutterspezifische/vaterspezifische in Therapien 145, 149, 150
– introvertierte/extravertierte s. Typologie
Haß in der Gegenübertragung 121
Hauptfunktion 33, 83-85, 128
Heiland 24, 82, 97, 102, 143, 145
Heiler 20, 23, 24, 37, 51, 70, 99, 102, 103, 107-109, 112, 113, 127-130, 135, 137-139, 143, 151, 155

– Innerer Heiler als *causa formalis* der Heilung 31
– Innerer Heiler als *Kollege* des äußeren Arztes 135, 137-139
Heilung
– Archetyp der H. 17, 20-25 31, 72, 106, 116, 123, 131, 136, 146, 147
– Drama der H. 63, 64
– Genesung als Symbol der H. 17, 59, 60, 106, 112, 123, 137, 138, 145, 154
– Geschichten von H. und Krankheit, Mythen 18
– den Göttern zugeschrieben 21
– und Kampf 13-16, 20, 39, 48, 54, 110, 127, 129, 139-135
– Konstellation 11-23
Held 66, 82, 119, 125, 130, 139
Homöopathie als Verdrängtes der Medizin 28, 29, 32

Ich-Selbst-Achse 130
Identifikation 22, 26, 28, 39, 49, 50, 52, 65, 87, 90, 92, 96, 97, 110-112, 115, 117, 130, 134, 137, 141
Identität 18, 19, 48, 49, 61, 81, 82, 90, 129, 133
inferiore Funktion 84, 85
Inflation (Überschwemmung des Ich mit archetypischen Inhalten) 27, 47, 111, 113, 134
Intuition 58, 83-85, 129

Kampf gegen die Krankheit, zwischen Arzt und Patient 13-16, 20, 39, 48, 54, 110, 127, 129, 139-135
Katathym-Imaginative Psychotherapie (LEUNER) 136
Kausalität 30-39, 52, 97
– Wende vom kausalen Erklären zum Zeichen 52-56
Kind 24, 103, 131, 138, 142, 147, 149, 153, 154
Komplex 19, 22, 23, 39, 44-47, 65, 110, 141
– Begriff 19
– Archetyp und K. 17-22, 44, 45
– Gottesk. 27
– Ödipusk. 24, 65
– Sündenbockk. 38-40, 42-52, 65, 69, 77, 86, 89, 91-94, 96, 97, 110, 141
Konflikt 58, 59, 118
Konfrontation 18, 127, 150
Konstellation 11, 17, 21, 22, 72
Körper s. Leib
– K.schema 60, 62, 106, 142, 149
Kos 74, 112
Krankheitsgewinn 18
Kränkung 54
Kreuz 67, 71, 75-83, 85-89, 93-96, 98, 110, 140, 148
– drei K.e in der Funktionellen Entspannung 81
– Wirksamkeit des K.s 81, 87

Lebenswende 84, 85
Lehranalyse 109
Leib 55, 56, 61, 62, 82, 88, 105, 109
– Vergegenständlichung als Körper 31, 32, 62
– L., der ich bin vs. Körper, den ich habe 62
Libido s. Energie
Liebe 87, 97, 153

Macht
– M. als Gefahr beim Helfer 110
– Überbrückung der Spaltung des Heilungsarchetyps durch M. 110, 135
Magie, Schattenseite der offiziellen Medizin 37
malum morale/malum physicum 39
Mana 130, 134
Mandala 86, 139
Mann und Frau 66, 67, 86-88, 103, 104, 119, 129, 136-139
Märchen 82, 127, 153, 155
Maschinenmodell der menschlichen Psyche 13

Medizin 12, 23-26, 30, 32, 34-37, 54, 55, 62, 70, 74, 106, 109, 113, 114, 116, 131, 139
– Alternativ-M. 32, 36, 38, 53
– Homöopathische M. 32
– Schulm. 36
– Magische M. 24, 31, 36, 37, 42, 53, 113, 120
Messias 47, 51, 80, 94, 96, 99, 141-143
Metapher 14, 69, 146
Mutter 19, 46, 65, 66, 125, 126, 132, 133, 142, 147, 148, 150, 151
Mutterarchetyp 149
Mythos 34, 36, 52, 90, 117, 131

Narzißmus 111
Neurose 14

objektiv 62, 64, 65
Ödipuskomplex 24, 65
Ohnmacht 15, 109
Opfer 42, 43, 45-49, 89, 96, 97, 102, 114, 115
opus contra naturam 12

Participation mystique 49
Pathogenese vs. Soteriogenese (Salutogenese). 12-16, 149
Patient
– Arzt-P.-Beziehung 21, 26, 86, 103, 138
– P. als potentieller Arzt 12
Persona 22, 42, 45-47, 59, 61, 87, 94, 104, 111, 124, 126, 127, 130, 134, 138, 142
Phantasie 15, 25, 54, 66, 127
Projektion 20, 25, 26, 42, 45, 46, 48-50, 65, 92, 116, 132
projektive Identifikation 52
Prozeß 13, 24, 26, 34, 92, 98, 107, 109, 118, 129-132, 148
Psyche 13, 17, 28, 47, 57, 128, 150
Psychoanalyse 13, 17, 24, 25, 29, 30, 38, 49, 63, 107, 109, 120, 131
Psychodrama (Moreno) 124, 139
Psychose 20, 49

Quaternio 86, 107, 138

Rahmen 64, 90, 108, 117, 124, 127, 134, 142, 145, 147
Real-Externalisierung 43, 52
Regression 130
Ritual 22, 29, 38-44, 46, 72, 76, 96, 97

Samariter 98, 99, 102, 143, 145
Schamanentum 23, 34, 50, 51, 112, 113, 139, 148
Scharfrichter als archetypischer Schatten des Arztes 76, 113-117, 121
Schatten (Summe aller ungelebten Möglichkeiten)
– Allmachtssch. der Ganzheit 27
– archetypische Dynamik des Sch.s 69
– archetypischer Sch. des Arztes, s. Scharfrichter 113-117, 121, 139
– Balint-Gruppe und Sch. 108, 124-126
– Gottessch. 88
– individueller/kollektiver Sch. 44, 45, 47, 49, 115
– Leiden unter dem Sch., Selbstentwertung 149
– Licht und Sch. 26,
– des Patienten 133, 135
– Samariterfenster Chartres 102
– Sch. und Persona 45, 46, 111
– Sch.aspekte des Arztes als Kern der Übertragung 132
– Schlange als Sch.symbol 68, 69
– Schutz gegen eigenen Sch. durch Projektion 34, 132
– Sündenbock-Sch. des Therapeuten 47
– Typologie und Sch.. 85
Schlange 28, 43, 58, 63-79, 88, 122, 140, 144, 146, 148
– Sch. als Schattensymbol 68, 69
Schuld 12, 39, 49, 51, 52, 89, 91
Schulmedizin 27, 36, 37
Schutz (Abwehr und Modi der Be-

wältigung als Ich-Leistung) 13, 26, 28, 89, 112, 127,134, 150
Selbst
– Archetyp des S. 27, 82, 84, 119, 130, 139,141
– Körper-S. 60-62, 106, 142, 149
– wahres vs. falsches S. (Winnicott), s. auch Persona 49
– S.erfahrung (im Unterschied zur SELBST-Erfahrung) 108, 109, 124
Sexualität 35, 42, 68
Signifikant (Bezeichnendes)/Signifikat (Bezeichnetes) 146
Soteriogenese (Salutogenese) vs. Pathogenese 12-16, 149
Speer 117-120, 139, 140, 148
Sphinx 58, 66
Spiegel 117, 119, 121, 140
subjektiv 62, 64
Sündenbock 38-40, 42-52, 65, 69, 77, 86, 89, 91-94, 96, 97, 110, 141
– Zum-S.-Machen (*scapegoating*) 47
Symbol 56-68, 70-72, 74, 78-82, 84, 86-88, 93, 94, 97, 118, 122, 128, 138, 139, 142, 144, 148
– Definition als *Vermittler* zwischen Gegensätzen 57
– transzendente Funktion 57
Symptom 33, 52, 57, 65, 146
Syphilis 35, 36
System 12, 13, 22, 23

Taube 104
Temenos 144, 145
Tod 16, 17, 20, 24, 40, 42, 43, 54, 63, 66, 68, 71, 90, 91, 95, 96, 110, 111, 125, 127, 145, 153-155
Traum 59, 68-70, 73, 79, 80, 84, 137, 144, 145, 148, 149, 151
– eines Mannes in Epidauros 73
– Carl 111, 112
– Eva 70
– Ferdinando 79
– Frank 84
– Gisela 147, 148, 151
– Lydia 68
– Michaela 136, 137
– Verfasser 80, 148
Trieb 78, 96
Tuberkulose 36, 37
Typologie 33, 34, 48, 82, 83, 128
– Denken 58, 82-85, 128
– Empfindung 58, 82-85, 105, 128
– Fühlen 58, 60, 61, 82, 84, 85, 99, 128, 132
– Haltungstypen (Intro- und Extraversion) 34
– Hauptfunktion 33, 83-85, 128
– inferiore Funktion 84, 85
– innerer leidender Gottesknecht 128
– Intuition 58, 83-85, 129
– T. und Schatten 85
– Umschwung, typologischer 84

Übertragung 86, 92, 103, 104, 108, 131-133, 136, 150

Vater 20, 65, 66, 68, 77, 95, 110, 132, 133
Verarbeitungsmodus s. Schutz
Verdrängung 24, 111, 117
Verschlungenwerden 66, 67
Versöhnungstag (*jom kippur*) 38-44
Verwundung 22, 25, 28, 57, 58, 70, 88, 94, 96, 110, 112, 118-121, 132, 134, 135, 138, 141-143, 145, 148
Vollständigkeit vs. Vollkommenheit 16, 25-28, 60, 82, 85

Wandlung 67, 71, 96, 129
Widerstand s. Schutz
Wirksamkeit/Effizienz 15, 21-24, 37, 53, 56, 98, 99, 120, 141, 154
Wunde 24, 61, 70, 73, 85, 103, 109, 117-120, 137, 141, 142
Wunder 53, 54
– Wende vom W. zum Zeichen 52-56

Zeichen 30, 52-57, 59, 61-63, 78, 80, 81, 87, 94, 97, 104-106, 146

– Allegorie (in eine bekannte Sache übersetzbares Z.) 58, 62
– Begriff bei Freud und Jung 59
– ikonische, indexikalische, symbolische Z. 104, 105
– Mehrdeutigkeit 55
– Wende vom kausalen Erklären zum Z. 52-56
– Signifikant (Bezeichnendes)/ Signifikat (Bezeichnetes) 146
– *sôma-sêma*-Vorstellung bei Platon 62
– Symbol 57, 61
– Symptom 33, 52, 57, 65, 146
Zweifühlung (MORENO)/Einfühlung/ Empathie 120 , 133, 151

Wenn Sie weiterlesen möchten...

Joachim Faude

Zusatzbezeichnung Psychotherapie

Eine Einführung

Joachim Faude entwickelt anhand von Fallbeispielen aus der täglichen Praxis Schritt für Schritt die grundlegenden theoretischen Konzepte, die bei der tiefenpsychologisch fundierten Methode der psychotherapeutischen Medizin zur Anwendung kommen. Die zahlreichen praktischen Behandlungsbeispiele erleichtern das Verständnis für Psychotherapie als ein lehr- und lernbares Verfahren.

Das Buch wendet sich vor allem an Ärzte, die sich in psychotherapeutischer Ausbildung befinden oder die vorab eine einleitende Darstellung der theoretischen und praktischen Grundlagen suchen.

Klaus Rodewig (Hg.)

Der kranke Körper in der Psychotherapie

Die psychotherapeutische Medizin rückt näher an die somatische Medizin. Konsil- und Liaisontätigkeiten gehören zum Weiterbildungskanon zukünftiger Psychotherapeuten. Besonderheiten in der psychotherapeutischen Behandlung körperlich Kranker werden zu einem wichtigen Aufgabenfeld. Das erfordert eine neue, erweiterte Orientierung und ein angereichertes Konzept psychoanalytisch orientierter Psychotherapie.

Die Autoren dieses Buches, ausgewiesene Vertreter des Fachs, zeigen Wege in die erweiterte Fragestellung, entwerfen neue Grundzüge in der Weiterbildung und geben eine Anleitung, wie psychosomatisches Verstehen im klinischen Alltag eingesetzt werden kann.

Karl König

Einführung in die psychoanalytische Krankheitslehre

Das weite Feld der Wechselwirkungen zwischen organischen Erkrankungen und den Formen ihrer psychischen Bewältigung, der psychogenen Krankheiten und ihrer körperlichen Folgen, somatopsychischer und psychosomatischer Leiden ist komplex und verwirrend. Karl König hat für sein neues Buch einen pragmatischen Weg gewählt. Nicht Vollständigkeit der Krankheitsbilder strebt er an, sondern Einsichten, die für den therapeutischen Alltag wie für die Aus- und Weiterbildung besonders aufschlußreich sind. Jene Erkrankungen, die häufig auftreten oder deren Entstehung und Abläufe exemplarisch sind für das Verständnis der Wechselwirkungen zwischen Soma und Psyche, werden ausführlich behandelt. Seltene Spezialfragen werden übergangen.

So vermittelt diese Einführung ein grundlegendes psychoanalytisches Verständnis von Neurosen und psychosomatischen Krankheiten, von dem Umgang (Coping) mit organischen Krankheitsbildern und von den psychogenen Faktoren, die bei der Entstehung von Krankheiten mitwirken, bei denen organische Ursachen eindeutig nachgewiesen sind.

Michael Ermann (Hg.)

Die hilfreiche Beziehung in der Psychoanalyse

Die hilfreiche Beziehung in der analytischen Psychotherapie mag als bare Selbstverständlichkeit erscheinen. Sie stellt sich jedoch nicht von selbst ein; unter objektbeziehungstheoretischen Gesichtspunkten muß sie gefördert und analysiert werden. Das verlangt ein schlüssiges Behandlungskonzept, das in diesem Band in seinen wesentlichen Elementen entwickelt wird mit seinen Folgerungen für die *freie Assoziation*, die *psychoanalytische Haltung* und die *Deutung*. Anschaulich wird auch die praktische Anwendung des Konzepts in der psychoanalytischen Beratung, der Kinderanalyse und der Psychosentherapie dargestellt.
Mit Beiträgen von Gaetano Benedetti, Michael Ermann, Jürgen Körner, Ross A. Lazar, Wolfgang Mertens, Christa Rohde-Dachser, Lore Schacht, Rolf Vogt.

Micha Hilgers

Scham

Gesichter eines Affekts

Micha Hilgers entwirft eingängig die Dynamik von Schamreaktion und Schamkonflikten in Alltagssituationen wie auch bei psychischen Störungen in stationären und ambulanten Behandlungen. Gesunde Schamgefühle werden gewürdigt – in der kindlichen Entwicklung des Selbst (Entstehung von Schüchternheit, Fremdeln, Verlegenheit, Scham bei unerreichten Zielen) – Scham in bestimmten Lebenssituationen, im Alter und bei körperlichen Erkrankungen.

Zahlreiche Fallbeispiele und behandlungstechnische Hinweise illustrieren die Bedeutung von Schamkonflikten. Ausführlich behandelt Hilgers Scham im Zusammenhang mit der Gewalt in Familien, bei psychisch kranken Straftätern, bei rechtsextremistischen Jugendlichen und die Rolle von Scham und Schamlosigkeit in den modernen Medien.

Karl König

Abwehrmechanismen

Psychische Abwehr richtet sich von Beginn des Menschenlebens an gegen alles, was Angst oder Unlust hervorrufen könnte. Daran ist nichts Krankhaftes; jeder Mensch setzt Abwehrmechanismen ein, um sein Wohlbefinden und sein Gefühl der Sicherheit zu stärken. Die Vielzahl bewußter und unbewußter Abwehrmechanismen, die unser Erleben wesentlich bestimmen,
fächert Karl König anhand von Beispielsituationen sowohl innerhalb als auch außerhalb der Psychotherapie auf.

- In der Therapie weisen spezifische Abwehrformen auf ihre zugrundeliegenden Konflikte, die so erkannt,ins Bewußtsein gehoben und bearbeitet werden können. Die Form der Abwehr erlaubt, wie die der Übertragung, den Blick auf die Genese der Konflikte.
- Im alltäglichen Leben eröffnet das Erkennen der eigenen Abwehrmechanismen wie auch der des Gegenübers einen weniger verkrampften Umgang mit neuen oder angstmachenden Situationen.

Bibliografische Information der Deutsche Bibliothek
Die Deutsche Bibliothek verzeichnet diese Publikation in der Deutschen Nationalbibliografie; detaillierte bibliografische Daten sind im Internet über http://dnb.ddb.de abrufbar

4. Auflage 2005

Titelfoto: Rüdiger Brandt
Herstellung: Büchermaus, 25862 Goldebek
Verlag: MOHLAND Verlag D. Peters Nachf.
Inh. G. Eichhorst-Kaltenbach
Dorfstraße 9, 25862 Goldebek
www.mohland.de

ISBN 3-932184-32-7

Eugen Wendmann
Am Limit

Eugen Wendmann

Roman

Dieser Roman ist denen gewidmet, die mit einem Bein am Abgrund und mit dem anderen auf der Fußraste stehen.

Eugen Wendmann

Am Limit

M

MOHLAND

Vorwort

Ich bin mir natürlich darüber im Klaren, dass eine dicke BMW mit beheizten Handgriffen und Seitenkoffern vernünftiger ist, als eine heißgemachte Fire Blade.
Aber mit der Vernunft ist es so eine Sache. Sie führt praktisch immer in die lauwarme Mittelmäßigkeit. In einem von zahnloser Besonnenheit gelähmten Land ist es wohl eine der letzten Freuden, wenn mal wieder einer richtig vom Asphalt brennt. Bleibt zu hoffen, dass dabei eine realistische Selbsteinschätzung der fahrerischen Fähigkeiten mitfährt.
Also bleibt auf der sicheren Seite vom Limit. Aber bitte möglichst dicht dran. Eben „Am Limit"

In diesem Roman wird wiederholt ein risikoreiches Verhalten im Straßenverkehr, ein chauvinistischer Umgang mit Frauen und eine bedenkliche Einstellung zu Alkohol und Drogen beschrieben.
An dieser Stelle sei darauf hingewiesen, dass ein solches Verhalten nicht zu akzeptieren ist.

Limit (frz.-engl., zu lat. limes „Grenze"),
Grenze, die räumlich, zeitlich, mengen- oder geschwindigkeitsmäßig nicht über- oder unterschritten werden darf.

1

Ich kam nur widerwillig zu mir. Für einen kurzen Augenblick war ich da, dann verlor ich wieder das Bewusstsein, um einige Zeit später erneut aus dem Koma zu erwachen. Ich wusste nicht, wo ich war und noch viel weniger, wie ich dort hingekommen war. Alles was ich spürte war ein heftiger Druck auf den Ohren, und dass ich irgendwie mit dem Kopf nach unten lag. Ansonsten war der ganze Körper taub. Ich überlegte kurz, ob ich die Augen öffnen sollte, um ein wenig Orientierung zu erlangen, entschied mich jedoch dafür, wieder ohnmächtig zu werden. Irgendwann erwachte ich dann wieder. Der Druck auf den Ohren war noch stärker geworden. Dafür hatte ich aber wieder etwas mehr Gefühl in meinen Gliedmaßen. Ich nahm all meine Willenskraft zusammen und hob meine oberen Augenlieder in Richtung Augenbrauen. Sie waren mehrere Zentner schwer und fielen sofort wieder über die Augäpfel zurück in ihre Ausgangsstellung. Aber für den Bruchteil einer Sekunde hatte ich einen freien Blick und das genügte, um zwei erschreckende Dinge zu erkennen. Zum einen trug ich meinem Helm und zum anderen lag ich in einem Straßengraben. Ich zählte eins und eins zusammen und kam zu dem Ergebnis, dass das eingetreten war, was mir schon so oft prophezeit worden war. Ich hatte mich abgepackt. Ich hatte in irgendeiner Kurve die Grenze zwischen nicht genug und zuviel überschritten und lag jetzt kopfüber in diesem gottverlassenen Graben. Die Erkenntnis ließ mich fürs erste wieder ins Nirwana versinken. Als ich das nächste Mal die Augen öffnete, war ich in der Lage, ein wenig mehr zu erkennen. Ich lag relativ gerade mit anliegenden Armen und ausgestreckten Beinen auf dem Bauch. Schmerzen spürte ich ebenfalls keine. Wenn man mal von meinen Ohren absah. Ich machte mir Hoffnung, ohne schwere Knochenbrüche davongekommen zu sein. Auf der anderen Seite hatte ich schon oft davon gehört, dass Unfallopfer so voller Adrenalin waren, dass sie trotz schwerster Verletzungen völlig schmerzlos waren. Das Schwindelgefühl in meinem Kopf und die müde Gleichgültigkeit konnten ein weiteres Symptom des Adrenalins sein. Ich entschied mich, regungslos liegen zu bleiben, um mögliche Verletzungen zu schonen, und darauf zu warten, dass mich irgend jemand finden würde. Kurze Zeit später fiel ich wieder in einen Tiefschlaf. Als ich wieder erwachte, war ich am würgen. Es blieb nicht mehr viel Zeit zu überlegen. Der Helm musste runter, sonst würde ich in meinem eigenen Kotter ersticken. Ich hob meinen Kopf ein wenig an, öffnete den Verschluss, zog mir den Nolan vom Kopf und schleuderte ihn einige Meter zur Seite. Dann kam es. Der erste Schwall war so dünnflüssig und kam mit so viel Druck, dass es mir aus Mund und Nase gleichzeitig herausschoss. Als ich ihn los war, rollte ich zur Seite weg, um nicht mit dem Gesicht in der Flüssigkeit zu landen. Kaum lag ich wieder ruhig, spürte ich schon den zweiten Schwall kommen. Er kam in einem hohen Bogen aus mir heraus und spritze gegen die gegenüberliegende Grabenseite. Einige Tropfen prallten ab und sprenkelten mir das Gesicht. Schon meldete sich die nächste Ladung an. Es schien, als würde sich mein Körper von jeglichen Ballast befreien wollen. Ich rollte mich wieder zur Seite und drehte mich, so dass ich mit den Füßen nach unten lag. Das linderte den Brechreiz. Ich würgte noch zwei oder dreimal, dann beruhigte sich der Magen. Verletzungen schien ich keine zu haben. Ich tastete meine Arme und Beine ab und machte allerlei Verrenkungen, ohne die geringste Schwierigkeit dabei zu haben. Die Erleichterung hielt sich nicht lange. Ein schwerer Gedanke durchzuckte meinen Körper. Was war mit meiner Fire Blade passiert? Vor meinem geistigen Auge sah ich schon die zahllosen Verkleidungsteile auf der Straße und den völlig verschrammten und verbeulten Rest vor irgendeinem Baum liegen. Die müde Gleichgültigkeit wich einer haltlosen Panik. Ich krabbelte den Graben hinauf, bis die Zähne zusammen und äugte vorsichtig über die Kante. Ein Stein viel mir vom Herzen. Sie stand unversehrt auf ihrem Ständer. Kein Kratzer, keine Beule und keine abgerissenen Verkleidungsteile. Lediglich das Nummernschild hatte etwas mitbekommen. Es war in der Mitte um volle hundertachtzig Grad nach oben geklappt. Wieder zählte ich eins und eins zusammen und kam dieses Mal auf ein anderes Ergebnis. Ich muss mich wohl vollgekifft oder vollgesoffen auf das Motorrad gesetzt haben und durch die Gegend gefahren sein. Wohin ich wollte wusste ich nicht. Vielleicht war ich auch auf dem Heimweg von irgendeiner Party gewesen. Auf jeden Fall hatte mich an dieser Stelle wohl die Vernunft eingeholt, und ich hatte mich in den Graben gelegt, um meinen Rausch auszuschlafen. Die Fire Blade stand etwa fünf Meter entfernt von mir. Ich kroch auf allen Vieren zu ihr und legte mich neben sie. Mir war klar, dass ich die nächsten drei oder vier Stunden auf gar keinen Fall fahren können würde. Also legte ich den Arm um ihren Vorderreifen und schloss die Augen. Sie war traurig. Das spürte ich deutlich. Sie machte mir keine Vorwürfe, zeterte und flemmte nicht herum, wie Menschenweiber es in einer solchen Situation zu tun pflegten. Es war eine stille Trauer, ohne die geringste Schuldzuweisung. Sie war mir selbst in einer solchen Situation dankbar dafür, dass ich regelmäßig ihren Tank füllte, die Reifen erneuerte, ihre Fußrasten abschliff und sie wöchentlich auf Hochglanz polierte. Aber sie wusste, dass

ihr irdisches Glück in Gefahr war. Schließlich lag ihr Lebenselixier randvoll auf dem Grünstreifen. Ihr Hüter war nicht mehr Herr seiner Sinne, fuhr völlig unfähig mit ihr durch die Gegend. Sie tat mir leid. War das mein Dank für das, was sie mir täglich schenkte? Hatte sie es verdient, von einem besoffenen Sack gefahren zu werden? Ich küsste ihr den 130er und flüsterte einen Schwur, den ich bis ans Ende meiner Tage nicht mehr brechen werde.
„Baby“, sagte ich, `mach dir keine Sorgen. Nie wieder werde ich dich mit Promille starten.
Ihre Trauer wich augenblicklich einer deutlich spürbaren Zuversicht. Das liebte ich so an ihr. Ein Satz genügte, um das Problem aus der Welt zu schaffen. Trotzdem nahm ich mir vor, meinen Fehler wieder gutzumachen. Einige Stunden später brachte ich sie dann sicher nach Hause. Ich spülte sie mit einem Gartenschlauch ab, ließ die angetrockneten Fliegen und anderes Getier einige Zeit einweichen und wischte sie dann mit einem weichen Schwamm ab. Die Schwinge und die Felgen reinigte ich mit Radglanz, und der Tank und die Verkleidungsteile bekamen eine sorgfältige Politur verpasst. Es dauerte eine gute Stunde, dann sah sie wieder wie nagelneu aus. Ich entfernte mich einige Schritte und betrachtete sie. Sie war eine Augenweide. Ihr Anblick ließ es mir gut gehen. Ich hatte etwas für sie tun wollen, aber es lief wieder darauf hinaus, dass ich am meisten davon profitierte. So waren Motorräder nun mal. Sie gaben einem immer mehr zurück, als man in sie hineinsteckte. Und das war wahrscheinlich auch der Grund, warum ich meine Fire Blade jedem Menschen vorzog.

2

Ich sah dieses Grand Prix Rennen auf Eurosport. Die Königsklasse, 500ccm. Ich weiß nicht mehr wo es war, und ich weiß auch nicht mehr, wer es gewann. Wahrscheinlich der Australier Mick Doohan auf seiner Honda. Vielleicht auch Max Biaggi auf seiner Honda. Auf jeden Fall bilde ich mir ein, dass es eine Honda war. Das Rennen bot eigentlich keine außergewöhnlich dramatischen Szenen. Aber als die letzte Runde hinter den Fahrern lag, und die Jungs wie üblich noch einmal um den Ring fuhren, um sich von den Zuschauern feiern zu lassen, da legte einer von ihnen den perfektesten Wheelie hin, den ich je gesehen hatte. Er zog das Vorderrad aus der Beschleunigung langsam und gleichmäßig hoch, brachte es auf eine Höhe von über einen Meter, hielt es einige Sekunden in der Luft und ließ es dann kontrolliert sanft auf den Asphalt aufsetzen. Ich war begeistert. Meine Wheelies waren immer brutal. Ich riss den 130er bei 7000 Umdrehungen schlagartig in den Himmel, musste durch Gaswegnehmen einen Überschlag vermeiden, drehte dann wieder voll auf, um ein vorzeitiges Absacken zu verhindern und schaffte es dann bestenfalls noch in den Zweiten zu kommen, bevor der Vorderreifen so hart auf den Asphalt hämmerte, dass ich einen Rahmenbruch befürchten musste. Dementsprechend selten ließ ich mich auch zu einem Wheelie hinreißen, obwohl es so ziemlich das Beeindruckendste war, was man mit einem Motorrad anstellen konnte. Fernsehen beeinflusst das Verhalten nachhaltig im negativen Sinne. Das ging auch an mir nicht vorbei. Ich schaltete den Kasten aus, zwängte mich in meinen Lederkombi und holte die Fire Blade aus der Garage. Dieses Mal suchte ich keine kurvigen Landstraßen auf. Ich fuhr geradewegs zu einer schwach befahrenen aber gut asphaltierten Nebenstrecke. Sie war nur etwa vier Kilometer entfernt. Das genügte nicht, um die 900er auf die richtige Betriebstemperatur zu bringen. Also fuhr ich diese schnurgerade Straße wie ein blutiger Anfänger im mittleren Drehzahlbereich auf und ab. Ich kam mir lächerlich vor. Schließlich war es so weit. Ich drehte die ersten fünf Gänge bis auf 11000 Umdrehungen und kehrte am Ende der Straße. Es konnte losgehen. Ich vermutete, dass der Vorderreifen bei 7000 Umdrehungen so ruckartig hoch ging, weil bei dieser Drehzahl bereits zuviel Leistung zur Verfügung stand. Also versuchte ich es bei 6000 Umdrehungen. Ich hatte einige Fehlversuche, blieb aber beharrlich. Einen weiteren Vorteil den Wheelie bei niedrigerer Drehzahl anzusetzen sah ich nämlich darin, dass man ihn dann länger fahren könnte. Ich hätte einfach 1000 Umdrehungen länger Zeit, mich in die richtige Position zum Schalten zu bringen, und obendrein könnte ich auch noch mehr publikumsbegeisternde Meter zurückgelegen. Irgendwann hatte ich den Dreh dann raus. Ich meine nicht den Dreh, einen optimalen Wheelie zu fahren, sondern den, bei 6000 Umdrehungen den Vorderreifen nur mit dem Gasgriff kontrolliert gleichmäßig in den Himmel zu ziehen. Es war eine Sache des Gefühls. Man musste im ersten Gang stark beschleunigen, bei 6000 Umdrehungen für den Bruchteil einer Sekunde minimal Gas wegnehmen und den Hahn dann wieder aufreißen. Die größte Schwierigkeit lag bei der Sache im richtigen Gaswegnehmen. Man durfte auf keinen Fall zuviel an Beschleunigung verlieren. Die Kette musste auf Zug bleiben. Für den Zuschauer war dieser Verzögerungsvorgang weder optisch noch akustisch wahrzunehmen. Das anschließende Gasaufreißen erforderte weniger Gefühl. Bei 6000 Umdrehungen rissen schlappe siebzig PS an der Kette. Die waren leicht zu kontrollieren. Bei 7000 Umdrehungen waren es immerhin schon neunzig. Kein Wunder, dass ich bisher immer mit dem drohenden Überschlag zu kämpfen hatte. Einige Wheelies später war ich dann bereits in der Lage, das Vorderrad wie geplant in gleichmäßiger Steigung auf einen Meter Höhe zu bringen, ohne dadurch meine maximale Beschleunigung nennenswert zu beeinträchtigen. Jetzt kam es nur noch darauf an, ohne Verlust an Höhe in den zweiten Gang zu kommen. Sicherlich, man musste beim Schalten ein wenig Gaswegnehmen, aber wenn man das im falschen Moment tat, dann hämmerte die Motorbremse den 130er mit aller Gewalt auf den Straßenbelag. Die Kunst bestand darin, den Vorderreifen im ersten Gang durch Gasstöße auf die richtige Höhe zu bringen. Diese Stöße mussten so dosiert sein, dass sie langsam an Drehzahlen gewannen und eine kontrollierbare Aufwärtsbewegung bewirkten. Das Gaswegnehmen durfte auf gar keinen Fall zu übermäßiger Motorbremse führen. Die Kette musste auch hier auf Zug bleiben. Aber das Getriebe musste entlastet werden, so dass man ohne auszukuppeln schalten konnte. Man zog also mit rhythmischen Gasstößen den Vorderreifen hoch und brachte das Getriebe bei etwa 110 Sachen mit einem kurzen Ruck des linken Fußes in den nächsthöheren Gang. Für den Zuschauer war auch hier das Gaswegnehmen kaum zu hören. Die ganze Aktion musste so gefühlvoll vor sich gehen, dass es sich nach einem einfachen Beschleunigungsmanöver anhörte. Ansonsten klappte die Geschichte nicht. Ich übte das richtige Schalten einige Male beim Fahren auf zwei Rädern. Dazu drehte ich den Ersten auf 11000 Umdrehungen, drehte den Gasgriff für den Bruchteil einer Sekunde ein wenig zurück, brachte die Fire Blade mit einem kurzen Ruck in den zweiten Gang und gab wieder Gas. Der Schaltvorgang war in einer drei Zehntel Sekunde zu schaffen. Als alles flüssig ablief machte ich ernst. Ich holte den Vorderreifen im Ersten hoch, brachte ihn auf über einen Meter Höhe, gab ihm noch einen kurzen Aufwärtsimpuls und kam bei 115 Km/h in den zweiten Gang. Der 130er sackte nicht einen einzigen Zentimeter ab und blieb bis 150 Km/h in der Luft, um dann sanft mit einem kurzen Quietschen aufzusetzen. Ich brüllte meine Freude in den Helm und machte mich auf den Weg nach Hause. Für diesen Tag hatte ich genug, aber mir war klar, dass mein Hinterreifen in Zukunft noch schneller verschleißen würde.

3

Mein Chef hatte einen Kumpel, der sich mit dem An- und Verkauf von Autos ein Zubrot verdiente. Der erschien regelmäßig bei uns in der Firma, um irgendwelche exklusiven Fahrzeuge vorzuführen. Fiat Spider und anderen Schrott. Dieses Mal kam er mit einem ganz normalen 190er Mercedes. Er ging geradewegs ins Büro und kam zwei Minuten später mit meinem Arbeitgeber wieder heraus. Sie steuerten auf mich zu. Ich war gerade damit beschäftigt, Stahlanker zu biegen.
„Hast du heute Abend schon etwas vor?" fragte mich mein Chef.
„Ja, Moped fahren."
„Wilhelm hat in seiner Werkstatt ein Motorrad stehen, könntest du dir das nicht mal ansehen?"
„Hab ich gegen einen vollverspeulerten Golf eingetauscht. Kann ich selbst aber nicht gebrauchen", ergänzte Wilhelm.
Ich stimmte zu, wir verabredeten uns um 19.00 Uhr.
Ich kam pünktlich um 19.25 Uhr und schlenderte in Erwartung einer MZ 125 oder bestenfalls einer GSX 500E gelangweilt hinter Wilhelm und meinem Chef her. Die Werkstatt war eigentlich nur ein heruntergekommener Blechschuppen. Die beiden schafften es, mit vereinten Kräften das Tor aufzuschieben. Das Motorrad stand in der hintersten Ecke neben einer uralten Werkzeugbank, war aber säuberlich mit alten Bettlaken abgedeckt. Es schien eine Vollverkleidung zu haben. Also schon mal keine MZ. Ich zwängte mich durch den zahllosen Schrott hindurch und machte mich sogleich an der Verpackung zu schaffen. Was ich da auspellte war nicht weniger als eine schwarze GSX-R 750. Ein Blick aufs Tacho zeigte mir, dass sie jung-

fräuliche 1800 Kilometer auf dem Buckel hatte. Ich war mir nicht sicher, ob es ein 96er, 97er oder 98er Baujahr war. Die Lackierung war original, da bestand kein Zweifel, aber ich hatte sie so noch nie gesehen. Das ließ darauf schließen, dass es eine mir noch unbekannte 98er Suzi war. Ich warf einen Blick auf das Nummernschild. Sie war noch angemeldet, TÜV bis März 2000. Also mit größter Wahrscheinlichkeit eine 98er.

„Wo hast du die her?" fuhr es aus mir heraus.

„Hab ich doch gesagt. Eingetauscht."

„Las sie mich fahren!"

„Deshalb bist du doch hier. Erst mal sehen, ob das Ding überhaupt in Ordnung ist. Noch kann ich alles rückgängig machen."

Wilhelm drückte mir die Schlüssel in die Hand und ich brachte die 750er aus diesem ihr unwürdigen Schuppen heraus. Zündschlüssel auf ON, Choke ziehen und den E-Starter drücken. Nichts passierte. Ich checkte noch einmal alles ab. Der Ständer war eingeklappt, das Getriebe in den Leerlauf geschaltet, die Zündung auf ON und der RUN-OFF Schalter auf RUN gestellt. Ich betätigte den E-Starter erneut. Nichts tat sich.

„Ist mir ein Rätsel", sagte ich.

„Das hab ich mir schon gedacht. Das Schwein will mich übers Ohr hauen."

Ich versuchte es noch einmal. Irgendwie machte die Suzi einen verdammt guten Eindruck. Ich konnte mir nicht vorstellen, dass sie einen gravierenden Schaden haben könnte. Sie gab keinen Mucks von sich. Ich dachte nach. Schließlich zog ich die Kupplung und versuchte es erneut. Sie kam auf Schlag. Ein erleichtertes Lachen durchzog die Runde.

„Wahrscheinlich nur ein Wackelkontakt", vermutete mein Chef.

Ich nickte zustimmend. Mir wäre es zu peinlich gewesen zuzugeben, dass ich mich zu blöde angestellt hatte, eine 98er Suzi richtig zu starten. Sie gaben mir eine halbe Stunde. Die Kupplung kam ungewohnt früh und ruppig. Ich brachte es doch tatsächlich fertig, die GSX-R abzuwürgen. Die beiden lachten herzhaft. Ich startete sie erneut und ging gefühlvoller vor. Die ersten sechs Minuten gab ich mir, um den Motor warm zu fahren, dann ging ich der Frage auf den Grund, ob ich auf einer offenen oder auf einer gedrosselten Version saß. Die 98er GSX-R 750 hatte eine Einspritzung und eine Nennleistung von 135 PS. Das müsste langen, um einen langgezogenen Wheelie hinzulegen. Ich brachte das Getriebe in den ersten Gang und den Motor auf 6000 Umdrehungen, nahm kurz ein wenig Gas weg und riss den Hahn dann voll auf. Es passierte nichts. Die Suzi schob sich träge vorwärts. Ich blieb im Ersten und ließ den Gasgriff auf Anschlag. Erst bei 8000 Umdrehungen fing sie an, Speed zu machen. Ich ließ sie bis auf 13500 Umdrehungen laufen, schaltete in den Zweiten und ließ wieder alle Pferde an die Kette. Sie ging gut und kam mit relativ kurzem Anlauf auf 260 Sachen. Eine Kurve machte die weitere Beschleunigung unmöglich. Ich bremste sie stark an und kam mit 160 Sachen ums Eck. Sie hatte Leistung, da war ich mir sicher, aber sie brachte bei niedrigeren Drehzahlen nur warme Luft. Einen Wheelie nur mit Hilfe des Gasgriffs müsste man bei 8000 Umdrehungen ansetzen. Ich bremste herunter, legte den Ersten ein, gab Gas, verzögerte kurz und riss dann voll auf. Sie ließ ihren Vorderreifen willig in die Luft steigen. Ich unternahm noch einige Versuche mehr und brachte sie schließlich auch ganz akzeptabel in den zweiten Gang. Das haute schon mal hin. Wheelies waren immer eine Show, aber um schnelle Zeiten fahren zu können, musste das Ding richtig durch die Kurven peitschen. Ich steuerte eine kurvige Landstraße an, auf der ich mit der Fire Blade schon etliche Zentimeter Fußraste abgeschliffen hatte. Auf dem Weg dorthin brachte ich die Suzi noch einmal auf 270 Sachen und war noch lange nicht am Ende angelangt. Sie war eine der glücklichen Motorräder, die nicht kastriert durch die Gegend fahren mussten. Die Landstraße war etwa zwei Kilometer lang und brachte es auf dieser Strecke auf sechs scharfe Kurven. Drei davon mit neunzig Grad Biegung. Ich fuhr sie mit gemäßigter Geschwindigkeit ab, um den Straßenbelag zu kontrollieren und mich mit dem Kurvenverhalten der Suzi vertraut zu machen. Beim zweiten Durchgang ließ ich sie dann schon laufen. Ihr Fahrwerk war erste Wahl, die Schräglagenfreiheit dem Grip des 190er Metzeler Hinterreifen überlegen. Er setzte schon zum leichten Slide an, bevor die Fußrastenstopper Metall ließen. Als ich die Straße zum achten Mal entlangfightete, erreichte ich bereits die Kurvengeschwindigkeiten, die ich mit der Fire Blade fuhr. Die Konkurrenz hatte aufgerüstet, da bestand kein Zweifel. Die Suzi brauchte zwar mehr Drehzahl, hatte eine ruppigere Kupplung und eine wesentlich schlechter zu dosierende Bremse, wenn man sich aber auf ihr eingefahren hatte, dann ließ sie sich sauschnell bewegen. Ich weiß nicht, wie oft ich die Landstraße noch entlang jagte, aber als sich die ersten Schaulustigen am Straßenrand aufstellten und die Slides immer heftiger wurden, brach ich ab und steuerte Wilhelms Werkstatt an. Die beiden hatten ihren Frust über mein zu langes Wegbleiben mit allerhand Bier heruntergespült und empfingen mich den Umständen entsprechend freundlich. Ich war zwei Stunden unterwegs gewesen.

„Was soll die denn kosten?“ fragte ich mit aufgesetzter Nüchternheit.

„Zwölftausend?!“ mutmaßte Wilhelm.

„Für zwölftausend willst du die verkaufen?“ schoss es aus mir

heraus.
„Na ja gut, vielleicht elf fünf, ich hab keine Ahnung."
„Nun mach dem Jungen mal einen ordentlichen Preis", schaltete sich mein Chef ein.
Die beiden hatten offensichtlich überhaupt keine Ahnung, was die Suzi für einen Wert hatte. Ich hatte mit fünfzehntausend gerechnet. Wilhelm ließ sich nicht lange lumpen und ging auf elftausend ein. Darunter wollte er auf gar keinen Fall gehen, sonst hätte er bei dem Tausch zugesetzt. Ich hatte zwar kein Geld, aber dieses Angebot konnte ich nicht abschlagen.
„Kauf ich", sagte ich, „aber ich brauche Morgen Vormittag frei, um mir bei der Bank einen Kredit zu holen."
Mein Chef zögerte kurz, gab sich einen Ruck und sagte das, was ich mir von ihm erhofft hatte.
„Brauchst du nicht, ich leihe dir das Geld."
„Das kann ich doch nicht annehmen."
„Kannst du. du gibst mir das Geld wieder, wenn du dein Motorrad verkauft hast. Bis dahin arbeitest du jeden Samstag. Die Stunden bekommst du natürlich voll bezahlt."
Ich stimmte zu, ließ mir den Fahrzeugbrief und -schein, sowie die beiden Schlüssel aushändigen, fuhr mit der Fire Blade nach Hause und ließ mich von Vinnie mit meinem Golf wieder hinfahren, um die Suzi abzuholen. Es war spät geworden. Vinnie blieb über Nacht und sorgte dafür, dass der Tag einen würdigen Ausklang fand.

4

Am nächsten Tag fuhr ich mit der Suzuki zur Arbeit, um gleich nach Feierabend in die Waschanlage fahren zu können. Sie hatten extra für Motorräder einen Waschautomaten errichtet. Ich warf die Münzen ein und bearbeitete die 750er mit einem Hochdruckreiniger, der mit heißen Seifenwasser gefüllt war. Danach spülte ich sie gründlich ab und wachste sie ein. Die Felgen und die Schwinge säuberte ich mit Radglanz. Sie war fast neu und sah jetzt aus wie nagelneu. So konnte sie sich zeigen.
Ich fuhr im Schneckentempo, um harte Kollisionen mit Fliegen, Mücken und anderem Getier zu vermeiden. Bernd sollte sie ohne schmierige gelbe Flecken auf der Verkleidung sehen. Er saß gerade auf seinem Sofa und starrte an die Wand.
„Sitzt du schon lange da?“ fragte ich zur Begrüßung.
„Keine Ahnung.“
„Ich brauche deinen Fahrzeugbrief, den Fahrzeugschein und die beiden Schlüssel für die FZR.“
„Wozu?“
„Ich brauche sie eben. Beeil dich, ich hab nicht viel Zeit.“
Er raffte sich widerwillig auf und suchte die geforderten Sachen zusammen. Ich setzte mich solange auf sein Sofa und betrachtete die Wand. Was hatte er dort nur gesehen? Die Wand war sauber tapeziert und weiß gestrichen. Es gab wirklich überhaupt nichts zu sehen. Kein Fleck, keine Beschädigungen, nicht einmal die Stöße zwischen den einzelnen Bahnen waren zu erkennen. Bernd hatte sich wirklich die allergrößte Mühe gegeben, eine hundertprozentige Wand zu schaffen. Sie war so vollkommen, dass sich nicht einmal mehr eine Fliege die Drei-

stigkeit herausnahm, sie anzufliegen und einen kleinen schwarzen Fleck zu scheißen. Mein Gott, war diese Wand deprimierend! Sie war wie unsere Gesellschaft. Wir hatten so eine vollkommene Zivilisation geschaffen, dass es in ihr absolut nichts mehr zu Leben gab. Wir hatten ein Sicherheitssystem von Richtern, Polizeibeamten, Versicherungen und unzähligen Kontrollinstitutionen geschaffen, die jeden stolzen Helden und jeden Heiligen überflüssig machten. Wir wahren lauwarm geworden. Wir mordeten nicht und wir retteten nicht, wir stahlen nicht und wir teilten nicht. All das wurde uns abgenommen von einem perfekt funktionierenden Staatsapparat. Wir waren zu Zombies mutiert. Zu lebenden Toten. Ich fragte mich, wie man aus diesem Schlaf erwachen könnte; was einem wieder spüren lassen würde, dass man lebte. Bernd schritt vor die Wand. Er hatte einen schwarzen Edding-Stift in der Hand und setzte die Spitze auf die Tapete. Dann schrieb er mit riesigen Druckbuchstaben die Antwort auf meine Fragen: **ADRENALIN**. Die Wand hatte endlich wieder einen Charakter bekommen.

Er hatte die Sachen auf den Tisch geschmissen. Ich holte den Brief, den Schein und die Schlüssel der Suzi aus meiner Jackentasche, warf sie ebenfalls auf den Tisch und kassierte die Yamaha Utensilien ein.

„Ist getauscht“, sagte ich und machte mich sofort auf den Weg. Ich wusste, dass Bernd Zicken machen würde. Er hing an seinem Hobel. Aber die FZR war mit ihren zigtausend hart am Limit gefahrenen Kilometern durch, und außerdem war sie technisch veraltet. Ich hatte die Yamaha gerade aus der Garage geschoben, als Bernd durch die Tür stürmte.

„Drehst du jetzt völlig durch?“ schrie er mich an.

„Die hat zwar weniger Kubik und auch nicht ganz so viele PS

wie diese Schrottkiste hier, aber sie ist wesentlich leichter und sie hat ein topp Fahrwerk. Die rennt wie die Pest, das schwör ich dir."
Bernd sah sich die Suzi an. Ich startete und sah zu, dass ich Land gewann.
Die FZR würde ich verkaufen, das stand fest, aber zuvor wollte ich mich noch davon überzeugen, dass der Tausch wirklich sinnvoll war. Ich drehte noch einige Runden und wusste schon nach wenigen Kurven, dass Bernd schon lange hätte umsteigen sollen. Wir hatten 1998. Eine 93er Maschine hatte einfach nichts mehr zu melden. Die Yamaha hatte zwar einen stärkeren Motor, aber ansonsten war alles an ihr zweite Wahl. Das Fahrwerk, die Bremsen, besonders die Vorderradgabel war absolut nicht mehr konkurrenzfähig. Ich fuhr beruhigt nach Hause und legte mich ins Bett.
Zwei Stunden später rissen mich 13000 Umdrehungen aus dem Schlaf. Irgendein Vollidiot hatte die Straße zur Rennstrecke umfunktioniert. Ich stürmte zum Fenster und sah hinaus. Er kam zurück. Wieder mit über 10000 Umdrehungen und mit weit in den Himmel gerissenen Vorderreifen. Er zog noch in den Zweiten, bremste dann herunter und wendete. Ich öffnete das Fenster, um in den vollen akustischen Genus zu kommen. Die schwarze Sozi führte noch zwei atemberaubende Wheelies vor, dann hielt sie vor meinen Augen, machte noch ein wenig Musik und verstummte. Wir sahen uns lange an. Es gab eigentlich nichts zu sagen, aber Bernd wollte etwas sagen, das spürte ich. Nach einer endlosen Minute der Stille erweckte er die 750er wieder zum Leben und brachte sich mit kurzen Stößen bis 5000 Umdrehungen in Stimmung. Mir war, als hörte ich ein leises ´Danke'. Er schloss sein Visier und verschwand lautstark in der Dunkelheit. Er war weg, aber das ´Danke' blieb.

Es wurde von den Häusern, den Bäumen, dem Himmel und sämtlichen anderen Nebensächlichkeiten reflektiert und drang noch minutenlang mit unverminderter Intensität in meine Ohren. Ich schlief in dieser Nacht nicht. Aber ich verfiel auch nicht in die üblichen Depressionen, denn mir war bewusst, dass ich etwas hatte, wovon die allermeisten Arschlöcher dieser Welt nicht einmal zu träumen in der Lage waren. Ich hatte ein Motorrad und Freunde. Und meine Freunde hatten Motorräder. Was wollte man noch mehr?

5

Ich setzte die FZR in die Zeitung. Preis Verhandlungssache. Es tat sich einige Tage lang gar nichts. Kein einziger Anruf. Am Sonntag Abend so gegen 18.00 Uhr meldete sich dann jemand. Der Stimme nach zu urteilen war er ungefähr siebzehn Jahre alt. Aber er hatte den großen Führerschein, also musste er mindestens zwanzig gewesen sein. Er wollte die Yamaha noch am gleichen Tag sehen. Wir verabredeten uns für 19.30 Uhr. Ich knallte den Hörer auf die Gabel, rannte ins Schlafzimmer, zog das Bettlaken von der Matratze, riss es in Stücke und lief mit ihnen hinaus. Die FZR war in einem miserablen Zustand. Ich reinigte die Felgen und alle Metallteile mit Radglanz, sprühte die Kette ein und spritzte die ganze versottete Kiste mit dem Gartenschlauch ab. Die Insektenleichen brauchten immer eine gewisse Zeit, bis sie sich mit dem Wasser voll sogen und abgewischt werden konnten. Ich nutzte die Zeit, um die Kette zu strammen und den Ölstand zu kontrollieren. Dann ging ich noch einmal mit dem Schlauch auf die Kadaver los und wischte sie schließlich mit dem Schwamm ab. Es war inzwischen kurz vor sieben Uhr. Ich fuhr die FZR trocken, stellte sie wieder ab und ging noch einmal mit den Fetzen meines Bettlakens und der Flasche Radglanz auf die Verkleidung und den Tank los. Die Scheibe und die beiden Spiegel bearbeitete ich mit Brennspiritus, die Rostflecken an der Verkleidungshalterung kratzte ich ab und übermalte sie so gut es ging mit einem schwarzen Stift. Es war kurz vor halb. Ich schleuderte die Putzsachen in die Garage, schloss das Tor und begrüßte das erste Mal in meinem Leben einen Chopper-Fahrer. Er war groß und schlaksig und er stellte seine pissige 400er direkt neben Bernds 1000er.

Unter anderen Umständen hätte ich ihm für diese Respektlosigkeit die Fresse poliert, aber mir blieb keine andere Möglichkeit, als darüber hinwegzusehen. Er redete nicht lange um den heißen Brei herum. Ohne Probefahrt lief gar nichts. Ich war mit nicht sicher, ob ich diesem Milchbubi 145 PS zumuten konnte. Wir einigten uns schließlich darauf, dass er auf einer einsamen Landstraße fahren dürfte. Bis dorthin würde er mit seiner Gurke fahren und ich auf der Yamaha. Ich fuhr langsam vor und er folgte mir. Gott erhörte mich an diesem Tag und ließ uns an keinem meiner Bekannten vorbeifahren. Was hätten die nur von mir gedacht, wenn sie mich mit so einer Nulpe hätten rumfahren sehen. Wir kamen schließlich an. Ich hielt am Straßenrand, schüttelte meine letzten Bedenken ab und machte ihn mit dem nötigsten Vertraut. Dann fuhr er los. Er war noch keine zwanzig Meter gefahren, als er schon in den Zweiten schaltete. Bei vierzig Km/h ging es dann in den Dritten und bei fünfzig in den Vierten. Als er in den Fünften schaltete, hatte ich für einen Moment den Eindruck, als hätte er den Motor abgewürgt. Was musste dieses arme Motorrad auf seine alten Tage doch noch erleiden. Er beschleunigte etwa bis hundert und ging dann weit vor einer Linkskurve in die Eisen. Er kam herum und ließ den Fünften bei etwa 3000 Umdrehungen laufen. Ein paar hundert Meter weiter verlor ich ihn aus den Augen. Zu hören war auch nichts mehr. Warum hatte ich so ein Arschloch eigentlich auf Bernds FZR gelassen? War mir mein Stolz und meine Liebe zu Rennmaschinen etwa völlig abhanden gekommen? Sollte so ein Versager etwa Bernds Erbe antreten? Fünf Minuten später kam er wieder in Sichtweite. Er hatte inzwischen mörderische 120 Sachen auf der Uhr. Es dauerte noch eine ganze Weile, bis er endlich bei mir ankam. Er stellte die Yamaha auf den Ständer, zog sich den Helm vom

Kopf und kommentierte die Probefahrt.
„Ja, läuft ganz gut."
„Läuft ganz gut?" schrie ich ihn an. `Weißt du eigentlich, was du da gerade gefahren bist? Du hast gerade auf einer FZR 1000 mit 145 PS gesessen. Das Ding läuft nicht gut, das Ding rennt wie die Pest! Nur musst du Arschloch auch mal am Gasgriff drehen!"
„Hab ich doch."
„Ich werd dir mal zeigen, was du hast!"
Ich zog meinen Helm über und startete die Yamaha. Es schien mir unmöglich mit dem Gedanken zu leben, dass der Junge durch die Gegend rennen und erzählen würde, dass er mal eine FZR 1000 gefahren sei, und dass das Ding ganz gut laufen würde. Er sollte sehen, was er unter seinem Arsch gehabt hatte. Ich ließ die Kupplung bei 3000 Umdrehungen hart kommen und legte bei 6000 Umdrehungen einen wilden Wheelie hin, den ich bis in den zweiten Gang hineinbekam. Die Linkskurve schoss auf mich zu. Ich bremste sie an, verlagerte mein Gewicht auf die linke Raste und brachte die 240 kg in eine vorzeigbare Schräglage. Kurz hinter dem Scheitelpunkt riss ich den Hahn voll auf und beschleunigte mit rutschendem Hinterreifen heraus. Nach etwa zweihundert Metern stoppte ich und wendete. Die Kurve lag mir als Rechtskurve mehr. Ich brachte die Fußraste zum Schleifen und legte einen meiner wilderen Slides hin, der fast in einen Highsider endete. Ich versuchte, möglichst locker auf dem Sattel zu sitzen, um nicht abgeworfen zu werden und kam herum. An der Stelle, an der diese hässliche 400er mit ihrem unverschämten Besitzer stand, hatte ich die FZR auf 220 Sachen. Ich schaffte es noch auf 240, ging scharf in die Bremsen und wendete erneut. Dieses mal nahm ich mir vor, mit 140 Km/h auf dem Hinterrad an ihm vorbeizu-

schießen. Meine Wut verhalf mir dazu, es mit 145 Sachen zu schaffen. Ich bremste noch vor der Kurve, kehrte und setzte den nächsten Wheelie an. Er war ebenfalls einer von der besseren Sorte. Sofort nachdem der 120er Kontakt mit dem Asphalt bekam, langte ich voll in die Vorderbremse. Sie war nicht mit der der Fire Blade zu vergleichen, aber es genügte, um durch hemmungsloses Zugreifen den 180er weit in den Himmel steigen zu lassen. Ich wendete und stoppte vor der 400er.
„Na", schrie ich ihn an, „geht das Ding gut?"
Er sah mich mit großen Augen an. „Was soll die denn kosten?"
„Für dich zehntausend Ocken."
Sie war zweifelsfrei keine neun wert, aber ich hatte eh nicht mehr die Absicht, sie an diesen Typen zu verkaufen.
„Die nehm ich", sagte er leise.
„Du nimmst sie?" fuhr ich ihn an. „Dann vergiss nie, es ihr ordentlich zu besorgen! Sie steht nämlich nicht so auf zaghafte Typen."
Er nickte artig und wir machten uns auf den Weg zu mir. Ich ließ unterwegs noch ein wenig Fußraste und brachte auch noch den einen oder anderen Wheelie zum Besten. Die Vertragsgeschichte dauerte nicht lange. Er hatte in weiser Voraussicht einen Vordruck mitgenommen. Wir trugen die Daten ein und verab-redeten uns für den nächsten Abend.
Er erschien pünktlich, übergab mir das Geld und dampfte mit der FZR ab. Ich kann nicht sagen, dass er am Gas riss, aber er gab sich Mühe, das war deutlich zu hören.

6

Es fehlten mir noch tausend Mark, um meine Schulden bei Wilhelm begleichen zu können. Kevin und Vinnie hörten von der Sache und beschlossen, sich zu gleichen Teilen daran zu beteiligen. Ich legte meine 330 Mark auf den Stapel Tausendmarkscheine. Kevin legte seine dazu. Vinnie nahm den ganzen Batzen und steckte ihn sich in die Hosentasche.
„Gib mir den Autoschlüssel“, sagte sie, „ich bring Wilhelm das Geld.“
Ich wusste, dass sie nicht eine müde Mark besaß, und dass noch 340 Mark fehlten, aber ich war mir sicher, dass Vinnie ihn dazu bringen würde, über diese kleine Differenz hinwegzusehen. Und dem war auch so.

7

Ich sah Jens und einen anderen Typen vor der Post stehen. Er war mit mir zur Berufsschule gegangen und eigentlich immer ein ganz guter Kumpel gewesen. Ich erinnerte mich schwach daran, dass er mich vor einigen Wochen zu einer Party eingeladen hatte. Das Datum war mir entfallen. Also kehrte ich, um es in Erfahrung zu bringen und darüber hinaus ein wenig mit ihm zu quatschen.

Die Begrüßung fiel kälter aus, als ich es von Jens gewohnt war. Er nickte nur kurz und brachte ein leises „Hallo“ heraus. Sein Kumpel sah mich schweigend an. Er war ein mittelgroßer untersetzter Typ mit Glatze und Ziegenbart. Er sah gefährlich aus. Es waren nicht nur seine breiten Schultern, die ihn ein martialisches Aussehen verliehen. Ein dick geschwollenes blaues Auge mit einer langen frisch genähten Narbe über dem linken Augenbraun ließen eine gewisse Brutalität erahnen. Die Fäden waren noch nicht gezogen und die Reste einer dunkelroten Desinfektionsflüssigkeit gaben der Wunde den passenden Farbton. Er machte ein grimmiges Gesicht und ließ keinen Zweifel daran, dass ihn meine Gegenwart nicht passte. Mir war nicht nach Streit, also versuchte ich, mich kurz zu fassen.

„Hallo Jens“, sagte ich, „ich wollte nur noch mal schnell nachfragen, wann genau du deine Party feierst.“

Jens sah mich entsetzt an. Sein Kumpel zischte ein leises „Witzbold“ und wendete sich ab.

„Seid ihr irgendwie schlecht drauf?“ fragte ich.

Jens explodierte förmlich. „Jetzt hör mir mal gut zu, Eugen. Jeder weiß, dass es dich irgendwann erwischen wird. Du bist ein Verrückter. Du scheißt auf alles, aber komischerweise

kommst du immer damit durch. Bisher fand ich deine Art ja noch ganz interessant, aber jetzt hast du einwandfrei übertrieben. Es wird dich irgendwann erwischen, verlas dich drauf."
„Nun dramatisiere doch nicht so. Irgendwann kriegt jeder sein Fett weg."
Jens schüttelte nur den Kopf und verschwand mit seinem Kollegen. Ich zog mir meinen Helm wieder über und drehte ein paar sportliche Runden mit der Fire Blade. Aber die Sache ließ mir keine Ruhe. So hatte ich Jens noch nie erlebt. Ich überlegte lange, ob ich ihn anrufen sollte, entschloss mich dann jedoch, Thomas anzurufen und ihm den Vorfall zu schildern. Thomas war ebenfalls mit uns zur Berufsschule gegangen, und ich wusste, dass er noch häufigeren Kontakt zu Jens hatte. Seine Verlobte nahm ab. Er war nicht zu Hause.
„Kannst du ihm ausrichten, dass er mich zurückrufen soll?" fragte ich.
„Na klar, wie war noch mal der Name?"
„Eugen"
„Eugen? Der Eugen von Jens Party?"
Ich stutzte.
„Bist du der Eugen mit dem Motorrad?"
„Ja"
Sie legte wortlos auf. Thomas rief mich nicht zurück. Irgend etwas war im Busch, da bestand kein Zweifel. Ich fragte Kevin und Bernd, ob sie von einem Vorfall wüssten, der solch ein Verhalten erklären würde. Ihnen war nichts bekannt, aber Bernd war sich ziemlich sicher, dass ich vor zwei oder drei Wochen alleine zu einer Party gefahren wäre. Ich versuchte, mich zu erinnern, musste jedoch passen. Allerdings war ich an dem Sonntag vor zwei Wochen besoffen im Straßengraben zu mir gekommen. Mir war es bisher ein Rätsel gewesen, wo ich über-

haupt hergekommen war. Jetzt fanden sich die Mosaiksteinchen langsam zusammen. Es schien so, als ob ich auf dieser Party gewesen und mich bei einigen Leuten unbeliebt gemacht hätte. Ich überlegte, wer noch da gewesen sein könnte und kam relativ schnell auf die Schwester von Jens. Sie war eine glatte Zehn mit einer Oberweite die ständig damit drohte, sämtliche Hüllen zu sprengen. Die Geschichte mit Jens wäre ein guter Vorwand, um bei ihr anzurufen. Vielleicht könnte ich so ganz nebenbei ein Date klar machen. Sie nahm gleich nach dem ersten Piepen ab, so als habe sie schon auf meinen Anruf gewartet.
„Hallo Linda", meldete ich mich.
„Du Schwein", kreischte sie ins Telefon, „du besitzt also auch noch die Frechheit, hier anzurufen."
„Was hab ich denn überhaupt gemacht?"
„Tu doch nicht so. Anzeigen sollte ich dich. Meine ganzen Klamotten hast du mir zerrissen."
„Was?"
„Du Tittengrapscher, du Sexist, du Vergewaltiger, du -."
Sie legte auf. Die Sache wurde langsam interessant. Das mit dem Vergewaltiger nahm ich ihr nicht ab, dafür war ihre Wut nicht groß genug gewesen, aber an dem Tittengrapscher und Sexisten war mit Sicherheit etwas dran. Wenn ich die Sache richtig deutete, dann hatte ich ihr den Fummel zerrissen und ihr an die Möpse gelangt. Mir wurde bei dem Gedanken daran ganz heiß. Etliche male hatte ich mir schon ausgemalt, wie Linda ohne störende Textilien aussehen und vor allem sich anfühlen würde. Jetzt hatte ich es anscheinend endlich getestet. Ich schloss die Augen und versuchte, meinem Gedächtnis irgendwelche Informationen zu entlocken. Es kam nichts. Ich konnte mich an rein gar nichts erinnern. Die Situation machte

mich wütend. Da hatte das Leben mir mal einen kleinen Lichtblick zugespielt, vergönnte es mir aber nicht, ihn in meinem Gehirn zu speichern. Ein Grund mehr, die Vorkommnisse auf dieser mysteriösen Party zu erforschen. Es führte kein Weg daran vorbei, noch einmal bei Jens anzurufen.
Er meldete sich mit einem kurzen „Ja“.
„Hallo Jens, hier ist Eugen.“
“Was willst du?”
„Jens, ich schwöre dir, ich weiß von gar nichts. Tu mir doch den Gefallen und erzähle mir, was gewesen ist.“
Er schwieg eine Weile in den Hörer, seufzte kurz und gab sich schließlich einen Ruck.
„Ich will dir gar keinen Gefallen tun. Aber mal angenommen, du weißt wirklich von nichts, dann wird dich die Wahrheit auch garantiert nicht erfreuen.“
„Ich weiß von nichts.“
„Na gut. Du warst auf meiner Party. Randvoll und ungenießbar. Als du irgendwann dann auch noch anfingst, den Frauen unter die Röcke zu langen und ihnen mit deinen dämlichen Chauviesprüchen die Laune zu verderben, bat ich einen Kumpel, dich vor die Tür zu setzen.“
„Den mit der Glatze?“ fragte ich.
„Genau. Du hast ihm mindestens zehn mal deine Stirn auf seine gerammt. Wir dachten schon, er wäre tot. Auf jeden Fall hat meine Schwester dich schließlich zur Beruhigung gebracht und ist mit dir in ein Nebenzimmer gegangen. Was du da gemacht hast, kannst du dir ja sicherlich vorstellen. Du weißt ja selbst am besten, was du für ein Schwein bist. Als du mit ihr fertig warst, hast du noch ein paar Gäste belästigt und mit deinem Motorrad unseren Rasen umgepflügt. Dann bist du endlich abgehauen.“

„War das etwa schon alles?“

Jens knallte den Hörer auf die Gabel.

Tja, ich hatte es mir mal wieder bei einigen Leuten verscherzt, aber das machte nichts. Scheinbar hatte ich allerhand Spaß gehabt, und außerdem waren zwei echte Freunde und eine lässige Freundin schon genug. Mehr konnte man vom Leben nicht erwarten. Eines aber hatte sich mal wieder gezeigt. Die besten Parties sind die, von denen man gar nicht weiß, dass man dort war.

8

Der 180er war blank. An den Seiten glich er einem Slick. In der Mitte hatte er noch ein wenig Restprofil. Und auf diesen letzten Millimeter ging ich los. Der neue Bridgestone lag schon bereit und würde am nächsten Morgen aufgezogen werden. Es war später Abend und schon kurz vorm dunkel sein. Dummerweise war ich mit meinem getönten Visier unterwegs. Es hatte schon seinen Grund, dass dieses nur für den Gebrauch am Tage zugelassen war. Ich versuchte, der schlechten Sichtverhältnisse mehr oder weniger erfolgreich mit dem Fernlicht Abhilfe zu leisten. Kurvenstrecken waren nicht drin, ich erkannte nämlich immer erst zwanzig Meter vor dem Einlenkpunkt, ob es links oder rechtsherum ging. Aber auf Kurven war ich ja auch gar nicht aus. Schließlich sollte das Gummi in der Mitte des Reifens weg. Ich fuhr also in Richtung Stadt. Die Umgehungsstraße würde wieder einmal herhalten müssen.
Es waren nur wenige Autos unterwegs. Gleich hinter der Auffahrt zog ich voll an und hatte schnell die 290 erreicht. Am Straßenrand standen alle paar Sekunden diese Runden Schilder mit roten Rand und einer schwarzen 120 auf weißen Untergrund in der Mitte. Ich wusste nicht genau, was diese Schilder zu sagen hatten, aber ich zog es durchaus in Betracht, dass sie die Höchstgeschwindigkeit auf dieser Straße festlegten. Aber selbst wenn es so gewesen wäre, stellte sich doch die Frage, ob diese Höchstgeschwindigkeit auch für einspurige Fahrzeuge galt. Außerdem hielt ich es für recht unwahrscheinlich, dass eine Geschwindigkeitsbegrenzung rund um die Uhr Gültigkeit hätte. Na klar, zwischen 8.00 und 17.00 Uhr, wenn die Straßen voll mit Fahrzeugen waren, dann waren die 120 schon ange-

bracht, aber in dieser Zeit arbeitete ich eh. Man konnte es drehen und wenden wie man wollte, die Schilder schienen für mich keine Bedeutung zu haben. Für die Tachonadel auch nicht. Sie pendelte sich bei 294 Sachen ein. Die Autos, die mir entgegenkamen, flackerten mit der Lichthupe herum. Konnten diese Idioten sich nicht denken, dass ich bei dieser Geschwindigkeit und dem getönten Visier nicht mit Abblendlicht fahren könnte? Ich ignorierte ihr Getue und klemmte mich auf den Mittelstreifen. Es waren einige Autos zu überholen, und ich wollte möglichst dicht an ihren Außenspiegeln vorbeischrammen, um die Herzfrequenz der Fahrer ein wenig zu steigern. Ich war bereits an zwei Blechschikanen vorbeigeschossen, als ich in etwa zweihundert Meter Entfernung ein Auto wahrnahm, dass mit eingeschaltetem Warn-licht Schlangenlinie fuhr. Es half nichts. Ich musste vom Gas. Ich bremste herunter auf 130 Km/h und fuhr vorsichtig an dem Volvo vorbei. Hinter dem Lenkrad saß ein grauhaariger Spießer. Er sah mich mit entsetztem Blick an und wedelte mit dem Zeigefinger hin und her. Ich konnte es gar nicht glauben, da zog dieser Penner doch glatt diese Show mit Warnlicht und Schlangenlinie ab, nur um mich am sportlichen Fahren zu hindern. Ich drehte wieder auf, ließ ihn schnell im Rückspiegel schrumpfen, schaltete das Fernlicht aus und nahm die nächste Abfahrt. Er blieb auf der Umgehungsstraße. Ich fuhr wieder auf sie herauf und war jetzt hinter ihm. Mit 130 Km/h. Er hielt sich an diese komischen Schilder, und ich kam langsam näher. Zehn Meter hinter ihm brachte ich das Getriebe in den zweiten Gang, schaltete das Licht aus, streckte mein rechtes Bein ab und gab Vollgas. Die Sohle meiner bewährten Bundeswehrstiefel klatschte gegen seinen Spiegel und riss ihn aus der Verankerung. Ich blieb noch etwa hundert Meter im Blindflug, dann schaltete ich beide

Scheinwerfer ein und brachte es auf respektable 296 Sachen. Im originalen Zustand hätte die Honda es an gleicher Stelle höchstens auf 284 laut Tacho gebracht.
Die zweite Abfahrt, die in die Stadt führte, war meine. Ich griff im letzten Moment voll in die Eisen und warf mich bei etwas über 200 in die Schräglage. Es ging gut. Nach dreihundert Metern stand ich dann vor einer Ampel. Eine Blondine wartete in ihrem Golf auf das grüne Licht. Mir kam das albern vor. Schließlich war außer meiner Fire Blade und ihrem VW gar kein Fahrzeug in Sicht. Ich fuhr an ihr vorbei und zeigte ihr, wie einfach es ist, sich über bestimmte Regeln hinwegzusetzen. Die dreihundert Meter bis zur nächsten Ampel nutzte ich, um ihr einen ausgefeilten Wheelie bis in den zweiten Gang vorzuführen. Ich bremste kurz auf 60 Sachen herunter und überfuhr auch das nächste rote Licht unbeschadet. In der Stadt war so gut wie gar nichts los. Die anständigen Bürger lagen in ihren Betten und sammelten ihre Kräfte für den kommenden Bürotag. Ich fuhr ein wenig planlos umher und suchte nach einer Gelegenheit, den letzten Millimeter Gummi von meinem Bridgestone zu radieren. Ich fand sie schließlich vor dem Stadttheater. Irgendeine kulturell hochwertige Vorstellung schien gerade ihr Ende gefunden zu haben und spuckte einen Haufen gut bekleideter nach kostbaren Düften stinkender Erfolgsmenschen aus. Ich hielt einige Meter weiter am Straßenrand und umwickelte mein Nummernschild mit meinem Halstuch. Dann fuhr ich zurück, hielt vor dem Gebäude, zog die Vorderbremse an und drehte einen lauten, stark qualmenden Kreis. Als ich rum war, zog ich mit einem endlos langen Strich davon. Ich kann nicht sagen, dass die Snobs ein schlechtes Publikum waren. Sicherlich, sie klatschten keinen Beifall, und sie gaben auch keine kleinen Geldscheine als Zugabe für einen

neuen 180er, so wie man es auf manchen Motorradtreffen schon erlebt hatte, aber sie standen doch aufmerksam und geduldig an der Straße, so als wäre meine kleine Einlage der provozierende Abschluss des Theaterstückes gewesen. Ich machte mich schleunigst aus dem Staub, band mir das Tuch wieder um den Hals und fuhr auf dem direkten Wege Richtung Umgehungsstraße.

An der Ampel neben mir auf der Linksabbiegerspur saß ein achtzehnjähriger Schnösel in seinem Kadett. Zur Umgehung ging es geradeaus, aber aus irgendwelchen Gründen hatte ich das Bedürfnis, ihm einen Wheelie bis 160 Sachen vorzuführen. Er bekam grün, und ich zog kurzentschlossen hinterher. Ich ließ ihm einen kleinen Vorsprung, zog auf die Gegenfahrbahn, beschleunigte den Ersten auf 60 Sachen, nahm einen Tick Gas weg und drehte dann voll auf. Der geschundene Bridgestone bekam nicht genügend Grip, um den Vorderreifen abheben zu lassen und katapultierte mich mit heulendem Motor an dem Kadett vorbei. Wie immer nach einem verpatzten Wheelie bekam ich einen kurzen aber um so intensiveren Aggressionsschub und drehte den Ersten bis in den Begrenzer. Dann fand ich mich mit meinem Versagen ab, drehte den Gashahn ganz zu und lauschte der Motorbremse. Als ich bis auf 60 Km/h herunter war, blitzte es kurz auf. Ich verspürte keinerlei Gefühlsregungen. Jeder war mal dran. Und jetzt hatte es mich erwischt.

Ich fuhr pünktlich um 9.00 Uhr vor die Werkstatt. Die Mechaniker sahen mich, legten ihr Werkzeug zur Seite und kamen heraus, um zu sehen, was ich dieses Mal aus meinem 180er gemacht hatte. Sie krochen um die Fire Blade herum, befühlten den angeschliffenen Micron Schalldämpfer, die Fußrasten, den Brems- und den Schalthebel. Schleifspuren schienen eine

gewisse Faszination bei Motorradfans zu erwecken. Dann kam der Chef.
„Na Eugen, noch immer nicht den Kopf vom Hals gefahren.“
„Noch nicht.“
Er besah sich den Reifen, schüttelte ungläubig den Kopf und tastete immer wieder über die dicken Gummifetzen, die den Rand zierten.
„Bist du auf der Rennstrecke gewesen?“
„Ist beim Abbiegen passiert.“
„Den Reifen stell ich aus.“
„Den nehme ich mit“, antwortete ich, „dafür habe ich Kopf und Kragen riskiert.“
Er musterte mich eine Weile, dann starrte er wieder auf den Reifen und schließlich wieder auf mich. „Du kriegst den neuen vierzig Mark billiger.“
Ich nahm an.
Noch bevor dem neuen Bridgestone das Schicksal des alten widerfahren war, flatterte mir der Bußgeldbescheid ins Haus. 58 Km/h hatten sie mir vorzuwerfen. Ich hatte die zulässige Höchstgeschwindigkeit doch tatsächlich um 8 Km/h überschritten. Mir war es ein Rätsel, wie es dazu kommen konnte. Das war eigentlich nicht meine Art. Dreißig Mark wollten sie für diesen Verstoß gegen die Straßenverkehrsordnung haben. Kevin und Bernd hielten das für moderne Abzockerei. Ich fand dreißig Mark schon in Ordnung. Schließlich konnte ich damit vielleicht noch einige andere Verstöße begleichen. Außerdem blieben immer noch zehn Mark über von den vierzig, die mir auf den neuen Reifen erlassen worden waren. Und die würden in meinem Tank landen, da konnte man sich drauf verlassen.

9

Bernd hatte sich seit zwei Wochen kaum blicken lassen. Ich ahnte warum. Abends fuhr ich regelmäßig bei ihm vorbei und inspizierte seinen 190er. An den Seiten hingen die Gummibrösel. Es bestand kein Zweifel, dass er die Suzi auf kurvigen Landstraßen am Limit bewegte. Bisher hatte ich ihn dort stets in seine Schranken verwiesen. Aber da war er mit einer FZR unterwegs gewesen. Jetzt hatte er einen richtigen Kurvenbrenner unterm Arsch. Und zweifelsfrei würde er alles daran setzen, mir in absehbarer Zeit den Rang als Schräglagenkönig abzunehmen. Mich beunruhigte das wenig. Mehr als am Limit fahren konnte man nicht, und das tat ich schon die letzten zehntausend Kilometer. Außerdem war ich auf einer getunten Fire Blade unterwegs. Selbst wenn Bernd meine Kurvengeschwindigkeiten erreichen sollte, würde ich ihm auf jeder noch so kurzen Geraden Meter abnehmen. Trotzdem fuhr ich ebenfalls verstärkt auf unseren gängigen Rennstrecken. Ich feilte ein wenig an meinem Fahrstil und ließ die Kniepatz öfter als gewohnt über den Asphalt schleifen. In manchen Kurven brachte mir das auch eine höhere Geschwindigkeit ein, in anderen wurde ich dadurch komischerweise langsamer. Ich merkte mir diese und wählte die jeweils schnellere Fahrweise. Außerdem fuhr ich viele Kurven einen Gang niedriger als bisher. Das brachte mir mehr Drehzahl und dadurch mehr Leistung beim Herausbeschleunigen ein. Als Resultat zeichneten sich lange schwarze Striche ab dem Scheitelpunkt jeder Kurve ab, die oftmals erst nach fünfzig Metern abrupt endeten. Meine Schräglage war schon lange Optimum, aber durch das verstärkte Hänging Off und die brutaleren Beschleunigungsorgien hatte

ich meine Zeiten nochmals verbessert.
Bernd klingelte mich an einem Sonntagmorgen unerwartet aus dem Bett. Ich ließ ihn herein. Er war so ungeduldig, dass er nicht einmal seine Lederjacke ablegen wollte. Ich verzichtete ihm zuliebe auf das Frühstück und zwängte mich in den Kombi. Er fuhr vor. Aus Rücksicht auf den kalten Hondamotor blieb er die ersten sechs Kilometer unter 120 Km/h, dann drehte er langsam auf. Er steuerte eine abgelegene Landstraße an, die es in sich hatte. Eigentlich war sie nur ein stark verbreiteter asphaltierter Feldweg. Etwa zwei Kilometer lang, aber mit einer Rechtslinks- und einer Linksrechtskombination, sowie drei einfachen scharfen Kurven, die es absolut in sich hatten. Ich hatte auf dieser Strecke schon mindestens 100 Gramm Metall gelassen und wusste, was auf mich zukommen würde. Die einzige längere Gerade auf der man überholen könnte, war direkt hinter der Linksrechts-Kombination und endete in einer scharfen Linkskurve. Die Fire Blade war auf Betriebstemperatur gebracht. Bernd bog auf die beschriebene Strecke ab und hielt am Straßenrand.
„Okay“, sagte ich, „fahr ruhig vor. Aber bleib hinter der Linksrechtskurve auf der rechten Seite, da werde ich dich nämlich überholen.“
Bernd grinste kurz, schloss sein Visier und fuhr los. Wir gaben uns gar keine Mühe, mit einer wilden Beschleunigungsorgie zu glänzen, schließlich war der Streckenabschnitt für unseren Vergleich exakt festgelegt. Die Suzi vor mir ging mit etwa 130 Sachen in die erste Kurvenkombination, legte sich rechts sowie links in eine imponierende Schräglage und beschleunigte bis zum Kurvenausgang auf 180 Sachen. Das war schon das Schrägeste, was ich je von hinten zu sehen bekam, aber es langte nicht, um mir auch nur einen Meter abzunehmen. Auf der kur-

zen Geraden ließ Bernd dann alle Pferde laufen. Scheinbar wollte er mir schon vor der zweiten Kombination einige Meter abbremsen. Bei 230 Sachen sah ich dann sein Bremslicht. Ich blieb noch für den Bruchteil einer Sekunde auf Vollgas, dann langte ich rabiat in die Vorderbremse und brachte das Getriebe in den zweiten Gang. Zwischen meinem Vorderreifen und seinem 190er Metzeler lagen etwa drei Meter Straße. Er erwischte die Ideallinie, steuerte das Motorrad in voller Schräglage an den linken Fahrbahnrand, warf sich auf die andere Seite und zog es in die Rechtskurve. Ich machte es ihm nach, drehte den zweiten Gang bei etwas unter 9000 Umdrehungen gleich hinter dem Scheitelpunkt voll auf und ließ mich mit rutschendem Hinterreifen etwas nach links heraustragen. Noch in der vollen Schräglage hatte ich meinen Vorderreifen neben seinen Hinterreifen gebracht. Wir richteten uns ruckartig auf, und ich jagte, schneller als ich es Bernd gewünscht hätte, an der Suzi vorbei. Auf der etwa fünfhundert Meter langen Geraden brachte ich die Honda bis in den fünften Gang und hatte das Rennen bereits entschieden, bevor es in die scharfe Linkskurve ging. Ich bremste sie hart an und bemühte mich, beim Beschleunigen einen langen schwarzen Strich zu ziehen. Dem rutschenden Hinterreifen nach zu urteilen gelang es mir auch. In den nächsten beiden Kurven wiederholte ich das Spiel, dann hielt ich auf dem Grünstreifen. Bernd hatte sich nicht gerade deklassieren lassen, aber er hatte gut und gerne hundert Meter verloren. Und das nervte ihn sichtlich. Ich ging nicht weiter darauf ein und schlug vor, Vinnie zu besuchen. Wir taten es, und wie erhofft brachte sie ihn durch ein knallenges bauchfreies T-Shirt auf andere Gedanken.
Trotz seiner Niederlage hatte sich etwas grundlegendes geändert. Im Gegensatz zu früher hatte ich ihm die Meter nicht in

den Kurven, sondern beim Beschleunigen abgenommen. Wer bei gleichen Voraussetzungen das Rennen gemacht hätte, blieb unklar. Ebenso stellte sich mir die Frage, ob ich auch ohne das Motortuning in Duisburg an der GSX-R vorbeigekommen wäre.
Es dauerte ein paar Tage, bis Bernd sich wieder blicken ließ. Er stand abends vor meiner Tür. Ich begrüßte ihn. Er nickte nur kurz und rückte dann mit seinem Anliegen heraus.
„Sag mal, du hast die Fire Blade doch mal bei diesem Karrin in Duisburg tunen lassen."
„Karthin", korrigierte ich ihn.
„Genau. Woher hattest du eigentlich die Adresse?"
„Aus der PS. Du kannst auch einfach bei der Telefonauskunft anrufen."
„Aha. Und sonst so?"
„Oh, alles bestens."
„Schön. Ich hab nicht viel Zeit, wollte nur mal hören."
Er machte auf dem Absatz kehrt und machte sich mit seiner 750er aus dem Staub.
Mir war klar, welchen Gedanken er hegte. Ich beruhigte mich damit, dass Bernd nicht eine müde Mark auf der Kante hatte und sich ein Motortuning kaum leisten können würde.

10

Es regnete mal wieder. Vinnie und ich saßen in meiner Wohnung und warteten darauf, dass etwas passieren würde. Mein Cousin rief mich an. Ich hatte seinen achtzehnten Geburtstag vergessen. Er hatte die 1a Führerscheinprüfung zwei Tage vorher abgelegt und sich die Pappe gleich morgens um 9.00 Uhr aushändigen lassen. In seiner Garage stand eine 89er CBR 600F. Ihre Kette war total hinüber. Lars hatte sich jedoch schon einen neuen Kettensatz besorgt und rätselte seit einer Stunde mit meinem Onkel darüber, wie man das Ding einbauen könnte. Mein Onkel tippte darauf, sie auseinander zu flexen und dann wieder zu vernieten. Ich riet ihnen, die Schwinge auszubauen. Mein Onkel war jedoch davon überzeugt, dass das nicht ginge, weil die Feder einen gewaltigen Druck auf die Schwinge ausüben würde. Wenn man den Bolzen lösen würde, dann würde sie wie eine Pistolenkugel abgefeuert werden. Ich beendete die Diskussion, indem ich ankündigte, dass ich das Problem in einer guten Stunde selbst in die Hand nehmen würde. Meine Verwandten wohnten in einer kleinen Stadt Richtung Sonnenuntergang. Vinnie bat mich, sie mitzunehmen und bei einem alten Bekannten abzusetzen. Ich gab ihr die Nummer, unter der ich zu erreichen sein würde und ließ sie in einer ziemlich heruntergekommenen Straße vor einem Altbau mit abgeplatztem Putz und teilweise eingeschlagenen Fenstern heraus. Die CBR hatte schon über vierzigtausend Kilometer auf dem Buckel. Aber sie machte noch einen ganz guten Eindruck. Sie war schon beim Kauf auf 34 PS gedrosselt gewesen. Weder mein Cousin, noch mein Onkel hatten eine Ahnung, wie die Drosselung vorgenommen worden war. Ich drehte am Gasgriff und

fand schnell die Antwort. Er drehte schon nach einem Zentimeter gegen einen Anschlag. Ich nahm den Tank herunter und fand die Gasschieber-Anschlagschraube. Sie war noch verplombt und farbig markiert. Ich leuchtete mit einer Taschenlampe in das Innere hinein und fand eine Drehvorrichtung, die ich bei gedrosselten Maschinen schon des öfteren gesehen hatte. Tunerkalle hatte die Kiste also in seinen Händen gehabt. Man konnte sie problemlos entdrosseln. Ich tastete unter der Verkleidung herum, fand jedoch keinen Umlenkhebel. Schließlich entdeckte ich einen Bautenzug. Er hing tot neben dem rechten Gabelrohr. Der Vorbesitzer hatte lediglich den Schalthebel abmontiert, um sich nicht strafbar zu machen. Ich zog an dem Bautenzug und beobachtete, wie sich die Drehvorrichtung bewegte und den Gasschieber frei gab. Der Gasgriff konnte jetzt voll aufgedreht werden. Mein Onkel und mein Cousin sahen mich mit großen Augen an. Ich wies sie an, einen Fahrradgangschalthebel unter der Verkleidung zu montieren und machte mich an die Schwinge. Kaum hatte ich die 600er auf den Mittelständer gestellt und den Schlüssel angesetzt, rief mich meine Tante ans Telefon. Vinnie war dran.
„Ich bin es. Es ist so toll hier. Du musst Tolga unbedingt kennen lernen. Er ist so nett.“
„Hast du wieder geraucht?“
„Nein, Tolga raucht nicht, er sagt, dass das Kinderkram ist. Er ist so nett. Alles ist so witzig. Du musst unbedingt vorbeikommen.“
„Pass auf“, sagte ich, „ich muss das hier nur zuende bringen, dann komme ich.“
„Wir lachen die ganze –„
Ich legte auf und ging wieder in die Garage. Die Schwinge schoss natürlich nicht wie eine Pistolenkugel davon. Ich machte

der Kette platz, zog sie über das vordere Ritzel und montierte die Schwinge wieder. Meine Tante rief mich erneut ans Telefon.
„Tolga weiß so viele Sachen. Alles ist so relaxt. Du musst unbedingt hierher kommen.“
„Was habt ihr denn genommen?“
„Nichts. Ich hab nur ein klitzekleines Stückchen Löschpapier gegessen. Völlig harmlos.“
„LSD?“ schoss es aus mir heraus.
„Jetzt sei doch nicht so spießig. LSD ist keine gewöhnliche Droge. Der CIA hat sie als Wahrheitsdroge entwickelt, sie dann aber nicht angewendet, weil sie dem Konsumenten die Augen öffnet. Verstehst du, die Regierung hat kein Interesse an erleuchteten Bürgern. Die wollen uns doof halten.“
Ich hörte Tolga im Hintergrund reden, dann beendete Vinnie das Gespräch.
Der Hinterreifen war ein 140er Metzeler. Machte einen relativ klebrigen Eindruck. Ich montierte ihn, half meinem Cousin noch bei dem Schalthebel und setzte den Tank schließlich wieder drauf. Es hatte inzwischen aufgehört zu regnen und ein warmer Sommerwind hatte die Straßen trockengefönt. Ich wurde wieder ans Telefon gerufen.
„Wann kommst du denn endlich? Hier sind lauter böser Menschen vor der Tür. Tolga beschützt mich, aber es wäre mir lieber, wenn du auch hier wärest.“
„Was für Menschen?“
„Die stehen vor der Tür und lassen mich nicht aus der Wohnung raus.“
„Du bist auf dem Trip“, sagte ich. „Tolga will dir nur Angst machen, damit du nicht abhaust.“
„Tolga ist so nett.“

„Wer nett ist will was. Tolga will dich ficken."
„Du Schwein."
Die Leitung wurde unterbrochen.
Mein Cousin bat mich, eine kleine Proberunde auf seinem Motorrad zu drehen. Ich stimmte zu und ließ ihn mit meinem Golf vorfahren, um mir den Weg zu einer stadtbekannten Kurvenstrecke zu zeigen. Ich fuhr die Kurven behutsam ab und ließ zu meinem Erschrecken bereits die Fußrasten schleifen. Bei der zweiten Runde war dann schon der Mittelständer und die Auspuffanlage kurz vor dem Endschalldämpfer in Mitleidenschaft gezogen. Ich beließ es dabei und gab den guten Rat, die Federvorspannung etwas zu erhöhen. Ansonsten war die alte Honda für einen Fahranfänger sicherlich vollkommen ausreichend. Wir tauschten unsere Fahrzeuge, und ich machte mich auf den direkten Weg zu dem Haus, vor dem ich Vinnie herausgelassen hatte. Ich fand es relativ schnell, parkte den Wagen und drückte auf den Zufall hoffend auf einen der sechs Klingelknöpfe. Es war der falsche. Ich nahm den nächsten und fragte nach Vinnie. Ein Typ mit der Stimme eines achtzigjährigen Kettenrauchers kurz vor der Kehlkopfoperation erklärte mir, dass sie mit Tolga nach Hause gegangen sei. Ich ließ mir die Adresse geben und fuhr hin.
Tolga wohnte in einer deutlich besseren Gegend. Ich fand seinen Namen auf dem Klingelschild eines großen weißen Hauses. Er öffnete. Ein mittelgroßer schlanker Typ in geschmackvoller Kleidung und mit modisch frisiertem Haar. Ich reichte ihm die Hand und verbeugte mich höflich. Meine Stirn knallte dabei auf sein Nasenbein. Er schlug die Hände vors Gesicht und knickte nach vorne ein. Ich richtete ihn mit einem rechten Aufwärtshaken wieder auf und dirigierte ihn mit mehreren halbherzigen Geraden auf Leber, Solarplexus, Herzspitze und Na-

senbein durch das Haus. Wie erwartet lag Vinnie im Schlafzimmer. Sie kauerte ängstlich unter der Bettdecke. Ich brachte die finale Rechte auf Tolgas Kinn und ließ ihn hart mit der Schläfe auf den Nachttisch aufschlagen. Er sackte völlig entspannt auf den Boden und blieb in der Embryonalstellung liegen. Nun, die Embryonalstellung glich der stabilen Seitenlage. Tolga war also gut versorgt. Es gab keinen Grund, sich um ihn Sorgen zu machen. Vinnie zog sich an, trat ihrem bewusstlosen Lover noch einmal ins Gesicht und fuhr mit mir in meine ärmliche Wohnung. Ich hatte sie immer für eine Ausnahme gehalten, aber es schien wohl in der Natur der Frauen zu liegen, dass sie immer wieder auf diese schleimigen verlogenen Lackaffen hereinfielen. Na ja, einer von ihnen würde in Zukunft auf jeden Fall die Finger von Vinnie lassen, das war ja schon mal ein Schritt in die richtige Richtung.

11

Ich war mal wieder auf einer meiner nächtlichen Frustfahrten unterwegs und hatte Ortsausgangs eine CBR 1100 XX mit 140 Sachen auf einem Rad überholt. Die dicke Honda blieb dran. Ich brauchte mich mit meiner getunten Fire Blade auch motormäßig vor den mir bekannten Motorrädern nicht verstecken, aber mit der neuen 1100er hatte ich bisher noch keine Bekanntschaft gemacht. Sicherlich, auf kurvigen Landstraßen würde ich sie jederzeit abziehen, aber es interessierte mich, wie ich auf einer Bundesstraße mit ihr zurechtkommen würde, die sich lediglich durch einige Hochgeschwindigkeitskurven von einer gespannten Schnur unterschied. Und auf einer solchen waren wir gerade unterwegs. Die nächste Ortschaft war noch etwa sechs Kilometer entfernt und bis dort konnte man zu dieser späten Stunde freie Fahrt erwarten. Ich schaltete mein Fernlicht ein, setzte mich etwa fünfzig Zentimeter neben den Mittelstreifen und drehte die ersten fünf Gänge voll aus. Bei 260 ging es dann in den Sechsten und mit 270 Sachen in eine langgezogene Linkskurve. Ein kurzer Blick nach hinten zeigte mir, dass der Typ einer der wenigen Motorradfahrer war, die sich einer solchen Herausforderung nicht entziehen konnten. Ich hob meinen Arsch ein wenig an, machte einen Katzenbuckel, presste das Kinn auf den Tank, winkelte die Arme an und ließ die Fire Blade laufen. Sie war schnell auf 290 und der Drehzahlmesser wanderte weiter entschlossen Richtung Begrenzer. Bei 293 musste ich leicht vom Gas, um eine harmlose Linksrechtskurve zu nehmen. Sie war mit 275 zu schaffen und zog eine endlos lange Gerade nach sich. Ich drehte wieder voll auf und wagte nach einigen Sekunden noch einen Blick zurück.

Die 1100er war dran. Ich nahm wieder eine möglichst aerodynamische Haltung an und holte alles aus meinen 900ccm heraus. Die Nacht reichte für 294 Sachen. Das war zwar kein Rekord, aber es war ganz anständig. Etwa fünfhundert Meter weiter wagte ich einen weiteren Blick zurück zu meinem Kontrahenten. Ich erschrak. Er war deutlich näher gekommen. Der Typ schien das Potential der schnellsten Serienmaschine voll ausnutzen zu können. Wir näherten uns einer letzten Kurve, die mit 240 zu nehmen war, dann folgten noch einmal zwei schnurgerade Kilometer und schließlich die nächste Ortschaft, in der ich das Rennen beenden könnte. Bis dahin müsste ich vorne bleiben. Ich ging kurz vor der Kurve voll in die Eisen, schaltete in den Fünften und gab gleich hinter dem Scheitelpunkt wieder alles. Die Dicke hatte zwar gute zwanzig Meter verloren, aber sie war immer noch nahe genug dran, um innerhalb der nächsten zwei Kilometer an mir vorbeizuziehen. Ich musste mir etwas einfallen lassen. Es ging mit 293 Km/h durch die Nacht. Ich hatte es doppelt schwer. Zum einen musste ich höllisch auf die Straße achten, schließlich konnte ja immer mal ein unerwartetes Hindernis auftauchen, wie zum Beispiel Rehe, ein besoffener Fahrradfahrer, ein liegengebliebenes Auto oder eine neu errichtete Baustelle, zum anderen hatte ich diese PS protzende Kiste im Nacken, die mir mit geringer werdendem Abstand an den Nerven zehrte. Er hingegen brauchte sich nur an mein Rücklicht klemmen und zuzusehen, wie er mir langsam den Schneid abkaufte. Wenn irgend etwas unverhofftes auftauchen würde, dann würde das Leuchten meines Bremslichtes ihm rechtzeitig signalisieren, ebenfalls in die Eisen zu gehen. Mir ging ein Licht auf. Taktiker zeichneten sich dadurch aus, dass sie den scheinbaren Vorteil ihres Kontrahenten zu seinem Nachteil missbrauchten. Ein Blick nach hinten zeigte mir, dass absoluter Handlungsbedarf bestand. Ich legte meinen rechten Fuß vorsichtig auf den Bremshebel und drückte ihn einige Millimeter herunter. Mein Tempo blieb unvermindert, aber das Bremslicht leuchtete auf. Ich ließ es einige Sekunden leuchten und drehte mich kurz um. Wie erwartet hatte weit über Meter verloren. Er würde sie nicht mehr aufholen können, dafür war die rettende Ortschaft zu nahe, aber mir war klar, dass ich von der 1100er Honda auf solchen Straßen demnächst die Finger lassen würde.

12

Ich hatte mal abgesehen von Vinnie schon seit Monaten keine Frau mehr in die Horizontale bekommen. Daran war nichts besonderes. Ich hatte mein halbes Leben damit zugebracht, wohlgeformten Frauen erfolglos hinterher zu pfeifen. Trotzdem war ich ständig auf der Jagd nach einem One Night Stand. Ich war einfach nicht der Typ, der zur Monogamie taugte. Mit Vinnie hatte ich zwar einen Glücksgriff gelandet, aber das bedeutete noch lange nicht, dass die anderen Modelle dadurch uninteressant wurden. Schließlich ließ ich ja auch keine Gelegenheit aus, andere Motorräder zu fahren, obwohl ich mit meiner Fire Blade rundum zufrieden war.
Ich traf einen alten Kumpel an der Tankstelle. Christian wohnte seit einigen Jahren in der Stadt und war Single. Wir kamen schnell auf unseren Notstand zu sprechen und verabredeten uns für den Samstag, um diverse Tanzlokale nach potentiellen Opfern zu durchforsten. Er schien noch mehr als ich unter Druck zu stehen.

13

In der Firma war die Hölle los. Wir standen unter Termindruck und kratzten mal wieder an der 70 Stunden Woche. Das war nicht weiter schlimm. Es regnete eh jeden Tag und das Geld hatte ich bitter nötig. Ich hatte Christian versprochen, um 21.00 Uhr bei ihm aufzukreuzen. Wir wollten dann noch zwei Stunden vorglühen, um eine gewisse Lockerheit für unser Vorhaben zu ertrinken. Um 19.00 Uhr sah es noch so aus, als würde ich nicht vor 21.00 Uhr die Werkstatt verlassen können. Ich arbeitete im Akkord und ließ punkt 20.20 Uhr die Tür hinter mir zufallen. Es ging mit Vollgas nach Hause, unter die Dusche, in die besten Klamotten, die mein Schrank zu bieten hatte und dann wieder mit Vollgas zu Christian. Ich kam zwanzig Minuten zu spät, aber das war unter den Voraussetzungen mehr als pünktlich. Christian war gelernter Bäcker und hatte Schokoladenkekse gebacken. Haschkekse! Bei dem Anblick der großen braunen Dinger fiel mir ein, dass ich seit Mittag nichts mehr gegessen hatte. Mein Magen lag auf Grundeis. Ich war kurz vor dem Verhungern.

„Hast du noch was anderes zu essen?“

„Brühe.“

Ich nahm mir einen Keks und bis eine Ecke ab. Er schmeckte gut. Purer Schokoladengeschmack. Christian nahm sich ebenfalls einen und verdrückte ihn. Also aß ich auch den Rest. Ich war auf den Geschmack gekommen. Wir redeten ein Weile über dies und das, und als ich nach einer Viertelstunde noch immer keine Drogenwirkung verspürte, griff ich mir den nächsten Keks. Ich nahm an, dass man große Mengen Haschisch neben der Schokolade schmecken würde und vertilgte gleich das ganze

Exemplar. Der Hunger war zwar noch lange nicht gestillt, aber ich hatte ihn wieder für einige Minuten zur Ruhe gebracht. Christian erzählte allerhand Weibergeschichten, von denen ich die wenigsten glauben konnte. Mir kam es eher so vor, als wäre er schon lange nicht mehr zum Stich gekommen und darauf angewiesen, die traurige Wahrheit aus seiner Erinnerung zu verbannen. Zur Zeit hatte er angeblich ein Verhältnis mit einer Siebzehnjährigen. Sie ging noch zur Realschule und kam regelmäßig vorbei, um in den Genus von Christians enormer Potenz zu kommen. Ihre Eltern wussten von der ganzen Sache natürlich nichts. Die beiden führten eine geheime Beziehung und waren laut Christian ständig nur am Kiffen, Duschen, Ficken, Fressen, Schlafen und Kiffen. Ich fragte ihn, warum er denn seine Zeit mit mir vergeuden würde, wenn er doch so eine Frau an der Hand hätte. Ihm fiel keine Antwort ein. Mir auch nicht. Als ich nach vierzig Minuten immer noch nichts spürte, warf ich mir den dritten Keks in den Rachen. Christian brachte keine Frauengeschichten mehr, und da er kein Motorradfahrer war, fiel mir auch kein Gesprächsthema ein. Es wurde ein wenig verkrampft. Ich aß aus lauter Verlegenheit noch ein oder zwei Kekse. Er auch.

Wir machten uns um 22.30 Uhr auf den Weg. Es ging in einen einigermaßen noblen Schuppen. So eine Mischung zwischen Tanzkneipe und Diskothek. Der Laden war noch ziemlich leer. Wir setzten uns an einen der Tische und bestellten Bier. Ich weiß nicht, worüber wir gerade redeten, aber mitten im Satz stockte ich, um mich auf dieses merkwürdige Kribbeln in meinen Beinen zu konzentrieren. Es wanderte von der Fußsohle langsam aufwärts, verbreitete sich über beide Füße und dehnte sich schließlich langsam aber unaufhaltsam über meine Knöchel auf die Waden aus.

„Alter Schwede, ich glaub jetzt merk ich was. Du auch?“
Ich wartete vergebens auf eine Antwort. Christian grinste mich nur an. Ich konzentrierte mich darauf, eine zunehmende Lähmung meines ganzen Körpers zu beobachten und die daraus resultierende Panik zu unterdrücken. Christian schien alles im Griff zu haben. Er starrte mich die ganze Zeit an und lächelte zufrieden.
Als die Bedienung das bestellte Bier auf den Tisch knallte, war ich gerade damit beschäftigt, gegen eine unsichtbare Kraft anzukämpfen, die meinen Kopf mit aller Gewalt in Richtung linker Schulter zog. Ich hatte das Gefühl, als wäre mein Gesicht bereits von den unglaublichen Anstrengungen gezeichnet und wunderte mich, dass das Mädel mit der schwarzen Schürze mich zum Bezahlen aufforderte. Ich warf Christian einen flehenden Blick zu. Er reagierte nicht darauf und grinste mich nur blöde an. Also musste ich mein Portemonnaie zucken. Es steckte in der rechten Gesäßtasche. Ich verlagerte mein Gewicht auf die linke Arschbacke, um es herausziehen zu können, und als unerwartet wieder an meinem Kopf gezogen wurde, verlor ich das Gleichgewicht. Ich fiel recht unsanft auf meinen Ellenbogen und fing die restliche Energie des Sturzes mit der Schläfe ab. Die Bedienung beugte sich mit einem Gesichtsausdruck der Besorgnis und des Ekels über mich. Ich fingerte einen Zehnmarkschein aus dem Portemonnaie und gab ihn ihr. Es schien zu passen. Sie steckte ihn weg und verschwand. Mir war klar, dass ich mich schnellst-möglichst aufraffen und zurück auf den Stuhl setzen müsste. Aber ich brauchte noch eine kleine Verschnaufpause, dann würde ich es schaffen. Nach ein oder zwei Minuten hielt es irgendein Typ für nötig, sich vor den anderen Gästen aufzuspielen und zerrte an mir herum. Ich stellte mich tot und war einigermaßen froh, als

ich mich auf dem Stuhl wiederfand. Sie spielten gerade „Guildo hat euch lieb“. Drei Lieder später schaffte ich es, meine Stirn von der Tischplatte zu heben. Ich sah direkt in dieses fiese Grinsen. Christian schien sich köstlich darüber zu amüsieren, dass mir die Kekse so tierisch vor die Rübe gehauen hatten. Ich fragte mich, wie ein Mensch nur so schadenfroh sein konnte, und ob er es von Anfang an darauf abgesehen hatte, mich außer Gefecht zu setzen. Aber welchen Grund konnte er dafür haben? Ich sah ihn mir genau an und stellte diesen bösartigen Ausdruck in seinen Gesichtszügen fest. Die erste Annahme, dass er mich mit irgendwelchen Giften lähmte, um mich dann um die Ecke zu bringen, verwarf ich. Schließlich hätte er mich dafür nicht in die Öffentlichkeit geschleppt. Viel wahrscheinlicher schien es mir zu sein, dass er mir irgendwelche härteren Drogen gegeben hatte, um sich später an meiner Abhängigkeit eine goldene Nase zu verdienen. Meine Stirn sank wieder auf die Tischplatte. Noch war nicht alles verloren. Richtig verloren war man erst, wenn man sich die Ladungen intravenös gab. Kurze Zeit später verspürte ich ein Stechen in der rechten Wade. Ich war unterhalb des Halses gelähmt, oberhalb strömte noch ein Restfunken Lebens in mir. Es langte, um den Kopf wieder anzuheben und einen Blick auf Christian zu werfen. Es saß nach vorne übergebeugt. Der Kopf und die Arme waren unterhalb der Tischplatte. Mir schoss ein panischer Gedanke durch den Kopf. Ich sah es förmlich vor mir, wie er die Nadel vorsichtig in meine Wade stach und mir behutsam die Flüssigkeit in die Venen presste. Vermutlich Heroin. Ich musste etwas unternehmen. An irgendwelche weiteren Bewegungen war nicht zu denken. Die Lähmung war bereits zu weit fortgeschritten. Ich versuchte, ihm ins Gewissen zu reden.
„Christian“, brachte ich leise heraus, „gib mir die Spritze.“

Er reagierte nicht.
„Las es sein, ich werde aus Prinzip nicht bei dir kaufen."
Er schien so in seine Arbeit vertieft zu sein, dass er mich gar nicht wahrnahm. Das Stechen in der Wade wurde aufdringlicher. Ich mobilisierte meine Kräfte und brachte es lauter heraus.
„Gib mir die Spritze, du Arschloch."
Meine Worte gingen in der Musik unter. Das Strömen einer fremden Flüssigkeit durch die Venen meines Beines war deutlich zu spüren. Aber noch bestand Hoffnung. Ich sammelte meine letzten Kräfte und schrie es in der ruhigen Pause zwischen zwei Liedern mit aller Kraft heraus.
„Gib mir die Spritze, du Arschloch!"
Christian ließ sich dadurch nicht beeindrucken. Ich gab mich meinem Schicksal hin.
Zwei Hände packten mich an den Schultern und rissen mich aus meiner Einsamkeit heraus. Mein Kopf wurde von der Trägheit in den Nacken geschleudert und ließ meine Augen direkt in das genervte Gesicht des Türstehers blicken.
„Was macht ihr beide da?"
Ich schöpfte noch einmal Hoffnung. Die Situation fiel eindeutig in seinen Aufgabenbereich.
„Er spritzt mir gerade Heroin in die Wade", antwortete ich mit letzter Kraft.
Sie trugen uns heraus und setzten uns auf die Straße. Christian lehnte mit dem Kopf gegen die Hauswand und stammelte ständig vor sich her, was ich doch für einen Schwachsinn da drin gelabert hätte. Er machte mich für den Rausschmiss verantwortlich. Ich war mir da nicht so sicher. Die frische Luft tat mir gut. Ich kam langsam wieder zu mir. Eine Frau mittleren Alters half mir auf die Beine und gab mir den Rat, mir eine

anständige Arbeit zu suchen. Mit Arbeit hatte ich aber gerade nichts am Hut. Ich war fest entschlossen, den nächsten Puff anzusteuern. Etwa auf halber Strecke sah ich diese Frau am Straßenrand stehen. Sie war Anfang dreißig und gekleidet wie eine vom Gewerbe. Ich sprach sie an. Sie machte mir Hoffnung und ließ sich in einer nahegelegenen Kneipe auf einige Drinks einladen. Es schien eine ganze Weile so, als würde alles glatt laufen, dann verlor sie ihr Interesse an mir und ließ mich allein am Tresen zurück. Ich bestellte drei Cola Pernod und stürzte sie herunter.

Nach Stunden der totalen Orientierungslosigkeit fand ich mich im Hardrock Cafe wieder. Die Lichter waren schon angeschaltet und die Bedienung damit beschäftigt, die Stühle zusammenzustellen. Die einzigen noch anwesenden Gäste waren ein Typ und seine Tusse. Sie saßen auf hohen Barhockern und unterhielten sich angeregt. Er trug eine Lederweste mit Harley Davidson Aufdruck. Ich schaffte es zu ihnen herüber und machte mich mit dem Ellenbogen bemerkbar. Er sah mich an.

„Wieso fährst du eigentlich so einen Schrott?" fragte ich.

„Was für einen Schrott?"

„Na Harleyschrott", antwortete ich und deutete auf die Weste. Er atmete tief durch und setzte gerade zu einer Erklärung an, als sie ihm ins Wort fiel. Sie brabbelte so lange auf ihn ein, bis er mich scheinbar vergessen hatte. Als sie eine kurze Redepause einlegte, nutzte ich die Gelegenheit, um sein Interesse wieder auf mich zu ziehen.

„Harleys sind doch eh immer nur kaputt", knüpfte ich an unser Gespräch an. Er überhörte mich. Ich gab ihm noch einen Hieb mit dem Ellenbogen. Er starrte mich ungläubig an.

„Nur Typen, die kein Motorrad fahren können, sich aber als Motorradfahrer aufspielen wollen, kaufen Harleys."

Er atmete wieder tief durch. Ich war gespannt auf seine Attacke. Die blöde Tusse neben ihm fing wieder zu quatschen an. Sie legte ihren Arm um seine Schulter und brachte ihr Gesicht beim Reden so dicht vor seine Augen, dass ich wieder völlig aus seinem Bewusstsein verschwand. So langsam fing sie an, mich zu nerven. Sie schien mit aller Gewalt ein Gespräch zwischen zwei Bikern verhindern zu wollen. Dabei war ich mir sicher, dass ich ihn am Ende auf eine vollverkleidete Japanerin bekommen würde, wenn sie mich nur lassen würde. Sie ließ mich nicht. Als sie ihr Maul nach fünf Minuten immer noch nicht zu bekommen hatte, zog ich die zwangsläufige Konsequenz. Ich griff mir sein Bier und schüttete es ihr über den Kopf. Es ließ sich nicht verhindern, dass der eine oder andere Tropfen auf meinen harleyfahrenden Kollegen niederging. Er regte sich meiner Meinung nach künstlich auf und es kam zu einer kleinen Rangelei, die damit endete, dass ich von einigen Angestellten vor die Tür gebeten wurde. Ich versuchte noch klarzustellen, dass die Frau meines Kontrahenten die Auseinandersetzung verursacht hatte, und dass sie an meiner Stelle die Kneipe räumen müsste, wurde jedoch nicht erhört. Also wartete ich vor der Tür darauf, dass der Harleyfahrer sich auf den Heimweg machen würde. Er tat es nicht. Nach einer halben Stunde räumte ich das Feld und machte mich auf die Suche nach irgend etwas interessantem. Es war schon hell und die letzten Besucher verließen die Kneipen und Discotheken. Ich nahm mir vor, mich irgendeiner Tusse anzuschließen, um unter anderem meinen Rausch bei ihr auspennen zu können. Da ich nicht mehr viel Zeit und auch keine Lust hatte mich zu verstellen, rückte ich geradewegs mit meinem Anliegen heraus. Ich sprach etwa zwei Dutzend Frauen an. Darunter auch einige hässliche Exemplare, von denen ich angenommen hat-

te, dass sie froh wären, von mir so ein Angebot zu erhalten. Wie immer, wenn man auf Frauen angewiesen war, verweigerten sie die Zusammenarbeit. Ich ärgerte mich darüber, sie ihnen überhaupt angeboten zu haben und ging dazu über, sämtliche Frauen aufs übelste zu beschimpfen. Mir gab die Pöbelei ein gutes Gefühl. Einigen anderen Typen schien es anders zu gehen. Sie schlugen relativ halbherzig auf mich ein. Ich tat ihnen den Gefallen und ging zu Boden. Kaum hatte ich mich langgelegt, da stellten sie ihre Schläge schon ein. Man stieß doch immer wieder auf komische Menschen. Ich blieb eine Weile liegen und schleppte mich auf einen nahegelegenen Spielplatz. Hinter einem großen Busch nahe der Wippe fand ich einen angemessenen Schlafplatz. Einige Stunden später wurde ich durch das Geschrei von einem Haufen Kleinkinder geweckt. Ich blieb noch ein wenig in meinem Versteck liegen und lies meine nächtliche Tour noch einmal Revue passieren.
Nun, eine Frau hatte ich auch dieses Mal nicht in die Horizontale bekommen, aber mich hatte ich wieder so richtig aufs Kreuz gelegt, das stand fest.

14

Bernd hatte Kevin und mich dazu überredet, gemeinsam eine Woche Urlaub zu nehmen. Er hatte Verwandte in der Nähe von Gelsenkirchen und in dieser Gegend gab es angeblich unglaublich kurvige Landstraßen. Auf denen wollten wir die Ideallinie mit langen schwarzen Strichen markieren. Seine Tante würde uns verpflegen, und wir könnten in dem riesigen Garten zelten.

Wir kamen am Sonntag Abend an. Der Garten war in der Tat einmal riesig gewesen, aber jetzt war er nichts weiter als eine große Baustelle. Anscheinend hatten Bernds Verwandte die Familientradition gebrochen und waren irgendwie zu Geld gekommen. Sie bauten ein überdimensioniertes unterkellertes Einfamilienhaus. Die Sohle war schon geschüttet. Wir schlugen unser Zelt auf einen noch verbliebenen fünf mal fünf Meter großen grünen Fleck des Grundstückes auf und wurden anschließend mit Steaks, Pommes Frites und Salaten verköstigt. Unseren Gastgebern lag offenbar etwas an unserem körperlichen Wohlbefinden. Die Begründung dafür ließ nicht lange auf sich warten. Bernds Onkel kam ganz ungeniert auf seinen Plan zu sprechen.

„Gestern sind die 12DF Steine geliefert worden. Der Laster konnte sie nur an der Straße absetzen. Habt ihr ja vielleicht schon gesehen. Die könnt ihr Morgen mit der Karre auf die Sohle bringen. Die Maurer kommen auch."

Bernd nickte nur kurz, dann schien das Thema erledigt zu sein. Er weckte uns morgens um sechs Uhr. Sie hatten einen Satz Arbeitsbekleidung für Kevin und mich bereitgelegt. Bernd stieg in seinen Lederkombi. Er hatte angeblich noch etwas zu erle-

digen. Als wir das Frühstück heruntergebracht hatten, war sein Onkel gerade damit beschäftigt, eine lange Rampe aus Gerüstbrettern herunter ins Kellerloch zu bauen.
„Da vorne stehen die Karren“, sagte er zur Begrüßung. „Die Maurer müssen gleich da sein.“
Wir schnappten uns jeder eine und fuhren an die Straße. Die 12DF Steine entpuppten sich als dreißig Kilogramm schwere quaderförmige Kalksandbrocken. Die Karren waren groß, so dass man mit etwas Geschick drei Steine pro Fahrt befördern konnte. Wir rechneten uns aus, dass wir am frühen Nachmittag alle auf die Kellersohle gebrachte haben würden und uns endlich auf die von Bernd versprochenen Landstraßen stürzen könnten. Daraus wurde nichts. Wir wurden zusätzlich zum Mörtel Mischen und für allerlei andere Handlangertätigkeiten eingeteilt. Gegen 16 Uhr kam Bernd dann zurück. Ohne Motorrad und mit Jeans und T-Shirt bekleidet. Wir wunderten uns, stellten aber keine Fragen. Er verschwand im Haus und holte uns pünktlich um 18.00 Uhr zum Abendessen.
Der nächste Tag verlief in etwa gleich. Die Außenwände waren gerade hochgezogen, als ein Laster weitere Steine an der Straße absetzte. Ich wollte Bernd fragen, wie er unseren Urlaub weiter verplant hatte, aber er war seit dem Mittagessen verschwunden.
Die Antwort bekam ich am Morgen darauf. Sie hatten 3DF Steine für die Innenwände geliefert. Die mussten natürlich ebenfalls in das Kellerloch transportiert werden. Kevin und ich machten uns an die Arbeit. Bernd begann derweil, den Außenwänden einen dicken schwarzen Anstrich gegen Feuchtigkeit zu verpassen. Er kam nicht weit. So gegen 9.30 Uhr verschwand er wieder. Wir übernahmen auch diese Arbeit. Steine, Mörtel, Anstrich, Steine, und so weiter. Um 17.00 Uhr fuhr Bernd dann

mit seiner GSX-R vor. Ich hatte in den letzten Stunden beim Steine Transportieren genug Zeit gehabt, mir über das merkwürdige Verhalten von Bernd und seiner Familie Gedanken zu machen. Er lockte uns in die Nähe von Gelsenkirchen, ließ uns von morgens bis abends arbeiten, brachte seine Suzi weg und holte sie zwei Tage später wieder ab. Wir waren nicht weit weg von Duisburg. Dort hatte ich meine Fire Blade tunen lassen und für 1700 DM einen Haufen an zusätzlicher Leistung bekommen. Ich hatte Bernd den Namen der Tunerwerkstatt verraten und ihm gesagt, dass er über die Telefonauskunft die Nummer erfahren könnte. Natürlich war ich davon ausgegangen, dass er aufgrund seiner deprimierenden finanziellen Lage niemals dazu kommen würde, seine 750er durch fachmännischen Feinschliff für mich gefährlich zu machen. Aber das Problem mit dem Geld hatte er offensichtlich gelöst. Er ließ Kevin und mich dafür arbeiten. Ich erzählte Kevin von meiner Vermutung. Wir rechneten uns aus, dass wir bei Tuningkosten von 1800 DM und einem Stundenlohn von 20 DM neunzig Arbeitsstunden voll bekommen müssten. Kevin und ich hatten es jeweils auf 28 Stunden gebracht. Bernd war auf 5 gekommen. Zusammen also 61. Der Donnerstag wäre also auf jeden Fall verplant.

Dem war auch so. Im Gegensatz zu den anderen Tagen packte Bernd mit an. Um 17.00 Uhr hatten wir die 90 Stunden voll. Bernd ließ den Hammer fallen und wies uns an, noch vor dem Abendessen zu duschen. Wir taten es. Nach dem Essen verkündete er, dass wir noch am gleichen Abend nach Hause fahren würden. Kevin und ich protestierten, schließlich warteten wir schon seit vier Tagen darauf, endlich auf die versprochenen Kurvenstrecken losgelassen zu werden. Bernd antwortete nur, dass es keine gäbe, er habe sich halt geirrt.

Merkwürdigerweise kam es auf der Rückfahrt zu keinerlei Rasereien. Kevin und ich blieben die ganze Zeit über hinter der GSX-R und warteten darauf, dass sie irgendein Feuer abbrennen würde. Es passierte nichts dergleichen. Wir eierten mit einer Reisegeschwindigkeit von 180 Sachen nach Hause. Mir kamen Zweifel an meiner Tuningtheorie.

15

Vinnie rief mich einige Tage später an und erzählte, dass Bernd sie besucht und rumgeprahlt hätte, dass er mich demnächst auf der GoRi- Strecke verblasen würde. Die GoRi- Strecke war die Straße, auf der Bernd und ich uns vor einigen Wochen das Rennen geliefert hatten, bei dem ich durch meine größere Motorleistung so mühelos an ihm vorbeigezogen war. Wir benutzten die Anfangsbuchstaben der beiden Ortschaften die sie verband und waren zur Abkürzung eben auf GoRi gekommen. Auf jeden Fall war also doch etwas an meiner Vermutung dran gewesen. Ich hatte vier Urlaubstage für Bernd Steine geschleppt, damit er mir jetzt an den Kragen gehen könnte.
Ich zwängte mich in meinen Kombi und machte mich sofort auf den Weg, um die Kurven noch einige Male abzufahren. Mir war klar, dass ich es dieses mal nicht so einfach haben würde. Das, was ich sah, als ich die Strecke erreichte, übertraf jedoch meine schlimmsten Vorstellungen. Aus jeder Kurve heraus zogen sich Dutzende von endlos langen schwarzen Strichen und vereinigten sich zu einer etwa einen Meter breiten Spur. Es bestand kein Zweifel. Das war Bernds Handschrift. Ich fuhr die Strecke an diesem Abend etwa dreißig mal ab, beschleunigte auf den Geraden maximal und merkte mir die Stellen, an denen ich meine Vollbremsungen hinlegen musste, um die Ideallinien der Kurven noch so gerade eben erwischen zu können. Auch an den nächsten Abenden drehte ich hier zwischen den beiden Ortschaften mächtig auf und versuchte, die letzten noch möglichen Stundenkilometer herauszuholen. Ich fuhr immer direkt nach der Arbeit hin, wenn die Sonne noch hoch stand und der Straße ordentlich einheizte. Das gab

dem Asphalt den nötigen Grip und mir die Sicherheit, dass ich Bernd hier nicht schon vor dem ent-scheidenden Tag treffen würde. Schließlich sollte er nicht wissen, dass ich von der ganzen Sache Wind bekommen hatte und mich ebenfalls schon vorbereitete. Bernd hatte immer eine Stunde später Feierabend als ich, und ich ging davon aus, dass er in aller Ruhe Abendbrot essen würde, bevor er das Gummi von seinem Metzeler auf den Asphalt radieren würde. Das bedeutete, dass wir uns immer um eine halbe Stunde verfehlten. Die Fire Blade verschwand und gönnte den strapazierten Bewohnern der beiden Ortschaften eine kurze Erholungspause, bevor die Suzi die Stille des Abends mit über zehntausend Umdrehungen vertrieb.
Als ich am sechsten oder siebenten Abend wieder zur GoRi Strecke gefahren war und nach rasanter Fahrt den kleinen Feldweg erreichte, an dem ich immer wendete, um die Kurven in Gegenrichtung zu nehmen, sah ich es mit großen weißen Buchstaben auf den Asphalt geschrieben. ´Mitwoch 19.00 Uhr‘. Die Tatsache, dass Mittwoch mit einem t geschrieben war, ließ mich darauf schließen, dass Bernd hier am Werk gewesen sein musste. Er hatte den Termin also festgelegt, und er hatte gewusst, dass ich hier ebenfalls täglich meine Bridgestone bearbeitete. Es würde eng werden. Verdammt eng.

16

Ich fuhr eine halbe Stunde früher hin, um meine Reifen und mich warm zu fahren. Als ich aus der ersten Kurvenkombination beschleunigte, schoss mir eine schwarze Suzi entgegen. Sie tauchte im letzten Moment stark in die Vordergabel ein und verschwand aus meinem Blickfeld. Wir jagten noch einige male aneinander vorbei, dann hielt ich an dem von mir vermuteten Startpunkt und wartete auf ihn. Er stellte sich neben mich und öffnete das Visier. Wir verabredeten, dass das Ziel der Umkehrpunkt sein würde, an dem Bernd mit großen Buchstaben den heutigen Termin geschrieben hatte. Da wir keinen Starter hatten, musste einer von uns das Rennen eröffnen. Ich ließ Bernd den Vortritt. Wir schlossen die Visiere, legten den ersten Gang ein und spielten ein wenig mit dem Gas. Bernd ließ mich nicht lange zappeln. Mit einem gewaltigen Satz schoss die Suzi voran. Ich brachte die 900ccm auf über 4000 Umdrehungen und ließ die Kupplung gerade so schnell kommen, dass der Drehzahlmesser nicht abfiel. Es war ein gelungener Start. Ich bin mir sicher, dass ich die 100 Km/h in unter 3 Sekunden zu packen hatte, trotzdem war Bernd mir ein oder zwei Fahrzeuglängen voraus. Die erste Kurvenkombination schoss auf uns zu. Ich hatte 180 Sachen auf der Uhr und kam mit rasender Geschwindigkeit auf meinen Bremspunkt zu. Die Suzi vor mir passierte ihn, ohne mir ihr Bremslicht zu zeigen. Also hämmerte auch ich mit Vollgas an ihm vorbei. Einen Bruchteil einer Sekunde nachdem ich das rote Licht sah, langte ich voll in die Vorderbremse, brachte das Getriebe in den zweiten Gang und verzögerte mit Hilfe der Motorbremse die letzten möglichen Stundenkilometer. Ich schaffte es, auf der Ideallinie nach rechts abzukippen, verursachte mit dem rechten Handgelenk einen leichten Slide, warf mich über das Motorrad, zog es in die Linkskurve und brachte alle Pferdestärken an die Kette. Schnell war der Begrenzer erreicht, der dritte Gang eingelegt, der Drehzahlmesser in den roten Bereich gebracht und der nächste Bremspunkt in Reichweite. Bernd war mir noch eine knappe Länge voraus. Ich hatte ihm etwa zwei Meter abgenommen. Das war im Vergleich zu unserem letzten Rennen nichts und konnte durch den geringsten Fahrfehler wieder verloren gehen. Die Suzi hatte Dampf bekommen, und ihr Fahrer hatte Strom im Kopf. Ich ignorierte auch diesen Bremspunkt und wartete darauf, dass das Bremslicht der 750er mir das entscheidende Zeichen gab. Es ließ lange auf sich warten. Die Fire Blade tauchte tief in die Gabel ein und jauchzte mit etwa 9000 Umdrehungen im zweiten Gang nach Schräglage. Ich gab sie ihr. Der 190er Metzeler der Suzi war nur noch einen Meter von meinem 130er entfernt. Wie so oft lag das Mittel zu schnelleren Zeiten im späten Bremsen. Ich blieb in der Linkskurve auf der schwarz markierten Ideallinie und warf mich einen Tick später als Bernd in die Rechtskurve. Dadurch war ich etwa einen Meter nach links verschoben und hatte die Möglichkeit, so wie ich es beim letzten Rennen an dieser Stelle gemacht hatte, an ihm vorbeizuziehen. Ich riss den Gasgriff voll auf und beschleunigte mit rutschendem Hinterreifen auf die Gerade. Die Suzi ließ sich auf der Geraden keinen Zentimeter abnehmen. Ich hatte meinen Vorderreifen noch in der Rechtskurve neben sein hinteres Kettenrad gebracht, und dort blieb es, bis wir mit 250 Sachen den nächsten Bremspunkt erreichten. Wenn es eine Möglichkeit gab, an der Suzi vorbeizuziehen, dann nur vor einer der drei nächsten Kurven. Beim Beschleunigen hatte ich keine Chance, dafür hatten die Tuner in Duisburg auch dieses mal zu gute Arbeit geleistet. Ich musste ihn also ausbremsen. Und ich befand mich in einer dafür günstigen Position. Vor uns lagen noch eine Links- und zwei Rechtskurven. Mir war klar, dass wenn ich als zweiter aus der Linkskurve herauskommen würde, er mir keine Chance mehr lassen würde. In den Rechtskurven müsste ich auf der Außenbahn überholen, und dafür fehlte mir die überlegene Motorleistung und Kurvengeschwindigkeit. Mit Bernd auf der heiß gemachten GSX-R hatte ich einen absolut gleichwertigen Gegner. Sieg oder Niederlage hingen also nur von einem einzigen Punkt ab. Wer würde vor dieser Kurve später bremsen und damit als erster aus der Linkskurve herauskommen. Für mich stand fest, dass ich auf gar keinen Fall vor Bernd den Anker werfen würde, und dieser Verrückte auf der Suzi hatte offenbar den gleichen Gedanken. Auf jeden Fall gaben wir noch Vollgas, als der Bremspunkt schon einige Meter hinter unseren Nummernschildern lag. Das einzige was noch zählte war, dass dieses bedrohliche Ding in meinem rechten Augenwinkel mit einem Ruck verschwinden und mir damit endlich die Möglichkeit geben würde, meine Geschwindigkeit vor dieser Kurve auf die maximal möglichen 140 Sachen zu drosseln. Für eine Ewigkeit von einem Bruchteil einer Sekunde passierte nichts. Dann wurde mir schlagartig klar, dass es bereits zu spät war, und dann verschwand die Suzi. Ich verzögerte mit quietschendem Vorderreifen und versuchte vergebens, auch dem 180er noch ein wenig Bremsleistung abzugewinnen. Er schwebte jedoch einige Zentimeter über dem Asphalt und machte damit den Fußbremshebel so nützlich wie eine dritte Brustwarze. Der Straßenrand schoss mit rasender Geschwindigkeit auf mich zu. Ich war noch immer viel zu schnell, kam jedoch nicht mehr darum herum, in die Kurve einzulenken. Das ging nicht mit abgehobenen Hinterreifen, also musste ich ein wenig von der Bremse. Der 180er setzte auf und ich brachte die Fire Blade mit noch immer leicht angezogenem Bremshebel in volle Schräglage. Mein Kniepatz schliff und das Motorrad schob sich spürbar über den Vorderreifen. Ich fuhr am Limit. Trotzdem kam der rechte Fahrbahnrand unaufhaltsam auf mich zu. Einige Zentimeter, bevor die Bridgestone den Asphalt verlassen und ihr letztes bisschen Haftung auf dem Gras verlieren würden, richtete ich das Motorrad auf und verlies die Straße. Solange man möglichst aufrecht über das rutschige Grün fuhr, hatte man noch eine Chance, aber die geringste Schräglage endete zwangsläufig in einem Sturz. Ein etwa einen Meter tiefer Straßengraben kam bedrohlich nahe. Ich versuchte, gefühlvoll zu bremsen und ein wenig gegenzulenken. Einige Meter später ging es dann bergab. Ich war nicht mehr besonders schnell und schaffte es, den Grund des Grabens unbeschadet zu erreichen. Ich ließ die Fire Blade auslaufen und kam einige Meter vor einer Heckeinfahrt zum Stehen. Dann gab es einen kurzen aber heftigen Ruck. Bernd war mir in den Hinterreifen gefahren. Wir zogen unsere Helme ab und inspizierten die Motorräder. Wie durch ein Wunder hatten sie nicht einen einzigen Kratzer abbekommen. Wir brachten sie gemeinsam aus dem Graben und einigten uns auf ein Remis. Eine Wiederholung des Rennens würde es nicht geben, da waren wir uns beide einig. Zwei hirnverbrannte auf gleichwertigen Motorrädern, das konnte nur auf der falschen Seite vom Limit enden.

17

Es wurde zu allen Zeiten viel über diese Institution spekuliert. Fest stand, dass auch die Hölle ein Ort war, der sich um die Sonne drehte. Der größte Unterschied zwischen ihr und normalen Orten war wohl der, dass sie im Standort flexibel sein konnte. Sie war mal hier und mal da. Jedes Jahr am letzten Freitag im Juni war sie in Assen. Zur Vorbereitung auf mein Dasein nach dem irdischen Leben fuhr ich, wann immer es sich einrichten ließ, dorthin. Mein Chef hatte mal wieder allerhand Aufträge an Land gezogen und wollte mir weder den Freitag noch den Samstag frei geben. Ich drohte mit Kündigung und wir einigten uns darauf, dass ich fahren könnte, sobald ich vorgegebene vierundfünfzig Stunden in der Woche gearbeitet hätte. Am Donnerstag um 19.30 Uhr hatte ich sie abgerissen. Ich rief Kevin und Bernd an und verabredete mit ihnen, dass wir am Freitag um 8.00 Uhr losfahren würden. Das müsste reichen, um pünktlich zu dem Qualifikationstraining anzukommen.

Ich ging früh schlafen und wurde um 6.00 Uhr durch die ersten Sonnenstrahlen geweckt, die ihren Weg in mein Schlafzimmer fanden. Die Meteorologen hatten Regen vorhergesagt, aber das Wetter hielt sich nicht daran. Der letzte Freitag im Juni war eben ein besonderer Tag. Ein Tag, an dem sich weder die Motorradfahrer noch das Klima an irgend etwas hielten. Ich stand auf, frühstückte etwas und lief ungeduldig in meiner Wohnung auf und ab. Die Frage war, wie ich es bis 8.00 Uhr aushalten sollte. Ich fand keine Antwort und stand um 7.00 Uhr vor Kevins Haustür. Bernd war schon da. Zwanzig Minuten später waren wir auf der Autobahn. Es war immer so eine Sache auf diesen endlosen, schnurgeraden Straßen zu fahren. Auf der einen Seite hatten wir drei das ständige Verlangen, jedes Auto das vor uns fuhr zu überholen. Da die vor einem fahrenden Autos auf der Bahn praktisch nie weniger wurden, führte das dazu, dass man ständig dazu tendierte, Vollgas zu fahren. Auf der anderen Seite wussten wir, dass man sich seinen Hinterreifen damit schnell ruinieren konnte. Das ewige Geradeausfahren ließ den 180er lediglich in der Mitte schleißen und nach einigen hundert Kilometern hatte man einen eckigen Reifen, der für Kurvenfahrten nicht mehr zu gebrauchen war. Nun, wir waren uns einig geworden, mit einer Durchschnittsgeschwindigkeit von 150 Km/h zu reisen. Kurze Vollgasetappen waren lediglich erlaubt, um auffällig prollige Porsche und BMW-Fahrer zu verblasen. Wir hielten uns an die Abmachung. Leider waren an diesem Tag jedoch ungewöhnlich viele Sportwagenfahrer unterwegs, und so hatte ich eigentlich selten unter 9000 Umdrehungen im Sechsten Gang auf der Uhr. Dementsprechend schnell hatten wir die holländische Grenze erreicht. Wir machten noch einen letzten Tankstop auf deutscher Seite, dann ging es weiter auf der E22 Richtung Gröningen. Wir hatten in den letzten Jahren wiederholt schlechte Erfahrungen mit der Polizei im Ausland gemacht. Scheinbar hatte man etwas gegen Deutsche. Jedenfalls gegen solche wie uns. Auf jeden Fall waren wir zweimal ausgewiesen worden und hatten allerhand Strafgelder abgedrückt. Das sollte uns an diesem Wochenende nicht passieren. Wir hatten uns hoch und heilig versprochen, die Höchstgeschwindigkeit von 100 Km/h in Holland nicht zu überschreiten. Die Schaulustigen machten uns einen Strich durch die Rechnung. Wer schon einmal in Assen war, der kennt das Bild. Sie stehen auf jeder Brücke, am Straßenrand und auf eigens dafür eingerichteten Parkplätzen. Sie stehen stundenlang dort, um die vielen Motorräder vorbeifahren zu sehen. Alte Menschen, Familien mit kleinen Kindern, Jugendliche und Hunde. Ich sah sie schon von weitem auf der ersten Brücke stehen. Es waren mindestens dreißig Menschen, die sich geduldig über das Geländer beugten. Was man ihnen bot, war äußerst mager. Die meisten Motorradfahrer nahmen die Zuschauer gar nicht wahr. Sie fuhren einfach mit ihren monotonen hundert Stundenkilometern an ihnen vorbei. Einige wenige ließen sich immerhin dazu hinreißen, ihnen zuzuwinken. Als ob die Leute da oben standen, um mit irgendwelchen wildfremden Typen Begrüßungsriten zu praktizieren. Ich war mir sicher, dass sie etwas anderes wollten. Und ich war entschlossen, es ihnen zu geben. Etwa zweihundert Meter vor der Brücke senkte ich meine Geschwindigkeit auf 60 Km/h und schaltete herunter in den ersten Gang. Das waren etwas unter 6000 Umdrehungen. Ich riss kurz an, nahm bei 70 Sachen gefühlvoll Gas weg und drehte den Hahn im nächsten Augenblick beherzt auf. Der 130er stieg willig in den Himmel und der Micron-Topf ließ die ganze Power ungefiltert an die Ohren dringen. Ich versuchte das Vorderrad so steigen zu lassen, dass die Scheinwerfer direkt auf die auf der Brücke stehenden Zuschauer gerichtet waren. Die Fire Blade sah ihnen praktisch in die Augen. Da ich mich der Brücke schnell näherte, musste ich das Motorrad immer steiler stellen, um den Blickkontakt nicht abbrechen zu lassen. Bei 110 Sachen entlastete ich das Getriebe kurz, brachte es in den zweiten Gang und gab wieder Vollgas. Der 130er gewann noch ein wenig an Höhe, dann schoss ich mit 140 Km/h unter der Brücke hindurch. Bei 160 Sachen setzte der Bridgestone wieder auf. Ich bremste herunter und drehte mich um. Die Zuschauer hatten die Seite gewechselt und klatschten mit weit in die Luft gestreckten Armen Beifall.

Ich hob meine linke Hand und winkte ihnen zu. Sie erwiderten meinen Gruß. Das Begrüßen von fremden Menschen, das ich noch vor wenigen Sekunden so belächelt hatte, erschien jetzt sinnvoll. Schließlich hatten sich mich gerade eben kennen gelernt.
Kevin und Bernd hatten die Situation zu spät erfasst und sich an der Show nicht beteiligt. Das sollte sich bei den nächsten Gelegenheiten ändern. Sie ließen nicht lange auf sich warten. Wir wiederholten das Spiel vor jeder Brücke. Das Tempo auf 60 Km/h drosseln, dann synchron das Vorderrad in die Luft bringen, den Zweiten reinhämmern und auf einem Rad unter den Zuschauern hindurchballern. Unser Engagement wurde jedes Mal durch heftige Ovationen belohnt. Die Holländer waren ein sympathisches Volk mit Blick auf die wesentlichen Dinge des Lebens.
Wir kamen pünktlich am Ring an, brachten unsere Motorräder auf den Zeltplatz, auf dem erfahrungsgemäß die meisten Drehzahlorgien stattfanden und machten uns auf den Weg zur Rennbahn. Mit Zeltaufbau und ähnlichen Schwachsinn brauchten wir uns nicht belasten. Schließlich hatten wir nicht einmal Schlafsäcke mitgenommen. Es lief gerade das letzte freie Training. Dann ging es fast nahtlos ins Qualifikationstraining über. Was die Jungs da mit ihren Zweitaktern boten war wirklich vom Allerfeinsten. Sie spulten Runde für Runde am Limit ab und zeigten auf eindrucksvoller Weise, wozu wahre Profis auf dem richtigen Material in der Lage waren. Wir machten uns einen schönen Nachmittag und warteten gespannt auf das, was uns der Freitag noch zu bieten haben würde. Und das war bekanntlich die Hölle in Assen.

18

So gegen 17.00 Uhr machten wir uns wieder auf den Weg zu unserem Zeltplatz. Besser gesagt zu dem Platz, auf dem wir unsere Motorräder abgestellt hatten. Man muss da gewesen sein, um sich vorstellen zu können, wie viele Biker jährlich in Assen zusammenkamen. Sie füllten etliche Felder Grasland und machten unzählige Hektar für ein Wochenende zum Tollhaus der Verrückten. Einige waren extra im Wohnwagen oder Wohnmobil angereist, andere hatten große Zelte aufgeschlagen. Ein paar tausend aber waren nur mit dem gekommen, was in ihrem Leben wirklich zählte. Mit ihrem Motorrad. Der Feldweg, der zu unseren Motorrädern führte, war mindestens einen Kilometer lang und gesäumt von mehr oder weniger stark alkoholisierten Zweiradfreunden. Ein wilder Haufen besoffener Holländer deckte uns mit Dosenbier ein. Wir hatten es bitter nötig. Ich brachte zwei halbe Liter in den Hosentaschen und einen in der Innentasche meiner Jacke unter. Den vierten kippte ich mir gleich in den Hals. Als wir bei unseren Mopeds ankamen, war die zweite Dose leer. Wir legten uns ins Gras und machten uns über den Rest her. Was uns fehlte, war einwandfrei etwas vernünftiges zu essen. Sicherlich, es gab mehrere Imbissbuden, aber die waren zum einen weit entfernt und zum anderen musste man dort für sein Essen bezahlen. Wir entwickelten zu solchen Anlässen immer den nicht zu bändigenden Ehrgeiz, unsere Verpflegung entweder zu stehlen oder zu schnorren. Als der letzte Tropfen vernichtet war, machten wir uns auf die Suche. Es stellte sich relativ schnell heraus, dass hier niemand an etwas Essbaren gedacht hatte. Alkohol und Rauchwerk gab es überall in Hülle und Fülle, aber nicht einer hatte auch nur eine Scheibe trockenes Weißbrot über. Wir gerieten schließlich an einen Typen der behauptete, an massenhaft Lammfleisch herankommen zu können. Er machte nicht den Eindruck, als ob er überhaupt etwas könnte, aber der Hunger ließ uns keine Wahl. Also folgten wir ihm. Er führte uns zum Lager eines Motorradclubs. Die Jungs lagen alle bei mindestens drei Promille und machten einen mächtig aggressiven Eindruck. Am schlimmsten war der Präsi. Er war an die 1,90 Meter und kratzte sich ständig mit einem Küchenmesser über seinen mächtigen Bizeps. Der Typ war mit Sicherheit auf Streit aus, und die meisten Mitglieder bestärkten ihn aus einer verständlichen Neugier in seiner Abneigung gegen uns. Ich wollte Kevin und Bernd gerade zum Rückzug überreden, als ich diesen blutigen Haufen Gedärme zwischen ihren Motorrädern sah. Mein erster Gedanke war, dass der Präsi bereits einen abgestochen und in seine Einzelteile zerlegt hatte. Dann aber viel mir die Schafswolle auf. Sie legten gerade wieder einen Haufen Fleisch auf den Grill. Wir blieben. Der Präsi setzte sich neben mich, fuchtelte mit dem Messer vor mir rum und stammelte irgend etwas vor sich her. Er bemerkte meine Unverständnis und begann Englisch zu reden. Das wunderte mich. Die anderen sprachen alle deutsch. Sein Englisch war zwar genauso schlecht wie meines, aber wir verstanden uns jetzt trotzdem ein wenig.

„I want to show qou something."

Ich nickte. Er stand auf und ich folgte ihm. Wir gingen zu einem kleinen Zelt und sahen hinein. Auf dem Boden lag ein totes Schaf mit durchschnittener Kehle.

„We found it two kilometer away. I killed it with this knive."

Er hielt sein Kartoffelschälmesser stolz in die Höhe und ich nickte anerkennend. Der Typ hatte wirklich Strom im Kopf.

Keine zwanzig Meter von uns entfernt fing eine zum Streetfighter umgebaute GSX-R 1100 an zu röhren. Ich sah das Funkeln in den Augen des Präsi. Ein kurzes "Let´s go" genügte. Wir stellten uns in die erste Reihe und sahen uns die Show an. Die Suzi bekam etwa zwei Minuten, um warm zu werden, dann drehte sie ein völlig verwarzter Typ mit kurzen Stößen bis in den Drehzahlmesser. Es dauerte nur wenige Sekunden, bis sich eine große Menschenmenge um die 1100er versammelt hatte. Keine zwei Meter weiter schraubte jemand den Endtopf seiner YZF 1000 R ab. Die Yamaha bekam nicht einmal zwei Minuten, dann jagte sie einen halben Meter lange Stichflammen aus dem Krümmer. Nach fünf Minuten wurde uns die Show langweilig. Jedes kleine Kind könnte den Gasgriff im Leerlauf aufreißen. Es war bezeichnend für die Drehzahlkönige, dass sie fast alle mit breiten Rändern an ihren Hinterreifen unterwegs waren. Wir gingen wieder zurück zum Grill. Die Jungs versorgten uns mit massenhaft Fleisch und Bier. Der Präsi setzte sich wieder neben mich und erzählte irgend etwas. Ich verstand nur einige Wortfetzen. Es sprach offenbar wieder deutsch.
„I can´t understand qou."
Er schien nicht recht zu wissen, ob es mein Ernst war, oder ob ich ihn verarschen wollte und redete auf deutsch weiter. Ich ließ ihn quatschen und wendete mich Kevin und Bernd zu. Das schien den Präsi und seine Jungs mächtig zu kränken. Halb hatte ich es geahnt, halb war es Reflex. Er schlug mit dem Messer in der Hand einen rechten Schwinger in Richtung meiner Kehle. Ich wehrte die Klinge so gut es ging ab und zog den Kopf ein. Die Spitze zog über meine rechte Augenbraue. Er war vom vielen Alkohol schon etwas wackelig auf den Beinen und verlor bei der Aktion ein wenig sein Gleichgewicht. Ich

nutzte diese Schwäche und setzte ihm eine knackige Rechte aufs Nasenbein. Für einen kurzen Augenblick wurden seine Knie weich und er setzte sich auf den Arsch. Das war für seine Jungs Grund genug, sich in die Auseinandersetzung einzuklinken. Wir traten fluchtartig den Rückzug an. Sie folgten uns nur halbherzig und schon nach fünfzig Metern gingen wir vom Spurt ins angenehmere Torkeln über. Es lief mir warm über die rechte Gesichtshälfte.

Die Freitag Nacht in Assen war mit Abstand das Räudigste was man sich vorstellen konnte. Einige Meter von uns entfernt drehten zwei Ninja-Fahrer ihren Hinterreifen auf einer Tischplatte. Die Motoren drehten bei über 8000 Umdrehungen und das verbrennende Gummi ließ dicke Rauchschwaden in den Himmel steigen. Wir sahen einige Minuten zu und irrten dann weiter durch diese endlose Masse verrückter Motorradfahrer. Wir sahen zuerst nur die Flammen, dann eine grölende Menge. Ein alter Mercedes wurde abgebrannt und sorgte an seinem letzten Tag noch einmal für mächtig gute Stimmung. Zwei langhaarige Rocker boten uns einen Ecken Hasch für fünfzig Mark an. Wir handelten sie auf die Hälfte herunter und bekamen Blättis drauf zu. Das Zeug ballerte mächtig rein, machte die Augen schwach aber sensibilisierte die Ohren. Ich konnte wieder kilometerweit hören. Es gingen zu jeder Zeit mindestens fünf Drehzahlkönige gleichzeitig auf ihre Motoren los. Ich konzentrierte mich jeweils auf einen, erriet das Motorrad und schleppte Kevin und Bernd dann mit, um meine Vermutung zu überprüfen. Einige hatten sich extra Reservefelgen mit aufgezogenen Mänteln mitgenommen, die sie solange über irgendwelche Holzplatten drehten, bis sie nur noch in Fetzen hingen. Verbrennende Gartenstühle sorgten dabei für die entsprechenden Lichtverhältnisse. Meine Oma hatte mir früher immer er-

zählt, dass es in der Hölle ständig brenne, und dass dichte Rauchschwaden die Verdammten einhüllen und das haßerfüllte Brüllen des Teufels sie einschüchtern würde. Es bestand kein Zweifel, dass ich mich hier in der Hölle befand. Aber das aggressive Brüllen der Rennmaschinen schüchterte niemanden ein. Ganz im Gegenteil. Es gab der Masse einen wahren Rausch der Euphorie. Meine Oma hatte gelogen, aber ich bin mir sicher, dass sie es aus einer guten Absicht heraus getan hatte. Sie wollte nicht, dass ich jemals an einen solchen Ort geraten würde. Nun, ich war dort, und ich war fest entschlossen, möglichst viel von der Hölle zu sehen.
Wir torkelten weiter durch die Nacht. Ich hatte sie schon die ganze Zeit gehört, aber irgendwie nicht richtig wahrgenommen. Eine KTM LC 4 jagte mit rasender Geschwindigkeit an mir vorbei und verschwand in der Menschenmasse. Der Typ musste den Verstand verloren haben. Einen Augenblick später schoss dann eine TT 600 zwischen mir und Bernd durch und bearbeitete meine Beine mit einer Fontäne von Dreckklumpen. Auch er verschwand in der Menschenmasse. Die Beiden fuhren ihr Rennen umgeben von Tausenden besoffener Bikern. Hätte einer der Typen mich über den Haufen gefahren, die Saison wäre für mich mit Sicherheit gelaufen gewesen. Und das ende Juni! Nicht vorzustellen, wie ich dann den Winter hätte überleben sollen. Ich schlug vor, lieber ein wenig aus der Schussrichtung zu gehen. Bernd stimmte zu. Kevin enthielt sich. Er war nämlich gar nicht mehr da. Es war noch nie etwas Gutes dabei herausgekommen, wenn Kevin sich nach dem Konsum von Drogen von uns abgesetzt hatte. Wir machten uns ernsthafte Sorgen und starteten gleich mit der Suche nach ihm.

19

Ich hätte gar nichts gesehen, wenn da nicht ein Haufen bekiffter Biker mit weit aufgerissenen Mündern in den Himmel gestarrt hätte. Wir stellten uns dazu und machten es ihnen nach. Sie glotzten auf einen Strommast. Ich wunderte mich. Plötzlich ging ein Raunen durch die Menge. Irgend etwas musste da oben los sein. Ich kniff die Augen zusammen und versuchte, es zu erkennen. Ein länglicher Gegenstand hing von dem seitlichen Ausleger herunter und schaukelte trotz absoluter Windstille hin und her. Es war ein Mensch. Mir wurde bei dem Anblick flau im Magen. Bernd schien ebenfalls völlig gebannt zu sein. Der Typ hatte sich in mindestens 35 Meter Höhe lediglich mit den Händen festgekrallt und schleuderte die Beine schwungvoll in alle Himmelsrichtungen. Ein potentieller Selbstmörder, da bestand kein Zweifel. Er turnte noch eine Weile herum, dann zog er sich hoch und war zwischen dem Stahlgerüst nicht mehr auszumachen. Wir warteten noch ein oder zwei Minuten auf neue Showeinlagen, dann beschlossen wir, uns wieder auf die Suche nach Kevin zu machen. Keine fünf Schritte später ging ein Aufschrei der Faszination durch die Menge. Der Typ hatte sich mit den Beinen an das stählerne Gestell geklammert und hing jetzt mit dem Kopf nach unten und wirbelte wie verrückt mit den Armen umher.

„Hör zu“, sagte Bernd, „ich will mir das hier nicht entgehen lassen. Wir können Kevin nachher suchen.“

Ich stimmte zu.

„Außerdem wird er sich eh gleich hier anfinden.“

Da hatte Bernd recht. Kevin war immer für solche selbstmörderischen Aktionen zu haben. Er würde sich dem Anblick die-

ses Verrückten kaum entziehen können. Wahrscheinlich würde er sogar gleich hinterher steigen. Ich hatte den Gedanken kaum zuende gebracht, da schoss mir die Panik schon durch die Knochen. Bernd sah mich mit weit aufgerissenen Augen an.
„Das ist -"
„Hundertprozentig!"
Der vollgekiffte Artist brüllte lauter wirres Zeug herunter. Ich bekam nur einige Fetzen mit. ´König der Wheeler', ´Prophet der Rastenschleifer' und ähnlicher Schwachsinn war dabei. Ich wurde mir immer sicherer, dass der Irre mit mir angereist war. Kevin bekam sich da oben gar nicht mehr eingerenkt. Einen kurzen Augenblick verschwand er wieder im Stahlgerippe, dann hing er plötzlich an einem Arm herunter und begrüßte die Menge mit einer königlichen Bewegung der freien Hand. Als der Schein einer Feuerzeugflamme mehrmals aufleuchtete stand fest, dass wir zu ihm heraufsteigen würden. Er hatte den restlichen Dope in der Tasche.
Der Aufstieg dauerte länger als erwartet. 35 Meter horizontal zurückzulegen ist kein Problem, aber wenn es steil nach oben geht, dann verdreifacht sich die Höhe scheinbar. Ich bekam es schon auf halber Strecke mit einer aufdringlichen Höhenangst zu tun und versuchte, Kevin durch Zurufe zum Abstieg zu bewegen. Er ignorierte uns. Also achtete ich nur noch auf das kalte Metall vor meiner Nase und arbeitete mich Schritt für Schritt empor. Endlich kamen wir an. Kevin saß etwa fünf Meter von uns entfernt auf dem Ausleger und zog genüsslich an seinem Joint. Wir krallten uns mit flauem Magen fest und sahen ihm einige Minuten wortlos zu. Der Ausblick von dort oben war gigantisch. Wenn ich den Mast nicht schon von unten gesehen hätte, ich wäre jede Wette eingegangen, dass er mindes-

tens zweihundert Meter hoch wäre. Als die Tüte durch war und Kevin sie in einem weiten Bogen von sich schnippte, begannen wir mit unseren Überredungskünsten. Kevin ließ sich nicht darauf ein. Seiner Meinung nach hatte er dem irdischen Schwachsinn ein für alle Male den Rücken zugekehrt.
„Du kannst nicht ewig hier oben rumhängen!" gab Bernd zu bedenken.
„Aber für den Rest meines Lebens."
„Ach, und wie lange soll das sein?"
„Eine halbe Stunde. Vielleicht auch zwei."
Wir schwiegen uns eine Weile an. Kevin brach das Schweigen.
„Was erwartet mich denn da unten schon?"
„Was dich erwartet?" platzte es aus mir heraus. „Tausende von kleinen schlitzäugigen Japanern sind genau in diesem Moment damit beschäftigt, Fire Blades, R1 und ZX-9R Bikes zu produzieren. 1999 kann man ohne viel Aufwand Motorräder mit über 150 PS und weniger als 200 kg vollgetankt durch die Gegend jagen! Und was ist erst 2000 oder 2001?"
„Gas ist rechts!" brachte Bernd es auf den Punkt.
Das sahen auch allerhand Biker unter uns so. Die Drehzahlkönige übertrafen sich mal wieder gegenseitig. Zu dieser Uhrzeit lagen die Endtöpfe ihrer Motorräder fein säuberlich neben den Hinterreifen abgelegt. Kevin blieb noch einige Minuten nachdenklich sitzen, dann stand er auf und machte sich mit uns an den Abstieg. Ich war froh, wieder festen Boden unter den Füßen zu spüren.

Ich weiß nicht genau, ob es am Hasch oder an dem Adrenalinschock lag. Als wir so durch die Scharen von abgedrehten Bikern und ihren Rennmaschinen torkelten, da erkannte ich glasklar, dass genau in diesem Moment der Rest meines Lebens begann. Und ich war mir sicher, dass es mit einem Augenblick hinter dem Limit enden würde. Und das war gut so.

20

Ich erwachte mit blutverkrustetem Gesicht neben meiner Fire Blade. Der Tag zeigte sich von seiner besten Seite. Zehn Minuten später machten wir uns auf den Weg zur Rennstrecke. Um 10.20 Uhr endete das Warm-Up der 500er. Wir hatten es bereits verpasst. Eine Sanitäterin entdeckte mich und wischte mir etwa zehn Minuten lang den Dreck aus der Wunde über meinem rechten Auge. Ich wurde langsam ungeduldig. Das 125er Rennen konnte jeden Augenblick beginnen. Als sie mich dann auch noch zu einem Arzt schleppen wollte, beendete ich die Behandlung. Wie sich in der nächsten halben Stunde herausstellen sollte, war das eine der wenigen weisen Entscheidungen meines Lebens.

Es liegt nahe, dass einen die 125er Rennen nicht so interessieren, wie die 250er oder gar die 500er. Die Motorräder haben relativ wenig Leistung und können nicht annähernd die Faszination auslösen, die die 190 PS der Halblitermotorräder verbreiten. In Assen 98 kehrte sich die Sache für mich um. Das Rennen der 125er bleibt mir bis Heute unvergessen. Die Ursache ist weniger in den Motorrädern, als in der Abgebrühtheit eines fünfzehn-jährigen Jungen zu suchen. Marco Melandri hing sich vom Start weg an den Hinterreifen des Ex-Weltmeisters Kazuto Sakata und jagte diesem Runde für Runde hinterher. Wir rechneten jedes Mal wenn die beiden an uns vorbeizogen mit wilden Ausbremsmanövern des jugendlichen Verfolgers. Aber nichts dergleichen passierte. Melandri fuhr dem übermächtigen Sakata einfach hinterher und die beiden waren für den Rest des Feldes schon bald in unerreichbarer Ferne. Runde für Runde, Kurve für Kurve. Mal lag Melandri zehn, mal zwanzig Meter zurück, aber was er in der einen Runde verlor, das holte er sich in der nächsten wieder. Völlig unspektakulär. Die Prognosen der uns umgebenen Biker für den Rennausgang stimmten ab der Mitte des Rennens miteinander überein. Sakata würde volle Punktzahl einfahren und der junge Nachwuchsfahrer würde sich mit einem mehr als achtbaren zweiten Platz zufrieden geben. Warum sollte er es auch mit der Brechstange versuchen und riskieren, im Kiesbett zu landen? Unser Interesse wanderte mehr auf die hinteren Plätze. Dort waren noch einige Aktionen zu erwarten.

Es war ein wenig deprimierend, sich von einem Fünfzehnjährigen austaktieren zu lassen. Aber er hatte nicht nur mich, sondern auch einen Großteil der Besucher und vor allem den erfahrenen Sakata getäuscht. Melandri zog in der letzten Kurve der letzten Runde an seinem Vordermann vorbei und gewann seinen ersten Grand Prix. Der Junge war das ganze Rennen über einfach cool geblieben, hatte seine Reifen und Nerven geschont und Sakata ganz genau einstudiert. Was hätte es ihm genutzt, den Ex-Weltmeister in der vierten Runde zu überholen. Der hätte sich das mit Sicherheit nicht tatenlos angesehen, und die beiden hätten sich bis zum Ende bekriegt. Es genügte, ihn ein einziges mal zu überholen. Und zwar kurz vor der Ziellinie.

Die Kunst im Leben auf der Siegerstraße zu bleiben bestand eben darin, im richtigen Moment das Entscheidende zu tun. Was nutzte es schon, sich über ein Problem wochenlang das Hirn zu zermartern, wenn man es eh noch nicht lösen konnte. Viel besser war es, sich zu schonen und die aufgesparte Energie zu nutzen, wenn sich eine Lösungsmöglichkeit anbot. Nun, ich sah zur Zeit keine Möglichkeit, mich aus meiner fatalen finanziellen Situation zu befreien, und ein fünfzehnjähriger

Schnösel hatte mir soeben gezeigt, dass es wohl das Beste wäre, wenn ich mir auch keine Gedanken mehr darüber machen würde.
Assen war nicht nur wegen seiner Weisheiten auch 98 ein echter Knüller gewesen.

21

Es war eigentlich nichts neues für mich. Ich erlebte jedes Jahr im Sommer meinen finanziellen Untergang. Nur kam er leider jedes Jahr ein wenig früher. Ende Juni war mein Portemonnaie leer und der Dispo voll ausgeschöpft. Ich hatte mir im April einen neuen Vorderreifen aufgezogen, und der war mittlerweile zu einem Slick geworden. Der Hinterreifen war relativ neu, würde aber auch in den nächsten vier Wochen fällig sein. Mit den Hinterreifen war es so eine Sache. Einige erwiesen sich als äußerst zäh und hielten 3500 Kilometer. Andere waren innerhalb von zwei Wochen durch. Der Kettensatz war auch am Ende. Mit etwas Glück würde er noch einige hundert Kilometer halten, aber die tausend waren auf keinen Fall mehr drin. Die Bremsscheiben vorne waren ebenfalls auswechselbedürftig. Die Fire Blade war immer noch nicht abbezahlt. Die Raten brachen mir das Genick. Hätte mir das Geld monatlich zur Verfügung gestanden, wäre ich alle Sorgen mit einem Schlag los gewesen. Finanzielle Probleme sind so eine Sache. Sie können einen fertig machen. Ich dachte rund um die Uhr an meine Schulden. Bei der Arbeit, beim Essen und meistens auch beim Schlafen. Die Gedanken schikanierten mich fast überall. Wenn man ein Motorrad am Limit bewegt, dann ist im Gehirn kein Platz mehr für Grübeleien. Es ist viel zu sehr damit beschäftigt, das Überleben zu sichern.
Ich befreite mein Gehirn mal wieder von der Last, an negative Dinge denken zu müssen. Es war ein relativ kühler aber windstiller und trockener Tag. Die Fire Blade ging gut. Ich hatte schon mehrmals Kniepatz und Fußrasten auf den Asphalt bekommen und auch einige spektakuläre Wheelies hingelegt. Was

noch fehlte war der rote Bereich im sechsten Gang. Ich steuerte dafür die Umgehungsstraße an. Etwa vierhundert Meter bevor es auf die Auffahrt ging, kam sie mir entgegen. Eine giftgrüne 98er ZX-9R. Kevin hatte sie schon einige male gesehen und auch Bernd hatte von ihr erzählt. Nur waren beide noch nicht dazu gekommen, dem Typen auf den Zahn zu fühlen. Ich wollte mir diese Chance nicht nehmen lassen und langte in die Bremse. Ein Blick in den Rückspiegel zeigte mir, dass er das Gleiche tat. Also rollte ich weiter in meine Richtung und beobachtete ihn. Er wendete und fuhr mir hinterher. Es gab in der Nähe dieser Auffahrt keine kurvigen Landstraßen. Also setzte ich den Blinker rechts und bog wie geplant auf die Umgehungsstraße ab. Die Kawa war eingangs der Auffahrt etwa zehn Meter hinter mir. Die Auffahrt war äußerst scharf und lief zum Ende hin noch schärfer zu. Mehr als 80 Km/h waren hier absolut nicht drin. Ich ließ alle Pferde an die Kette und zog vom Beschleunigungsstreifen direkt auf die linke Spur. Sechzig Meter hinter mir machte es mir ein Kawafahrer nach. Ich hob meinen Arsch ein wenig an, machte einen Katzenbuckel und brachte den Helm hinter die Windschutzscheibe. Den Zweiten zog ich noch bis weit in den roten Bereich, dann schaltete ich bei 11000 Umdrehungen. Es dauerte nicht lange, bis die Tachonadel an die 290 Km/h kratzte. Einige Autos zwangen zum Slalom. Ich blieb dicht an dem Mittelstreifen und versetzte meine Spur nach Bedarf höchstens einen halben Meter nach links oder nach rechts. Nach etwa einem Kilometer wagte ich einen Blick nach hinten. Die Kawa war dran geblieben. Der Typ hatte sich zwar auf der kurzen Auffahrt fünfzig Meter abnehmen lassen, zeigte aber auf gerader Strecke seine Zähne. Die neue ZX-9R ging gut. Ich feilte noch ein wenig an meiner Aerodynamik und kam auf 293 Sachen. Mehr war an diesem

Tag nicht drin. Einige hundert Meter weiter überprüfte ich, ob ich meinen Vorsprung hatte ausbauen können. Es war eine Pattsituation. Ich hatte ihm keinen weiteren Meter abnehmen können, aber er war auch nicht näher gekommen. Es ging unter eine Brücke durch. Hinter der Brücke war eine weitere Auffahrt, die man erst relativ spät einsehen konnte. Hier musste man besonders aufmerksam sein, um dazukommende vierrädrige Verkehrsschikanen rechtzeitig zu erkennen. Ich riss meine Augen auf und suchte den rechten Straßenrand ab. Am Ende des Beschleunigungsstreifens standen zwei Männer vor ihrem Wagen und starrten in meine Richtung. Ich weiß nicht mehr genau, ob ich den Kasten nur erahnte, oder ob ich ihn tatsächlich sah. Was mir unvergessen bleibt, ist die Vollbremsung die ich hinlegte. Eine Vollbremsung bei 290 Sachen ist ungefähr genauso adrenalin-fördernd wie ein senkrecht gefahrener Wheelie. Die Fire Blade tauchte tief in die Gabel und ließ den Hinterreifen schlingern. Ich war so ungefähr auf 220 Sachen runter, als ein grünes Geschoss an mir vorbeidonnerte. Auf der Höhe des PKW´s war ich auf 135 Sachen. 15 Km/h über der erlaubten Höchstgeschwindigkeit. Ich ließ die Bremse los und nickte den beiden zu. Der eine schlug sich mit der Innenfläche seiner Hand mehrmals auf die Stirn. Der Kasten war jetzt deutlich zu erkennen. Ich wusste nicht genau, ob sie meinen Kontrahenten geblitzt hatten. Es wäre ja möglich gewesen, dass sie gerade mit dem Aufbau beschäftigt gewesen waren, oder dass der Film gewechselt werden musste, oder dass das Gerät einen Wackelkontakt hatte. Aber es schien mir doch äußerst wahrscheinlich zu sein, dass man hier in den nächsten Wochen günstig eine gebrauchte 98er Kawa kaufen könnte. Ich blieb noch einige hundert Meter bei meinem Tempo, dann drehte ich wieder auf. Die ZX-9R war kurz nach dem Vorfall vom Gas gegangen und befand sich noch in Sichtweite. Er setzte den Blinker und nahm die nächste Abfahrt. Ich erwischte ihn an der zweiten Ampel. Wir fuhren auf eine Tankstelle und hielten an der Luftdrucksäule.

„Scheiße, meinst du die haben mein Nummernschild drauf?"

„Keine Ahnung", antwortete ich, „aber es ist wohl besser, wenn ich dir mal meine Telefonnummer gebe. Wenn du die Kawa loswerden willst, dann rufst du mich einfach an."

Er schien das gar nicht witzig zu finden, half aber einen Kugelschreiber zu organisieren und schrieb die Nummer fein säuberlich auf einen Zehnmarkschein. Kevin würde sich den Arsch abfreuen, wenn ich ihm eine günstige ZX-9R vermitteln würde, da war ich mir sicher. Mit seiner YZF war er Bernd und mir auf den Landstraßen ausgeliefert. Mit der grünen könnte er die Luft für uns aber wieder dünner werden lassen. Es bestand kein Zweifel, die Konkurrenz hatte 1998 allerhand aufgeboten. Mit einer serienmäßigen Fire Blade wäre ich so einigen Motorrädern hinterhergefahren.

22

Ich war die letzten zwei Jahre um diese Institution herumgekommen. Aber jetzt war ich fällig. Die Fire Blade musste zum TÜV. Der Vorderreifen zeigte nur noch leichte Andeutungen eines Profils, und die vorderen Bremsbeläge pfiffen aus dem letzten Loch. Die Kette war schon bis in den roten Bereich gespannt und hatte trotzdem einen Durchhang von fünf Zentimetern. Mir war klar, dass es völlig sinnlos wäre, so zum TÜV zu fahren. Auf der anderen Seite war mir genauso klar, dass ich in den nächsten Wochen finanziell kaum in der Lage sein würde, die Mängel zu beheben. Und ich fuhr schon seit einem Monat ohne den Segen dieser Kontrollinstanz. Die Situation wäre aussichtslos gewesen, wenn da nicht diese freundlichen Herren in den grünen Kitteln gewesen wären, die einmal in der Woche in fast jeder guten Werkstatt erschienen und großzügig TÜV-Stempel verteilten. Ich kannte sie aus alten Tagen nur zu gut. Wenn man sie erst einmal durchschaut hatte, dann konnte man gut mit ihnen zurechtkommen. Sie hatten nämlich alle ein Problem. Sie waren Autofahrer und sie beschäftigten sich auch beruflich zu 95 Prozent nur mit zweispurigen Fahrzeugen. Und dann kam auf einmal ein Idiot mit seinem Motorrad hereingeschoben, und sie standen vor diesem Ding und hatten überhaupt keine Ahnung davon. Die meisten von ihnen versuchten diese Situation dann mit einem wichtigen Gesichtsausdruck zu bewältigen und hielten sich an dem erstbesten Mangel den sie entdeckten fest. Das konnte ein abgefahrener Hinterreifen oder ein offener Endschalldämpfer sein. Auf jeden Fall nörgelten sie solange daran herum, bis Abhilfe geschaffen wurde, und dann gaben sie einem ohne weitere Beanstandungen grü-

nes Licht.
Ich war für Donnerstag um 9.00 Uhr angemeldet und überlegte mir, wie ich am besten vorgehen könnte. Der originale Endtopf lag noch auf dem Schrank. Wenn ich ihn montieren würde, dann wäre nur noch der abgefahrene Vorderreifen auffällig. Also würde der Mann mit dem grünen Kittel sich daran festhalten. Und die 260 DM für einen neuen Bridgestone hatte ich nicht übrig. Also beschloss ich, die Micron-Tüte draufzulassen. Er würde sie mit Sicherheit bemängeln, und ich würde klein beigeben, nach Hause fahren, die originale montieren und den Stempel abholen.
Ich fuhr um 9.05 Uhr mit 5000 Umdrehungen vor die Werkstatt, spielte noch ein wenig mit dem Gas und drehte den Zündschlüssel auf OFF. Wie erwartet rannte der grüne Kittel schon aufgeregt herum. Zwei Minuten später stand er mit wichtigem Gesichtsausdruck vor meiner Fire Blade.
„Blinker links, Blinker rechts, Abblendlicht, Fernlicht, Bremslicht, Standlicht. Was ist mit dem Standlicht?"
„Die hat kein Standlicht."
„Und was ist mit dieser kleinen Lampe über den Scheinwerfern?"
„Keine Ahnung."
Er notierte sich, dass das Standlicht defekt sei. Ich hoffte, dass er sich daran hochhangeln würde. Das Geld für eine Birne hätte ich noch auftreiben können. Dann griff Grünkittel zur Taschenlampe, entfernte die Blechkappe von den Bremsbelägen und wagte einen fachmännischen Blick.
„Die sind runter!"
„Die sind noch gut", antwortete ich.
„Nein, die sind bis zur Markierung runter."
Ich wusste natürlich, dass er im Recht war und behauptete mit

schlechtem Gewissen, dass ich sie erst am Anfang der Saison ausgewechselt hatte. Grünkittel bekam Zweifel an seinem Urteil.
„Dann guck dir das doch selber an."
Er machte Platz und reichte mir die Taschenlampe. Die Bremsbeläge gingen nahtlos in die Einkerbung über.
„Da sind doch noch mindestens drei Millimeter drauf", behauptete ich.
Grünkittel schnappte sich die Lampe und sah noch einmal genau hin.
„Die sind runter."
Ich griff wieder nach der Lampe und erfand eine gelbe Markierung, die sich unterhalb der Bremsbeläge befinden und den Verschleiß anzeigen würde. Grünkittel hatte nicht genug Vertrauen in seinen Standpunkt und versuchte eifrig, die Markierung zu entdecken. Wir wechselten noch ungefähr fünf oder sechs mal die Lampe, dann ordnete er einen Bremstest an. Ich startete die Fire Blade, fuhr äußerst hochtourig auf die Straße und kehrte nach fünfzig Metern, um auf Höhe der Werkstatt eine Vollbremsung hinzulegen. Sie gelang mir außerordentlich gut. Der Hinterreifen knallte aus einem Meter Höhe auf die Straße, dann stand die Honda genau vor Grünkittels Füßen. Ich hoffte, dass er durch das rabiate Beschleunigen auf meinen Racingtopf aufmerksam geworden wäre, denn dann könnte ich endlich nach Hause fahren, mir die originale Tüte draufsetzen und mir diesen blöden Stempel abholen. Grünkittel stürzte sich wieder auf die Fire Blade. Ich stellte sie auf den Ständer und setzte mich auf einen kleinen Steinwall. Ungefähr drei oder vier Minuten kroch er mit diesem unerbittlichen Gesichtsausdruck um meine kleine Freundin herum. Dann hellten sich seine Augen auf und ein wahrer Jubelschrei entfuhr seiner Kehle.

„Ha, was ist das denn hier?“
Ich stand auf und sah nach. Er deutete mit dem Zeigefinger auf die obere Verkleidung. Ich sah nichts.
„Was?“
„Na da, da fehlt doch eine Schraube.“
Ich hatte vor einigen Wochen die gesamte Verkleidung abgenommen, um den Motorblock mit einem Spezialmittel reinigen zu können. Und als ich alles wieder montiert hatte, da war diese kleine Imbusschraube über gewesen. Ich hatte mindestens eine halbe Stunde nach einer Verwendungsmöglichkeit für sie gesucht und sie schließlich resignierend in meine Werkzeugtasche gesteckt.
„Ach da, ich hab mich schon gewundert, warum ich eine Schraube über hatte.“
„So was kann zu übermäßigen Vibrationen führen und ganze Verkleidungsteile abbrechen lassen.“
Ich gab ihm das Gefühl, etwas Kluges gesagt zu haben, öffnete das Staufach unter dem Soziussitz und drehte die Schraube in die kleine Öffnung einige Zentimeter unter dem Gasgriff. Grünkittel klebte mir derweilen den Stempel auf das Nummernschild. 46 DM kostete mir der Spaß. Da konnte man sich nicht beschweren. Schließlich hatte sich ein Fachmann mindestens zwanzig Minuten intensiv mit meinem Motorrad beschäftigt und mir eine große Portion Sicherheit mit auf den Weg gegeben. Und den praktischen Beweis des technisch einwandfreien Zustandes brachte ich noch am selben Tag auf den vielen kurvigen Landstraßen in unserer Umgebung.

23

Der Juli brachte nicht viel gutes mit sich. Regen, Regen und noch mal Regen. Ich war hochgradig auf Entzug. An manchen Tagen konnte man die Sonne sehen, aber sobald ich von der Arbeit nach Hause kam, goss es wieder aus Eimern. Mir fehlte der Sound von 11000 Umdrehungen und das Kribbeln an den Füßen, wenn die Rasten über den Asphalt schliffen. Ich war aggressiv, ständig kurz vor dem Explodieren. Was hatte mir dieses verschissene Leben schon zu bieten? Nichts! Ich war Sklave einer völlig verweichlichten Gesellschaft. Das war nicht meine Welt. Und um mir das Leben völlig unerträglich zu machen, sorgte jemand zusätzlich ständig für nasse Straßen.

Vinnie spürte, dass es mir schlecht ging und lud mich zum Essen ein. Selbstverständlich nur unter der Voraussetzung, dass ich zahlen würde. Ich nahm die Einladung an, handelte sie jedoch auf irgend etwas vom Imbiss herunter. Sie bestand auf Buritos. Das waren mit Geflügelfleisch und Salat gefüllte Teigtaschen, die man beim Italiener bekommen konnte. Es war schon so gegen 22.00 Uhr und wir mussten uns beeilen, den Imbiss vor Ladenschluß zu erreichen. Ein lang andauernder Platzregen zwang uns dazu, trotzdem den Golf zu nehmen. Ich brauchte zwanzig Minuten, um in die Stadt zu kommen und verplemperte weitere 15 Minuten auf der Suche nach einem Parkplatz. Ich fand einige, aber die waren mindestens zwei Kilometer vom Italiener entfernt. Und zwei Kilometer Fußweg ließen einen im Sommer 98 bis auf die Knochen nass werden. Wir entschlossen uns schließlich, dass ich sie vor dem Imbiss herauslassen und zwanzig Minuten später wieder abholen würde. In der Zwischenzeit müsste ich den Golf über den nassen Asphalt bewegen. Ich drückte ihr das Portemonnaie in die Hand und steuerte direkt auf die Buritos zu. Etwa zweihundert Meter vor unserem Ziel viel mir dann eine kleine Nebenstraße auf, die nach etwa fünfzig Metern in einer Baustelle endete. Die Durchfahrt war unmöglich, die Straße zu einer Sackgasse geworden. Die Bauarbeiter hatten längst Feierabend, und ein kleiner klappriger Golf, der zwanzig Minuten vor ihrer Straßenabsperrung stehen würde, sollte für niemanden ein Hindernis sein. Ich bog hinein und stellte den Wagen ab. Wir kamen relativ trocken beim Imbiss an. Die Bedienung war übertrieben nett. Wer nett ist will was. Sie wollten mein Geld. Eigentlich wollten alle immer nur mein Geld, obwohl ich gar keines hatte. Ich tat gute Miene zum bösen Spiel und wartete fünfzehn lange Minuten. Das Prasseln der dicken Regentropfen gegen die Scheibe kratzte an meinen Nerven. Ich hatte unbedingt mal wieder ein paar schnelle Kurven nötig. Endlich holten sie die Dinger aus dem Ofen, wickelten sie in Alufolie ein und knallten sie auf den Tresen. Ich sah Vinnie an. Sie sah mich an.

„Bezahl“, forderte ich sie auf.

„Oh, ich hab dein Portemonnaie vergessen“, sagte sie lachend. Die Italiener lachten auch. So einer kleinen knackigen Süßen konnte man doch alles verzeihen. Ich verlies wortlos den Laden und machte mich auf den Weg zum Golf. Vinnie folgte mir aus Solidarität, obwohl die beiden hinterm Tresen sie sicherlich blendend bis zu meiner Wiederkehr unterhalten hätten. Als wir den Golf erreichten, liefen mir die ersten Wassertropfen über den Rücken. Der Tag hatte bisher noch nichts Gutes aufzuweisen gehabt und gab sich Mühe, es noch schlimmer werden zu lassen. Hinter meinem Scheibenwischer steckte dieser kleine, sorgfältig in einer Kunststofftüte verstaute Zettel. Drei-

ßig Mark wegen Falschparken. Das bedeutete eine volle Tankfüllung und noch fünf Mark für die Reifenkasse der Fire Blade. Mein Blut kochte in den Adern. Ich hatte doch tatsächlich die Frechheit besessen, meinen Wagen hier abzustellen, obwohl ein Halteverbotsschild dieses untersagte. Ich hatte dieses Schild ignoriert, nur weil ich die veränderte Situation durch die Baustelle berücksichtigte. Ein Halteverbot war völlig schwachsinnig, da hier eh kein Auto durchfahren konnte. Aber wen interessierte das schon? Ich hatte meinen Wagen trotz dieses Schildes abgestellt, und das berechtigte dazu, mir dreißig Mark aus der Tasche zu ziehen. Ich bis die Zähne zusammen, schleuderte das Ticket auf den Rücksitz und klemmte mich hinters Steuer. Vinnie stieg ebenfalls ein. Sie erwähnte die Buritos nicht mit einer Silbe. Ich startete den Wagen und machte mich auf den Weg nach Hause. Keine hundert Meter weiter sah ich diesen beknackten Typen, der mit einer fast krankhaften Gewissenhaftigkeit einen in einer Kunststofftasche verstauten Zettel hinter den Scheibenwischer eines Opels klemmte. Ich trat auf die Bremse, hechtete aus dem Wagen und schleuderte den blauen Mann in den Rinnstein, durch den eine braune mit Zigarettenkippen angereicherte Brühe ihren Weg in den nächsten Gully suchte. Mit einem kurzen Satz brachte ich meine Knie auf seine Oberarme und meine Hände an seinen Hals. Ich drückte zu. Er bekam Panik in den Augen. Ich lockerte meinen Griff und begann mit einem betont ruhigen Tonfall.
„Okay“, sagte ich, `du hast mir dieses scheiß Ticket hinter die Scheibe geklemmt. Erinnerst du dich?“
Er deutete durch ein kurzes Augenzwinkern ein Ja an.
„Wahrscheinlich hast du aus irgendwelchen Gründen übersehen, dass dieses dämliche Halteverbotsschild durch die Baustelle völlig überflüssig geworden ist.“

Er zwinkerte wieder kurz mit den Augen. Ich drückte noch einmal zu und stellte die entscheidende Frage.
„Kann ich davon ausgehen, dass ich weder von dir noch von diesem Ticket jemals etwas hören werde?“
Er zwinkerte wieder mit den Augen. Sie waren mittlerweile rot und ein wenig aus dem Kopf hervorgetreten, die dicken Adern an der Schläfe verrieten ein aufgeregt pumpendes Herz. Ich ließ von ihm ab, setzte mich ins Auto und fuhr nach Hause. Vinnie brachte mich mit ihrem Blowmund auf andere Gedanken. Aber als sie schlief, kehrten die Erinnerungen zurück und stellten bohrende Fragen. War ich wieder mal zu gutmütig gewesen? Ich ließ ja schon von dem Typen ab, als er noch nicht einmal die Augen verdreht hatte. Wahrscheinlich hielt er mich jetzt für einen Maulhelden und ging ohne große Angst vor meiner Rache zur Polizei.
Nun, er tat es nicht, aber das kann ja auch daran gelegen haben, dass ich seine Tasche und dieses komische Gerät mitgenommen hatte. Schließlich kann sich selbst ein professioneller Denunziant nicht alle Nummern im Kopf merken.

24

Ich machte mit unserem Lehrling zusammen ein Einfamilienhaus am entfernteren Ende der Stadt fertig. Jede Baustelle hatte ihre Vor- und Nachteile. Als herausragendester Nachteil dieses Auftrages wurde von all meinen Arbeitskollegen der lange Anfahrtsweg genannt. Sicherlich, die Zeit des Hinweges wurde einem bezahlt, aber der Rückweg war unentgeltlich. Mein Chef hatte in seiner Kleinlichkeit die Strecke genau abgefahren und sich die Zeit notiert. Achtundvierzig Minuten hatte er gebraucht. Eine drei Viertel Stunde wurde auf die tatsächlich gearbeitete Zeit also dazugerechnet. Ich kannte eine Strecke, die um die Stadt herumführte und nur durch wenige Geschwindigkeitsbegrenzungen verschandelt war. Sie war zwar fast doppelt so lang wie der direkte Weg, aber sie ersparte einen, zweimal am Tag durch die Stadt zotteln zu müssen. Ich hatte durch meinen sportlichen Ehrgeiz getrieben die Strecke genau abgefahren und zwanzig Minuten gebraucht. Es wäre noch schneller gegangen, aber die ersten acht Minuten musste ich es langsam angehen lassen, um den Motor schonend auf Betriebstemperatur zu bekommen.
Wie auch immer. Ich hatte mich bereit erklärt, die Baustelle zu übernehmen, und unser Lehrling war dazu gezwungen worden, sich mir anzuschließen. Die Tage begannen äußerst positiv. Ich blieb zwanzig Minuten länger als gewohnt im Bett liegen und genoss auf der Hinfahrt das Gefühl, mit dem Motorradfahren Geld zu verdienen. Sicherlich, die drei Viertel Stunde, die mir für die Fahrt berechnet wurde, brachte mir höchstens zwanzig Mark ein, und wer besonders genau ist, der würde auch noch die Benzinkosten gegenrechnen. Fast neunzig Kilo-

meter hatte ich jeden Tag zurückzulegen. Bei meinem Fahrstil gingen dabei etwa zehn Liter Super Plus durch die Vergaser. Zehn Liter kosteten mich etwa 16 DM. Blieben immerhin noch 4 DM über. Na klar, man könnte jetzt auch noch den Reifenverschleiß davon abrechnen, aber man kann es eben auch lassen. Schließlich waren es die kleinen Freuden, die einem das trostlose Leben versüßten.
Auf jeden Fall war ich mal wieder auf sportlicher Tour Richtung Baustelle. Ich hatte den Stadtrand schon erreicht und befand mich auf einer Straße mit vorgeschriebener Höchstgeschwindigkeit von 80 Km/h, als ich diesen grauen VW-Transporter vor mir entdeckte. Er hatte eine kleine offene Ladefläche und im Innenraum Platz für etwa sechs Personen. Ich überholte einige Autos, bis ich direkt hinter ihm war. Ein großer Aufkleber verriet mir, wen ich da vor mir hatte. ´Hände weg vom Bau‘ stand mit großen Buchstaben geschrieben und mahnte unserer Politiker, das Schlechtwettergeld nicht anzutasten. Nun, diese Warnung war schon längst übergangen worden, aber der Aufkleber hatte überlebt und es dadurch zu einem gewissen ironischen Humor gebracht. Ich nahm an, dass für die Jungs vor mir die Fahrt zur Arbeit nicht so aufmunternd war wie für mich, zog auf die Überholspur und brachte einen mittelmäßigen Wheelie zustande, der etwa fünfzig Meter vor ihrer Stoßstange endete. Ich fädelte mich wieder in den Verkehr ein und hielt mich an die Geschwindigkeitsbegrenzung. Einige hundert Meter weiter war der Transporter wieder hinter mir. Der Fahrer hatte die kleinen Lücken im Gegenverkehr genutzt, um die Autos, die nach dem Wheelie zwischen uns lagen, zu überholen. Ich beobachtete sie unauffällig im Rückspiegel. Sie verrenkten sich die Köpfe. Die Arbeiter wollten noch mehr sehen, da bestand kein Zweifel. Ich wartete darauf, dass die Gegen-

fahrbahn mal wieder für zweihundert Meter befahrbar wäre, dann zog ich bei der erstbesten Gelegenheit den 130er hoch und jagte an die nächsten fünf Autos mit Blick in den Himmel vorbei. Ausgerechnet zwei entgegenkommende Motorräder zwangen mich, den Wheelie zu beenden und mich einzufädeln. Unter normalen Umständen wäre ich vielleicht auf der dritten Spur geblieben und hätte darauf vertraut, dass die beiden Biker vor mir Platz machen würden, aber sie waren auf bayrischen Fabrikaten unterwegs. Die Bayern bauten wunderbare Autos, aber mit den Motorrädern hatten sie ihre Schwierigkeiten. Die meisten Fahrer von einspurigen BMW Fahrzeugen waren daher schon über sechzig und hatten Probleme mit ihren Augen. Es war daher äußerst fragwürdig, ob die beiden mich überhaupt sehen würden, und ich ging vorsichtshalber auf Nummer sicher. Der graue Transporter war ein oder zwei Minuten später wieder hinter mir. Ich bremste eine roten Ampel erst im letzten Moment an und brachte den 180er auf eine Höhe von etwa einem Meter. Die Arbeiter schienen mit dem Anblick der Unterseite meiner Fire Blade zufrieden gewesen zu sein. Sie klebten an der Windschutzscheibe und machten anspornende Gesten. Ich tat so, als würde ich sie nicht bemerken. Bis zur nächsten Ampel waren es höchstens dreihundert Meter. Die Höchstgeschwindigkeit war hier auf 60 Km/h festgelegt. Ich machte mit der Micron ein wenig Musik und brachte die Fire Blade bei Grün mit Hilfe der Kupplung auf das Hinterbein. Ich beendete den Wheelie bei 60 Sachen, schaltete in den Zweiten und ging noch ein wenig vom Tempo herunter. Der Transporter schaffte es, rechtzeitig vor der nächsten Ampel an mir dran zu sein und ordnete sich hinter mir auf der Rechtsabbiegerspur ein. Wir hatten Grün und es ging mit neunzig Grad ums Eck. Ich schaltete herunter in den Ersten, machte einen kleinen Schlenker nach links und kippte dann bis kurz vor dem Endschalldämpfer nach rechts ab. Die Fire Blade lag in voller Schräglage, und der erste Gang stellte bereits bei dieser Geschwindigkeit allerhand Pferdestärken zur Verfügung. Ich nutzte sie, um einen Slide vorzuführen. Wie die meisten Straßen in der Stadt hatte auch diese nicht besonders viel Grip, und so hatte ich alle Mühe, einen Highsider zu verhindern. Ich war also am Limit gewesen, und erfahrungsgemäß war es gerade dieser Bereich zwischen gerade noch möglich und Unfall, der die Zuschauer faszinierte. Ich suchte im Rückspiegel nach einem schwarzen Strich und konzentrierte mich, nachdem ich ihn gefunden hatte, auf den Transporter, der sich immer noch im Kreuzungsbereich befand. Ein lautes Quietschen ließ meine Aufmerksamkeit blitzschnell wieder auf das Geschehen vor mir wechseln. Ein Passat hatte zu einer Vollbremsung angesetzt und ich war schon so gut wie hinten drauf. Ich hatte in etwa 60 Km/h auf der Uhr und der Passat stand schon fast. Zwischen uns lagen höchstens sechs Meter. Ich langte in die Vorderradbremse und zog voll an. Das Heck war schnell auf Kopfhöhe und der Vorderreifen blockierte. Alles war Reflex. Für eine bewusste Handlung fehlte einfach die Zeit. Auf dem letzten Meter stellte sich der 130er dann auch noch ein wenig quer, und ich konnte die Fire Blade nur mit viel Körperkraft und einem angeschlagenen großen Zeh vor dem unfreiwilligen Kontakt mit der Straße bewahren. Etwa dreißig Zentimeter vor der Stoßstange kam ich am Ende eines dicken schwarzen Striches zum Stehen. Im Passat vor mir saßen drei ältere Männer und kreisten völlig verwirrt mit ihren Köpfen umher. Sie hatten ein ausländisches Nummernschild. Wahrscheinlich waren sie die ganze Nacht unterwegs gewesen und völlig ausgelaugt. Und jetzt hatten sie auch noch bemerkt, dass sie auf

der falschen Straße unterwegs waren, und da vor einigen Sekunden noch nichts hinter ihnen gewesen war, hatte der Fahrer sich völlig entnervt zu einer Vollbremsung hinreißen lassen. Ich hätte natürlich meinen Teil zum Auffahrunfall beigetragen. Schließlich war ich mit meinen Gedanken mehr mit der Straße hinter mir als mit dem Verkehr vor mir beschäftigt gewesen. Also regte ich mich nicht künstlich auf, zog auf den Fahrradweg, fuhr an dem Passat vorbei und legte zurück auf der Straße einen kleinen Wheelie hin. Der Transporter kam nicht so schnell an dem Hindernis vorbei und verschwand aus meinem Rückspiegel. Ich legte die letzten Meter zur Baustelle besonders vorsichtig zurück und inspizierte als erstes meinen Vorderreifen. Meine Befürchtung, dass das ohnehin nur noch dünne Gummi durch die Vollbremsung an einer Stelle völlig wegradiert wäre, erwies sich als unsinnig. Die Abnutzung am 130er war gleichmäßig verteilt, die eine Vollbremsung überhaupt nicht zu erkennen.
Die Sache ging mir den ganzen Tag über nicht aus dem Kopf. Wäre ich nur einige Zentimeter später zum Stehen gekommen, dann hätte ich zumindest einen kaum zu bezahlenden Schaden am Motorrad gehabt. Meine anfängliche Sorge um den Vorderreifen schien mir in Anbetracht dieser Tatsache geradezu lächerlich zu sein. Man mutete dem Hinterreifen und dem Kettensatz unzählige Wheelies zu, zog aus etlichen Kurven lange schwarze Striche, aber sobald es darum ging, den Vorderreifen und die Bremsbeläge mal so richtig zu fordern, bekam man ein schlechtes Gewissen. Eins stand fest, ich würde in Zukunft nicht nur an den Wheelies und an meiner Kurvengeschwindigkeit arbeiten, sondern auch an einem möglichst kurzen Bremsweg aus allen Situationen. Und daher würde ich auch nicht darum herumkommen, mir einen neuen 130er und

neue Bremsbeläge zu leisten. Das war ich nicht nur mir, sondern auch meiner Fire Blade schuldig.

25

Ich hatte mir in einem Moment unglaublicher Gedankenlosigkeit zwei Korbsessel bestellt. Die Dinger waren in einem Prospekt abgedruckt, und das Prospekt in meinem Briefkasten gelandet. Es war normalerweise nicht meine Art, mir solche Werbezettel anzusehen, aber es regnete 1998 an vielen Tagen, und so war man gezwungen, die Zeit mit allen möglichen zur Verfügung stehenden Mitteln totzuschlagen. Sie schienen mir mit 69 DM pro Stück äußerst günstig zu sein. Erst im Nachhinein hatte ich mir Gedanken darüber gemacht, was man mit der Fire Blade und 138 DM alles hätte anfangen können. Und eigentlich hatte ich auch nie unter der Möbelarmut in meiner Wohnung gelitten. Ich besaß ein altes Zweiersofa und verwendete im Sommer die Winterreifen von meinem Golf als Sitzgelegenheit und im Winter die Sommerreifen. Zwei aufeinander gestapelte Reifen waren hoch genug, um einigermaßen bequem darauf sitzen zu können. In meinem Wohnzimmer konnten also vier Leute Platz finden. Zwei auf dem Sofa und zwei auf den beiden mit Autoreifen hergestellten Sesseln. Und ich kann mich nicht daran erinnern, dass sich schon mal mehr als drei Besucher gleichzeitig bei mir aufgehalten haben. Wie auch immer. Ich hatte diese blöden Korbsessel bestellt und ein Schreiben bekommen, dass ich diese jetzt im Möbelgeschäft abholen könnte.

Ich irrte gerade planlos in einer riesigen Verkaufshalle umher, um einen Verkäufer zu finden, als mir diese beiden Prachtexemplare auffielen. Die eine hatte kurze schwarze Haare, einen mächtigen Vorbau und einen gewaltigen Hintern. Unter normalen Umständen hätte sie mich mit ihrem Äußeren gefesselt,

aber sie hatte diese Frau an ihrer Seite, die alles um sich herum in den Schatten stellte. Ich blieb wie angewurzelt stehen und starrte zu ihr herüber. Sie bemerkten mich nicht. Nach einer Weile kam ein Mann mit Hemd, Krawatte und einem Namensschild auf mich zu. Er hatte das ´Kann ich ihnen helfen?‘ schon auf den Lippen, als er die beiden bemerkte, einen Schlenker nach rechts machte und mich mit einem schwungvollen Bogen umging. Einige Sekunden später bot er seine Fachkenntnisse und seinen gesamten zur Verfügung stehenden Charme den beiden Grazien an. Ich umkreiste die Drei in sicherer Entfernung und zermarterte mir den Kopf, wie ich eine mögliche Offensive einleiten könnte. Zwischen zwei Regalen mit Nachttischlampen und Bilderrahmen stellte sich mir eine kleine dicke Frau von ungefähr 58 Jahren in den Weg. Sie hatte ein Namensschild auf der Brust und bot mir ihre Hilfe an. Ich zeigte ihr den Abholschein. Sie kassierte die 139 DM ab und schickte mich um das Gebäude herum zur Warenausgabe. Ein hagerer Mann brachte mir die beiden Korbsessel auf einem kleinen Möbelwagen. Ich schob ihn hinaus zu meinem Golf, klappte die Rücksitzlehne vor und vernahm dabei im Augenwinkel einen schwarzen Audi A4, der sich zwischen meinem VW und einem Lieferwagen klemmte. Ich brachte die gekauften Möbelstücke unter und schob den Möbelwagen zurück zur Warenausgabe. Die Schwarzhaarige stand gerade vor dem Kundentresen und überreichte ihren Abholschein. Der hagere Mann vergeudete keinen einzigen Blick an mir. Ich ließ meine Augen eine Weile an dem gewaltigen Hintern kleben, riss mich schließlich los und ging halbentschlossen zu meinem Golf.
Fast hätte ich sie gar nicht bemerkt. Ich hatte den Zündschlüssel schon ins Schloss gesteckt und den Rückwärtsgang eingelegt, als ich diese blonde Mähne auf dem Beifahrersitz im Audi

neben mir registrierte. Diese Frau stellte wirklich alles in den Schatten. Sie machte gerade mit einem Lippenstift an ihrem Kussmund herum und nahm keine Notiz von mir. Ich beobachtete sie noch eine Weile, dann startete ich den Wagen. Der Keilriemen gab ein elendes Quietschen von sich. Ich riskierte noch einen Blick herüber und erschrak. Sie sah mir direkt in die Augen. Für einen Moment glaubte ich, dass das Leben mir mal wieder einen Sechser bescheren wollte. Im nächsten Augenblick kehrte jedoch eine gewisse Nüchternheit ein, die mir sagte, dass diese Frau nicht mir in die Augen sah, sondern dem ärmlichen Typen in dem rotten quietschenden Golf neben sich. Sie würde bestenfalls ein Quentchen Mitleid für mich übrig haben. Ein kleines Lächeln über mein eigenes Erscheinungsbild fuhr mir ins Gesicht. Ich warf es ihr zu und fuhr davon.
Keine dreihundert Meter vom Möbelgeschäft entfernt gab es eine Mc Drive Filiale. Ich besorgte mir einen Big Mäc, einen Cheeseburger und eine mittlere Pommes. Die Ampel sprang auf orange, als ich mich gerade auf die Rechtsabbiegerspur eingeordnet hatte. Es langte nicht mehr. Ich kam rechtzeitig zum Stehen und fischte einige Pommes aus der Tüte. Etwas schwarzes stoppte neben mir. Ich sah herüber. Es war wieder die Zehn aus dem Möbelgeschäft mit ihrer schwarzhaarigen Freundin. Sie lächelte mich an. Vielleicht auch nur den Asi im Golf. Ich lächelte zurück. Die Lage entwickelte sich anders als üblich. Ich war es gewohnt, dass ich den Frauen den Blickkontakt aufdrängte und diese ihn beendeten. Dieses mal tat ich es. Ich wendete mich wieder der Pommestüte zu und fischte eine längliche frittierte Kartoffel heraus. Meine Coolheit gab mir ein gutes Gefühl. Trotzdem kam ich nicht umhin, noch einen Blick zu riskieren. Sie sah mir wieder direkt in die Augen, formte ihre rechte Hand zum Telefonhörer und hielt sie

sich ans Ohr. Dann zeigte sie mir ihre linke Hand, streckte den Zeigefinger aus, ballte die Faust, streckte alle vier Finger und den Daumen aus, ballte die Faust, streckte Zeigefinger, Mittelfinger und Ringfinger aus, ballte die Faust, nahm beide Hände und zeigte acht Finger, ballte beide Hände zur Faust und streckte noch einmal die acht Finger aus. Ich lächelte sie an und nickte, um zu signalisieren, dass ich verstanden hätte, war mir da aber eigentlich gar nicht so sicher. Die Ampel sprang auf grün. Das Kennzeichen des Audis zeigte mir, dass sie in der Stadt wohnten. Ich fuhr an und suchte hektisch nach einem Stift, um mir die Zahlen zu notieren. Ich fand keinen. Also ritzte ich sie mit dem Fingernagel ins Mc Drive Papier.

Ich hatte den Hörer schon in der Hand, noch bevor ich die Korbsessel in die Wohnung gebracht hatte, zwang mich jedoch, ihn wieder auf die Gabel zu legen. Es würde mir eine gewisse Wichtigkeit geben, wenn ich den Anruf so lange wie möglich hinauszögern würde. Eine Stunde später kapitulierte ich und rief sie an. Sie hieß Tamara und kannte mich vom Sehen. Ein Ex-Freund von ihr war Motorradfahrer und hatte ihr die eine oder andere Geschichte von mir erzählt. Das meiste davon war absoluter Schwachsinn. Sie glaubte zum Beispiel, dass ich meine Motorräder mit Jahrmarktsboxen finanzierte. Ich erklärte ihr, dass nicht ich, sondern meine Bank die Finanzierung übernähme und handelte ein Date aus. Donnerstag um 20.00 Uhr bei ihr.

26

Sie trug einen schlabberigen Rollkragenpullover und führte mich ins Wohnzimmer. Ein heißer trockener Sommer hätte nicht nur den Vorteil gehabt, dass man die Fire Blade öfter hätte auf die Rasten legen können, sondern auch, dass die Frauen ihre Reize nicht so sehr verstecken würden. Ihr Wohnzimmer war ungewöhnlich eingerichtet. Das war meines auch, aber bei mir lag das an den fehlenden finanziellen Möglichkeiten und an meiner Fantasielosigkeit. Tamara war durchaus bemüht gewesen, dem Raum eine gewisse Ausstrahlung zu geben. Aber es war eben nicht die Ausstrahlung, die ich von ihr erwartet hatte. Alles war niedrig gehalten und an den Wänden hingen Bilder von indischen Mönchen und anderen verwirrten Geistern. Wir setzten uns auf kleine am Boden liegende Sitzkissen. Mir wurde erst jetzt bewusst, wie angenehm man doch auf meinen Autoreifen gesessen hatte. Tamara servierte Tee und begann die Konversation. Sie hielt nicht lange mit ihren Fehlern zurück und offenbarte mir gleich ihren Lebenslauf. Sie hatte ihr Abitur gemacht und studierte jetzt im neunten Semester Diplompädagogik. Nach dem Studium plante sie eine Weltreise, um andere Länder mit ihren Kulturen kennen zu lernen. Sie dachte multikulturell und glaubte, dass man die Weisen der nordamerikanischen Indianer mit den Mönchen Indiens zusammenbringen müsse, um die Menschheit vor ihrem Untergang zu bewahren. Ich fragte sie, ob sie kiffen würde. Sie verneinte entschieden, weil sie Drogen strikt ablehnen würde. Das fand ich äußerst bedauerlich, denn wenn ich wirres Zeug redete, dann wusste ich jedenfalls woran das lag. Sie schenkte Tee nach und philosophierte weiter über weltbewegende Fragen, wie zum

Beispiel warum der Wind wehte und warum Flüsse flossen. Für mich als blöden Arbeiter schienen die Antworten eigentlich ganz einfach zu sein, aber sie brachte es zustande, das Eigenleben amorpher Massen dafür verantwortlich zu machen und die Flutkatastrophe in China auf die mangelnde Meditationsfähigkeit der Menschen zurückzuführen. Ich hatte ganz vergessen, wie anstrengend es war, sich Dinge anzuhören, die einem am Arsch vorbeigingen. Aber ich war nicht grundlos gekommen und fest entschlossen, mein Vorhaben durchzuführen. Tamara kam zu dem Thema Ehrlichkeit. Ehrlichkeit bilde zusammen mit Demut und Bescheidenheit die drei Grundpfeiler eines erwachenden Menschen. Bescheidenheit sei dabei der Garant für Glück. Wer keine Bescheidenheit besäße, der produziere in seinem Gehirn ständig Wünsche, die bei in Erfüllung gehen längst von neuen Wünschen abgelöst seien, die in Größe und Glanz den erfüllten Wunsch für völlig unwichtig erscheinen ließen. In mir zog sich alles zusammen. Ich hatte gerade den Entschluss gefasst, ihr zu erklären, dass meiner Meinung nach nicht die Ehrlichkeit, Demut und Bescheidenheit, sondern die 300 Km/h, schleifende Fußrasten und Wheelies bis 160 Sachen die Grundpfeiler eines erwachenden Menschen seien, als sie sich den Rollkragenpullover über den Kopf zog und ihn in die Ecke feuerte. Ein hautenges Top zeichnete die Gründe für meinen Besuch ab. Also nickte ich zustimmend und ergänzte, dass ein aus der Demut resultierender Fleiß die aus der Bescheidenheit resultierende Trägheit kompensieren müsse. Sie hatte gewisse Probleme mit meinem Beitrag, weil er von der rechten Ecke zur Propaganda genutzt werden könne.

Man hatte im Leben immer das gleiche Problem. Hinter jedem zappelnden Köder versteckte sich ein Haken. Der Köder war

die rassige Frau, die da vor mir saß, und der Haken war dieser ganze ermüdende Müll, der aus ihrem Mund sprudelte. Für einen Moment spielte ich mit dem Gedanken, einfach den Rückzug anzutreten und mir den Haken zu ersparen, aber als Tamara und ihr knackiger Arsch neues Teewasser aufsetzen gingen, fasste ich den Entschluss, den Köder um den Haken herum abzufressen.
Sie kam zurück und tunkte mit diesem furchtbar sozialen Gesichtsausdruck den Teebeutel ins Wasser. Dieses Gesicht hatte für alle Verständnis. Für irgendwelche alkoholkranken Indianer achttausend Kilometer westlich von uns die krampfhaft versuchten, ihrer untergehenden Kultur eine gewisse Wichtigkeit anzudichten, für herumhängende Glatzköpfe, die mit Buddha und anderen Goldskulpturen herummachten und für schwule Typen, die Kinder adoptieren wollten. Konnte ich da nicht auch ein wenig Verständnis für mich erwarten? Ich überlegte, wie ich am geschicktesten auf mein Anliegen zu sprechen kommen könnte und setzte schließlich auf die von ihr empfohlene Ehrlichkeit.
„Mal ganz ehrlich", eröffnete ich, „warum hast du dich eigentlich mit mir verabredet?"
Sie sah mich fragend an.
„Ich meine du studierst und glaubst an das ewige Leben und an das Gute und so einen Scheiß. Und ich mache mir jeden Tag nur Gedanken darüber, wie ich möglichst schnell ans Limit kommen kann."
„Vielleicht ja gerade deshalb."
„Aber du hast mich bestimmt nicht hierher bestellt, um mit mir über Gott und die Welt zu reden."
„Nicht nur."
Ihre Antwort war eindeutig. Viele intellektuelle Frauen stan-

den auf Machos wie mich. Ein Motorrad und große Arbeiterhände wirkten auf den sozialen Fimmel des weiblichen Geschlechts zwar nicht gerade anregend, aber das Eros einer Frau lag ihnen zu Füßen.
„Na dann leg mal los", sagte ich, „ich steh dir voll zur Verfügung."
Tamaras Gesichtsausdruck wich einer ernsthaften Entschlossenheit. Vielleicht hatte ich es hier mit einer wahren Nymphomanin zu tun. Sie rutschte ein wenig auf ihrem Kissen umher und fand schließlich eine würdige aufrechte Stellung. Dann legte sie los.
„Also ich frage mich, ob du als Motorradfahrer eigentlich angemessen abgesichert bist."
Jetzt sah ich sie fragend an.
„Ich meine, wie sieht es mit einer Unfallversicherung, einer Lebensversicherung und einer Verkehrsrechtschutzversicherung aus?"
Die Kinnlade viel mir herunter.
„Also eine Unfallversicherung ist ein absolutes Muss. Bei der Allianz bist du da richtig aufgehoben, und eine Verkehrsrechtschutz ist bei deinem Fahrstil auch angemessen."
„Du willst mir eine Versicherung andrehen?"
„Nein nein", wehrte sie ab, „ich will dich lediglich über die Möglichkeiten einer angemessenen Vorsorge informieren."
Der Haken hinter dem zappelnden Köder schien größer zu sein, als ich angenommen hatte. Er ließ kaum noch Platz für das von mir erhoffte Fleisch. Eine Schlacht entpuppte sich als aussichtslos, und es entsprach meiner dunklen Seele, in einem solchen Fall verbrannte Erde zu hinterlassen. Also ließ ich der Artillerie freien Lauf.
„Okay, du hast dich mit mir getroffen, um dein Studium zu

finanzieren, aber was glaubst du, warum ich zu dir gekommen bin?“
Sie zögerte ein wenig mit der Antwort, ließ aber an ihrem Gesichtsausdruck erkennen, dass sie sich über meine Absichten durchaus im Klaren war.
„Bestimmt nicht, weil ich mir dein dummes Gequatsche anhören wollte“, fuhr ich fort. „Dein ganzer intellektueller Scheiß ist nämlich nichts weiter als das Produkt aus Unwissenheit und Feigheit vor der tristen Realität. Du hast dein Abitur gemacht, aber du weißt nicht einmal, warum der Wind wirklich weht. Das hat nichts mit irgendeinem Eigenleben zu tun, das sind ganz normale Druckausgleiche zwischen Hoch- und Tiefdruckgebieten in Verbindung mit der Erddrehung. Dein rationales Denken entspricht dem des Mittelalters, und deshalb hast du auch diese ganzen lächerlichen Typen an der Wand hängen. Ohne deinen Arsch und deine Titten hättest du niemals ein Abitur bekommen. Und ich wäre auch niemals auf die Idee gekommen, dich zu besuchen.“
Ihre Augen wurden feucht. Ich suchte noch nach den passenden Worten, die ihr zu der einen oder anderen Träne hätten verhelfen können, musste jedoch passen. Es war kaum möglich, diesen ganzen intellektuellen Scheißern klar zu machen, dass nicht wir Motorradfahrer, sondern sie die realitätsverdrängenden Schwachköpfe waren. Unverrichteter Dinge stand ich auf und fuhr wütend nach Hause. Ich weiß nicht genau, auf wen ich wütender war. Auf die scheinheilige Tamara, oder auf den blöden Eugen Wendmann, der jedem hohlen Weiberarsch auf dem Leim ging. Warum hatte ich mich eigentlich wieder zum Affen gemacht? Ich war mit Vinnie doch bestens bedient. Sie hatte es wirklich nicht verdient, dass ich sie mit solchen Weibern hinterging. Vinnie machte sich im Leben

nichts vor. Und auch optisch brauchte sie sich vor keiner anderen verstecken. Ich kümmerte mich viel zu wenig um sie. Wenn der Abend bei Tamara doch noch etwas positives Abwerfen könnte, dann nur die Erkenntnis, dass ich mich ändern müsste. Tamara hatte die Treue vergessen. Wen interessierten schon Bescheidenheit, Demut und Ehrlichkeit? Die Treue war wichtig. Ich überlegte mir, wie ich mein Vergehen wieder gut machen könnte. Die Wahrheit würde ich Vinnie natürlich nicht sagen. Damit würde ich ihr nichts gutes tun, und genau das war ja eigentlich mein Vorhaben. Mir gingen ein paar Dinge durch den Kopf, die ich aber schnellstens wieder verwarf. Am Ende machte sich dann eine Idee in mir breit, die bereits so abgedroschen war, dass sie wieder etwas Rührendes hatte. Ich würde Vinnie einen Ring schenken. Na klar, sie hatte in ihrem Leben schon viele Ringe geschenkt bekommen, aber sie wusste, dass ich noch nie einen verschenkt hatte, und so würde das Ganze doch etwas Einzigartiges haben. Sie würde sich freuen und nur das zählte.

27

Ich hatte mir den Samstag Morgen frei gehalten, um in die Stadt zu fahren und einen Juwelier aufzusuchen. Es war eine merkwürdige Angelegenheit. Ich war schon oft durch die Einkaufsstraße gebummelt, aber bisher war mir noch kein einziges Schmuckgeschäft aufgefallen. Jetzt sah ich an jeder Ecke eins stehen. Ich lief erst einmal an jedem vorbei und betrachtete die Schaufensterauslage. Die Geschäfte mit dem teuren Schmuck strich ich von meiner Liste, ebenfalls die mit dem Indianer-schmuck und anderem Kitsch. Es blieben nur noch zwei Juweliere nach. Der eine hatte sich Parterre unter einem Musikladen eingerichtet und engte diesen damit offensichtlich ziemlich ein. Ich wollte es nicht unterstützen, dass das schwachsinnige Ausstaffieren der Frauen die aufrichtige Musikkultur der Jugend verdrängte und ging zu dem anderen Juwelier.
Ich hatte schon fast die Türklinke in der Hand, als ich diese beiden blauen Augen bemerkte. Sie strahlten mir unter einer großen Softeis-Mütze entgegen. Ich hatte schon seit Jahren kein Softeis mehr gegessen. Als Kind hatte mich dieses süße Zeug regelmäßig zum Erbrechen gebracht, und zum Glück hatte ich mit den Jahren eine tiefsitzende Abneigung gegen Softeis entwickelt. Ich ließ die Klinke los und bestellte mir eine Juniortüte mit bunten Streuseln.
Sie lächelte freundlich, griff zur Waffel und ließ die weiße Pansche gefühlvoll hineinlaufen. Ich nutzte die Zeit zu einer ausführlichen Figuranalyse und gab ihr neun Punkte auf der Skala von null bis zehn. Eine Zehn bekam man in seinem Leben selten zu sehen und wenn doch, dann schien man selbst unsichtbar zu sein. Eine Neun war schon ein wahrer Glücksgriff, vor

allem wenn sie einem so nett das Eis zubereitete. Sie steckte die Waffel in den dafür vorgesehenen Behälter und kassierte das Geld ab. Ich griff mir die Juniortüte und schlenderte davon. Schon der Anblick dieser albernen bunten Punkte ließ mir übel werden. Aber ich brachte es nicht fertig, das Eis wegzuschmeißen. Also lutschte ich lustlos daran rum und überlegte mir, wie ich zu einem Date kommen könnte. Die einfachsten Lösungen waren oftmals die besten. Ich hatte etwas Geld im Portemonnaie und entschied mich dafür, sie einfach zum Essen einzuladen. Es kostete mich allerhand Überwindung. Ich lief noch ungefähr fünf mal an ihrem Softeisstand vorbei, dann gab ich mir einen Ruck und bestellte noch eine Juniortüte. Sie lächelte mich aufreizend an. und gab sich noch mehr Mühe, dass Eis kunstvoll in die Waffel laufen zu lassen. Als sie abkassierte brachte ich mein Anliegen heraus. Sie stimmte sofort zu. Wir verabredeten uns für den Abend um 20.00 Uhr. Es sollte zum Chinesen geben. Sie schwor auf chinesisches Essen.
Ich stand schon um 19.30 Uhr vor der angegebenen Adresse. Vinnie hatte meine Hose und ein einigermaßen modisches Hemd von mir gebügelt, weil ich ihr erzählt hatte, dass ich zu einem Vorstellungsgespräch solle. An einem Samstagabend! Ich wartete eine Ewigkeit und klingelte um fünf vor acht. Sie hatte sich erstklassig zurechtgemacht. Ihre Augen strahlten noch ein wenig mehr als am Vormittag. Wir gingen zu Fuß ins Restaurant. Mir war es recht, so kam ich darum herum, ihr meinen rotten Golf vorzustellen. Die Chinesen kannten meine Begleitung alle persönlich. Sie redeten sie mit dem Vornamen an. Das hatte den Vorteil, dass ich mir die Frage nach ihrem Namen sparen konnte. Sie hieß Verena. Wir kämpften uns etwa eine halbe Stunde durch ein fades Gespräch, dann wurde serviert. Es gab komische Gräser, Pilze und irgendwelche

Bambusstöcker. Mir war eigentlich mehr nach einem abgestochenen Schwein zumute, aber Verena war Vegetarierin, und ich natürlich auch. Schließlich hatte sie schöne glatte Haare und offensichtlich festes Fleisch. Ich würgte den Mist herunter und plante den weiteren Verlauf des abends. Wir würden sicherlich zu ihr gehen, eine Kerze anzünden und eine Flasche Wein entkorken. Ich würde nach dem zweiten Glas feststellen, dass ich nicht mehr fahrtüchtig wäre, und sie würde mir ein Nachtquartier anbieten. So einfach konnte das Leben sein.
Nach einer Weile der Redepause fing sie von ihrem Eisstand zu quatschen an.
„Na ja“, sagte sie, „er gehört ja nicht wirklich mir. Mein Freund hat ihn mir gekauft, und ich bezahl ihm das Geld in Raten zurück. So viel ich eben kann.“
Das Wort ‚Freund‘ durchzuckte meinen ganzen Körper. Ich Idiot hatte mich also wieder hinhalten lassen. Die Bambusstöcker gingen mir noch schlechter runter. Aber ich ließ mir nichts anmerken und versuchte, die Situation möglichst sachlich zu analysieren. Fest stand, dass sie kein Single war, und dass zumindest er die Beziehung für so intakt hielt, dass er ihr diesen Eisstand gekauft hatte. Und es schien mir unwahrscheinlich zu sein, dass sie ihren Freund erwähnt hätte, wenn sie auf einen Seitensprung ausgewesen wäre. Sie war wohl nach der typisch weiblichen Taktik vorgegangen. Die Einladung annehmen, sich ein teures Essen ausgeben lassen, kurz vor Beendigung des Menüs den Freund ins Gespräch bringen und so tun, als ob man das ganze auf rein freundschaftlicher Basis gesehen hätte. Wenn der Mann sich mehr darunter vorgestellt hatte, dann lag das nur an seiner eigenen Perversität. Frauen waren bekanntlich reine Geschöpfe. Ich hatte mich also wieder ausnutzen lassen. Obwohl, noch hatte ich ja nicht bezahlt.

„Bin gleich wieder da", flüsterte ich ihr zu und verschwand Richtung WC. Die Fenster waren für eine Flucht zu klein, also betrachtete ich mein verlogenes Gesicht ein oder zwei Minuten im Spiegel und schlenderte dann zielstrebig in Richtung Ausgang. Einer der Chinesen sah noch zu mir herüber. Ich lächelte ihn freundlich an und er lächelte zurück. Asiaten lächelten immer. Im nächsten Augenblick konnten sie dir ein Messer an die Kehle halten, das eine hatte für sie mit dem anderen überhaupt nichts zu tun. Aber der Kleine konnte sich wohl nicht vorstellen, dass ich eine Frau wie Verena sitzen lassen würde und ging fleißig seiner Arbeit nach.
Ich fuhr auf dem direkten Wege zu Vinnie. Sie saß vor dem Fernseher und hatte einen Haufen Blättis und Filter auf dem Tisch liegen. Ich erzählte ihr von dem Vorstellungsgespräch. Sie grinste nur müde. Wahrscheinlich hatte ich sie mal wieder unterschätzt. Aber genauso groß wie ihre Menschenkenntnis war ihre Toleranz. Sie schien es mir überhaupt nicht übel zu nehmen, dass ich auf der Jagd nach anderen Töchtern gewesen war. Auf jeden Fall legte sie sich wieder mächtig ins Zeug. Und das, ohne mir vorher ein Ohr abzuquatschen oder mich zu zwingen, irgendwelche Gräser und Stöcke mit ihr zu essen.

28

Beschleunigungstests waren so eine Sache. Ich bin mir sicher, dass jede der großen Rennmaschinen die 100 Km/h Marke in unter 3 Sekunden erreichen kann. Die Grenzen sind lediglich durch den Fahrer gesetzt. Für uns Privatfahrer war es eh nicht möglich, unsere genaue Zeit von 0 auf 100 zu stoppen. Um auf Zehntel Sekunden genau zu sein, brauchte man schon ausgefeiltere Messgeräte als die Stoppfunktion an der 19 Mark teuren Armbanduhr. Für uns gab es andere Methoden, eine maximale Beschleunigung zu ermitteln. Zum Beispiel die zu erreichende Geschwindigkeit zwischen zwei Kurven. Dabei kam es nicht nur auf das Gasgeben, sondern auch auf eine maximal hohe Kurvengeschwindigkeit und ein möglichst spätes Bremsen an. Für diese Tests hatte sich die etwa 500 Meter lange Gerade zwischen zwei scharfen Linkskurven auf einer schwachbefahrenen Landstraße in der Nähe meines Wohnortes als besonders geeignet erwiesen. Mein Rekord lag bei 255 Sachen und zählte für Kevin und Bernd als zu erreichende Marke.
Nun, ich war leider nicht dabei gewesen, aber ich hatte mir die Story mindestens dreihundert mal anhören müssen. Kevin war bei seiner YZF von den Metzeler ME Z2 auf die ME Z1 Racing Reifen umgestiegen und erhoffte sich durch das griffigere Gummi auch bessere Beschleunigungswerte. Er hatte schon seit einer halben Stunde zwischen den beiden Kurven zugebracht und war angeblich bis auf 253 Km/h herangekommen. Dann brach er meinen Rekord. 257 Sachen! Allerdings schaffte er es nicht mehr rechtzeitig, auf die 135 Km/h herunterzubremsen, mit denen man die folgende Linkskurve so gerade eben noch schaffen konnte. Kurz und bündig: Es gab die YZF nicht mehr! Kevin

war es gewohnt, mit einer hohen Dosis Adrenalin durchs Leben zu gehen und reagierte besonnen. Er schob die völlig zerlederte Yamaha hinter einen Busch und rief mich von der nächsten Telefonzelle aus an. Ich schickte Vinnie gleich mit meinem Golf zu ihm. Bernd und ich besorgten bei einem Jäger Haare und Blut vom Reh.
Zwei Stunden später entdeckte eine zu Tode erschrockene Autofahrerin einen Motorradunfall. Eine von oben bis unten mit Blut und Haaren verklebte Rennmaschine lag im Graben und keine zehn Meter weiter saß ein unverletzter aber unter Schock stehender Motorradfahrer am Straßenrand. Die Frau alarmierte die Polizei und den zuständigen Jagdpächter. Die Jagdhunde nahmen die Spur auf und verfolgten sie bis zu einem anliegenden Waldstück. Dort endete sie scheinbar abrupt. Die Suche wurde nach zwei Stunden erfolglos eingestellt. Das Reh wurde seinem Schicksal erlassen.
Auf jeden Fall wurde Kevins Unfall der Versicherung gemeldet und es schien, dass er finanziell ohne Schaden davon kommen würde. Aber er hatte mitten in der Saison kein Motorrad mehr, und es war schier unmöglich, eine vernünftige Gebrauchte in dieser Zeit zu bekommen. Eine neue wollte er nicht haben. Noch nicht. Denn er schielte mit einem Auge auf die R1, und die war 98 ungefähr genauso schwer zu bekommen, wie eine Ladung Kokain in der Grundschule. Er wollte etwas günstiges, was er am Anfang der nächsten Saison ohne Verlust wieder verkaufen könnte. Das war natürlich nicht einfach zu finden. Kevin brach seine Suche am dritten Tag frustriert ab und widmete sich verstärkt Cannabis und anderen Drogen. Das machte ihn für Vinnie zwar sympathisch, gab Bernd und mir jedoch schwer zu denken. Wir wussten, wie schnell Kevin in Depressionen verfiel. Also machten wir uns auf die Suche. Nach

einigen Tagen stießen wir dann auf eine rote ZXR 750, Baujahr 92. Die Kawasaki hatte erst 30000 Kilometer gelaufen und machte einen guten Eindruck. Außerdem hatte sie über 100 PS. Mehr konnte man für 6000 DM nicht verlangen. Wir zeigten Kevin das Motorrad und brachten ihn dazu, es zu kaufen. Wir fuhren mit meinem Golf zurück zu Kevins Wohnung. Er wollte mit der ZXR noch ein paar Runden drehen, um die Ränder am Hinterreifen wegzufahren und die Fußrasten anzuschleifen. Schließlich konnte er mit seiner etwas untermotorisierten Kawa nicht wie ein Anfänger durch die Gegend fahren. Ein Motorrad mit Schleifspuren imponiert, auch wenn es nur etwas über hundert PS hat. Wir saßen in seiner Wohnung und warteten. Nach einer halben Stunde kamen die ersten Vermutungen über einen weiteren Unfall. Nach einer Stunde waren wir uns schon fast sicher, dass irgend etwas passiert sein müsste. Nach anderthalb Stunden spielten wir mit dem Gedanken, die Gegend abzusuchen und nach zwei Stunden vernahmen wir das Brüllen der 750er durch den Performance Endschalldämpfer. Kevin strahlte über das ganze Gesicht.
„Die kriegt man nicht auf die Raste gelegt", jubelte er. „Bodenfreiheit ohne Ende!"
Wir inspizierten die Kawa. Der 180er Dunlop war an den Seiten mit fetten Gummibröseln belegt. Der vordere Dunlop war bis zwei oder drei Millimeter vor den Rand gefahren. Keine Frage, Kevin hatte ordentlich Schräglage vorgelegt. Wir suchten nach Schleifspuren. Weder die Fußrasten, noch der Schalthebel, der Bremshebel oder der ziemlich voluminöse Endschalldämpfer zeigten Kampfspuren mit dem Asphalt auf. Die Federvorspannung war noch nicht einmal auf maximal hart gedreht. Das Motorrad schien also noch mehr Reserven zu haben. Drei verrückte Motorradfahrer ließen sich so etwas na-

türlich nicht von einer sechs Jahre alten 750er bieten. Wir holten die GSX-R 750 und die Fire Blade und machten uns mit der Neuen auf den Weg zu unserem acht Kilometer langen Rundkurs. Der Rundkurs war eine kurvige Landstraße, die nur durch eine Ortschaft und durch ein Stück langweiliger Bundesstraße unterbrochen wurde. Bernd war als erster dran. Kevin und ich setzten uns in Gras und warteten. Er brannte die acht Kilometer in 2:58 Minuten ab, hatte es jedoch zu keinem Bodenkontakt gebracht. Also gaben wir ihm noch eine Runde. Schließlich musste man sich mit einem neuen Motorrad erst zurechtfinden. Er schaffte sie in 2:54, ließ aber wieder kein Metall auf der Straße. Die dritte Runde fuhr er in 2:52, ohne die geringsten Schleifspuren zu bewerkstelligen. Ich war an der Reihe. Die erste Runde war ich mit verpatzten 3:03 Minuten unterwegs. Ich hatte das Getriebe zwischen dem dritten und vierten Gang ins Leere gebracht und auch ansonsten allerhand Schnitzer eingebaut. In der zweiten Runde lief es dann schon wie geschmiert. Ich wurde langsam mit der Kawa warm. Trotzdem vernahm ich keine Schleifgeräusche. Ich erreichte Kevin und Bernd nach 2:53 Minuten. Auch mir wurde eine dritte Runde vergönnt. Ich fuhr die Kurven möglichst hochtourig und beschleunigte aus jeder mit rutschendem Hinterreifen heraus. Der 180er Dunlop war am Ende seiner Haftungsreserven, die Schräglagenfreiheit der ZXR noch nicht angetastet. Ich beschloss, den Hinterreifen in der nächsten Kurve nicht durch zu starkes Beschleunigen zusätzlich zu belasten und mich nur darauf zu konzentrieren, den linken Fußrastenstopper über den Asphalt schleifen zu spüren. Ich lag schon voll drin und hatte immer noch keinen Bodenkontakt. Es konnte sich nur noch um ein oder zwei Millimeter handeln. Der Asphalt nagte schon an meiner Schuhsohle, obwohl ich mit dem Fußballen auf der

Raste stand und den Stiefel ganz gegen den Rahmen gepresst hatte. Ich hob den Fuß ein wenig an und zog die Kawa gegen die Bedenken meiner Vernunft noch ein wenig weiter herunter. Sie schliff! Und die Dunlops rutschten. Ich nahm ein wenig Gas weg, richtete mich einige Zentimeter auf und kämpfte ein wenig mit dem Motorrad, das bemüht zu sein schien, mich abzuwerfen. Das Spiel wiederholte sich in den nächsten drei Kurven. Ich erreichte die beiden nach 2:52 Minuten. Eine bessere Zeit wäre drin gewesen, aber das Gerutsche in den Kurven stahl mir einige Sekunden. Die Schleifspuren an den Fußrastenstoppern waren nicht besonders tief. Ich hatte sie in jeder Kurve nur ein oder zwei Meter unten gehabt, dann musste ich mich schon wieder aufrichten, um einen Sturz zu vermeiden. Der Endschalldämpfer zeigte ebenfalls nur leichte Kampfspuren auf. Ich weiß nicht, wie viele Runden wir an diesem Tag noch fuhren, aber fest stand, dass Kevin für 6000 DM allerhand bekommen hatte. Die alternde 750er war zwar etwas schwach auf der Brust, aber ihr knüppelhartes Fahrwerk konnte begeistern. Vielleicht war sie das Beste, was Kevin zur Vorbereitung auf die R1 passieren konnte.

29

Wir waren zu diesem Treffen eingeladen, auf dem nur Vorbestrafte mit hubraumstarken, PS- strotzenden Rennmaschinen erwünscht waren. Wer auch nur einen Rest von Verstand hatte, der blieb diesem Zusammenkommen von kaputten Existenzen fern. Einige hundert aber kamen jedes Jahr, um sich gegenseitig zu demonstrieren, wie weit unten sie waren. Das lief in der Regel darauf hinaus, dass in den offenen Endschalldämpfer gevögelt oder die Pisse des hässlichsten zur Verfügung stehenden Bikers getrunken wurde. Es fanden aber auch immer recht interessante Wettbewerbe statt, bei denen man einen Haufen Kohle gewinnen konnte. So gab es 1996 zum Beispiel 2000 DM für denjenigen, der sich am längsten an einem Baum aufhängen ließ. Das Seil wurde dabei um den Hals gebunden! Ein kleiner dürrer Krimineller aus Hannover machte damals das Rennen. Er hing stolze zwei Minuten mit hochrotem Kopf und laut nach Luft japsend unter dem Ast. Anschließend wurden einige der Teilnehmer ins Krankenhaus gefahren. Aber das tat der Stimmung keinen Abbruch. Ganz im Gegenteil. Wie auch immer. Wir fuhren selbstverständlich hin.
Das Treffen schien dieses Jahr besonders gut besucht zu sein. Wir kamen so gegen 20.00 Uhr an und mussten 10 DM pro Motorrad bezahlen, um überhaupt auf den Platz zu kommen. Wir taten es gerne. Schließlich bekam man hier etwas für sein Geld geboten. Im Gegensatz zu anderen Treffen sah man hier kaum Zelte, von Wohnwagen oder ähnlichem Luxus ganz zu schweigen. Wer hier hin fuhr, der konnte nicht von jetzt bis gleich denken. Außerdem ergab sich die Frage nach der Schlaf-

gelegenheit für die meisten Besucher eh von selbst. Es war die letzte Mischung oder der letzte Joint, der den geschockten Körper auf der Stelle umfallen und sich die nötige Ruhe holen ließ. Wir stellten unsere Motorräder neben denen eines uns bekannten Motorradclubs ab. Die Jungs würden ein wachsames Auge auf unsere kleinen Freundinnen werfen, da waren wir uns sicher. Das Bierzelt war wie jedes Jahr Anlaufpunkt Nummer eins. Zwei von den Fußsohlen bis zu den Haarspitzen mit Mist eingeschmierte Alkoholiker drängelten sich durch die lange Schlange bier-fordernder Biker. Man machte ihnen ohne zu murren Platz. Sie hatten anscheinend MC-Treff Erfahrungen und mit der Mistnummer eine geeignete Möglichkeit gefunden, schnell an ihre Getränke zu kommen. Der Typ hinter dem Zapfer schien selbst sein bester Kunde zu sein. Er hatte mächtig viele Promille im Kopf und war kaum noch in der Lage, den großen Bedarf in angemessener Zeit zu befriedigen. Einige Motorradfahrer aus der Nähe von Hamburg übernahmen seine Aufgabe. Das hatte zur Folge, dass die Getränke auf Kosten des Hauses gingen und der Konsum dramatisch in die Höhe stieg. Wir hielten uns mit dem Alkohol noch zurück und beobachteten die Lage. Es kam zu den ersten Schlägereien. Für uns war dabei kaum auszumachen, worum es eigentlich ging. Ein falsches Wort, ein dummer Blick und schon lagen sich wieder zwei Clubs in den Haaren. Die Stimmung schien vollends zu entgleiten, als der DJ aus einer guten Absicht heraus mit etwas ruhigerer Musik die Aggressionen der hirnlosen Biker herunterfahren wollte. Sie zogen ihn hinter seiner Anlage hervor und zwangen ihn, einige Liter Hochprozentiges zu schlucken. Ein dicker Kuttenträger mit langen fettigen Haaren übernahm seinen Job. Er fuhr voll auf die Böhsen Onkelz und auf Rammstein ab. Die Stimmung beruhigte sich, schäumte nach einiger Zeit jedoch wieder zusehends auf. Wie die meisten um uns herum warteten wir gespannt auf die Bekanntgabe des Wettbewerbes. Schließlich waren alle Biker pleite und konnten sich nichts schöneres vorstellen, als einfach mal so 2000 DM einsacken zu können. Wir hörten es zuerst von einem blassen Typen, der mit Krücken durch die Gegend humpelte. Kurze Zeit später wussten auch zwei Biker aus dem Ruhrgebiet aus sicherer Quelle davon und zehn Minuten später gab es auf dem ganzen Platz kein anderes Gesprächsthema mehr. Die Veranstalter lagen schon seit einer Woche im harten Clinch mit Alkohol und anderen Drogen und waren einfach noch nicht dazu gekommen, sich einen geeigneten Wettbewerb einfallen zu lassen. Der aufgebrachte Mob stellte sie schließlich zur Rede und zwang sie zur Herausgabe des Geldes. Fest stand, dass es einem Biker in voller Höhe in die Hände fallen sollte, und dass der sich das Geld zur Unterhaltung der Anwesenden hart erkämpfen müsste. Einige monströs große Rocker forderten, Ringkämpfe nach dem KO-System zu veranstalten, und der kleine hagere Kriminelle, der das Geld 1996 abgesahnt hatte, bestand darauf, sich wieder aufhängen zu dürfen. Es kam zu einem wahllosen Durcheinander. Fast jeder brachte irgendeinen Vorschlag, und natürlich war gerade dieser ihm dann wie auf dem Leib geschnitten. Ein fetter vier Zentner Mann mit gewaltigem Bierbauch forderte ein Wettsaufen und ein anwesender Endurofahrer sah in einem Crossrennen seine Chance. Ausgerechnet eine Frau beendete das Chaos und bewies zu meiner großen Verwunderung, dass rationales Denken auch dem schwachen Geschlecht zugänglich sein konnte. Sie stellte sich mit einem Zettel in der Hand auf den Tresen des Bierzeltes und brachte den Mob mit ihrem offiziellen Gesichtsausdruck zum Schweigen. Dann las sie einige Vorschläge vor und brachte

es auf den Punkt.
„Männer", verkündigte sie mit lauter Stimme, „wir haben hier die 2000 DM und einer von euch soll sie haben, aber alle anderen sollen dabei auch auf ihre Kosten kommen. Das hier ist ein Motorradtreffen, und da ist die Straße, und da stehen eure Maschinen. Wer meint, dass er hier was anständiges auf die Reihe kriegt, der kann sich bei mir melden."
Ihr Vorschlag war nur fair und wurde von allen akzeptiert. Die meisten wussten, dass sie keine Chance hatten, weil sie entweder zu voll oder nicht geschickt genug mit ihrem Motorrad waren. Aber für diese Biker würde der Abend zumindest noch eine faszinierende Show bereithalten. Kevin hatte mit seiner 92er ZXR 750 nichts zu melden, und Bernd hielt sich aus irgendwelchen anderen Gründen zurück. 2000 DM konnte ich mir beim besten Willen nicht durch die Finger gehen lassen, dafür waren meine Finanzen zu sehr am unteren Limit angelangt. Also ging ich hin und meldete mich an. Zehn Minuten später stand ich mit dreiundzwanzig anderen Bikern in einer sauber aufgereihten Schlange. Die übrigen Besucher des Treffens hatten sich am Straßenrand versammelt. Als Jury dienten neun ausgewählte Motorradfahrer aus verschiedenen Orten Deutschlands. Die Aufgabe war klar gesteckt. Man sollte auf den dreihundert Metern Straße vor uns irgend etwas faszinierendes auf die Füße stellen. Die Straße war schnurgerade. Ein ausgefeilter Slide war also nicht drin. Einen Kreis zu ziehen wäre zu einfach gewesen. Übrig blieb eigentlich nur noch ein Wheelie und eine Vollbremsung mit aufsteigendem Hinterrad. Man konnte nach jedem Versuch die Straße ein Stück weiter fahren, zweimal rechts abbiegen und sich wieder hinten anstellen. Nach zwei Stunden würde der Wettbewerb abgebrochen und der Sieger ermittelt werden. Ich war etwa an zehnter

Stelle. Die Jungs vor mir brachten alle ganz imposante Wheelies zustande. Nur drei schafften es, auf einem Rad zu schalten und alle fuhren ziemlich senkrecht, ohne nennenswert dabei zu beschleunigen. Das war zwar ganz amüsant, entsprach meiner Meinung nach aber keiner der Fire Blade entsprechenden Fahrweise. Die Tatsache, dass ich genügend Versuche zur Verfügung haben würde, ließ mich gelassen an den ersten Wheelie herangehen. Ich zog den Ersten an, verzögerte die Beschleunigung bei 6000 Umdrehungen ein wenig und brachte den Vorderreifen mit einem kaum wahrzunehmenden Gasspiel auf die richtige Höhe. Bei höllisch lauten 11000 Umdrehungen ließ ich in einer kurzen Phase der Entlastung das Getriebe mit einem energischen Ruck in den zweiten Gang wechseln und danach wieder alle Pferde an die Kette. Die Fire Blade reagierte mit urgewaltigen Vorwärtsdrang und ließ den 130er noch ein wenig steigen. Ich hatten den Drehzahlmesser fast in den roten Bereich gedreht und die Zuschauer schon einige Meter hinter mir gelassen, als der Vorderreifen sanft auf den Asphalt aufsetzte. Ein Blick auf das Tacho zeigte mir, dass ich soeben meinen besten bisher gefahrenen Wheelie zustande gebracht hatte. 170 Km/h! Ich fuhr die Straße entlang, setzte den Blinker rechts und bog auf einen kleinen Feldweg ab. Mir war klar, dass ich keinen zweiten Versuch unternehmen würde. Einen besseren Wheelie konnte ich nicht fahren, und einige schlechtere Versuche würden mich bei der Jury mit Sicherheit nach hinten fallen lassen. Nach zwei-hundert Metern ging es wieder nach rechts. Ich fuhr im Schritttempo und beobachtete meine Kontrahenten. Eine 900er Ninja brachte es nur zu einem spärlichen Hüpfer und kaschierte die Schmach mit einem stark qualmenden Kreis. Der Typ hatte keine 2000 DM gewonnen, sondern 300 DM für einen neuen Hinterreifen zugesetzt. Dann war eine zum Streetfighter umgebaute 1200er Bandit an der Reihe. Mir war es schon immer ein Rätsel gewesen, warum einige Leute sich eine Bandit kauften. Das Motorrad war meiner Meinung nach nichts Halbes und nichts Ganzes. Jetzt sollte ich diese Suzi zum ersten Mal im Einsatz sehen und war vielleicht aus einer Vorahnung heraus äußerst gespannt. Der Typ ging den Wheelie mit meiner Methode an. Er beschleunigte bis auf etwa 60 Km/h und zog den Vorderreifen dann beherzt in den Himmel. Nur fuhr er seinen Wheelie wesentlich steiler als ich. Nach einigen Metern hatte er die Bandit bereits in die Senkrechte gebracht. Mir stockte der Atem. Es fehlten nur noch ein oder zwei Grad, dann wäre der Überschlag vorprogrammiert gewesen. Er brachte nicht nur zwei sondern mindestens fünf Grad und hing in einer auffälligen Rückenlage. Im letzten Moment holte er die Bandit dann zurück. Ich weiß nicht, ob er es nur mit der Motorbremse oder mit Hilfe der Rücktrittbremse schaffte, auf jeden Fall war er mit einem Ruck wieder auf der sicheren Seite und nebenbei auch noch in den zweiten Gang gekommen. Ich an seiner Stelle hätte den Vorderreifen möglichst sanft wieder auf den Asphalt gebracht und wäre froh gewesen, mit heiler Haut davongekommen zu sein. Er aber zog wieder mächtig am Gas und brachte die Suzi bei über 130 Km/h noch ein zweites mal in die Rückenlage und fing den Überschlag auch dieses Mal im letzten Moment ab. Ich war begeistert. Der Typ hatte es wirklich drauf, einen Wheelie am Limit zu halten. Ich fuhr zurück und stellte die Fire Blade ab. Wer der Sieger war, stand nach dieser Vorstellung einwandfrei fest. Das sahen wohl auch alle anderen Teilnehmer so. Sich mit diesem Typen beim Wheelie Fahren zu messen, würde einem nur der Lächerlichkeit preisgeben. Zur Begeisterung aller Anwesenden nutzte er die frei gewordene

Straße, um gleich noch einige Kostproben seines Könnens abzugeben. Ich nehme an, dass er noch mindestens acht mal in Rückenlage an uns vorbeischoss, die Bandit im letzten Moment vor dem Überschlag bewahrte und gleich wieder am Gas hing. Dann stellte auch er sein Motorrad ab und holte sich das wohlverdiente Geld. Ich inspizierte die Bandit. Mein erster Blick viel auf die Fußrasten, der zweite auf den Endtopf. Es war kein einziger Kratzer zu sehen. Das verwunderte mich. Hatte die Suzi etwa mehr Schräglagenfreiheit als die Fire Blade? Der Hinterreifen gab mir die Antwort. Dieser verrückte Hund fuhr doch tatsächlich mit mindestens einen Zentimeter breiten Rändern durch die Gegend. Wie konnte es sein, dass jemand, der solche atemberaubenden Wheelies fuhr, es in den Kurven nur zu einer so schwachen Schräglage brachte, dass ein wertvoller Zentimeter des Reifens ungenutzt blieb?
Ich stellte ihn am Bierzelt zur Rede.
„Mein Gott", sagte er schulterzuckend, „ich scheiß mir halt vor jeder Kurve tierisch in die Hose und bilde mir ein, dass die Reifen bei größerer Schräglage einfach wegrutschen würden."
Ich sah ihn ungläubig an.
„Du hast doch noch einen Zentimeter Reserve!"
„Mag schon sein, aber hast du dir mal Gedanken darüber gemacht, warum du keinen Wheelie in Rückenlage fährst?"
Ich zuckte mit den Schultern. Die Antwort lag auf der Hand. Ich sprach sie trotzdem aus.
„Weil ich angst vor einem Überschlag habe."
„So ein Quatsch. Du brauchst doch nur kurz auf die Hinterradbremse treten und schon kippt das Motorrad nach vorn."
Wir schwiegen eine Weile. Dann fingen wir zeitgleich an, unsere Köpfe zu schütteln.
„Ne, für mich ist das nichts."

„Und für mich ist die Kurvenbrennerei nichts. Von Dingen, vor denen man Angst hat, sollte man die Finger lassen. Das geht sonst nicht gut.“
Ich stimmte zu. Das war wohl auch der Grund dafür, warum ich mir von Tamara keine Lebensversicherung hatte andrehen lassen. Ich fürchtete mich vor dem Tag, an dem sie mir das Geld auszahlen würden. So alt wollte ich nämlich gar nicht werden.

30

Es hatte sich bei den motorradbesitzenden Autofahrern in der Gegend herumgesprochen, dass man die gefahrene Schräglage an den Reifen ablesen konnte. Da sie alle mit zwei Zentimeter breiten Rändern herumfuhren, konnten sie keine Storys über ihren wahnsinnigen Fahrstil mehr zum Besten geben. Das nervte sie zwar, führte aber nicht dazu, dass sie sich von ihren aufrechten Fahrgewohnheiten verabschiedeten.
Jan wohnte einige Kilometer von mir entfernt und passte so gut aufs Motorrad, wie ich ins Kloster. Ich hatte auch noch kein Kloster von innen gesehen, aber Jan hatte die Dreistigkeit besessen, sich eine offene TL 1000 R zu kaufen. Natürlich nervten auch ihn die verräterischen Ränder und er machte sich Gedanken darüber, wie er sie wohl am einfachsten los werden würde. Er kam zu dem Ergebnis, dass ich seine Suzi gerne mal fahren dürfte.
„Eugen“, sagte er, „ich würde gerne mal wissen, was du von den Kurveneigenschaften der TL 1000 R hältst.“
Ich wusste, was er damit bezweckte, konnte mir die Gelegenheit aber nicht nehmen lassen, mal wieder einem neuen Renner auf den Zahn zu fühlen. Also stimmte ich zu und handelte eine Stunde heraus. Das würde genügen. Ich nutzte die ersten Minuten, um den Motor warm zu fahren. Dann ließ ich den Drehzahlmesser laufen. Die 1000er kam brutal von unten. Ich schaltete früh und drehte wieder voll auf. Das Ding lief, das war ja schon mal was. Ob es für atemberaubende Wheelies langen würde, sollte sich zeigen. Ich kuppelte aus und fühlte der Vorderradbremse auf den Zahn. Sie war besser dosierbar als die der GSX-R 750 und mindestens genauso bissig. Bei 30

Km/h ließ ich die Bremsscheiben frei und legte den ersten Gang ein. Dann drehte ich auf, nahm bei 6000 Umdrehungen kaum spürbar Gas weg und riss im nächsten Augenblick wieder hart auf. Der 120er stieg ohne zu zögern in den Himmel. Ich spielte wie gewohnt ein wenig mit dem Gas, um möglichst sanft in den Zweiten zu kommen, wurde jedoch ziemlich rabiat daran gehindert. Die Suzi war in den Begrenzer gedreht und der Vorderreifen hart auf den Asphalt aufgeschlagen. Meiner Meinung nach hatte ich höchstens 10000 Umdrehungen auf der Uhr gehabt. Ein zweiter Versuch endete ähnlich. Wenn man die TL bei 6000 Umdrehungen hochzog, dann hatte man nur noch verdammt wenig Zeit, sie in den nächsten Gang zu bekommen. Also versuchte ich den Wheelie bei 5000 Umdrehungen anzusetzen. Sie machte nur einen kleinen Hopser. Man brauchte mindestens 5500 Umdrehungen. Ich gab mir noch mehrere Versuche in dem höheren Drehzahlbereich und endete jedes Mal im Begrenzer. Sicherlich, es wäre möglich gewesen, die 1000er ruckartig mit einem Winkel von siebzig Grad aufs Hinterbein zu stellen, das Getriebe ein wenig zu entlasten und mit einer energischen Aufwärtsbewegung des linken Fußes in den nächsten Gang zu bekommen, aber das wäre kein Wheelie, der einer Rennmaschine gerecht werden würde. So machten es die Jungs mit den Enduros. Eine Rennmaschine muss während der Aktion brachial beschleunigen und das Vorderrad langsam und möglichst gleichmäßig in den Himmel ziehen. Wer gleich mit einem großen Winkel fährt, der kann nur noch wenige Pferde an die Kette lassen, weil er sonst einen Überschlag zum Besten gibt. Auf jeden Fall hatte die TL nicht genügend Drehzahlreserve, um schöne Wheelies zu fahren. Ich machte mich an die zweite Disziplin. Wenn mir schon jemand sein Motorrad leiht, dann bringe ich es ihm auch mit dicken abgewetzten

Gummibröseln an den Rändern seines Hinterreifen zurück. Also mussten einige Kurven dran glauben. Ich fuhr eine scharfe Rechtskurve an, in der man ausgangs eine Geschwindigkeit von 160 Km/h erreichen konnte. Am Scheitelpunkt der Kurve riss ich den Hahn bei voller Schräglage auf. Die Suzi legte einen gut kontrollierbaren Slide hin und drehte gerade in dem Moment, in dem ich mich eh aufrichten wollte, in den Begrenzer. Die nächste Kurve nahm ich bewusst einen Gang höher. Es reichte trotzdem für einen Slide. Ich beschleunigte maximal aus der Kurve heraus und vermutete einen fetten schwarzen Strich, den ich nicht so schnell enden lassen wollte. Der Begrenzer machte meinen Plan zunichte. Ich ließ den 190er noch durch ein Dutzend Kurven rutschen und ließ den Zweizylinder genauso häufig abschalten. Die 1000er war ein gutes Motorrad, daran gab es nichts zu rütteln, aber ich war einfach nicht der Typ für diese niedrigen Drehzahlen. Immer wenn ich das Gefühl hatte, dass die Post endlich abgehen würde, dann war es auch schon wieder vorbei mit der Reserve. Ich brachte Jan sein Motorrad zurück. Er nahm es freudig entgegen und bestaunte den mitgenommenen Hinterreifen. Ich blieb noch eine Weile bei ihm und wartete auf die Frage, wie ich sein Motorrad denn nun beurteilen würde. Er fragte nicht. Warum sollte er auch? Für Fahrer wie ihn kam es gar nicht so genau auf die Kleinigkeiten an. Hauptsache er konnte sich mit dem Ding vorwärtsbewegen und sich den Mädels zeigen. Und seine Ränder war er ja auch los geworden. Für mich war eine schöne Stunde herausgesprungen und die Gewissheit, dass die TL für meine Fahrgewohnheiten zu begrenzt war.

31

Eine Claudia rief mich an und lud mich zum Klassentreffen ein. Ich konnte mich zwar nicht erinnern, jemals mit einer Claudia zur Schule gegangen zu sein, aber das hatte bei mir nichts zu bedeuten. Genau genommen war ich mir eigentlich auch ziemlich sicher, dass ich nur sechs Jahre zur Schule gegangen war. Kevin versicherte mir zwar immer, dass das nicht sein könnte, da ich wie kein anderer in der Lage war, die jeweils günstigste Finanzierung von Motorrädern auszurechnen, aber das hätte ich mir ja auch durchaus anders aneignen können. Trotzdem hatte er wahrscheinlich recht. Es lag in meiner Natur, dass ich negative Erinnerungen fast vollständig aus meinem Gedächtnis verdrängen konnte.
Auf jeden Fall hörte sich Claudia sehr gutaussehend an und ich sagte sofort zu. In den nächsten Tagen kamen dann auch einige Erinnerungen zurück. Da war zum Beispiel Gunnar. Er hatte so ziemlich die strengsten Eltern, die man sich vorstellen konnte. Genutzt hatte es nichts. Ich holte ihn einige male nachts wenn seine Eltern schliefen ab und wir bauten allerhand Scheiße. Irgendwann war er dann von einem Tag zum anderen verschwunden. Das letzte was ich von Gunnar hörte war, dass er in die Drogenszene abgerutscht wäre. Aber das hatte nichts zu sagen. Solche Gerüchte kursierten auch über mich. Dann war da noch Rainer. Rainer durfte schon in der fünften Klasse mit der Mofa von seinem großen Bruder rumheizen. Ansonsten hatte Rainer nicht viel drauf, aber er ließ uns regelmäßig fahren und das machte ihn beliebt. Irgendwann versenkte ich die Zündapp dann in einem Straßengraben voller Wasser und halb vermoderten Laub, und der Bruder gab das gute Stück nicht

mehr her. Für mich hatte das keinerlei Auswirkungen, aber Rainer verlor auf einen Schlag alle seine Freunde. Ich erinnerte mich auch noch an den dämlichen Alexander, an Jens und an Frank und an die vielen kleineren und größeren Taten, die wir uns geleistet hatten, und mit der Zeit entwickelte ich eine wahre Vorfreude auf das Wiedersehen.
Wir waren an einem Samstagabend um 20.00 Uhr in einer Gastwirtschaft ganz in der Nähe der Schule verabredet. Ich hatte mir schon seit Tagen den Kopf darüber zerbrochen, was ich zu diesem Treffen anziehen könnte. Eine Jeanshose und ein dazu passender Pullover erschienen mir angebracht. Ich hatte auch eine Jeans, aber dummerweise war ich damit gegen die Anhängerkupplung unseres Firmenwagens gekommen und hatte mir dadurch einen dicken Fettfleck eingefangen. Also schien es mir das beste zu sein, mit der Fire Blade und dem Lederkombi zu fahren. Ein um 18.00 Uhr einsetzender Dauerregen machte mir einen Strich durch die Rechnung. Ich wischte noch ein wenig an der Hose rum und stieg um 19.20 Uhr in meinen Golf. Es lagen etwa vierzig Kilometer Fahrt vor mir. Nach zwei Kilometern bahnten sich dicke Wassertropfen ihren Weg durch die poröse Gummidichtung der Beifahrertür und landeten auf dem Sitz. Daran ließ sich nichts ändern und es störte mich auch nicht sonderlich, aber die Feuchtigkeit hatte zur Folge, dass die Scheiben beschlugen. Die Frontscheibe ließ sich mit dem Gebläse erfolgreich bearbeiten, aber die Seitenscheiben blieben von der warmen Luft scheinbar unberührt. Das war nicht weiter schlimm. Man brauchte sie nur kurz herunterkurbeln, dann streiften sich die kleinen Wassertropfen an der unteren Gummikante ab. Ich fing mit der Scheibe an der Fahrertür an. Sie klemmte etwa auf halber Höhe. Auch das war kein Problem. Sie klemmte eigentlich fast immer. Man brauchte den

Hebel nur ein kleines Stück in entgegengesetzter Richtung und dann mit einem Ruck wieder weiter drehen. Ich tat es und brach das gute Stück dabei kurz oberhalb der Aufhängung ab. Der Regen schien meine missliche Lage zu erkennen und setzte noch einen drauf. Ich ließ die Scheibenwischer auf höchster Stufe arbeiten. Allerdings konnten sie nichts gegen die Tropfen ausrichten, die durch das halboffene Fenster auf meine Hose fielen. Ich fuhr rechts ran, öffnete die Tür und versuchte die Fensterscheibe mit meinen Händen hochzuziehen. Sie war nass und schmierig und hatte sich mächtig festgekeilt. Es nutzte nichts. Ich hatte die Hälfte der Strecke schon hinter mich gebracht und war mir sicher, auch den Rest trotz des halboffenen Fensters noch einigermaßen trocken zurücklegen zu können. Ich fuhr pünktlich um 20.00 Uhr vor die Gastwirtschaft und hielt Ausschau nach einer freien Stelle auf dem hauseigenen Parkplatz. Eine Armada funkelnder Mittelklasselimousinen hatte sich vor der einst so stillen Schenke breit gemacht und prophezeite dem Wirt einen ordentlichen Zahltag. Ein nagelneuer Audi A4 schnappte mir die letzte Lücke weg. Der Fahrer kam mir bekannt vor. Ich fuhr einige Meter weiter und parkte in einer Seitenstraße. Es hatte mittlerweile aufgehört zu regnen. Das nutzte mir wenig, meine Hose war schon durchnässt, und zwar an der denkbar ungünstigsten Stelle. Es sah aus, als hätte ich mich selbst angepisst. Ich spielte mit dem Gedanken, wieder nach Hause zu fahren, aber meine Neugierde auf die ehemaligen Klassenkameraden war zu groß. Ein weinroter 5er BMW hupte mich an. Den Fahrer kannte ich irgendwo her. Er grüßte. Ich auch. In mir wuchs langsam die Befürchtung, dass die dicken Autos auf dem Parkplatz aus dem selben Grund dort waren, wie mein kleiner 86er Golf. Also steuerte ich die Gastwirtschaft von der Rückseite an, um einen prüfenden Blick

durchs Fenster werfen zu können. Die Gesichter sah ich nicht zum ersten mal. Sie standen mit kleinen Sektgläsern herum und musterten sich ein wenig distanziert. In ihren Stoffhosen hatten sie dicke Beulen. Ich vermutete darin prall gefüllte Portemonnaies. Die Frauen waren aufgedonnert, gaben aber nicht besonders viel her. Die Luft war raus, und das konnten sie auch nicht mit teuren Kleidern und dick aufgetragener Tusche kaschieren. Ich kannte sie, da war ich mir sicher, aber das war nicht die Klasse, die ich hier erwartet hatte. Es musste ein Irrtum vorgelegen haben, oder irgend jemand wollte mir einen Streich spielen. Mein Entschluss, mich unbemerkt in meinen Golf zu setzen und den Heimweg anzutreten, stand fest. Ich ging auf den Parkplatz und betrachtete noch einmal fassungslos die Autos.
Ein lautes „Hallo Eugen" ließ mich aufschrecken. Es war Hanke. Die Erinnerung kam schlagartig zurück. Ich war im sechsten oder siebenten Jahrgang sitzen geblieben und in diese Klasse hier gekommen. Mir fiel es schon damals schwer, mit ihnen zurechtzukommen, aber jetzt hatten wir uns scheinbar völlig auseinandergelebt. Leider äußerte sich das darin, dass ihre Autos etwa den fünfzigfachen Wert meines VW´s hatten, und dass ich im Gegensatz zu ihnen in einer alten Jeans und einem verwaschenen Pullover herumlief, den ich mir nicht einmal selbst gekauft hatte. Mir war die Sache ein wenig unangenehm. Zu allem Übel fiel mir jetzt auch noch der scheinbare Pissfleck ein, der die Vorderseite meiner Hose zierte. Ich drehte mich ein wenig zur Seite und erwiderte die Begrüßung.
„Lass uns rein gehen, Eugen."
Ich trottete ihm hinterher und entdeckte kurz vor dem Saal eine Toilette. Mir kam eine rettende Idee. Ich ging hinein und schloss die Tür hinter mir. Den nassen Fleck konnte ich nicht wegma-

chen, aber ich könnte ihn in Form und Größe so verändern, dass es nicht mehr aussehen würde, als hätte ich mich selbst eingenässt. Vielleicht könnte ich den Eindruck erwecken, als wäre ich mit dem Fahrrad gekommen und in einen Regenschauer geraten. Also sprenkelte ich mir noch eine Menge zusätzliches Wasser auf die Hosenbeine, bis sie bis zu den Knien durchnässt waren. Ein ekelhaftes Gefühl, aber besser zu ertragen, als die mitleidigen Blicke auf einen scheinbaren Pissfleck auf der Hose eines heruntergekommenen Alkoholikers. So weit unten war ich nämlich noch nicht, und ich wollte mich vor meinen ehemaligen Schulkollegen auch nicht unter Wert verkaufen. Ich betrat also mit dem märtyrerischen Blick eines beruflich erfolgreichen Radikalökologens den Saal und setzte mich neben einen Typen, dessen Name mir entfallen war. Er trug ebenfalls nur eine Jeanshose, hatte es obenrum aber immerhin zu einem Hemd mit Schlips gebracht. Claudia begann mit der Eröffnungsrede und ging gleich dazu über, von ihrem eigenen Lebenslauf zu berichten. Sie hatte noch während ihrer Lehre zur technischen Zeichnerin ihren jetzigen Mann kennen gelernt und es zusammen mit ihm zu zwei Kindern und einem Einfamilienhaus gebracht. So ganz nebenbei gehörte ihnen seit einigen Monaten auch das Gasthaus, in dem wir gerade saßen. Das Klassentreffen war also nicht ganz uneigennützig gewesen. Ihre Tischnachbarin folgte dem Beispiel und berichtete von ihrem Werdegang der letzten Jahre. Sie hatte sich schulisch weitergebildet und ein Medizinstudium begonnen. Zur abgeschlossenen Berufsausbildung hatte ihr das zwar nicht verholfen, aber sie war so an einen Chirurgen und dem dazugehörigen materiellen Wohlstand gekommen. Frank, der alte Versager, fuhr mit der Vorstellung fort. Er machte recht erfolgreich mit Immobilien herum, hatte ebenfalls Frau und Kinder

und wohnte in seinen eigenen Wänden. Die Reihe der erfolgreichen Lebensläufe setzte sich nahtlos fort. Aus den Schülern unserer Klasse waren Informatiker, leitende Betriebswirte und Unternehmer aus allen erdenklichen Sparten geworden. Sie wohnten in Eigentumshäusern und zogen voller Stolz ihre Nachkommen groß. Nur einer wohnte in einer kleinen renovierungsbedürftigen Zweizimmerwohnung und fuhr jeden Tag in eine Firma, die nicht einmal ihm gehörte, um dann auf irgendeiner Baustelle zu buckeln und siebzehnjährigen Mädchen hinterher zu pfeifen. Nur einer war noch dabei, der sich am Wochenende besoffen in irgendwelchen Straßengräben wiederfand, an denen die anderen achtlos in ihren neuwertigen Limousinen mit Frau und Kind zu irgendwelchen Ausflugszielen vorbeifuhren. Nur einer war noch dabei, der sein eigenes Leben nicht in den Griff bekam und für den der Gedanke, Verantwortung für andere Menschen zu übernehmen, eine unerträgliche Bedrohung darstellte. Wenn man die Klasse als ganzes betrachtete, dann war das ein durchaus zufriedenstellender Schnitt. Nur eine Niete unter 23 Schülern, das war schwer zu überbieten. Das Problem lag nur darin, dass ich die Niete war, und dass meine Vorstellung mir unmittelbar bevorstand. Ich hatte bis zum letzten Moment krampfhaft nach einer einigermaßen erfolgreich klingenden Beschreibung meines Werdeganges gesucht und war jedes Mal an der eindeutigen Realität gescheitert. Meinen ehemaligen Schulkollegen einfach das blaue vom Himmel vorzulügen, dafür fehlte mir die Schamlosigkeit, und als ich an der Reihe war und in die gesellschaftlich etablierten Gesichter um mich herum blickte, da beschloss ich, aufrechten Ganges zur Wahrheit zu stehen.
„Also, wie ihr wisst bin ich Eugen Wendmann und in der siebenten Klasse als Sitzenbleiber zu euch gekommen. Damals

war mir eigentlich noch gar nicht so bewusst, dass sich mein fehlender Ehrgeiz auch über die Schule hinaus negativ auf mich auswirken würde. Ich bin Arbeiter in einer kleinen Baufirma und bringe es nur mit Überstunden auf die 2500 DM netto im Monat. Ich wohne in einer kleinen Zweizimmerwohnung und stecke jede mögliche Mark in mein Motorrad, mit dem ich sozusagen verheiratet bin. Was Frauen betrifft, so arbeite ich mit vollem Einsatz daran, mir einen kleinen Harem anzulegen."
Es herrschte totenstille im Saal. Ich ließ mir meine Worte noch einmal durch den Kopf gehen. Das mit dem Harem schien mir ein wenig dick aufgetragen zu sein. Schließlich hatte ich in diesem Jahr bis auf Vinnie keine einzige Frau geknackt.
„Okay okay", ergänzte ich, „das mit dem Harem ist erst im Anfangsstadium. Bisher habe ich es nur zu einer arbeitsscheuen Drogenkonsumentin gebracht."
Ein schallendes Gelächter brach aus. „Eugen, das war der gekonnte Abschluss",
„Wirklich zu blöd dieses förmliche Getue immer",
„Lasst uns endlich die oberen Kragenknöpfe öffnen".
Der letzte Satz hatte sie scheinbar davon überzeugt, dass meine Offenbarung der Erfolglosigkeit nur ein Witz gewesen war. Damit konnte ich leben. Ich blieb noch etwa zwei Stunden, dann machte ich mich ohne große Verabschiedung aus dem Staub. Die ganze Sache hatte mir doch mehr zugesetzt, als mir lieb gewesen war. Ich ging an dem Parkplatz mit den glänzenden Autos entlang und kam schließlich zu dieser Seitenstraße, in der ein kleiner verrotteter Golf stand. Die Seitenscheibe war halb heruntergekurbelt und der Fahrersitz hatte den immer wieder einsetzenden Regen wie ein Schwamm aufgesogen. Ich setzte mich auf den Schwamm und presste ihn aus. Das Wasser zog in meine Hose und bescherte mir einen nassen Arsch.

Ich bekam es von vorne oder von hinten, aber davon kam ich nie. An meiner Situation musste sich etwas ändern. Ich legte den ersten Gang ein und fuhr völlig deprimiert nach Hause. Mir war schon klar, warum ich nicht weiter zur Schule gegangen und mich einer dieser alle Türe öffnenden Ausbildungen unterzogen hatte. Ich brauchte das Geld damals sofort, um mir mein erstes Motorrad leisten zu können. Und dann das zweite und das dritte. Und so ging es immer weiter. Ich hatte die letzten zehn Jahre nur von heute auf morgen gedacht und es zu absolut gar nichts gebracht. Es musste etwas passieren, da führte kein Weg dran vorbei. Irgend etwas würde ich in Zukunft anders machen müssen.
Mir gingen während der Fahrt ein Haufen Gedanken durch den Kopf. Vielleicht sollte ich eine Umschulung machen, oder erst einmal einen vernünftigen Schulabschluss, eine kleine Firma gründen, mir eine vernünftige Frau suchen, die Fire Blade verkaufen, mir eine anständige Jeanshose zulegen und vielleicht sogar ein Hemd. Ich verwarf die Gedanken genauso schnell wie sie kamen. Es war einfach noch nicht der richtige dabei. Was blieb war die Gewissheit, dass ich in Zukunft etwas anders machen müsste.
Ich fuhr den Golf vor meine Garage, ließ den Motor laufen, zog die Handbremse an und öffnete das Garagentor. Da stand sie in voller Schönheit im Scheinwerferlicht des Golfs vor mir. Dieses Gefühl, das andere mit Schmetterlinge im Bauch oder mit Liebe bezeichneten, durchzog meinen Körper. Ich ging zu ihr, strich ihr über den Tank und umklammerte mit den Händen die Lenkerstummel. Man konnte sich über die Zukunft stundenlang erfolglos den Kopf zerbrechen, aber wenn man dann vor seinem Motorrad stand, dann war mit einem Schlag alles sonnenklar. Ich würde in Zukunft zu keinem Klassentreffen

mehr gehen, ansonsten würde alles beim Alten bleiben, und das war gut so. Denn was zählten materielle Güter, eine Familie und ein imponierender beruflicher Werdegang schon gegen eine aufrichtige Lebensliebe?

32

Die meisten Menschen waren immer gleich drauf. Einige lachten ständig. Es war egal, wann und wo man sie traf, sie hatten rund um die Uhr ihre Mundwinkel nach oben gezogen und gaben alberne Grunzlaute von sich. Andere waren immer in so einer Art Aufbruchstimmung. Für sie verging kein Tag ohne die Vorfreude auf irgendein Ereignis. Entweder freuten sie sich auf ihren Urlaub, eine neue Arbeitsstelle, ein Familienfest, einen neuen Fernseher oder aufs Wetter. Bei mir sah das mit dem Gemüt anders aus. Meine Stimmung wechselte stündlich. Meistens war ich einfach nur schlecht gelaunt. Dann wieder regelrecht depressiv. Die Depressionen wandelten sich schnell in Aggressionen um. Ich achtete stets darauf, meinen Aggressionen freien Lauf zu lassen, um sich nichts aufstauen zu lassen. Wenn ich mir dann Luft gemacht hatte, fiel ich wieder in meinen Normalzustand zurück. Ich hatte wieder ganz normale schlechte Laune.

Ich arbeitete seit zwei oder drei Wochen alleine auf einer Baustelle. Der Bauherr rannte mir rund um die Uhr hinterher und löcherte mich mit dämlichen Fragen. Mein Gemüt war schon beim Erreichen der Baustelle auf pure Aggression geschaltet und musste neun oder zehn Stunden in diesem Zustand verbleiben. Ich konnte mir keine Luft machen. Der Typ hatte einen Haufen Kohle und sicherte mit seinen Aufträgen das dicke Portemonnaie meines Chefs. Der rief jeden Abend besorgt bei mir an und vergewisserte sich, ob ich mich noch mit dem Bauherren verstehen würde und ermahnte mich, auf gar keinen Fall handgreiflich oder in sonstiger Weise ausfallend zu werden. Ich tat ihm zuliebe so, als ob alles in Ordnung wäre, schmiede-

te im Innern jedoch schon Mordpläne.
George hatte einen seiner schlimmsten Tage erwischt. Er stand mir bei der Arbeit förmlich auf den Füßen. Meine Nerven lagen blank. So etwa zwei Stunden vor Feierabend passierte es dann. Ich wollte einen achtziger Nagel in den Dachsparren schlagen und erwischte einen derart harten Knast, dass der Kopf sich nach dem zweiten Schlag leicht zur Seite neigte. Normalerweise hätte ich das Ding trotzdem noch versenkt, aber Georges bohrenden Blicke hatten entweder den Nagel oder mich mürbe gemacht. Der nächste Schlag knickte den Achtziger um wie einen Pappnagel. Ich ließ mir nichts anmerken, zog ihn wieder raus und ließ ihn auf den Boden fallen. George stürzte sich auf die demolierte Pfennigware, schnappte sich einen Hammer, schlug den Nagel wieder gerade und reichte ihn mir für einen zweiten Versuch. Nach dem ersten Schlag bildete der Nagel bereits einen dreißig Grad Winkel. Ich stieg von der Leiter.
'Ich muss jetzt Schluss machen. Soll noch zu einer anderen Baustelle. Vielleicht komme ich ab morgen gar nicht wieder. Dann macht das ein Kollege von mir fertig."
Ich gab mir Mühe, dabei einen betroffenen Gesichtsausdruck zu machen. George beruhigte mich.
„Keine Angst, ich hab schon mit deinem Chef gesprochen. Ich hab darauf bestanden, dass du das hier machst. Er hat mir das zugesichert."
Mir wurde schlagartig klar, dass ich auch die nächsten drei Wochen mit diesem Hirni verbringen müsste. Das Leben schien mir wieder hart zusetzen zu wollen. Ich ging in den Bauwagen und zwängte mich in den Lederkombi.
Die Fire Blade brauchte gute sechs Kilometer, um warm zu werden. Gerade rechtzeitig vor einer scharfen, endlos langen

Rechtskurve war der Temperaturzeiger aus der kalten Zone herausgewandert. Ich schaltete herunter in den Dritten und legte das Motorrad in Schräglage. Bis auf etwas über 180 Sachen konnte man hier mit schleifendem Knie beschleunigen. Ich hatte noch keine 150 auf der Uhr, als mich ein Laster um den Spaß brachte. Er kroch mit 70 Km/h über den Asphalt und versperrte die Sicht auf den Gegenverkehr. Überholen wäre ein reines Glücksspiel gewesen. Ich verließ mich nicht auf mein Glück und eierte dem Brummi hinterher. Einige entgegenkommende Autos zeigten mir, dass meine Entscheidung richtig gewesen war. Irgendwann kamen wir dann endlich aus der Kurve heraus. Die Gerade war etwa vierhundert Meter lang, dann folgte eine scharfe Linkskurve. Ich musste noch einen Bus passieren lassen, bis ich endlich an dem Laster vorbeiziehen und alle Pferde laufen lassen konnte. Wir hatten auf beachtliche 80 Km/h beschleunigt, als die Überholspur frei wurde. Den Frust über die verpasste Knieschleifgelegenheit wollte ich mit einem Wheelie der wilderen Sorte verarbeiten. Der LKW Fahrer sollte sehen, wem er da die freie Fahrt genommen hatte. Ich zog nach links, schaltete in den Ersten, zog kurz an, nahm ein wenig Gas weg und riss den Hahn voll auf. Die Fire Blade ging gut ab, aber das Vorderrad blieb auf dem Boden kleben. Wie immer, wenn ich einen Wheelie verriss, schüttelte es mich. Ich ärgerte mich noch mehr über das schwache Überholmanöver als über das Kurvenhindernis. Was sollte der LKW Fahrer nur von mir denken? Ich war völlig unspektakulär wie ein blutiger Anfänger an ihm vorbeigezogen. Vor lauter Wut über mein Versagen zog ich die ersten beiden Gänge bis in den Begrenzer. Den Dritten bekam ich nicht mehr ganz hinein. Bei 11700 Umdrehungen musste ich voll in die Eisen gehen. Eigentlich hätte ich schon bei 11500 Umdrehungen anbremsen müssen, aber ich tat es eben erst zweihundert Umdrehungen später. Und das führte wiederum dazu, dass ich diese herrliche Linkskurve, in der ich regelmäßig im zweiten Gang fünfzig Meter lange Striche zog, auf der völlig falschen Linie erwischte. Ich bremste bis in den Scheitelpunkt hinein, kam einen Fußbreit vom Straßenrand um die Ecke und erst spät dazu, wieder am Gas zu ziehen. Wieder fühlte ich mich wie ein Anfänger. Ich hatte es bei der ganzen Aktion nicht einmal zu einer vernünftigen Schräglage gebracht. Also zog ich den Zweiten und auch den Dritten in den Begrenzer und legte kurz vor einer Ortschaft eine Vollbremsung hin. Mit 60 im Dritten ging es durch eine endlose Ansammlung spießiger Behausungen. Die Menschen hier hatten keine größeren Probleme, als um die Wette ihren Rasen zu mähen und die Gardinen zu waschen. Mein Problem lag woanders. Ich war kurz vor dem Explodieren und hatte es immer noch nicht geschafft, mich mit einigen anständigen Wheelies und langen schwarzen Strichen aus Kurvenscheitelpunkten heraus abzureagieren. Mir verblieben dafür noch etwa drei Kilometer und eine Hand voll Kurven. Ich beschleunigte aus der Ortschaft heraus und nahm eine unübersichtliche Rechtslinkskurve. Die Sicht war hier durch Sträucher und Bäume auf etwa vierzig Meter begrenzt und verhinderte daher eine beherzte Schräglage. Dann ging es auf eine kurze Gerade, die in eine herrlich scharfe Linkskurve endete. Die Vorfreude auf den Bodenkontakt wurde durch einen entgegenkommenden Milchtankwagen zerstört. Wir trafen uns genau im Scheitelpunkt. Er beanspruchte anderthalb Fahrbahnen und machte es mir unmöglich, meinen Oberkörper weit in Richtung Mittelstreifen zu bringen. Also fuhr ich mit mäßiger Geschwindigkeit und mir ungewohnt aufrechter Haltung herum. Mein Beschleunigungsmanöver Kurvenausgangs wurde durch eine deprimierende Entdeckung beendet. Irgendein blöder Bauer hatte mit dem groben Profil seiner stumpfsinnigen Treckerreifen Unmengen von Dreck auf der Fahrbahn verteilt. Ich drosselt meine Geschwindigkeit auf 80 Km/h und blieb auf der etwas saubereren Mitte seiner Spur. Die nächsten beiden Kurven waren durch den Sand nur langsam zu befahren, dann lief die Spur langsam aus und machte noch einmal Hoffnung auf einen adrenalinhaltigen Fahrstil. Die folgende Rechtskurve wäre eigentlich im fünften Gang und 10000 Umdrehungen zu nehmen gewesen, aber der Straßenbelag war hier ausgesprochen schlecht und gleich hinter der Kurve mündete ein kleiner hinter Bäumen versteckter Feldweg. Ich war hier schon oft von plötzlich auf die Straße fahrenden vierrädrigen Verkehrsschikanen überrascht worden und blieb vorsichtshalber bei 200 Km/h. Auf der Geraden brachte ich es dann auf 240 Sachen. Es wäre besser gewesen, wenn ich den Hahn nicht so weit aufgerissen hätte, denn ich war unerwartet schnell an einem Fahrschulwagen dran, der hinter einem Trecker herfuhr. Vermutlich der Straßenbeschmutzer. Die beiden waren gerade um die Kurve rum, als ich in sie hineinfuhr. Ich nahm an, dass der Fahrschulwagen gleich zum Überholen ausscheren würde und drosselte meine Geschwindigkeit so weit herunter, dass ich ihm nicht die hintere Stoßstange verbeulen würde. Das verhinderte natürlich jeglichen Bodenkontakt. Wie angenommen blockierte der rote Golf die linke Spur. Es waren noch etwa dreihundert Meter bis zum Ortsschild. Dann hatte ich bis zu meiner Wohnung noch einige hundert Meter mit 60 Km/h vor mir. Nichts aufregendes. Die letzte Chance für einen kleinen Kick bestand also in einem Wheelie. Aber dafür musste dieser blöde Fahrschüler erst einmal die Straße frei machen. Ich weiß nicht, wie er es schaffte, aber er war doch tatsächlich in der Lage,

nicht an diesen vierzig Stundenkilometer schnellen Trecker vorbeizukommen. Wahrscheinlich beschleunigte er im fünften Gang, oder er trat mit seinen zu großen Füßen gleichzeitig auf die Bremse. Auf jeden Fall blieben die beiden so ungefähr auf gleicher Höhe und brachten mich damit an den Rand des Wahnsinns. Es war nur ein kurzer Augenblick. Der Trecker zog ein wenig nach rechts und wirbelte den Staub vom Straßenrand auf. Gleichzeitig lenkte der Fahrschüler den Wagen etwas mehr in Richtung linken Fahrbahnrand und gab damit eine kleine Lücke auf dem Mittelstreifen frei. Ich hatte vorsorglich den ersten Gang eingelegt und riss diesen reflexartig auf. Als ich auf gleicher Höhe mit den beiden Fahrern war, hatte ich die 6000 Umdrehungen erreicht. Ich riss das Vorderrad in den Himmel und brachte die Fire Blade in Höhe des Ortsschildes bei 110 Sachen in den Zweiten. Ein Wheelie der Spitzenklasse. Als die Tachonadel die 140 erreichte, war der 130er noch einen Meter über dem Boden. Bei 141 vernahm ich dann diese Uniform auf dem Fußgängerweg. Es war der Dorfsherrif. Mir war mein Wheelie plötzlich äußerst unangenehm. Schließlich hatte ich ihm schon so oft versprochen, mich zu ändern. Ich brachte die linke Hand zu einem kurzen beschwichtigenden Gruß vom Lenker weg und den Vorderreifen bei 145 Sachen behutsam auf den Boden. Dann ging ich voll in die Eisen und fuhr mit 50 Km/h im Dritten nach Hause.
Es dauerte keine fünf Minuten, bis ich ihn mehrmals auf der Straße vorbeischlendern sah. Dummerweise hatte ich die Fire Blade auch noch draußen stehen lassen. Eine Stunde später kam dann sein Anruf.
„Es langt! Ich habe dich oft genug ermahnt! Jetzt bist du endgültig zu weit gegangen!“
Ich versuchte, ihn zu beruhigen, kam jedoch nicht zu Wort.

„Schluss mit den ewigen Ermahnungen! Du wirst die volle härte des Gesetzes zu spüren bekommen. Also Eugen, wenn du noch einmal unangenehm auffällst, dann werde ich dich vor Gericht bringen. Übrigens, ich habe hier wieder genug Beschwerden und Anzeigen liegen, die garantiert dir gelten. Leider alles ohne Nummernschild. Aber ich werde die alle mit auf den Tisch bringen. Ende!"
Er knallte den Hörer auf die Gabel. Tja, es war nun doch wieder bei einer Ermahnung geblieben, aber sie war ihm wirklich ernst, da bestand kein Zweifel. Nur war er für einen Cop einfach ein zu guter Mensch. Ich nahm mir vor, ihn nicht zu enttäuschen. Dieses Mal wirklich nicht. Zumal das in der Ortschaft ja auch eigentlich gar nicht meine Art gewesen war.

33

Wir saßen bei Kevin und hatten bereits mächtig gebechert. Außer Bernd war auch noch dieser Typ anwesend. Ein Zeitsoldat der Luftwaffe, der seinen Wehrsold zur einen Hälfte für seinen Opel Calibra und zur anderen für Solariumbesuche ausgab. Er war so braun, dass wir ihn Elektroneger nannten. Seinen richtigen Namen haben wir wahrscheinlich nie gewusst. Wir konnten ihn nicht leiden. Zum einen weil er ein chronischer Lügner war und zum anderen, weil er kein Motorrad besaß. Wer jung ist und etwas auf sich hält, der fährt Motorrad. Elektroneger hielt nichts auf sich, war aber ständig bemüht, sein Ansehen bei seinen Mitmenschen zu pflegen. Und da er außer seinem Calibra und seiner braunen Haut nichts vorzuweisen hatte, wusste er sich nicht anders zu helfen, als zu lügen. Wir hatten ihn schon einige Male an unseren Umtrunken teilnehmen lassen, weil er sich mit seinem Opel als optimaler Taxifahrer erwies. Und obwohl er an diesen Abenden keinen einzigen Schluck Alkohol in sich hineinkippte, kam er jedes Mal mit den haarsträubendsten Geschichten. Einmal erfand er zum Beispiel private Beschleunigungsrennen, die angeblich jeden Sonntagmorgen auf der Umgehungsstraße ausgefahren wurden. Irgendein heißgemachter Porsche ließ dabei angeblich regelmäßig die Motorräder stehen. Wir fuhren gleich am nächsten Morgen hin, um die Ehre der Biker wieder herzustellen und standen uns die Füße in den Bauch. Kein Porsche, keine Motorräder, keine Beschleunigungsrennen.
Auf jeden Fall saßen wir bei Kevin und tranken. Wie immer kamen wir schnell auf unsere Motorräder zu sprechen. Ich erzählte, dass ich mit 140 Sachen innerhalb der Ortschaft auf

einem Rad an unserem Dorfsheriff vorbeigebrettert war, und dass mir die öffentlichen Straßen auf die Nerven gingen. Kevin und Bernd stimmten mir zu. Wir waren uns einig, dass wir schon lange auf abgesperrte Rennstrecken gehörten. Nur waren wir uns leider ebenso einig darüber, dass uns dafür das nötige Kleingeld fehlte. Um einen Tag auf der Rennstrecke fahren zu dürfen, musste man mindestens zweihundert Mark hinlegen. Dazu kamen die Kosten für die An- und Abreise. Und ein Tag war eh zu kurz. Man konnte schließlich nicht rund um die Uhr fahren. Nach einer halben Stunde Raserei war die Konzentration nicht mehr da. Man brauchte dann mindestens zwei Stunden Pause, bevor es wieder auf die Piste gehen könnte. Also wären bestenfalls zwei halbe Stunden am Vormittag und zwei am Nachmittag möglich. Zwei Stunden langten jedoch gerade mal, um die Strecke richtig kennenzulernen. Man musste seine Bremspunkte, die Ideallinien und die maximalen Kurvengeschwindigkeiten finden. Erst dann könnte man wirklich ans Limit gehen, und dazu würde es in zwei Stunden kaum kommen. Elektroneger schaltete sich in das Gespräch ein.
„Warum fahrt ihr nicht einfach auf dem Flugplatz?"
Wir sahen uns ungläubig an. Kam jetzt wieder eine von seinen Lügengeschichten, oder wusste Elektroneger wirklich einen Ausweg aus unserer Misere?
„Wir fahren da auch oft mit unseren Autos herum", fuhr er fort. „Ein paar Hütchen zur Streckenführung aufstellen und ab geht's."
Wir waren uns einig, dass an der Geschichte durchaus etwas dran sein könnte. Schließlich arbeitete Elekroneger auf einem Luftwaffenstützpunkt mit Tornado Kampfflugzeugen.
„Das ist allerbester Asphalt. Keine Bodenwelle und traumhaft breite Straßen. Sobald die Flugzeuge im Hangar stehen, dre-

hen wir unsere Kreise."
Er ging immer weiter ins Detail. Der Kommandeur des Stützpunktes wünschte sich Elektroneger angeblich als Schwiegersohn und erfüllte ihm jeden Wunsch, um ihm den Eintritt in die Familie möglichst schmackhaft zu machen.
Kevin bereitete unseren Spekulationen schließlich ein Ende. „Na gut", sagte er, „dann fahren wir jetzt da hin und sehen uns die Geschichte an."
Elektroneger versuchte noch, sich irgendwie aus der Affäre zu ziehen, kam jedoch nicht mehr darum herum, mit uns zu seiner Dienststelle zu fahren. Seine einzige Bedingung war, dass wir dafür meinen Golf nehmen müssten. Wir stimmten zu. Ich war mir sicher, dass er sich mit uns schämen würde und an seinem Stützpunkt nicht erkannt werden wollte.
Eine Stunde später standen wir vor einem Wachsoldaten. Elektroneger stammelte irgendein wirres Zeug und fuchtelte mit seinem Truppenausweis herum. Kevin schrie dem Soldaten zu, dass wir den Kommandeur sprechen wollten. Es kam zu einer verbalen Auseinandersetzung zwischen allen Beteiligten, in dessen Verlauf sich immer mehr Wachsoldaten um meinen Golf versammelten. Ich weiß nicht mehr genau, worum es ging, aber es endete damit, dass Elektroneger verhaftet wurde. Nun, wir drei waren eh betrunken und konnten nicht mehr fahren, also ließen wir Elektroneger den Golf und nahmen im Gegenzug seinen Calibra-Schlüssel.
Den Rest der Nacht verbrachten wir mit dem Heimweg. Es waren etwa siebzig Kilometer vom Flugplatz zurückzulegen, die wir zur einen Hälfte zu Fuß und zur anderen mit dem ausgestreckten Daumen bewältigten.
Den Rest der Woche verbrachten wir mit Elektronegers Calibra. Ich hatte keine besonders gute Hand für vierrädrige Fahrzeu-

ge, aber Bernd brachte es auch hinter dem Lenkrad ziemlich schnell zum Limit. Uns interessierte natürlich, ob an dem nicht totzukriegenden Gerücht, dass man Kurven mit dem Auto schneller nehmen könne als mit dem Motorrad, etwas dran sei. Wir konzentrierten uns auf die GoRi-Strecke. Der Calibra war zwar kein reinrassiger Sportwagen, aber er war zumindest einer der kurventauglicheren Modelle auf dem Markt. Am dritten Abend war Bernd bereits so weit, dass er es in jeder Kurve quietschen lassen konnte. Das hatte zur Folge, dass Kevin und ich uns nicht mehr auf den Beifahrersitz trauten und unsere Runden lieber mit den Motorrädern drehten. Im direkten Vergleich hatte der Opel natürlich überhaupt keine Chance. Man drehte auf und war auf und davon. Aber das sagte noch nicht viel über die Kurvengeschwindigkeit aus. Wenn man in den Kurven auf der Gori-Strecke die Ideallinie fahren und optimal herausbeschleunigen wollte, dann musste man mit der Fire Blade bis etwa 125 Km/h anbremsen. Bernd schaffte es am vierten Abend, mit 105 Sachen in die Kurven zu gehen. Zur Kontrolle der Geschwindigkeitsanzeige blieb ich dicht hinter ihm und stellte keinerlei Tachoabweichung fest. Der Calibra kam also schon verdammt dicht an meine Werte heran. Hätte Bernd mehr Zeit gehabt, er wäre sicherlich auch noch mit 110 Sachen herumgekommen. Und mit einem besseren Auto wären wahrscheinlich auch die 115 drin gewesen. Die Geschwindigkeit eingangs der Kurve konnte mit dem entsprechenden Auto also in etwa der des Motorrades entsprechen. Deutlich wurde der Unterschied aber am Ausgang der Kurve. Ich kam aus jeder Kurve der GoRi-Strecke mit mindestens 170 Km/h heraus und hinterließ dabei bis zu fünfzig Meter lange schwarze Striche. Mit dem Calibra schaffte Bernd es nicht einmal auf 120 Sachen zu kommen. Hier fehlte es einfach am Beschleunigungsvermögen. Würde man die Durchschnittsgeschwindigkeit in der Kurve berechnen, so käme für die Fire Blade ein Wert von etwas über 145 Km/h heraus. Der Calibra musste sich mit vergleichsweise mageren 110 Km/h zufrieden geben. Sicherlich, irgendwelche einfamilienhausteuren Rennwagen würden eine höhere Kurvengeschwindigkeit schaffen, aber das, was man auf öffentlichen Straße zu sehen bekam, hängte man mit Sicherheit in jeder Kurve gnadenlos ab. Vorausgesetzt man gehörte nicht zu diesen Eierköpfen, die mit zwei Zentimeter breiten Rändern am Hinterrad durch die Gegend schaukelten. Nun, sie behielten Elektroneger nur zwei Tage im Bau und ließen ihn anschließend irgendwelche Sonderdienste schieben. Am Freitag Abend stand er wieder vor der Tür und holte seinen Calibra ab. Wir hatten in dieser Woche einen Haufen Spaß gehabt, und vor allem waren wir diesen braungebrannten Lackaffen für alle Zeiten losgeworden.

34

Wir waren auf einer Open Air Party. Mindestens 2000 Besucher, beste Musik und ein warmer Sommerregen. Die Stimmung war gut und das Bier floss in Strömen. Mindestens zwanzig Prozent der männlichen Besucher waren Biker, und die ließen es bekanntlich immer hoch hergehen. Eigentlich standen ein paar Stunden auf der Sonnenseite des Lebens nichts im Wege, wenn da nicht diese Security-Typen gewesen wären. Die Veranstalter hatten es gut gemeint und etwa zehn von den Jungs mit den schwarzen Jacken engagiert, um für eine friedliche Atmosphäre zu sorgen. Acht von ihnen machten ihre Arbeit auch gut, aber die beiden Idioten machten alles zunichte. Sie kamen aus einer Gegend, in der es nicht so zivilisiert wie bei uns herging. Und jetzt hatten sie nichts anderes mehr zu tun, als sich mit Anabolika voll zu stopfen und die verweichlichte Brut der deutschen Wohlstandsgesellschaft zu schikanieren. Das war mir im Grunde genommen auch recht, aber hier waren Biker von ihrer Streitsüchtigkeit betroffen.
Wir beobachteten die beiden aus sicherer Entfernung. Sie stolzierten über den Platz und rempelten Betrunkene an, um anschließend lautstark eine Entschuldigung von ihnen zu fordern. Wann immer sich die Blicke irgendeines Besuchers mit ihren kreuzte, kam gleich das obligatorische ´Was ist, suchst du Streit?‘. Der schlimmere von den beiden war etwa 1,80 Meter groß und aufgepumpt wie Arnold Schwarzenegger zu seinen besten Zeiten. Er war es auch, der einen etwa zwanzigjährigen Motorradfahrer aus irgendwelchen fadenscheinigen Gründen einen rechten Schwinger verpasste, der mit solcher Wucht auf dem Ohr landete, dass das Knacken trotz der lauten Musik pro-

blemlos auf dem ganzen Platz zu hören war. Damit machte er die anwesenden Biker auf sich aufmerksam. Aber das war ihm anscheinend auch recht. Der Typ schien etwas gegen Leder zu haben und erteilte zwei GSX-R Fahrern Platzverbot. Ich hoffte darauf, dass sich endlich jemand finden würde, der diesem großmäuligen Affen das Maul stopfen würde. Es durfte nicht durchgehen, dass er hier auftauchen und sich aus einer Menge von zweitausend Besuchern wahllos seine Opfer heraussuchen konnte, ohne dass sich jemand gerade machen würde. Sicherlich, Feigheit war zu einer der herausragendesten Eigenschaften in unserem Land geworden, aber bisher hatte ich immer geglaubt, dass sich die Biker in diesem Punkt ganz deutlich von den autofahrenden Weicheiern unterscheiden würden. Ich suchte die Menge nach einem ab, dem es zuzutrauen wäre, diesem muskelbepackten Störenfried auf möglichst unsanfter Weise Manieren beizubringen. Die meisten waren einfach zu voll, um noch einen Fuß vor den anderen zu setzen, und die anderen zu jung oder zu schwachbrüstig. Die beiden Security-Typen führten zwei Motorradfahrer aus mir nicht zu erkennenden Gründen im Polizeigriff ab. Niemand rührte sich. Es schien, als würde an diesem Abend eine der letzten noch aufrecht stehenden Gemeinschaften zerbrechen. Ich suchte weiter nach einem Herausforderer. Mein Blick kreuzte sich mit dem eines etwa achtzehnjährigen Endurofahrers. Er sah mich eindringlich an. Ich ignorierte ihn und sah drei Kuttenträger bedrückt am Bierzelt stehen. Ich wusste, dass sie alle drei ins Feuer gesprungen wären, um unsere Ehre zu retten, aber sie waren einfach zu voll und hätten die Blamage nur verschlimmern können. Sie prosteten mir traurig zu. Ich sah mich weiter um. Zwei Typen mit Kawasaki-Aufnähern hielten ebenfalls Ausschau. Sie schienen mir kräftig zu sein und über die nötige Portion

Lebensverachtung zu verfügen. Ich schätzte sie als ZX-9R Fahrer ein. Wer eine Ninja beherrscht, der sollte doch auch in der Lage sein, die Fahne in einer solchen Situation hochzuhalten. Ich suchte den Blickkontakt mit ihnen. Es dauerte eine Weile, bis einer von ihnen mich bemerkte. Ich sah ihn auffordernd an. Er machte seinen Kollegen auf mich aufmerksam. Die beiden bekamen einen vorwurfsvollen Gesichtsausdruck und zeigten mit dem Finger an mir vorbei. Ich wollte mich gerade umsehen, als ich wieder dieses dämliche 'Was ist, suchst du Streit?' hinter mir vernahm. Ich sah zu Kevin. Er nickte mir auffordernd zu. Bernd klopfte mir auf die Schulter. Mir wurde schlagartig klar, dass ich von der Sonnenseite des Lebens mal wieder nichts abbekommen würde. Was auf mich wartete, dass war ein erneuter Gang durch die Hölle. Ich versuchte, mich auf das was kommen würde zu konzentrieren. Der Typ hatte Bärenkräfte, da bestand kein Zweifel. Wenn der mich zwischen die Finger bekommen würde, dann hätte ich kaum noch eine Chance. Ich erinnerte mich daran, wie der fünfzehnjährige Marco Melandri den für übermächtig gehaltenen Kazuto Sakata in Assen besiegt hatte. Er war Runde für Runde an Sakata dran geblieben, ohne irgendwelche unüberlegten Aktionen zu starten. Er hatte Kurve für Kurve gewartet und sein Material für den alles entscheidenden Moment geschont. Im allerletzten Durchgang hatte er den Exweltmeister dann in der allerletzten Kurve geschlagen. Eiskalt. Ich suchte nach meiner Chance. Ich war größer, und ich hatte Reichweitenvorteile. Beim Ringen würde ich schlecht aussehen, aber ich könnte ihn Boxen. Alles was zählen würde, wäre ihn auf Distanz zu halten. Irgendwann würde sich dann schon eine Chance ergeben, und wenn es in der allerletzten Kurve wäre.
Er verpasste einem torkelnden Biker einen knallharten linken

Leberhaken. Der Typ sackte wie vom Blitz getroffen in sich zusammen und japste nach Luft. Meine Knie wurden weich, und ich bekam ein schwaches Gefühl in der Magengegend. Es gab kein Entrinnen. Also brachte ich es heraus.
„Mach das noch einmal und ich polier dir die Fresse!“
Der Security-Typ sah mich verwundert an.
„Hast du fette Sau das verstanden?“ schob ich nach.
Er fackelte nicht lange und sprang mich mit zwei wilden Schwingern an. Der erste schlug über meinem rechten Auge ein und öffnete die Narbe, die ich mir in Assen eingehandelt hatte. Ich zog meinen Kopf zurück, ließ den zweiten ins Leere gehen und konterte mit einer kurzen geraden Linken auf seiner Nase. Es hatte nicht genug Wumms hinter meinem Schlag gesteckt, weil ich mich im Rückwärtsgang befand, aber es genügte, um ihn kurz stocken zu lassen. Ich ließ meine Fäuste oben und stellte mich so auf die Beine, dass ich der nächsten Attacke möglichst schnell ausweichen könnte. Er ließ sich nichts neues einfallen und sprang mich erneut mit seinen Schwingern an. Ich stoppte ihn mit einer Linken, zog den Kopf zurück und tänzelte nach hinten weg. Ich hatte während des Stopschlages fest auf den Füßen gestanden und er war mir mit seinen zwei Zentner in die Faust gesprungen. Es hatte laut geknackt und ließ das Blut aus seiner Nase laufen. Er war wohl noch nicht so häufig mit seinem eigenen Blut in Kontakt geraten, wischte sich die Nase etwas verlegen und verlor für einen kurzen Augenblick seinen aggressiven Gesichtsausdruck. Ich überlegte gerade, ob ich die Initiative übernehmen sollte, als er wie ein wilder Stier auf mich zustürmte. Ich tänzelte nach hinten weg, täuschte eine Bewegung nach links an und wich nach rechts aus. Es war wichtig, nach rechts aus dem Schlaghagel herauszugehen, um nicht in seine starke Hand zu rennen. Er

flog wild schlagend an mir vorbei, fing seine Masse ab und setzte sofort zum nächsten Angriff an. Ich weiß nicht, wie viele Schläge er abfeuerte, aber sie hätten mich sicherlich umgebracht, wenn er sie zum richtigen Zeitpunkt aus der richtigen Distanz geschlagen hätte. Er war jedoch blind vor Hass und setzte alle ins Leere. Eine knappe halbe Minute war ich auf der Flucht vor ihm gewesen, mal links herum und mal rechts herum, dann hatte er sich ausgeschlagen und benötigte eine kurze Atempause. Ich gönnte sie ihm nicht. Kaum ließ er die Arme hängen, war ich an ihm dran. Ich setzte ihm die Linke auf die Nase, täuschte eine kurze Bewegung Richtung Solarplexus an und hämmerte die Rechte mit voller Wucht auf seine Kinnspitze. Er blieb stehen und verschanzte sich hinter einer mehr als dichten Doppeldeckung. Ich schlug eine linke und eine rechte Gerade auf seine geschlossenen Arme und zog einen linken Schwinger um die Deckung herum auf seine Schläfe. Er antwortete mit einem mörderischen Leberhaken. Ich tänzelte zurück und versuchte, mir nichts anmerken zu lassen. Es war wie ertrinken. Ich wusste, dass ich atmen musste, aber ich konnte es nicht. Der Oberkörper versuchte mit aller Gewalt, sich nach vorne zu krümmen. Mein Gegner wurde wieder zum wilden Stier. Er schlug Serien von Haken und Schwingern. Ich konnte den meisten ausweichen und den übrigen durch schnelle Rückwärtsbewegungen die Kraft nehmen, aber meine Knie wurden zusehends Weicher und kündigten mein vorzeitiges Ende an. Zu meinem Glück löste sich zumindest meine Leber langsam aus ihrer Verkrampfung und ermöglichte es mir, wieder zu atmen. Er landete eine krachende Rechte auf meiner Stirn und beendete zufrieden seinen Angriff. Ich war sofort mit Serien von Geraden dran. Er brauchte Luft, um seine enormen Muskelmassen bei Laune zu halten. Ich brauchte ebenfalls eine

Pause, aber ich war fest entschlossen, ihm das letzte bisschen Energie aus seinem Körper zu prügeln und ihm zu zeigen, dass er diesen Kampf nicht gewinnen würde. Er verschanzte sich regungslos hinter seiner Doppeldeckung und nahm alles was kam. Nur war es mir ein Rätsel, wie ich noch etwas aus meinem geschundenen Körper herausholen sollte. Der Wille kann bekanntlich Berge versetzen. Von irgendwoher kam die Kraft, und einige Schwinger trafen um die Deckung herum ihr Ziel. Mister Anabolika tat das, was er wahrscheinlich schon lange nicht mehr getan hatte. Er legte den Rückwärtsgang ein. Ich folgte ihm auf wackligen Beinen und versuchte, mit einigen Geraden durch die Deckung durchzukommen. Sie rissen mich von hinten zurück. Der Rest der Security-Gang war angerückt, um der Schlägerei ein Ende zu bereiten. Aber sie waren nicht unbedingt gegen mich. Sie taten einfach ihre Arbeit und trennten uns beiden. Ich japste nach Luft und leistete keinen Widerstand. Meine Arme und Beine kribbelten und die Hände zitterten, als ob ich urplötzlich an Parkinson erkrankt wäre. Sie setzten mich auf einen Strohballen. Mir war schlecht. Ich ließ mich nach hinten fallen und saugte Sauerstoff in meine Lungen. Meinen Kontrahenten führten sie zum Eingang und setzten ihn auf einen Holztisch. Ich konnte ihn beobachten. Er stützte seine Ellenbogen auf die Knie, ließ den Kopf hängen und hechelte wie ein Hund. Es ging mir dreckig, aber ich war bereit, das in Kauf zu nehmen, solange es ihm genauso schlecht ergehen würde. Also raffte ich mich auf und schlenderte möglichst unscheinbar zu ihm herüber. Seine Kollegen nahmen keine Notiz von mir. Vielleicht auch deshalb, weil ein Haufen Biker sich mir anschloss, um mir den Rücken freizuhalten.
„He du fette Sau“, brachte ich heraus, „ein Biker fängt zwar keine Schlägerei an, aber er beendet auch keine!“

Er hob seinen Kopf und sah mich an. Mir war immer noch schlecht, die Arme und Beine juckten vor Sauerstoffarmut und die Hände zitterten. Aber es langte noch, um ihm die rechte Faust aufs Auge zu drücken. Er ließ sich rückwärts vom Tisch fallen und blieb regungslos am Boden liegen. Ich war mir sicher, dass er nicht bewusstlos war, sondern es nur gerne wäre, um sich vor den weiteren Anstrengungen zu drücken und erfüllte ihm seinen Wunsch mit meinem rechten Stiefel. Die Security-Truppe machte keinen Aufstand von der ganzen Aktion. Sie waren wohl auch ganz zufrieden mit dem Ausgang der Schlägerei. Ich handelte mit ihnen aus, dass ich Ruhe geben würde, wenn sie ihren bewusstlosen Kollegen wegschaffen würden und schaffte es, mich aufrecht vom Schauplatz zu entfernen. Hinter einem Imbisswagen ließ ich mich ins Gras fallen. Es dauerte einige Zeit, bis ich wieder zu Kräften kam. Das Blut hatte sich von meiner rechten Augenbraue über die gesamte Gesichtshälfte ausgebreitet und war zu einer klebrigen Kruste geronnen. Kevin und Bernd halfen mir auf und brachten mich zum Sanitäter. Die Wunde musste wieder genäht werden. Irgendwer erklärte sich bereit, mich ins Krankenhaus zu fahren. Als wir über den Platz zu seinem Auto gingen, sah ich den Kumpel von meinem Gegner. Er saß am Eingang und hatte seinen Blick auf den Boden einen Meter vor seine Füße gerichtet. Vor ihm stand ein junger Motorradfahrer und pöbelte ihn an. Das Blatt hatte sich scheinbar auch für ihn gewendet. Tja, dieser Abend war für mich gelaufen, aber was bedeutete es schon, auf der Sonnenseite des Lebens zu stehen, wenn man dafür vor solchen Typen den Kopf einziehen musste. Es war mit Sicherheit würdevoller, aufrecht durch die Hölle zu gehen, als auf den Knien durch das Paradies zu rutschen.

35

Ich kam spät von der Arbeit und fand einen leeren Kühlschrank vor. Die Geschäfte waren schon seit einigen Stunden geschlossen, und wie so oft in solchen Situationen schien das Restaurant zu den goldenen Bögen die vernünftigste Lösung zu sein. Ich fuhr hin und entdeckte auf dem Parkplatz eine schwarze 98er Fire Blade. Ich stellte meine 96er daneben und inspizierte die Nebenbuhlerin. Keine Schleifspuren an den Rasten und einen etwa zwei Zentimeter breiten glatten glänzenden Rand auf beiden Seiten des Hinterrades. Die Honda hatte bereits 4000 Kilometer auf dem Buckel und war wahrscheinlich noch auf ihrer Erstbereifung unterwegs. Der Typ hätte sich vielleicht lieber eine Reiseenduro oder einen Chopper kaufen sollen. Ich konnte nicht verstehen, warum solche offensichtlich langsamen Fahrer sich unbedingt die größten Rennmaschinen kaufen mussten, die auf dem Markt waren. Und wenn man solche Missstände irgendwo ansprach, dann bekam man gleich an den Kopf geworfen, dass man sich um seinen eigenen Dreck kümmern solle, und dass es jeden selbst überlassen sei, womit er durch die Gegend fahren wolle. Das sah ich aber ganz anders. Rennmaschinen verkörperten einen jungen draufgängerischen Charakter, und zu diesem Image war es gekommen, weil viele junge Männer ihre draufgängerische Ader auf solchen Geräten austobten. Und jetzt kam irgendein ängstlicher Schisser und holte sich eine Fire Blade, um vor seinen Mitmenschen den jungen Draufgänger heraushängen zu lassen. Wenn nur einer von diesen Schissern mit einer Rennmaschine unterwegs gewesen wäre, dann ginge das ja noch in Ordnung, aber es wurden in den letzten Jahren immer mehr. Und die zwangsläufige

Folge war, dass Typen wie Kevin, Bernd und ich täglich darum kämpfen mussten, den guten Ruf der Fahrer von Rennmaschinen zu erhalten. Es war aber nicht ganz einfach, jeden Autofahrer im Umkreis von zehn Kilometern mindestens einmal im Monat auf einem Reifen zu überholen und erhöhte unsere Verschleißkosten immens. Ich war gespannt, was für einen Typen ich vorfinden würde und ging hinein. Er saß in der hinteren Ecke des Ladens und hantierte gerade mit einer Zigarette herum. Sein Alter schätzte ich etwa auf 34 Jahre und seine Mimik verriet, dass er auf keinen Fall als Spießer abgestempelt werden wollte. Ich bestellte eine mittlere Pommes Ketchup, einen Cheeseburger und einen Big Mäc. Die Bedienung hatte einen dicken Arsch und ihre zeltgroße Unterhose zeichnete sich deutlich unter ihrem Mc Donald's Rock ab. Ich fragte mich, wie viele Big Mäcs ich wohl verdrücken müsste, um so aus dem Leim zu gehen und kam zu dem Ergebnis, dass ich zur Finanzierung einer solchen Selbstmästung wohl mein Motorrad verkaufen müsste. Aber sie machte ihre Arbeit gut, und eine Minute später ging ich mit meinem Tablett in Richtung dieses Zigarette rauchenden Typen im Lederkombi. Ich setzte mich an den Nebentisch. Wir nickten uns kurz zu, und ich machte mich über mein Fast Food her. Als ich gerade damit beschäftigt war, das Cheeseburgerpapier zu einer kleinen Kugel zu zerknüllen, setzte er sich an meinen Tisch.

„Na, auch mit der Fire Blade unterwegs."

Ich nickte. Er wartete einen kurzen Augenblick, und als er feststellte, dass ich dazu keine weiteren Ausführungen machen wollte, fuhr er fort.

„Ist ja auch ein schönes Gerät. Ich hab ja nun schon viele Motorräder gefahren, aber so handlich und durchzugsstark wie die Fire Blade war noch keine. Nicht annähernd."

Ich nickte.
„Wie die in die Kurven geht, das ist wirklich einmalig. Man braucht nur den Kopf ein wenig zur Seite nehmen und zack, schon liegt man in voller Schräglage."
Ich seufzte. Jetzt erzählte mir dieser Typ auch noch was von voller Schräglage.
„Pass mal auf", sagte ich, „du hast sicherlich recht mit dem was du über die Fire Blade sagst, aber du solltest das Wort Schräglage nicht in den Mund nehmen."
„Warum nicht?"
„Weil ich an deinem Hinterreifen sehen kann, dass du nicht die geringste Schräglage fährst."
Er stockte kurz, dann setzte er zum Gegenangriff an.
„Ich fahre jetzt seit fünfzehn Jahren Motorrad, und ich habe schon mehr Maschinen besessen, als andere Unterhosen in dieser Zeit gekauft haben, und da willst du mir was über meinen Fahrstil erzählen?"
„Du kannst meinetwegen fahren wie du willst, aber ich frage mich, warum du dir eine Fire Blade holst und dann so einen Angstreifen fährst. Eine GSX 600 F hätte es doch auch getan."
Er zögerte eine Weile mit seinem Gegenargument. Wahrscheinlich war ihm selber klar, dass das, was ich gerade gesagt hatte, absolut zutraf. Dann drehte er den Spieß einfach um und setzte mich auf die Anklagebank.
„Du meinst also, dass du der große Kurvenbrenner bist?"
Ich nickte.
„Ich kenne Leute, die fahren dir so um die Ohren, dass du dich fragst, warum du überhaupt die Führerscheinprüfung bestanden hast."
Ein müdes Lächeln zog sich über mein Gesicht.
„Ein guter Bekannter von mir zieht in jeder Kurve zwei Stri-

che. Einen mit dem Vorder- und den anderen mit dem Hinterrad. Der lässt seinen 190er wie beim Speedway herumrutschen."
„Womit ist der denn unterwegs?"
„Mit einer heißgemachten GSX-R. Die hat so viel Dampf, dass der Vorderreifen beim Beschleunigen erst bei 170 Sachen wieder Bodenkontakt bekommt."
„Dann sollten wir das ja mal ausprobieren."
„Was?"
„Ob der mich stehen lässt."
Mein Gegenüber schien sich tatsächlich mit diesem Gedanken anfreunden zu können. Er bekam so einen verdächtig zufriedenen Gesichtsausdruck und machte gleich einen Termin klar. Am kommenden Sonntag wollten wir uns bei ihm treffen und zusammen eine geeignete Strecke auswählen, auf der wir dann auch gleich alle Pferde laufen lassen würden. Ich fragte mich, warum er sich so sicher war, dass sein Bekannter sich überhaupt auf die Sache einlassen würde und zog in Betracht, dass er tatsächlich einen hirnlosen Heizer in seinem Bekanntenkreis hatte. Vielleicht hatte ich mich mal wieder auf ein Rennen eingelassen, dass am Limit entschieden werden würde. Aber das machte die Sache ja nur noch interessanter.

36

Ich war am Vorabend früh zu Bett gegangen und hatte auch ansonsten alles getan, um fit zu sein. Eine innere Stimme sagte mir, dass es nicht einfach werden würde. Der Typ wohnte etwa dreißig Kilometer von mir entfernt und hatte mir seine Adresse auf den Pappkarton des Big Mäcs geschrieben. Als ich ankam, stand die GSX-R bereits vor der Tür. Es war Bernds! Ich klingelte und die beiden machten auf.
„Mit dem fahre ich nicht", sagte ich zur Begrüßung.
„Dann hast du schon verloren."
„Hat er nicht", wandte Bernd ein, `ich wäre nämlich auch nicht mit ihm gefahren."
Wir klärten uns gegenseitig über unsere Bekanntschaftsverhältnisse auf. Der Typ war ein ehemaliger Fußballkollege von Bernd, und die beiden trafen sich alle paar Monate, um auf die alten Zeiten anzustoßen und stundenlang über Fußball und Motorräder zu quatschen. Er hieß Jochen und hatte im Gegensatz zu uns eine geräumige Wohnung. Wir gingen hinein. Sein Wohnzimmer hatte in etwa die Größe meiner kompletten Wohnung, und um den Platz auch sinnvoll zu füllen, hatte er auf einem Holzpodest eine alte XJ 900 gestellt. Ich besah mir das gute Stück. Sie war auf Hochglanz poliert und schien noch hervorragend in Schuss zu sein. Jochen erzählte, dass er noch ab und zu auf ihr unterwegs wäre, und dass sie seine Jugendliebe sei. Noch heute verspüre er jedes Mal dieses Kribbeln im Bauch, wenn er ihren E-Starter betätige.
„Und die Fire Blade?" fragte ich.
„Die steht in der Garage."
Ich wunderte mich.

„Im Winter, da werde ich sie auch reinholen, aber solange Saison ist, bleibt sie draußen", fuhr er fort.
„Seit wann hast du die Fire Blade?"
„Seit vier Monaten."
„Von einer 83er XJ direkt auf eine 98er Fire Blade umgestiegen?"
„Nein nein, ich hab ja noch die GSX 600 F."
Er lachte ein wenig verlegen. Hatte ich ihn doch richtig eingeordnet. Jochen schien meinen innerlichen Triumph zu spüren und schlug vor, mir seine Suzi zu zeigen. Sie stand in seinem Schlafzimmer und hatte einige Umbauten über sich ergehen lassen müssen. Formel 1 Spiegel, kleine getönte an der Verkleidung anliegende Blinker, eine Sonderlackierung und eine hässliche gelbe verspeulerte Verkleidungsscheibe. Ich versuchte, ihm zuliebe ein wenig Begeisterung vorzugaukeln, scheiterte jedoch an meiner tiefen inneren Abneigung gegen dieses Motorrad. Jochen ließ sich dadurch nicht beirren und erzählte mir, dass er die 600er vier Jahre lang gefahren habe, und dass er angenehmer schlafen würde, seit er sie in sein Schlafzimmer gestellt hatte. Ich blickte ihn etwas entgeistert an, und um der Sache noch einen oben drauf zu setzen, verkündete er, dass er sie alle drei Lieben würde. Die XJ, die GSX und die CBR. Wir setzten uns wieder ins Wohnzimmer und quatschten noch ein oder zwei Stunden über alle möglichen Dinge. Und mit allen möglichen Dingen meine ich alles von der Auswahl des besten Hinterreifens bis hin zur maximalen Leistungsausbeute durch einen Rennauspuff in Verbindung mit einer angepassten Bedüsung. Er war schon ganz in Ordnung, der Jochen, aber irgendwie war er ein komischer Mensch. Wie konnte man drei Motorräder gleichzeitig lieben? Man musste schon eine ganze Portion Oberflächlichkeit besitzen, um so etwas zustande zu

bringen. Sicherlich, ich konnte mich auch für viele Motorräder begeistern, aber nur eine war doch die Auserwählte, und in die steckte man doch alles an Geld und Gefühl rein, was man so zu bieten hatte. Ich hätte es nicht übers Herz bringen können, meine Honda in die Garage zu stellen und eine andere in mein Schlafzimmer zu lassen. Wahrscheinlich war Jochen zu einer richtigen Beziehung gar nicht fähig.
Auf dem Rückweg fuhren Bernd und ich dann doch noch einen aus. Wir fuhren Wheelies um die Wette. Mal ließ er sich von mir überholen, und dann wartete ich darauf, dass er möglichst steil oder schnell oder grüßend auf dem Hinterbein an mir vorbeifuhr. Er hatte es schon drauf, der Bernd. Ich war froh, dass er mein Kumpel war, und dass ich nicht auf irgendeiner Landstraße die Fußrasten hatte schleifen lassen müssen. Denn der Jochen hätte mich ganz schön überrascht mit seinem Kumpel, der nach seinen Angaben in jeder Kurve zwei schwarze Striche hinterlassen konnte. Manchmal kannten solche Antifahrer ganz schön verrückte Hunde, da sollte man sich nicht täuschen lassen.

37

Vinnie und ich hatten einen ruhigen Samstagabend bei mir vor dem Fernseher geplant. Aber schon nach einer Stunde war es zum Streit gekommen. Sie nannte mich oberflächlich und beziehungs-unfähig, und ich warf ihr eine typisch weibliche Hysterie vor. Wahrscheinlich konnten wir beide nur nicht mit diesem verlogenen Gefühl des glücklichen Beisammenseins leben und zogen einen aufrichtigen Streit vor. Die Situation wurde jedoch dramatisch, als Vinnie auch noch bei der Auswahl des Fernsehprogrammes mitreden wollte. Um 22.20 Uhr kam Boxen, und um 22.15 Uhr fing irgendein Schnulzenfilm an. Vinnie bestand natürlich darauf, den Film zu sehen, und ich wollte es mir auf gar keinen Fall entgehen lassen, wenn zwei in etwa gleichwertige Typen sich Runde für Runde auf die Fresse schlagen würden. Unsere Positionen verhärteten sich, und um 21.50 Uhr fasste ich den Entschluss, meine Interessen zu wahren, indem ich Vinnie nach Hause fuhr.
Pünktlich zum Einmarsch des Herausforderers hing ich wieder vor der Glotze. Es gab das übliche Drumherum mit knackiger Musik, Lichteffekten und den Hymnen der beiden Kämpfer. Die Boxer kamen dann aber schneller zur Sache, als man es vom Profiboxen gewohnt war. Sie waren beide harte Puncher und hatten die allermeisten Kämpfe vorzeitig beendet. Und auch dieses mal war keiner der beiden gewillt, seinen Gegner länger als fünf Runden stehen zu lassen. Ich war froh, dass ich nicht mit einem der beiden in den Seilen stehen musste und ließ es mir bei einem Glas Apfelschorle gut gehen. In der sechsten Runde klingelte das Telefon. Ich nahm an, dass es Vinnie wäre und meldete mich mit einer betont zufriedenen Stimme.

„Eugen hier.“
„Hallo Eugen, hier ist Delia.“ Delia war die Nachbarin von Bernd und war schon einige Male mit uns unterwegs gewesen. Sie hatte lange braune Haare und machte eigentlich ganz gut was her.
„Hallo Delia, wie kommt es, dass du dich mal wieder meldest?“
„Ich wollte dich fragen, ob du nicht Lust hast vorbeizukommen. Ein paar Freundinnen sind bei mir und wir wollen nachher noch in die Stadt.“
So eine Chance würde ich mir natürlich auf gar keinen Fall entgehen lassen, aber einer der beiden Fighter hatte seinem Kontrahenten in den letzten zwei Runden mit Körperhaken die Luft genommen und schickte sich nun an, den finalen Schlag zu landen.
„Wann wollt ihr denn los?“
„So ungefähr in einer Stunde.“
„Können wir uns dann nicht irgendwo treffen?“
Es war nicht so, dass ich ein Boxkampf dem weiblichen Geschlecht vorzog, aber ich war erfahren genug, um zu wissen, dass sich bei Delia eh nichts abspielen würde. Meine Chance würde wenn überhaupt in irgendeinem Lokal kommen, in dem ich mir die Mädels einzeln beiseite nehmen könnte. Wir verabredeten uns um 0.00 Uhr in einer dieser modern gewordenen Tanzkneipen. Der Kampf ging wider erwarten über die volle Distanz und kostete einige Millionen Gehirnzellen, aber dumme Menschen waren meist glücklicher als ihre denkenden Artgenossen, und so waren bei diesem Spektakel alle gut davongekommen.
Ich kam zehn Minuten vor der Zeit an und fand meine Verabredung mit einem großen Dunklen in der Hand vor. Delia hatte

schon ziemliche Schlagseite und auch ihre Freundinnen hatten gut getankt. Es kam selten vor, aber manchmal konnte so ein Haufen aufgedrehter Hühner ähnliche Eigenschaften entwickeln wie eine Horde hormongesteuerter Typen. Ich war nüchtern und kam nur schwer mit ihrer aufdringlichen Art klar. Es war eine Sache, zurückhaltende verklemmte Frauen zu umbuhlen, aber es war eine andere, von völlig ausschweifenden Weibern bedrängt zu werden. Ich stellte mich der Situation einige Minuten, dann trat ich unauffällig den Rückzug an. An einem Tisch in der Nähe des Ausgangs entdeckte ich Nadin. Sie machte bei meinem Chef eine Lehre im Büro und war niedliche siebzehn Jahre alt. Ich ging zu ihr und begrüßte sie. Bei ihr saßen noch zwei weitere Teenager. Ich glaube, dass ich unnormal gewesen wäre, wenn ich mich nicht zu ihnen gesetzt hätte. Siebzehjährige Mädels waren einfach noch besser in Schuss als ihre älteren Geschlechtsgenossinnen. Mit zwanzig verloren die meisten Frauen den Kampf gegen Zellu und die Schwerkraft unwiderruflich. Sie bekamen einen wabbeligen runzligen Arsch und ihre Nippel pieksten beim Sitzen in einen der ausladenden Schwimmringe. Und bevor ich auf so etwas zurückgriff, schien mir meine rechte Hand doch wesentlich attraktiver zu sein. Zumal ich ihr nach dem Akt keine weitere Aufmerksamkeit schenken musste und mich gleich wieder anderen Dingen zuwenden konnte. Bei Frauen war das anders. Sie klebten nach dem Schuss noch stundenlang an einem herum und wollten schleimige Sachen hören. Die Frage war doch, ob die Sache solche geistigen Verrenkungen überhaupt wert war. Der Anblick von Nadin und ihren kleinen Freundinnen ließ ein klares JA als Antwort zu. Ich spendierte jeder eine Cola und zeigte mich von meiner nettesten Seite. Humorvoll, zurückhaltend und nicht die Spur von sexistisch. Die Masche kam an und schon nach einigen Minuten hatte ich ihre volle Aufmerksamkeit auf mich gezogen. Ihr zartes Alter hatte den Vorteil, dass sie ein am Leben gescheiterten Versager noch nicht von einem aufgeschlossenen aber zukunftsorientierten Mann unterscheiden konnten, und so ordneten sie mich fälschlicherweise der zweiten Kategorie zu. Das Problem lag jetzt nur darin, dass Nadin mich in der ganzen Firma lächerlich machen würde, wenn ich eine ihrer beiden Freundinnen angraben würde. Aber irgendeine würde dran glauben müssen, das stand fest. Ich zog es noch einmal in Betracht, auf Delia auszuweichen, aber die hatte sich inzwischen an einen anderen Typen geheftet und war fürs erste vom Markt. Die ganze Sache wäre lockerer vorangegangen, wenn Nadin nicht dabei gewesen wäre, aber dann hätte ich ihre beiden Freundinnen ja nie kennen gelernt. Irgendwo war immer ein Haken dabei. Ich fasste den Entschluss, mich von den drei Mädels zu entfernen und darauf zu warten, dass eine von Nadins Freundinnen sich allein durch das Gewühl von zappelnden Kneipenbesuchern machen würde. Dann könnte ich zuschnappen. Vielleicht hatte ich sie ja auch schon ausreichend zugetextet und sie würden mir von ganz alleine folgen. Ich stellte mich an den Tresen und beobachtete Delia aus einiger Entfernung. Sie war nicht so zwergenwüchsig wie die meisten Frauen und hatte einen recht knackigen Arsch. Der Typ, der ständig an ihr rumtatschte, ging mir auf die Nerven. Er hatte es einfach zu leicht. Es war da nur angebracht, wenn ich ihm das Leben ein wenig erschweren würde. Ich ging zu den beiden, zwängte mich zwischen sie und erzählte Delia, dass sie meine Traumfrau sei. Ich brachte solche Sachen nur schlecht rüber, aber sie war voll, und mit besoffenen Menschen führte man die besten Gespräche. Als ich sie wieder auf meine Seite gezogen hatte, verzog ich mich zurück an den Tresen und vertraute darauf, dass ich, wenn sich nichts anderes ergeben würde, auf sie zurückgreifen könnte. Eine ganze Weile lang tat sich nichts. Nadins Freundinnen blieben eisern am Tisch sitzen und Delia schüttete auch weiterhin einen Drink nach dem anderen in sich hinein. Dann stand auf einmal diese kleine Blondine neben mir. Ich schätzte sie ungefähr auf sechzehn Jahre, aber sie hatte einen verdammt abgebrühten Augenausdruck und das ließ darauf schließen, dass sie schon mehrere Jahre auf dieser Welt miterlebt hatte. Ich sprach sie an. Sie behauptete, dass sie achtzehn Jahre alt sei und erzählte, dass sie aus Berlin komme und hier einige Jahre in einer Art Heim gelebt hatte. Das Jugendamt hatte sie damals von ihrer Mutter weggenommen und sie aufs Land geschickt, damit sie von ihrem asozialen Bekanntenkreis wegkommen würde. Jetzt wohnte sie seit einigen Wochen in einer kleinen Einzimmerwohnung und versuchte, alleine mit dem Leben klarzukommen. Ich überlegte kurz, ob ich mich ihr zuliebe schnell verdrücken sollte, damit sie nicht schon wieder an die falschen Menschen geraten würde, kam jedoch zu dem Ergebnis, dass eine Nacht ihrer Resozialisierung auf keinem Fall schaden würde. Es hatte mir noch nie zugesagt, lange um den heißen Brei rumzureden, aber es war schwierig, in einer solchen Situation das eigene Vorhaben mit möglichst schonenden Worten vorzutragen. Ich musste sie so schnell wie möglich aus diesem Laden herausbekommen und am besten wäre es, wenn ich sie davon überzeugen könnte, zu ihr zu fahren. Also suchte ich nach irgendwelchen fadenscheinigen Gründen, die ein weiteres Verbleiben in der Kneipe unmöglich erscheinen ließen. Die kleine Berlinerin stieß mich an und signalisierte, dass sie etwas sagen wolle. Ich beugte mich zu ihr herunter.

„Es ist so laut hier drin, man versteht ja sein eigenes Wort nicht

mehr. Außerdem habe ich Kopfschmerzen."
Ich Stimmte ihr zu und schlug vor, irgendwo anders hinzugehen.
Zwei Minuten später standen wir auf der Straße und suchten nach einem Ziel. Ich wusste natürlich ganz genau, wo ich hin wollte, aber ich hatte mir im Laufe der Jahre angewöhnt, Frauen gegenüber auf gar keinen Fall die Wahrheit zu sagen, und so war ich krampfhaft damit beschäftigt, alle vorgeschlagenen Kneipen und Discotheken schlecht zu machen. Als ihr die Vorschläge ausgingen, wagte ich mich einen Schritt vor.
„Also wenn ich nicht so weit weg wohnen würde, dann hätten wir ja schnell zu mir gehen und uns noch ein wenig unterhalten können."
„Wo wohnst du denn?" fragte sie und ließ meinen Vorstoß damit nicht ins Leere laufen. Ich nannte ihr den Ort und erwähnte bei der Gelegenheit auch gleich den Parkplatz, auf dem ich meinen Golf abgestellt hatte. Man sah ihrem Gesicht an, dass sie sich mit dem Gedanken nicht so recht anfreunden konnte, dann schlug sie nach einigen langen Sekunden der Stille vor, doch lieber zu ihr nach Hause zu gehen. Ich willigte ein.
Ihre Wohnung war keine zehn Minuten entfernt und von der Einrichtung her etwa auf dem gleichen niedrigen Niveau wie meine Unterkunft. Sie hieß Anka und kam weder zu schnell, noch zu langsam zur Sache. Ich weiß nicht, ob es an ihrem jungen Alter lag, oder ob die Natur es bei ihr einfach ganz besonders gut gemeint hatte. Anka hatte den festesten Arsch und die festesten Titten, die ich je zwischen die Hände bekommen hatte. Und ganz egal, welchen Job man ihr in Zukunft andrehen würde, solange sie auf dem richtigen Weg bleiben würde, konnte man mit Fug und Recht sagen, dass sie ihren wahren Beruf verfehlt hätte. Einige wenige Frauen hatten den Dreh

einfach raus. Im Gegensatz zu dem Großteil der gebährfähigen haarlosen Affen brachten sie es über die reine Gummipuppenfunktion hinaus zu einer dem Akt äußerst zuträglichen Spontanität in Verbindung mit einer hemmungslosen Einstellung zur Sexualität. Kurz und bündig gesagt, mit Anka hatte ich eine richtige Granate ins Bett bekommen.

Zeitgleich mit der Absonderung des Ejakulats verwandelte sich mein Wesen vom triebgesteuerten Jäger zum müden Einzelgänger. Ich wollte nur noch meine Ruhe haben, alleine in meinem Bett liegen und vielleicht noch ein wenig in einer Motorradzeitschrift rumblättern. Für gewöhnlich überspielte ich in solchen Situationen meine wahren Gedanken und blieb der Frau zuliebe über Nacht. Aber ich kannte Anka erst seit einer guten Stunde, und warum sollte ich ihr da schon einen Gefallen tun? Sie ging erstaunlich dickfellig mit meiner schlagartig einsetzenden menschlichen Kälte um und drückte mir noch einen Zettel mit ihrer Telefonnummer in die Hand. Ich verabschiedete mich und versprach ihr, mich in den nächsten Tagen zu melden. Und ich war mir auch sicher, dass ich das tun würde. Es konnte nicht schaden, Kontakte zu solchen Frauen zu pflegen. Sicherlich, Vinnie würde meine vorrangige Freundin bleiben, aber wenn es dicke Luft geben oder sie keine Zeit haben würde, dann könnte ich immer noch auf Anka zurückgreifen. Außerdem sollte man sich nicht immer krampfhaft auf eine Sache begrenzen, nur weil sie sich als positiv erwiesen hatte.

38

Bei uns in der Gegend gab es einen Motorradclub. Die Jungs waren wie wir auf Rennmaschinen versessen und hatten auch ansonsten nicht alle beisammen. Trotzdem kamen wir nicht so recht mit ihnen klar. Es war keine richtige Feindschaft, aber alles andere als die unter den Besitzern von großvolumigen Rennmaschinen übliche Kumpanei. Wir hatten es uns daher angewöhnt, es bei einer kurzen Begrüßung zu belassen, wenn sie uns auf irgendeinem Treffen über den Weg liefen. Und auf der Straße bekamen wir sie eh nie zu sehen. Jedenfalls nicht mit dem Motorrad. Das mag daran gelegen haben, dass sie mehr zu den Autobahnbrennern zählten und sich auf unseren Hausstrecken nicht wohl fühlten. Mir war das auch ganz recht, denn ihren Bikes wurden teilweise bis zu 180 PS nachgesagt. Und einen solchen Beschleunigungsvorsprung würde ich mit meiner Fire Blade wohl selbst auf kurvigen Straßen nicht kompensieren können. Und sie hatten ihrerseits auch kein Interesse, mit uns zu fahren, denn im Gegensatz zu ihnen zerlegten wir unsere Motorräder in der Wintersaison nicht in alle Einzelteile, um hier eine Aluminiumplatte zu löchern und da eine gewöhnliche Schraube durch eine Titanschraube zu ersetzen.. Wir benötigten ungefähr zwei Stunden, um unsere Bikes für den Winter fertig zu machen und zwei Stunden, um sie wieder auszumotten. Für die Jungs vom Motorradclub war das ein eindeutiges Zeichen dafür, dass wir keine richtigen Biker waren. Ich hatte da andere Kriterien. Für mich erkannte man einen Biker an dem Funkenflug, den er in der Kurve mit seiner Fußraste produzierte.
Auf jeden Fall rief Kevin mich an einem Sonntag Nachmittag

hörbar angeschlagen an und verkündete, dass er einen Kaufvertrag für die 93er Fire Blade von Emmi in der Hand hielt. Emmi war einer der Clubgründer und steckte wie jeder von uns sein ganzes Geld ins Motorrad. Nur verdiente er im Gegensatz zu uns allerhand davon im Monat. Er hatte das Baugeschäft von seinem Vater übernommen und zog jede mögliche Mark aus dem Unternehmen heraus, um sie in Speed Products umzusetzen. Die Fire Blade hatte Flachschiebervergaser, eine komplette Racing-Auspuffanlage, eine offene Luftansaugung und eine spezielle Bedüsung, die die Leistung schon im unteren Drehzahlbereich deutlich steigern sollte, bekommen. Außerdem hatte Emmi auch an der Nockenwelle gearbeitet und angeblich am Anfang der Saison in ein Big Bore Kit investiert. Ein heißes Eisen also. Die Honda hatte erst jungfräuliche 11000 km auf der Uhr und für 15000 DM könnte sie in Zukunft Kevins neue Freundin sein. Für eine Fire Blade mit 180 PS, einem Höcker und einer einmaligen Sonderlackierung würde jeder vernünftige Biker das Geld auftreiben. Nur hatte die Sache den kleinen Haken, dass Kevin sofort unterschreiben müsste, da ein anderer Interessent schon warten würde. Und Kevin war reichlich abgefüllt und verliebt und fuchtelte am anderen Ende der Leitung schon mit dem Kugelschreiber herum. Ich überredete ihn, auf mich zu warten, zwängte mich in meinen Kombi und fuhr hin.

Emmi empfing mich gleich am Eingang des Clubhauses. Er war nüchtern. Kevin saß auf dem Sofa mit einem Glas Hochprozentigem in der Hand und ein mir unbekannter Typ stand blöde in der Ecke herum und glotzte Löcher in die Luft. Er war angeblich ebenfalls an der Fire Blade interessiert und war sofort bereit, den Vertrag zu unterschreiben. Aber Emmi wollte Kevin die Möglichkeit geben, das Schnäppchen zu schlagen.

Ich misstraute der Sache. Zum einen, weil ich mir nicht erklären konnte, wo die plötzliche Sympathie herkam und zum anderen, weil ich mit der Taktik des zweiten Kaufinteressenten selber schon Motorräder zu überhöhten Preisen verkauft hatte. Ich setzte mich zu Kevin, nahm ihn in den Schwitzkasten, drückte zu und gab ihm die Anweisung, den Vertrag erst zu unterschreiben, wenn ich die Honda probegefahren und für kaufenswert befunden hätte. Kevin spürte, dass ich es gut mit ihm meinte und stimmte zu.
„Jetzt hör mal zu“, fuhr es aus Emmi heraus, „in diesem Motorrad stecken Tuningteile für 8000 DM und mindestens 1000 Stunden Arbeit. 15000 DM sind ein Witz. Wenn ich jeden potentiellen Käufer eine Probefahrt machen lassen würde, dann bekäme ich mein Motorrad gar nicht mehr zu sehen. Die würden Schlange stehen!“
Da hatte er recht. Ich erinnerte mich daran, wie schwer es mir fiel, diesen schlaksigen Choppertypen auf Bernds alter FZR fahren zu lassen. Emmi verschwand kurz in einem Nebenzimmer und knallte mir dann einen Haufen Rechnungen für allerlei Tuningteile auf den Tisch.
„Rechne nach! Aufgerüstet für 8000 DM! Die Arbeitszeit noch nicht einmal mitgezählt.“
Ich überflog ein paar Summen und kam schnell auf 5000 DM. Es bestand kein Zweifel, der Typ hatte alles getan, um das Motorrad perfekt zu machen. Wir gingen hinaus, und er zeigte uns etwa eine Viertelstunde lang die technischen Verbesserungen auf. Viel Karbon und Titan und allerhand fuchsige Details. Man merkte an Emmis Begeisterung, was dieses Motorrad für ihn bedeutete. Er war überzeugt von der Fire Blade, aber er hatte es sich zum Ziel gesetzt, eine 98er ZX-9R aufzublasen, und zwei Motorräder dieser Preisklasse konnte sein Bauge-

schäft beim besten Willen nicht abwerfen. Emmi wurde mir langsam sympathischer. Trotzdem bestand ich auf die Probefahrt. Er verstand auch unsere Situation, und wir einigten uns schließlich darauf, dass er sein Tuning-Bike warm fahren würde, und dass ich dann auf einem langen geraden Abschnitt der Bundesstraße die Pferde etwa fünf Minuten lang laufen lassen dürfte.
Eine halbe Stunde später setzte ich mich voller Neugier auf das vielversprechende Motorrad. Die Sitzposition war sehr gewöhnungsbedürftig. Emmi hatte das Heck abgesägt und einen sehr kurzen Höcker montiert, der noch vor dem 190er endete. Das gab dem Motorrad ein aggressives Aussehen. Aber besonders funktionell schien es mir nicht zu sein. Ich wurde regelrecht zwischen Tank und Höcker eingeklemmt und hätte in Kurven kaum die Möglichkeit gehabt, zum Hanging Off auf dem Sitz hin und her zu rutschen. Nun, die Bundesstraße ging nur geradeaus, da würde mir dieser Nachteil den Spaß nicht verderben, aber auch für den Hochgeschwindigkeitsbereich wäre mir die originale Sitzbank lieber gewesen. Mir war es ein Rätsel, wie ich mich in dieser eingeklemmten Position hinter der Verkleidungsscheibe klein machen sollte. Auf meiner Fire Blade hatte ich genügend Platz, um mit dem Arsch nach hinten zu rutschen und mich mit dem Kinn auf den Tank zu legen. Hier würde ich höchstens den Oberkörper ein wenig krumm machen können. Nun, an der Sitzposition sollte es nicht scheitern, die könnte man ja wieder umbauen. Ich drehte den Zündschlüssel auf ON und drückte den E-Starter. Sie kam ein wenig widerwillig, überzeugte dann jedoch mit einem imponierenden Sound. Ich legte den ersten Gang ein, drehte den schwergängigen Gasgriff auf 3000 Umdrehungen auf und ließ die Kupplung langsam kommen. Mit den Flachschiebervergasern

war das Anfahren so eine Sache. Man brauchte dafür eine ganze Menge mehr Gefühl als mit den serienmäßigen Gleichdruckvergasern und verlor auf den ersten Metern auch einiges an Zeit. Aber über 5000 Umdrehungen sollten sie dann ihre Vorteile ausspielen. Ich war gespannt darauf und hatte sie auch bald erreicht. Aber es tat sich nichts besonderes. Auch nicht bei 6 oder 7000 Umdrehungen. Die Fire Blade zog ziemlich unspektakulär hoch und ging relativ flott auf 260 Sachen. Allerdings war das Ziffernblatt des Tachos nicht das originale, sondern ein nachgerüstetes, das bis zu utopischen 380 Km/h reichte. Wie genau die Anzeige war stand daher in den Sternen. Ich verzichtete also auf eine Topspeed Messung und konzentrierte mich mehr auf die Beschleunigungswirkung der angeblichen 180 PS. Ein Motorrad mit dieser Leistung müsste selbst im zweiten Gang die heißesten Wheelies nur mit dem Gasgriff zustande bringen. Ich setzte ihn bei 6000 Umdrehungen an. Das Motorrad reagierte nur mit einem äußerst müden Vorwärtsdrang auf den Dreh am Gasgriff. Ich vermutete, dass ich aus Versehen im Dritten gelandet wäre und schaltete herunter. Das Getriebe kündigte mir mit einem lauten Knacken den ersten Gang an. Ich ließ die Kupplung gezogen und legte mit einem kurzen aber energischen Ruck des linken Fußes wieder den Zweiten ein. Den nächsten Wheelie setzte ich bei 7000 Umdrehungen an. Nichts passierte. Dann einen bei 8000 Umdrehungen. Fehlanzeige. Im zweiten Gang blieb der Vorderreifen auf dem Boden kleben, da konnte man am Gasgriff drehen wie man wollte. Ich bremste auf 50 Km/h herunter, legte den Ersten ein, beschleunigte auf 6000 Umdrehungen, nahm ein klein wenig Gas zurück und drehte dann voll auf. Ich schaffte nicht einmal einen kleinen Hüpfer. Ich versuchte es genauso vergebens bei 7000, bei 8000 und bei 9000 Umdrehungen. Sie

kam einfach nicht explosiv genug aus dem Arsch, diese getunte Fire Blade. Sicherlich war meine an den Tank gepresste Sitzposition ebenfalls nicht besonders förderlich für einen Wheelie, aber meine Fire Blade bekam ich immer aufs Hinterbein, ganz egal wo ich saß. Es konnte natürlich durchaus sein, dass meine Gashand dem Flachschiebervergaser nicht gerecht wurde, aber ich war mir hundertprozentig sicher, dass dieses Motorrad auf gar keinen Fall die Leistung meiner 900er haben würde. Ich kehrte und fuhr zu Emmi und Kevin zurück. Die beiden brannten darauf, meine Meinung zu hören. Emmi schien wirklich davon überzeugt zu sein, dass seine Tuningarbeiten zum Erfolg geführt hätten. Er tat mir fast ein wenig leid. All das Geld und all die Arbeit aus dem Fenster herausgeschmissen. Aber es nützte nichts. Niemandem wäre damit geholfen gewesen, wenn ich ihn belogen hätte.
„Meiner Meinung nach hat die höchstens 120 PS", brachte ich auf sein Drängen heraus.
„Was?"
„Emmi, dreh dein Moped doch mal richtig auf und dann nehme meine und mach das gleiche. Da liegen Welten zwischen."
Es kam zu einer dieser langen Diskussionen zwischen Motorradfahrern, die fast immer ohne Ergebnis blieben und von den ewig gleichen Argumenten und Behauptungen lebten. Emmi meinte, dass ich nicht mit einem Tuningbike umgehen könnte, und dass er den Vorderreifen im dritten Gang noch ohne Hilfe der Kupplung in den Himmel bekommen würde. Diesen Spruch hatte ich schon von unzähligen Motorradfahrern gehört, vorgeführt hat mir das aber noch keiner. Und ich selbst habe schon einen Haufen PS-starker Motorräder gefahren, von denen durch den bloßen Dreh am Gasgriff noch keine auch nur im zweiten Gang den Vorderreifen vom Asphalt gebracht hätte. Dabei sehe

ich von der Unterstützung durch irgendwelche gigantischen Bodenwellen ab.
Wir einigten uns darauf, unsere Bikes auf dem Leistungsprüfstand messen zu lassen. Der mit dem leistungsschwächeren Motorrad würde beide Messungen bezahlen müssen.

39

Ich holte Emmi zur vereinbarten Zeit ab. Die ersten acht Kilometer gab ich ihm, um den Motor auf Betriebstemperatur zu bringen, dann zog ich das Tempo an und versuchte, ein kleines Rennen zu provozieren. Vielleicht könnte man sich das Geld für den Prüfstand ja sparen und die Sache gleich auf der Straße klar machen. Emmi hielt sich strikt an die Straßenverkehrsordnung. Er war offenbar an keinen direkten Vergleich interessiert. Das lag wohl weniger an dem fehlenden Vertrauen in seine Tuningfähigkeiten, als an den Zweifeln an sein fahrerisches Können. Emmi verließ sich darauf, die Schlacht auf dem Leistungsprüfstand zu gewinnen.
Nach einer guten Viertelstunde kamen wir an. Wir waren beide gute Kunden in dem Motorradgeschäft und mussten nicht lange warten. Die Hondas waren noch heiß, als sie auf der Rolle standen. Emmi gab mir den Vortritt. Der Mechaniker jagte die Fire Blade durch ihre Gänge und ermittelte eine maximale Hinterradleistung im letzten Gang von 131 PS. Das war absoluter Fire Blade Rekord auf diesem Prüfstand. Um auf die Motorleistung zu kommen, musste man etwa 10 % dazuzählen. Ich lag mit meiner Honda also knapp unter 145 PS und war zufrieden mit der Welt. Emmi zählte noch einmal seine vielen Tuningarbeiten auf und errechnete mindestens 160 PS am Hinterrad. Der Mechaniker konnte darüber nur müde lächeln. Er erzählte, dass sie schon Dutzende von angeblich 160 PS starken Motorrädern auf der Rolle hatten, und am Ende blieben dann bestenfalls 130 übrig. Aber es kam noch schlimmer. Emmis Fire Blade ging bei lächerlichen 103 PS die Puste aus. Die ganze Aktion war eigentlich einen Lacher wert, aber

der Mechaniker hatte mindestens genauso viel Mitleid mit unserem Hobbytuner wie ich. Schließlich war der Wille, ein perfektes Motorrad zu konstruieren, anerkennenswert. Nur war Emmi dabei eben ein wenig zu naiv vorgegangen. Die großen Motorradhersteller investierten unglaublich viel Zeit und Geld in die Konstruktion ihrer Motoren. Da konnte man nicht einfach irgendwelche Teile einbauen und sich dadurch eine Mehrleistung versprechen. Alles musste ganz genau aufeinander abgestimmt sein. Und um einen Motor besser abzustimmen, als er es vom Werk her eh schon war, brauchte man allerhand Know How und Erfahrung. Wir schoben unsere Motorräder heraus und Emmi drückte mit feuchten Augen die Kohle ab. 240 DM kostete ihm der Spaß. Der Mechaniker versuchte, ihn mit einigen Tipps aufzumuntern. Aber Emmi blieb vielleicht das erste Mal seit langer Zeit realistisch, und das führt bekanntlich meist zur schlechten Laune.
„Dann geh doch einfach zu Michael", brachte der Mechaniker es auf den Punkt.
„Michael?" schoss es aus Emmi und mir gleichzeitig heraus.
„Oder wer hatte die Finger an deinem Motorrad?"
Ich zuckte mit den Schultern. Ich kannte doch nicht die Namen meiner Tuner.
„Karthin Rennsport", sagte er und deutete auf einen kleinen gelben Aufkleber, den ich mir auf die Verkleidungsscheibe geklebt hatte.
„Woher kennst du die denn?"
„Die haben in den letzten Jahren die holländische Superbike Meisterschaft gewonnen!"
Das war mir völlig neu. Davon hatte in Duisburg keiner etwas erwähnt. Die Information, dass die Sieger der Superbike-Meisterschaft ihre Finger an meinem Motorrad hatten, ließ den Tag

für mich endgültig zu einem der besseren des Lebens werden. Von Emmi habe ich seitdem nichts mehr gesehen. Er wird sich wohl wieder in seine Garage zurückgezogen haben, um an seiner Kiste rumzubasteln und sie an PS reich zu rechnen.

40

Ich wohnte schon seit einigen Jahren mit diesem kinderlosen Ehepaar in einem Haus. Wir hatten getrennte Eingänge, meiner nach Osten und ihrer nach Westen raus und bekamen nicht mehr voneinander mit, als würden wir in verschiedenen Häusern leben. Die Wände waren dick, und ich hatte in der ganzen Zeit noch nicht einen Laut von den beiden gehört. Sie waren so um die fünfzig Jahre alt und mir nie im negativen Sinne aufgefallen. Er ging jeden Morgen zur Arbeit und kam so gegen 17.00 Uhr wieder zurück. Sie ließ sich manchmal draußen blicken, wenn sie die Wäsche zum Trocknen auf die Leine hing und machte wie er einen freundlichen Eindruck. Doch eines Tages wurde das traute Glück der beiden durch einen unerwarteten Schicksalsschlag in Gefahr gebracht. Er wurde verrückt.
Ich hatte mich nach der Arbeit in meinen Korbsessel gelegt und war eingeschlafen. Das laute Schrillen meiner Türglocke riss mich aus den Träumen. Ich war mit einem Satz auf den Beinen und stürmte zur Tür. Es war mein Nachbar. Er hatte einen hochroten Kopf und schrie sofort los.
„Es langt! Ich halte es nicht mehr aus! Sie versperren die gesamte Einfahrt!"
Ich hatte das Motorrad nicht ganz an die Hauswand geschoben und engte die Durchfahrt zu seiner Garage dadurch ein wenig ein. Von versperren konnte aber keine Rede sein. Der Mercedes meines hitzköpfigen Nachbars stand mit offener Tür und laufenden Motor hinter der Fire Blade. Ich ging zu ihr und schob sie zwei Meter weiter vor.
„So genehm, Herr Nachbar?" fragte ich sarkastisch.
„Sie können sich ihren dämlichen Unterton sparen! Wir haben

schon genug unter ihnen gelitten!“
Ich stutzte.
„Sie sind kein Mensch, sie sind eine Plage“, fuhr er fort.
„Ich bin zufrieden mit mir.“
„Zufrieden? Wie kann man zufrieden mit sich sein, wenn man nachts nackt auf dem Dach sitzt?“
„Wer sitzt nachts auf dem Dach?“
„Sie und ihre komischen Freunde.“
Dazu fiel mir nichts mehr ein. Der Typ war anscheinend völlig durchgeknallt. Aber ich war gespannt darauf, was er noch so vom Stapel lassen würde, also setzte ich das Gespräch fort.
„Und was habe ich noch so verbrochen, was mich zu einer Plage macht?“
„Zum Beispiel haben sie dem Schlachter beim Überholen schon zwei Außenspiegel abgefahren!“
„Totaler Quatsch.“
„Und dem Kaufmann klauen sie morgens regelmäßig die Milchtüten!“
Ich brachte es nur zu einem mitleidigen Grinsen.
„Und ihre Freundin schreit regelmäßig das ganze Haus zusammen, und dann immer dieses Motorengeheul mitten in der Nacht und das Klimpern mit den Bierflaschen, und -“
„Ach, und sie sind der einzige der das bemerkt? Sie sollten sich mal auf Wahnvorstellungen untersuchen lassen.“
Ich ging wieder in die Wohnung und schloss die Tür. Sein Gebrüll verfolgte mich bis in den Korbsessel.
„Alle wissen, dass sie verrückt sind! Ist ihnen schon mal aufgefallen, dass die Nachbarn die Kinder ins Haus holen, wenn sie auftauchen?“
Das war absoluter Quatsch. Ich war bei den Kindern und Jugendlichen in unserer Umgebung sehr beliebt. Er kam nur nicht

darüber hinweg, dass seine eigene Ehe kinderlos geblieben war und ließ den ganzen Frust an mir ab.
„Der kleine Tom hat sich wegen ihnen den Arm gebrochen, sie Schwein!"
Jetzt reichte es mir. Ich ging wieder zur Tür und forderte eine Begründung für die Behauptung mit dem gebrochenen Arm. Sie kam prompt und war ebenfalls völlig aus der Luft gegriffen. Der Junge war anscheinend mit dem Fahrrad gestürzt, als er versucht hatte, auf einem Rad zu fahren, und angestiftet haben konnte angeblich nur ich ihn dazu. So einen Blödsinn brauchte ich mir nicht anhören. Ich ging zurück in meinen Korbsessel und ließ mir die Anschuldigungen noch einmal durch den Kopf gehen. Wie kam mein Nachbar nur auf so einen Schwachsinn? Es war typisch. Er war offensichtlich über Nacht verrückt geworden und hatte jetzt nichts besseres zu tun, als mir den Schwarzen Peter in die Schuhe zu schieben. So waren sie, die Menschen, sie sahen den Stachel im Auge des Nachbars, aber den Balken in ihrem eigenen Auge erkannten sie nicht.
Ich war gerade aus dem Tiefschlaf in den Halbschlaf, also der Phase, in der man schon wach ist, aber noch denkt, dass man schläft, beziehungsweise in der man noch schläft, aber schon denkt, dass man wach ist, gewechselt. Ich wusste, dass ich im Korbsessel lag, aber ich war davon ausgegangen, dass ich alleine wäre. Ein warmer rhythmischer Atem beunruhigte mich. Ich öffnete die Augen einen Spalt weit und erkannte Vinnie. Sie hatte sich auf meinen Bauch gelegt und starrte mich mit müden glasigen Augen an. Das zweite Geweckt werden entschädigte für das erste. Ich kannte diesen Gesichtsausdruck bei ihr. Es ging ihr nicht gut. Sie war mal wieder leer und ausgelaugt. Es gab wohl nur zwei Menschen, die soviel Lebensmü-

digkeit in ihren Augen ausdrücken konnten. Kevin und Vinnie. Und so dauerte es auch nicht lange, bis sie das sagte, was sie in solchen Gemütslagen immer forderte.
„Lass uns Motorrad fahren. Und zwar schnell!"
Ich stimmte zu.
In der Ortschaft blieb ich im zweiten Gang, um auf 3600 Umdrehungen zu bleiben und den Temperaturanzeiger möglichst schnell aus dem kalten Bereich zu bekommen. Gleich hinter dem Ortsschild beschleunigte ich auf 130 Sachen im letzten Gang. Mehr als 5000 Umdrehungen wollte ich meiner Fire Blade auf den ersten Kilometern nicht zumuten, obwohl mein Sozius mindestens 11000 nötig hatte. Nach fünf Kilometern hatte ich sie schon annähernd auf Betriebstemperatur gebracht. Ich ging mit der Drehzahl rauf und hatte sie nach weiteren tausend Metern so weit, dass sie den roten Bereich verkraften konnte. Vinnie war eine erfahrene Beifahrerin, und sie las die Armaturen genau wie ich. Sie wusste, dass es jetzt losgehen könnte, und sie forderte das auch durch eine eindeutige Bewegung ihrer rechten Hand ein. Ich drehte den Hahn voll auf und brachte die Fire Blade mit relativ kurzem Anlauf auf 265 Sachen. Einige Autos zwangen zum Slalom. Ich genoss die Vorstellung, wie sie entsetzt über meinen Fahrstil die Hände vors Gesicht zusammenschlagen würden. Ich schaffte es noch rechtzeitig vor einer langgezogenen Rechtskurve, an drei oder vier PKW´s vorbeizukommen und meine Geschwindigkeit durch den beherzten Griff an dem rechten Hebel auf die gerade noch möglichen 180 Km/h zu drosseln. Ich hatte den dritten Gang eingelegt, warf das Motorrad in volle Schräglage und zog wieder am Hahn. Es gab nichts schöneres, als schon hinter der nächsten Kurve verschwunden zu sein, wenn die Autos aus der ersten herauskamen. Die Fahrer mussten dann den Ein-

druck haben, als hätte man sich in Luft aufgelöst, oder als wäre man in den Straßengraben katapultiert worden. So etwa kurz hinter der Mitte der Kurve erfasste uns dann eine Windböe und versuchte, uns nach außen zu drängen. Ich legte mich noch weiter rein, und beim plötzlichen Nachlassen des Windes setzte die Fire Blade hörbar auf. Der Slide hielt sich eigentlich in Grenzen. Ich brauchte kaum Gas wegzunehmen und jagte auf der Ideallinie auf die Gerade zur nächsten Kurve. Ein Blick in den Rückspiegel zeigte mir, dass ich mein Ziel erreicht hatte. Kurz bevor ich mich in die Linkskurve warf, war mein Rückspiegel noch sauber. Die vierrädrigen Fahrzeuge hatten noch mit der Rechtskurve zu kämpfen. Eine Ortschaft stoppte unsere sportliche Fahrt. Wir fuhren mit 60 Km/h durch und zogen gleich dahinter auf dem Hinterrad an einem Linienbus vorbei. Es war so eine Sache mit Sozius Wheelies zu fahren. Mit dem zusätzlichen Gewicht auf und hinter der hinteren Achse ließ das Motorrad den Vorderreifen wesentlich schneller in den Himmel steigen. Arbeitete man mit dem Gasgriff genauso rabiat wie im Solobetrieb, dann musste das zwangsläufig in einem Überschlag enden. Mit dem nötigen Gefühl war der Sozius aber überhaupt kein Hindernis. Ich brachte die Fire Blade in den zweiten Gang und hatte sie so steil gestellt, dass ich nur wenig mit dem Gas arbeiten musste, um den 130er vor dem Absacken zu bewahren. Wenn man einen Wheelie so steil fuhr, dann war es wichtig, den Fuß auf der Bremse zu haben, um einen drohenden Überschlag mit einem kurzen Tritt abfangen zu können. Das führte dann zwar meist zu so harten Landungen, dass man einen Rahmenbruch befürchten musste, stellte aber immer noch das geringere Übel dar. Wir blieben auf der sicheren Seite des Limits und überholten noch ein halbes Dutzend PKW's, bevor mich der Gegenverkehr zwang, den

Wheelie bei 150 Sachen abzubrechen. Wir hatten wieder für reichlich Gesprächsstoff gesorgt, da war ich mir sicher. Die Straße war nicht besonders breit und ließ höchstens anderthalb Meter für die dritte Spur. Ich klemmte mich auf den Mittelstreifen und beschleunigte im angedeuteten Slalom auf 200 Km/h. Das ging auch einige hundert Meter gut, aber dann machte ein träumender Autofahrer die Lücke enger und zwang mich, noch dichter an die Autos auf der rechten Seite zu ziehen. Meistens ergab es sich immer so, dass man nicht exakt dreispurig fahren musste. Man jagte an dem einen Fahrzeug vorbei, legte einen kleinen Schlenker nach rechts ein und zog gleich nach dem der Gegenverkehr passiert war wieder auf den Mittelstreifen, um das nächste Fahrzeug zu überholen. Ich verlies mich auch dieses Mal darauf, wurde aber von meinem Glück verlassen. Ich war mit dem Vorderreifen auf der Höhe der hinteren Stoßstange des rechten Autos, als es mit der vorderen auf der Höhe der Stoßstange des entgegenkommenden Fahrzeugs war. Ich hielt den Atem an und im letzten Moment schoss mir der Gedanke durch den Kopf, dass Vinnies Knie eventuell etwas weiter abstehen könnten, als meine. Der Außenspiegel auf der rechten Seite schien ihre Kniescheibe zu bedrohen. Mein Kombi hatte dicke Protektoren an den gefährdeten Stellen. Ich winkelte das Bein ein wenig ab und hörte ein kurzes Knacken. Dann waren wir durch. Vinnie signalisierte durch mehrfachen Druck ihrer Schenkel, dass ich jetzt genug Trab geritten war und so langsam mal wieder in den Galopp übergehen sollte. Ich ließ die Tachonadel noch einmal auf die 265 steigen und arbeitete anschließend auf einer kurvigen Landstraße an der Gewichtsoptimierung des Motorrades. Einige Gramm vom Auspuff weg, Fußrasten, Brems- und Schalthebel erleichtern. Nach einem wilden Slide steuerte ich die Heimat an. Vinnie

schien ebenfalls genug zu haben. 'Es sollte wohl noch nicht sein', hörte ich sie an einer Kreuzung sagen.
Ich sah einige von den Jungs aus unserem Dorf mit Inlinern auf dem Fahrradweg fahren. Es waren noch etwa fünfhundert Meter bis zum Ortsschild und ich wusste, wie sehr sie einen anständigen Wheelie zu schätzen wussten. Also drosselte ich die Geschwindigkeit ein wenig, zog den 130er in den Himmel und ließ ihn auch einige hundert Meter oben. Sie grüßten überschwänglich und zeigten mit dem Daumen noch oben. Nette Jungs. Es ging noch einige hundert Meter mit 60 durch die Ortschaft, dann bog ich in meine Straße ab. Es war etwa 20.00 Uhr und für gewöhnlich spielten die Kinder am Wochenende um diese Zeit noch Fußball oder Völkerball auf dem wenig befahrenen Asphalt, aber an diesem Tag herrschte Totenstille. Ich wunderte mich, kam jedoch schnell auf andere Gedanken, als ich eine schwarze GSX-R und eine weinrote ZXR 750 vor meinem Haus stehen sah.
Die beiden freuten sich riesig als sie sahen, dass ich Vinnie dabei hatte. Es schien fast so, als wären sie wegen ihr gekommen. Wir gingen ins Haus und Kevin und Vinnie kamen sehr schnell zu der Überzeugung, dass eine trichterförmige Zigarette geraucht werden sollte. Ich war dagegen. Es konnte nicht richtig sein, das Gemütsleben künstlich durch irgendwelche Substanzen zu manipulieren. Ich versuchte, meinen positiven Einfluss spielen zu lassen, redete jedoch gegen Wände. Und als auch noch Bernd Partei gegen mich ergriff, gab ich es auf. Vinnie drehte die Tüte, und um mich ein wenig milde zu stimmen schlug Kevin vor, mich anrauchen zu lassen. Es war gutes Zeug. Kratzte nicht im Hals und ging direkt von der Lunge ins Hirn. Ich machte es mir in einem meiner Korbsessel bequem und ließ mich treiben. Irgend jemand hatte die Doors CD rein-

gelegt und Kevin hielt wieder einen seiner berüchtigten Monologe. Er raste von einem Thema zum anderen, versuchte sich als Physiker an der Relativitätstheorie, erläuterte dann als Esoteriker die Prophezeiungen Nostradamus, referierte als Geschichtswissenschaftler über die Gesellschaftstheorien von Jean-Jacques Rousseau und brachte es zum Schluss auch noch fertig, das ganze Durcheinander zu einer eigenen Theorie zu verschmelzen, die den Gebrauch von Cannabis und über 100 PS starken Motorrädern als äußerst empfehlenswert darstellte. Und als er den letzten Satz gesprochen hatte und zufrieden noch einmal alles Revue passieren ließ, da schien das Leuchten eines Blitzschlages in weiter Entfernung die Bedeutung seiner Worte unterstreichen zu wollen. Wir stellten die Musik ab, löschten das Licht und beobachteten das nahende Unwetter. Ein Blitzlicht jagte das andere. Bernd öffnete das Fenster. Der Spätsommer hatte es noch einmal zu einem angenehm warmen Abend gebracht und die Luft hatte diesen einmaligen Duft eines nahenden Gewitters. Vinnie drehte noch eine Tüte, um nach eigenen Angaben ihre Sinne zu schärfen. Wir rauchten sie am Fenster und stritten darüber, wie der Donner zustande käme. Bernd konnte uns schließlich davon überzeugen, dass der zigtausend Grad heiße Blitz die Luft in seiner Nähe sich explosionsartig ausdehnen ließ, und dass diese dadurch entstehende Vakuumröhre nach dem Blitz wieder in sich zusammenfiel. Und das Zusammenfallen erzeugte eben diesen lauten Donner. In meinem Kopf hatte das Rauchwerk kurzzeitig die Gehirnbahnen erweitert und drohte nun, sie in sich zusammenfallen zu lassen. Ich wurde träge und kurzsichtig. Die Blitze interessierten mich nicht mehr, da ich eh nur noch ein kurzes schwaches uninteressantes Aufflackern wahrnahm und mein Korbsessel lockte zu einer längeren Auszeit. Kevin erahnte mein

Vorhaben und schleppte mich hinaus an die frische Luft. Der Anblick unserer Motorräder brachte mich wieder auf die Beine. Das Gewitter gewann erneut an Faszinationskraft. Nur leider versperrten die Häuser und Bäume in der Umgebung den freien Blick auf die Blitze. Dieses Mal war es Bernd der vorschlug, sich aufs Hausdach zu setzten. Er holte die Leiter aus der Garage meines Nachbars und lehnte sie gegen die Dachpfannen des Satteldachs. Es war eine ausziehbare Leiter, die fast bis zum Dachfirst reichte. Wir kletterten sie hinauf und setzten uns auf die Firstziegel. Vinnie war in der Lage, auch bei absoluter Dunkelheit einen perfekten Joint zu drehen. Ich protestierte dagegen und bekam wieder das Privileg, ihn anrauchen zu dürfen. Aus dem spätsommerlichen warmen Lüftchen entwickelte sich eine hochsommerliche Nacht an der Mittelmeerküste. Ich ließ mein T-Shirt vom Dach fallen, schloss die Augen und konzentrierte mich auf die zunehmende Wärme. Als ich die Augen wieder öffnete, hatten Kevin, Bernd und Vinnie bereits ihre Hosen herunter geschleudert. Ich machte es ihnen nach und ließ auch Strümpfe und Unterhose fliegen, um ihnen wieder einen Schritt voraus zu sein. Ich blieb nicht lange im Vorsprung. Das Gewitter zog schräg an uns vorbei und kam nie dichter als auf etwa zwei Kilometer heran. Ich hatte schon lange kein Donnern mehr gehört, als Kevin unser Schweigen durchbrach.

„Was glaubt ihr eigentlich, wer als erstes von uns stirbt?“

„Du“, antworteten wir gleichzeitig.

„Und dann?“

Wir überlegten eine Weile. Bernd sprach unsere Gedanken aus.

„Dann entweder Eugen oder Vinnie.“

„Und bei Bernd kann das noch dauern“, ergänzte ich.

Kevin und Vinnie stimmten mir zu. Bernd war irgendwie ein

komischer Typ. Er fuhr zwar Kamikaze und machte auch sonst alles mit, aber er durchlebte nicht diese absoluten Tiefen wie wir. Man konnte sich durchaus vorstellen, dass Bernd auch noch vierzig werden würde.
„Und wie?"
„Alle mit dem Motorrad natürlich", antwortete ich etwas verwundert über die Frage.
„Ich kann mich doch nicht mit einer ZXR 750 totfahren", gab Kevin zu bedenken. „Die hat nur knapp über hundert PS."
Da hatte er recht. Hundert PS waren zu wenig für einen stilvollen Abgang.
„Es braucht ja auch nicht dieses Jahr passieren. Nächstes Jahr fährst du doch die R1."
Es kehrte wieder eine längere Stille ein, die am Ende auch dieses Mal von Kevin zerstört wurde.
„Nächstes Jahr, nächstes Jahr. Ich kann es schon nicht mehr hören."
Er stand auf und balancierte etwas wackelig auf dem Dachfirst entlang, um sich am Ende mit einem kurzen Satz am Giebel herunterhängen zu lassen. Wir ignorierten seine Show etwa eine Minute lang, dann krabbelte Bernd herüber, um nach dem Rechten zu sehen. Die beiden Stritten sich. Kevin wollte sich nicht wieder heraufziehen lassen. Das Dach war etwa sieben Meter hoch und für seine Verhältnisse ein Witz. Er hatte unter Drogeneinfluss schon in ganz anderen Höhen gehangen. Trotzdem mussten wir ihn irgendwie da runterholen. Man musste Kevin ständig irgendwo runter- oder rausholen. Und am Ende machte er einen noch für sein Dasein verantwortlich. Ich wollte nur meine Ruhe haben und war genervt.
„Kannst du das mit dem Runterholen nicht ausnahmsweise mal selber regeln", rief ich ihm zu.

Vinnie lachte als erstes, dann Bernd und als Kevin auch noch in einen Lachflash verfiel, wurde die Situation langsam brenzlig. Er rutschte mit den Fingern Millimeter für Millimeter ab und Bernd hatte nicht mehr genug Kraft, um ihn heraufzuziehen. Zu zweit hätten wir da oben keinen Platz gehabt, also stieg ich so schnell es ging vom Dach, schnappte mir die Leiter und stellte sie an den Giebel. Kevin setzte seine Füße auf die vorletzte Sprosse, lehnte sich gegen die Wand und ließ die Dachpfannen los. Dann machte er sich immer noch lachend an den Abstieg. Wir stiegen wieder in unsere Klamotten und verzogen uns in mein Wohnzimmer. Das mit dem warmen Sommerwind war wohl mehr Einbildung gewesen. Ich war durchgefroren und legte mich mit einer Wolldecke auf den Korbsessel. Vinnie legte sich dazu, Bernd sorgte für die Musik und Kevin gab noch einmal einen seiner Monologe zum besten. Die Welt war in Ordnung, und ich glitt voller Zufriedenheit ins Nirwana.

Das Nichts um und in mir füllte sich mit einem mir bekannten Geräusch. Es holte mich nicht mit einem Schlag in diese Welt zurück, aber es machte mir ein Fernbleiben unmöglich. Zu groß war das Gefühl, das ich mit diesen kurzen aggressiven Gasstößen und dem sonoren Sound aus den offenen Racingschalldämpfern verband. Vinnie schlief fest. Ich zwängte mich aus dem Sessel und ging hinaus. Kevin und Bernd saßen auf ihren 750ern und machten Musik. Sie hatten ihre Helme schon aufgesetzt.

„Ihr könnt doch unmöglich fahren", mahnte ich.

„Wir fahren ganz langsam. Höchstens 60."

„Warum schlaft ihr denn nicht hier?"

„Weil wir nicht stören wollen."

Ich hatte das zwar noch gar nicht so gesehen, aber Kevin hatte

wohl nicht so ganz unrecht damit. Vinnie war erfahrungsgemäß am schärfsten, wenn sie geraucht hatte und kurz eingenickt war. Man brauchte ihr dann nur ein bisschen den Nacken kraulen und ihr ins Ohr flüstern, und schon ging sie ab wie eine Rakete.
„Dann versprecht mir, dass ihr höchstens 50 fahrt“, forderte ich, um mein Gewissen zu beruhigen.
„Versprochen“, antworteten die beiden.
Kevin ließ den Drehzahlmesser seiner ZXR noch einmal so richtig auf Touren kommen, dann legten die beiden den ersten Gang ein und verschwanden. Ich schob meine Fire Blade in die Garage, und als ich das Tor geschlossen hatte, hörte ich Ortsausgangs zwei Motorräder die ersten vier Gänge bis kurz vor den Begrenzer beschleunigen.
Vinnie lag noch genauso da, wie ich sie zurückgelassen hatte. Ich legte ihr meine Hand in den Nacken, berührte mit meinen Lippen ihre Ohrläppchen und fragte sie leise, ob sie noch schlafen würde. Sie reagierte nicht. Also massierte ich sie ein wenig aufdringlicher und wiederholte die Frage. Sie zeigte die ersten Reaktionen. Ich weiß nicht, was ich sie sonst noch so alles fragte, aber es lief relativ schnell darauf hinaus, dass wir ins Schlafzimmer wechselten.
Es war ein kurzer aber harter Ritt. Vinnie stand nicht so auf das langsame Traben. Galopp musste es sein, und das nicht nur auf dem Motorrad. Tja, den längsten Sex konnte man mit ihr nicht haben, aber ich kann wohl mit absoluter Sicherheit behaupten, dass es der lauteste war. Sie ließ wirklich alles raus. Für einen Augenblick hörte es sich an, als würde sie wimmern und um ihre Freiheit bitten, dann legte sie wieder zu und zeigte unmißverständlich, was in ihr abging. Nach dem Schuss kehrte schlagartig Ruhe ein. Meine Ohren dröhnten wie nach einer langen

Disconacht. Zwei Minuten später schlief sie wieder selig ein. Ich hatte es eigentlich ganz gut getroffen in dieser Welt. Die Fire Blade, Bernd, Kevin und Vinnie, das war schon mehr, als ich verdiente. Trotzdem lag ständig etwas ermüdendes in der Luft. Jeder Tag nahm einen mehr an Illusionen und fast jede Stunde zehrte an meiner eh schon knapp bemessenen Lebensenergie. Aber ich wusste, dass Kevin und Vinnie noch viel schlechter dran waren als ich. Eigentlich war es nur noch eine Frage der Zeit, bis sich einer der beiden für immer verabschieden würde. Vielleicht körperlich, vielleicht aber auch nur geistig. Ich hatte schon von einigen Leuten gehört, die sich von einen Tag zum anderen von der Realität abgewandt hatten und irre geworden waren. Mein Nachbar war ja das beste Beispiel dafür. Er tat mir leid, der alte Mann mit seinen Wahnvorstellungen.

41

Es war 17.00 Uhr und der Tag hatte noch nichts positives zu bieten gehabt. Aber die Straßen waren trocken und als Motorradfahrer konnte man dem Leben auch an tristen Tagen noch etwas abgewinnen. Ich zog den Choke, drehte den Zündschlüssel auf ON und betätigte den E-Starter. Sie kam wie immer auf Schlag und lief bei etwas unter 2000 Umdrehungen. Nach einigen Sekunden nahm sie bereits Gas an. Ich schob den Choke ein wenig zurück und ließ den Drehzahlmesser bei 1500 Umdrehungen. Wie so oft hatte ich kein festes Ziel, aber es lief eigentlich immer auf die selbe Route hinaus. Es gab gewisse Straßen, die besonders für meinen Fahrstil geeignet waren, und die klapperte ich eben der Reihe nach ab.

Sie kamen mir auf einer kurvigen Landstraße entgegen. Kevin fuhr mit seiner untermotorisierten 92er ZXR vorweg und Bernd mit seiner pfeilschnellen getunten 98er GSX-R in einem Abstand von mindestens vierhundert Metern hinterher. Kevin hatte zur Begrüßung nur schnell die Lichthupe betätigt, Bernd hingegen signalisierte wild mit den Armen gestikulierend, dass ich den beiden folgen solle. Das war natürlich überflüssig gewesen, da ich mich eh an sie herangehängt hätte, zeigte mir aber, dass irgend etwas besonderes anlag. Die Suzi machte nicht gerade viel Dampf und nach einem knappen Kilometer setzte ich mich neben sie. Bernd zeigte mehrmals in Richtung Kevin, schlug sich mit der Handfläche gegen den Helm und schüttelte dann den Kopf. Das sollte wohl in etwa bedeuten, dass Kevin mal wieder mit reichlich Strom im Kopf unterwegs sei. Ich ließ alle Pferde laufen, um mich selbst davon überzeugen zu können. Die Kawa brachte auf den Geraden nicht viel Tempo, und so war ich schnell dran. Erfahrungsgemäß war es so, dass der Fahrstil zum Ende der Saison etwas gemäßigter wurde. Das lag nicht nur daran, dass die Straßen nicht mehr den Grip wie im Hochsommer aufbrachten, sondern auch an den vielen brenzligen Situationen, die man in den letzten Monaten erlebt hatte. Es schien jedes Jahr wieder ein kleines Wunder zu sein, wenn man die Saison ohne Unfall überstanden hatte. Die Wahrscheinlichkeitsrechnung sprach einwandfrei dafür, dass es einen irgendwann erwischen müsste. Und wenn die dafür zur Verfügung stehende Zeit immer kürzer wurde, dann waren die Nerven vor jeder Kurve und vor jedem Wheelie etwas angespannter als gewöhnlich. Bei Kevin war das anders. Er fuhr so ungefähr den hirnlosesten Stil, den ich je gesehen hatte. In jeder Kurve ließ er bei voller Schräglage den Hinterreifen radieren und provozierte einen Highsider nach dem anderen. Einige male ließ er den 180er so weit zur Seite ausbrechen, dass er schon fast quer vor mir auf der Straße stand, fing das Motorrad dann jedoch im letzten Moment ab und brachte es irgendwie fertig, nicht abgeworfen zu werden. Ich ließ mich ein wenig zurückfallen, um ihn nicht noch zusätzlich anzuspornen. Bernd fuhr jetzt wieder neben mir. Ich zeigte Richtung Kevin, schlug mir mit der flachen Hand gegen den Helm und schüttelte den Kopf. Bernd zuckte mit den Schultern. Ich war mir sicher, dass Kevin das Gefühl genoss, uns zu schockieren. Solange wir hinter ihm herfahren würden, wäre mit einer Beendigung seiner Show kaum zu rechnen. Sicherlich, wir hätten ihn mit unserer überlegenen Motorleistung jederzeit überholen können, aber dann wiederum würde er alles daran setzen, mitzuhalten. Und ihn einfach alleine weiterfahren zu lassen, wäre unkollegial gewesen und auch ein wenig unverantwortlich. Schließlich war er offensichtlich nicht mehr im Vollbesitz seines Verstandes. Wir fen würde. Kevin sollte von der ganzen Sache gar nichts erfahren, bis ich die richtige für ihn gefunden hätte. Mir schien es aus zwei Gründen sinnvoll zu sein, Nacktfotos mit beilegen zu lassen. Zum einen wäre dadurch garantiert, dass ich Kevin keine blasse, hängetittige Zellufrau vorsetzen würde, und zum anderen könnte mein eigenes Sexualleben mit der rechten Hand wieder neue Impulse erfahren. Der Text stand:

´Gefühlvoller junger Mann mit Blick für das Wesentliche sucht sie für spontane Fahrten ns Grüne. Beigelegtes Nacktfoto ist voraus-etzung ...‘

kamen an eine Kreuzung und es ging auf die Bundesstraße. Bernd und ich atmeten auf. Jetzt gab es zumindest keine Kurven und keine Highsider mehr. Aber wenn Kevin mit seiner morbiden Ader zu kämpfen hatte, dann fand er immer einen Weg, um sich am Limit aufzuhalten. Er knüppelte den Vorderreifen der 750er mit Hilfe der Kupplung hoch und fuhr einen annähernd senkrechten Wheelie. Wir blieben weit hinter ihm, und ich hatte einige male den Eindruck, als würde ich die Oberkante seiner Scheinwerfer sehen können. Wir hatten 130 Sachen auf der Uhr, als die Kawa langsam aber sicher zur linken Seite zu kippen begann. Ein normaldenkender Mensch hätte den Wheelie natürlich sofort abgebrochen, wäre etwas schräg gelandet, hätte den kleinen Schlenker nach links abgefangen und wäre mit einem spürbaren Pochen in der Brust weitergefahren. Kevin hingegen blieb bei der senkrechten Stellung und experimentierte damit, das Gleichgewicht wieder herzustellen, indem er das rechte Bein weit nach außen streckte. Das hatte so gut wie überhaupt keinen Erfolg, und als der hirnverbrannte Fahrer auch noch versuchte, das Motorrad mit Hilfe einer ruckartigen Körperverlagerung auf die rechte Seite zu ziehen, da drehte es förmlich auf dem Hinterreifen weg und steuerte geradewegs in Richtung des linken Straßengrabens. Kevin nahm Gas weg, ließ den 120er auf den Asphalt knallen und war einige Meter später schon auf dem Grünstreifen. Gegen meinen Erwartungen schaffte er es, nicht in den Graben zu stürzen, und als er wieder einigermaßen sicher unterwegs war, nutzte er seinen Ausflug ins Grüne, um den Hinterreifen bei 60 Sachen mächtig durchdrehen zu lassen, mit einem lauten Quietschen auf den Asphalt zurückzukehren und im nächsten Augenblick schon wieder in einem senkrechten Wheelie zu stehen. Wir hatten genug gesehen. Es war nichts dagegen einzu-

wenden, mal die Sau rauszulassen, aber Kevin musste es immer so furchtbar auf die Spitze treiben. Bernd und ich kehrten um, fuhren nach den Regeln der Straßenverkehrsordnung zu mir und setzten uns zur Krisenbesprechung in meine Korbsessel.
Bernd war der Meinung, dass Kevin diesen Kamikazestil fuhr, weil er es für unwahrscheinlich halten würde, dass er zwei Motorräder in einer Saison um den Baum wickeln würde. Ich war eher davon überzeugt, dass er wieder stark mit dem Suizid liebäugelte. Wir einigten uns darauf, dass es eine Mischung aus beiden sein müsste. Aber so konnte es nicht weitergehen. Irgend etwas müsste sich in seinem Leben ändern. Und wie so oft wenn man keinen Ausweg mehr sah, brachten wir den komplizierten Sachverhalt auf einen einfachen Nenner. Kevin brauchte eine Frau. Es war natürlich äußerst unwahrscheinlich, dass er auf normalem Wege jemals Kontakt zum weiblichen Geschlecht knüpfen würde. Schließlich lief Kevin entweder mit seinem dreckigen Arbeitskombi herum, hatte einen Helm auf dem Kopf, oder reichlich Promille im Blut. Also mussten wir ein wenig nachhelfen. Es war Bernds Idee, eine Kontaktanzeige in einer der wöchentlich erscheinenden Regionalzeitungen zu schalten. Entscheidend war, dass wir einen Text verfassen würden, der eine kurze präzise Beschreibung Kevins beinhaltet. Ich holte ein Blatt Papier und einen Kugelschreiber, dann legten wir los.
„Junger Mann“, diktierte Bernd.
‘Junger Mann scheint mir ein bisschen allgemein gehalten zu sein. Fast alle Kontaktanzeigen werden von jungen Männern aufgegeben. Das liegt an den Hormonen.“
Wir zerbrachen uns eine Weile den Kopf, wie man unseren Freund mit netten Formulierungen näher beschreiben könnte.

Wörter wie Verrückter, Kamikaze, Drogen, suizidgefährd
oder Triebtäter sollten nicht in unserem Text erscheinen.
„Hast du eigentlich gesehen, wie gefühlvoll Kevin die
nach seinem Ausritt ins Grüne wieder aufs Hinterbein geb
hat?“
Bernd nickte.
„Gefühl hat er.“
Ich setzte den Kugelschreiber an und schrieb die erst
Worte.
´Gefühlvoller junger Mann - ‘
„Ja, mit Motorrädern kann er umgehen. Er hat eben ein
für das Wesentliche im Leben.“
Ich stimmte zu und brachte den Gedanken zu Papier
´... mit Blick für das Wesentliche - ‘
„Sucht sie“, ergänzte Bernd. ´... sucht sie - `
„Kann man in einer solchen Zeitung eigentlich ganz
sexuelle Perversitäten schreiben?“
„Ich glaube nicht.“
„Dann müssen wir jetzt irgendeinen Vorwand fin
„Na ja, er sucht sie ja auch als Sozius.“
„Also ich würde meine Tochter nicht bei Kevin n
sen“, gab Bernd zu bedenken.
Da hatte er recht. Wir mussten möglicherweis
Frauen schon im Vorwege vor Kevins Fahrsti
Schreck wäre sonst zu groß, wenn es mal wie
ins Grüne gehen würde. Ich schrieb auch diese
´... für spontane Fahrten ins Grüne - ‘
Die Gefahr bei solchen Kontaktanzeigen war,
hässlicher Schabracken schreiben und wir
deprimierenden Dates vergeuden würden.
darauf, dass ich die Post empfangen und eine

42

Es tat sich etwa zwei Wochen lang nichts. Dann bekam ich einen einzigen Brief. Ich riss den Umschlag auf und fingerte hastig das Foto heraus. Ihr gertenschlanker braungebrannter Körper mit scheinbar leicht nach oben stehenden Titten war wie ein Schlag vor den Kopf für mich. Der dazugehörige Brief machte nicht viel her, aber die Qualitäten dieser Frau waren auch zweifelsfrei nicht im Schreiben zu suchen. Sie nannte sich Alicia und hatte ihre Telefonnummer beigefügt. Nun, ich kannte sie unter einem anderen Namen und hatte ihre Nummer schon vor einigen Wochen in mein Telefonbuch notiert. Nur hatte ich Idiot ihr die Chance geben wollen, vernünftige Menschen kennen zu lernen, und hatte mich nicht mehr gemeldet. Und wie sich jetzt zeigte, hatte dieses Mädchen das außergewöhnliche Talent, sich immer wieder an die falschen Typen zu wenden. Ich sah mich als das geringere Übel an, warf den Brief in meinen Nachtschrank und wählte ihre Nummer.

„Alicia“, meldete sie sich.

„Hallo, hier ist Eugen, ich wollte eigentlich Anka sprechen.“

Sie stotterte irgend etwas in den Hörer, verschwand kurz und holte sich selbst ans Telefon.

„Ja, Anka hier.“

„Hallo Anka, hier ist Eugen.“

„Hallo Eugen, du hast aber lange auf deinen Anruf warten lassen.“

„Na ja, ich wollte dir eben die Möglichkeit geben, dir einen gesellschaftlich vorzeigbaren Typen zu suchen.“

„Vielleicht habe ich ja auch einen gefunden“, gab sie neckisch zu bedenken.

„Das glaube ich nicht. Ich hab eher so das Gefühl, dass ich dich vor schlimmeren bewahren müsste. Wie sieht es mit heute Abend aus?“

Wir verabredeten uns für 20.00 Uhr. Ihre Wohnung war in dem gleichen erbärmlichen Zustand wie bei meinem ersten Besuch, aber sie selbst hatte sich außerordentlich schmackhaft hergerichtet. Sie konnte ohne Probleme mit den besten Modellen mithalten, die in der mir gut bekannten Herbertstraße hinter den Schaufensterscheiben saßen. Und Gott sei dank kam sie auch ungefähr genauso schnell zur Sache. Anka wusste, dass ein richtiger Mann sein Motorrad liebte, Frauen gebrauchte und mit seinen Kumpels über beides redete. Sie lieferte mir reichlich Gesprächsstoff und bewies, dass sie mit Vinnie in einer Liga spielte. Ich blieb dieses Mal über Nacht, weckte meine Gastgeberin fast stündlich auf und machte mit ihr das, was sich in den letzten sechzig Minuten so in meiner Phantasie abgespielt hatte. Sie schien sich an meiner Triebhaftigkeit nicht zu stören und ließ mich sogar versprechen, dass ich noch öfter bei ihr übernachten würde. Kurz vor Mittag fuhr ich dann nach Hause und legte mich ins Bett, um endlich ein paar Stunden Ruhe zu bekommen.

Ich wachte so gegen 15.00 Uhr durch ein lautes Knurren wieder auf. Mein Magen beschwerte sich darüber, dass er so ungefähr seit zwanzig Stunden nichts mehr zu verdauen bekommen hatte. Ich ging in die Küche. Der Anblick zweier nagelneuer, sauber verschweißter Montageständer ließ mir die Schamröte ins Gesicht steigen. Kevin hatte vor einigen Wochen mal erwähnt, dass er damit beschäftigt wäre, einen hyperpraktischen vorderen und einen hinteren Ständer zu konstruieren. Nur hatte ich nicht damit gerechnet, dass er mir die beiden Prototypen zukommen lassen würde. Er hätte sie selber gut gebrauchen können. Die ZXR verfügte wie die Fire Blade nur über einen Seitenständer, und man war schon allein durch die Reifenwechsel alle vier Wochen auf diese Montagehilfen angewiesen. Aber Kevin schien der Gedanke, mir eine Freude bereiten zu können, wichtiger zu sein, als sich und seiner Kawa das Leben zu erleichtern. Und das ausgerechnet an einem Tag, an dem ich ihm eine Frau vorenthalten hatte. Ich hatte als Kumpel versagt. Obwohl natürlich zu meiner Verteidigung vorzubringen war, dass ich Anka schon lange bevor wir diese Kontaktanzeige geschaltet hatten, an Land gezogen hatte. Sie gehörte ja schon praktisch mir. Und Kevin gehörten diese Montageständer. Ich überlegte eine ganze Weile hin und her und kam schließlich zu dem Schluss, dass man es so krass nicht sehen könnte. Die Frage war doch, ob ich die Montageständer gegen Anka eingetauscht hätte, wenn Kevin mich ganz offen darum gefragt hätte. Ich nahm den vorderen Ständer in die Hand und besah ihn mir. Er war wirklich sauber verarbeitet und machte einen robusten Eindruck. Kevin hatte sich Mühe gegeben, da bestand kein Zweifel. Die Ständer waren ja nicht nur zum Ausbauen der Räder notwendig, sondern auch äußerst praktisch für die Wintersaison. Ließ man das Motorrad die ganzen fünf Monate bewegungslos auf dem Seitenständer stehen, so konnte man schnell die Reifen verhunzen. Sie verformten sich durch den monatelangen Druck auf eine Stelle angeblich ein wenig und liefen dann nicht mehr rund. Man konnte der Sache natürlich entgegenwirken, indem man alle paar Tage das Motorrad über den Ständer zog und an den Rädern drehte. Aber Kevins Idee war irgendwie professioneller. Ja, ich wollte sie schon gerne haben, die Ständer. Und ich hatte ja auch schon eine Frau. Vinnie war ja nun wirklich erste Wahl, und dann noch Anka dazu, das war wahrscheinlich zuviel des Guten. Ich ging wieder zurück ins Schlafzimmer und holte den Brief aus dem Nachtschrank. Er wäre ein angemessenes Dankeschön. Kevin würde sehen, dass ich mir auch um ihn Gedanken gemacht hatte. Kurz vor der Haustür ließ ich mich noch einmal dazu hinreißen, einen Blick aufs Foto zu werfen. Anka war wirklich vom Feinsten. Und es schien so, als würden ihre prallen, festen Titten tatsächlich ein wenig nach oben stehen. Ich machte auf dem Absatz kehrt und legte den Brief wieder in die Schublade. Mir würde schon noch etwas anderes einfallen, womit ich Kevin etwas Gutes tun könnte. Irgend etwas, was mir selbst nicht so schwer fallen würde. Man durfte mit den Frauen nämlich auch nicht zu leichtfertig umgehen. Sie waren schließlich schwer zu bekommen, und wenn man sie allzu sorglos gegen irgendwelche Güter eintauschte, dann würde man nie zu einem Harem kommen.

43

Für einen richtigen Motorradfahrer war zweimal im Jahr Weihnachten. Das eine Weihnachten lag wie für alle anderen Menschen auch am vierundzwanzigsten Dezember. Der zweite Feiertag lag etwa zwei Wochen nach dem Abmeldetermin des Motorrades. Man bekam einen Teil der Kraftfahrzeugsteuer und der KFZ- Versicherung zurückbezahlt. Das belief sich meist so auf 200 DM. Seit Monaten hatte man keine müde Mark mehr über gehabt. Alles, was man in seinem Portemonai hatte, wanderte in den Tank oder in eine neue Bereifung. Und jetzt stand man auf einmal da und hatte stolze zweihundert Ocken in der Hand. Einfach so. Und man konnte sich mit dem Geld irgend etwas ausgefallenes gönnen. Leider vielen beide Weihnachtsdaten in die Wintersaison, in der der Motorradfahrer unter schweren Depressionen litt und sich über rein gar nichts freuen konnte. Also hatten wir vor einigen Jahren beschlossen, das eine Weihnachten auf den ersten Oktober vorzuverlegen. Wir gingen zu unserer Hausbank und diskutierten solange mit den Bankkaufleuten herum, bis sie uns das Geld trotz des ausgereizten Dispos herausrückten. Spätestens in den nächsten sechs Wochen würde sich das mit der Rückzahlung ja von selbst erledigen. Die Versicherung und das Finanzamt regelten das.

Ich hatte mir lange den Kopf darüber zerbrochen, was ich mit dem Geld anfangen würde. Mein Kleiderschrank nahm mir die Entscheidung ab. Ich konnte mich noch genau daran erinnern, dass ich mit dem Geld, das ich nach der ersten Motorradsaison zurückbekommen hatte, einen Haufen Unterhosen und Strümpfe gekauft hatte. Der Geldsegen war damals wohl noch nicht

so üppig ausgefallen, und ich lebte mit meiner Unterwäsche nie im Überfluss. Aber mittlerweile waren zehn Jahre vergangen, und das, was man in meinem Kleiderschrank noch vorfand, war wirklich nicht mehr vorzeigbar. Ausgeblichene, löchrige Unterhosen und Strümpfe, die an den Hacken nur noch aus einem dünnen durchsichtbaren Netz bestanden. Ich stopfte den gesamten Bestand in eine Plastiktüte und quetschte sie in die Mülltonne, dann ging ich in die Stadt und investierte 200 DM, um für die nächsten zehn Jahre von diesem Problem befreit zu sein.
Ich war gespannt darauf, in was Kevin investiert hatte. Man konnte durch das Fenster deutlich den flackernden Lichtschein seines Fernsehers sehen. Ich drückte auf die Klingel und wartete einige Sekunden. Nichts tat sich. Also drückte ich die Klinke runter und ging hinein. Kevin saß vor dem Fernseher und hatte eine Art Fernbedienung mit Kabel in der Hand. Er brachte nur ein kurzes ´Setz dich‘ heraus. Ich folgte seiner Anweisung und beobachtete den Bildschirm. Er hatte sich eine gebrauchte Play Station zugelegt und fuhr gerade ein Motorradrennen. Für mich waren diese Computerspiele eigentlich immer ein wenig hirnverbrannt gewesen, aber dieses Spiel hatte es wirklich in sich. Man konnte Wheelies fahren, Slides und Highsider hinlegen, und wenn man zu langsam fuhr, dann geriet man der Polizei in die Hände. Der Sound war zwar etwas mager, aber immer noch besser als nichts. Ich starrte etwa eine halbe Stunde auf den Bildschirm und fieberte zeitweise ganz schön mit, dann hatte ich genug. Mit Kevin war fürs erste nichts mehr anzufangen.
Ich hörte Bernd in seiner Garage werkeln und öffnete das Tor. Er hockte vor einem gelben, hochbeinigen, etwas in die Jahre gekommenen Vollcrosser. Ein Zweitakter, der offensichtlich

schon viele Kilometer der härteren Gangart hinter sich gebracht hatte. Der Motor war hin. Aber Bernd war ein recht geschickter Schrauber und machte sich nun auf die Fehlersuche. Hundert Mark hatte ihn das Motorrad gekostet, und so wie es jetzt aussah, war es auch nicht einen Pfennig mehr wert. In einigen Wochen könnte das schon ganz anders aussehen, und dann würden wir die kleine 125er über Stock und Stein jagen. Ich ging Bernd etwa eine Stunde zur Hand, dann fuhr ich nach Hause.

Das war es also, unser erstes Weihnachtsfest im Jahr 1998. Ich ging in mein Schlafzimmer, öffnete meinen Kleiderschrank und betrachtete den Haufen neuer Unterhosen und Strümpfe. Wenn man so viel miteinander zu tun hatte, wie Kevin, Bernd und ich, dann stellte man sich zwangsläufig manchmal die Frage, wer von uns wohl der Intelligenteste wäre.

Nun, wir hatten alle 200 DM zur Verfügung gehabt. Ich stand vor meinem Schrank und starrte auf Unterhosen und Strümpfe, Kevin saß vor seinem Fernseher und fuhr virtuelle Motorradrennen, und Bernd schraubte an seinem neuen Crosser und hatte auch noch 100 DM im Portemonnaie. Die Reihenfolge stand fest. Ich war der Dümmste, dann kam Kevin, danach lange nichts, und Bernd thronte in unerreichbarer Ferne. Und das, obwohl er Mittwoch mit einem t schreibt.

44

Es kam was kommen musste, weil es immer kam. Ich holte Kevin und Bernd in meinem Golf ab. Sie starrten stumm auf ihre Nummernschilder. Ich ließ das Radio aus, um unserer Trauer nicht mit dem lebensfrohen Gesang irgendwelcher Idioten zu spotten. Und um dem ganzen Elend noch einen oben draufzusetzen, schien ausgerechnet an diesem Tag die Sonne. Sie hatte sich fast die ganze Saison über hinter dichten Wolkenfeldern versteckt und versuchte das jetzt gutzumachen. Wir waren erfahren genug, um zu wissen, dass es keinen Sinn mehr hatte. Die Straßenverhältnisse waren einfach nicht mehr die, die man für unseren Fahrstil benötigte. Und vernünftiges Fahren war uns unmöglicher, als gar nicht zu fahren. Ich fand einen Parkplatz und wir marschierten stumm auf das Gebäude zu. Am Eingang stand ein Hinweisschild, dass für Biker zu dieser Zeit nur als schwarze humoristische Einlage verstanden werden konnte. ′Zur Zulassungsstelle rechts‘ stand dort mit großen Buchstaben geschrieben. Wir stiegen die Treppen hinauf, zogen unsere Nummern und setzten uns auf die Wartestühle. Das Schweigen ging mir langsam auf die Nerven. Ich hatte die beiden vor einer Dreiviertelstunde abgeholt und es war seitdem noch kein Wort gefallen. Allerdings gab es auch nichts zu sagen. Wir hatten diesen Tag nun schon einige male erlebt. Zum Scherzen war keinem zumute und den anderen sein Leid zu klagen war überflüssig, weil die ja in der gleichen Situation steckten. Also schwieg man.
Wir waren eigentlich recht pünktlich unterwegs gewesen, um die Wartezeit möglichst kurz zu halten, trotzdem hatten wir die Nummern 66 bis 68 und die Anzeigetafel zeigte gerade erst

die 17 an. Es brauchte eine gute halbe Stunde, um die 30 zu erreichen. Wir rechneten uns aus, dass wir mindestens noch eine Stunde verschwinden könnten, bevor wir an der Reihe wären. Also machten wir uns auf den Weg in die Musikabteilung eines nahegelegenen Kaufhauses. Natürlich hatte keiner von uns die dreißig Mark für eine CD über, aber es hingen überall Kopfhörer herum, mit denen man sich die neuesten Scheiben anhören konnte. Nach vierzig Minuten machten wir uns auf den Rückweg. Auf der Anzeigetafel leuchtete eine hässliche 70!

Wir stürmten zu dem Verwaltungsangestellten, der seinen dicken Arsch hinter einer schützenden Glasscheibe platt saß und schilderten ihm unser Leid. Er antwortete nur, dass wir uns eine neue Nummer ziehen müssten. Nach langem hin und her taten wir es auch. Ich zog die 112. Wir fanden noch drei freie Stühle und setzten uns. Es wurde gerade die 82 angezeigt, als zwei Typen den Raum betraten. Sie hielten ihre Motorradnummernschilder in den Händen und machten nachdenkliche Gesichter. Der eine murmelte mir etwas zu. Ich glaubte ein ´Herzliches Beileid‘zu verstehen und flüsterte ein bedächtiges ´Dito‘ zurück. Sie stellten sich neben uns und schwiegen etwa zehn Nummern lang, dann begann der eine zu quatschen.

„Mein Gott, es sind ja nur fünf Monate.“

Niemand reagierte auf seine Äußerung. Wir wussten nur zu genau, wie endlos lange die fünf bis sechs Monate bis zur Anmeldung waren. Nach einigen Minuten des Schweigens fuhr er fort.

„Es hat ja auch sein gutes. Man hat zum Beispiel wieder mehr Zeit für die anderen Dinge des Lebens.“

Ich fragte mich, was er für andere Dinge meinte. Ich hatte außer dem Motorradfahren eigentlich nichts lohnendes auf die-

ser Welt gefunden. Wofür brauchte ich also zusätzliche Zeit?
„Und dann das Geld. Endlich kann man mal wieder ein paar Mark auf die Seite legen."
Ich konnte ihm wieder nicht folgen. Na klar, es ist schön Geld zu haben, aber nur, weil man damit sein Motorrad finanzieren kann. Wenn die Fire Blade tot herumsteht, dann ist das Geld logischerweise über, aber was habe ich davon?
Er schien zu merken, dass er uns mit seinen Gedanken nicht aufmuntern konnte und hielt seine Klappe. Ich konnte die ganze Zeit über spüren, wie er krampfhaft nachdachte. Er wollte noch irgend etwas sagen, den Nagel auf den Kopf treffen und unser Schweigen damit brechen. Wir waren bei der Nummer 101 angelangt, als er seinen Versuch startete.
„Immerhin, wir haben es überlebt", brachte er freudig heraus.
„Ja, wir sind am Leben."
Es folgte eine peinliche Stille. Seine Worte hingen in meinem Kopf fest und ermüdeten mich. Ein lautes „SCHEISSE" und das Pfeifen eines schwarzen Geschosses brachten wieder Leben in mein Blut. Der Aschenbecher, der gerade eben noch auf dem Tisch gestanden hatte, knallte mit aller Wucht gegen die Wand und löste sich in einen Haufen kleiner Splitter auf, die ziellos durch die Gegend flogen, um dann nutzlos am Boden liegen zu bleiben. Mir wurde schlagartig klar, dass mir dasselbe Schicksal bevorstand. In den nächsten fünf Monaten würde es auch für mich keine erstrebenswerten Ziele geben, und alles was ich tun könnte, wäre die Zeit bis zu dem Tag abzusitzen, an dem ich mit meiner Fire Blade an diesen Ort zurückkehren würde. Denn eines unterschied uns Biker von dem Aschenbecher. Wir blieben nicht ewig nutzlos liegen, sondern kamen jedes Jahr aufs Neue auf den Asphalt zurück. Sobald die ersten Sonnenstrahlen den Frühling ankündigten, konnte man das

Röhren großvolumiger Rennmaschinen hören. Und dann würde das Leben auch für mich und meine Leidensgenossen wieder einen Sinn haben. Genau genommen sogar mehrere: Die Fußrasten, den Endtopf, Schalt- und Bremshebel schleifen zu lassen, die Kniepatz auf die Straße zu bringen, einen Wheelie bis 160 Sachen zu reißen, fünfzig Meter lange schwarze Striche Kurvenausgangs zu ziehen, beim Bremsen den 180er in die Luft zu bekommen, der schnellste Irre auf sämtlichen Strecken zu sein.
Bis dahin ist es allerdings noch lange hin. Das mit dem Abmelden ist nämlich gerade erst ein paar Stunden her. Aber meine Fire Blade wird mir auch über die Wintermonate viele schöne Stunden bescheren. Ich werde ihr jede Schraube und eventuell auch den Rahmen auf Hochglanz polieren und alle anstehenden Inspektionsarbeiten erledigen. Wenn mir ein geeignetes Design einfällt, dann bekommt sie auch endlich eine Sonderlackierung verpasst. Und wenn ich im Dezember die letzte Rate bezahlt habe, dann lade ich sie vielleicht auf unseren Firmenanhänger und bringe sie nach Duisburg. Wenn der Karthin aus einer 750er Kawa soviel Dampf rausholen kann, dass er damit die holländische Superbike Meisterschaft gewinnt, dann bringt er meine 900 Kubik sicherlich problemlos auf 160 PS. Und natürlich werde ich allerhand Überstunden schieben, denn im nächsten Jahr möchte ich nicht auf jede Mark achten müssen. 1999 gebe ich nämlich richtig Gas. Das steht jetzt schon fest.
So, ich muss jetzt Schluss machen. Es ist schon fast 22.00 Uhr und ich habe mich dazu entschlossen, Kevin den Brief von Anka noch vorbeizubringen. Die Sache, die er sich vorhin mit dem Aschenbecher geleistet hat, zeigt ja wohl einwandfrei, dass er die Schnauze von der ganzen Scheiße hier schon wieder gestrichen voll hat.

Buchtipps

Eugen Wendmann
Im roten Bereich

Das Buch: „Im roten Bereich“ schildert in erschreckender Offenheit, wie drei Motorradfahrer den Sommer 1997 zwischen Geschwindigkeitsrausch, Sexismus und Drogenkonsum erlebten und durchleuchtet damit eine Subkultur, der bislang viel zu wenig Beachtung geschenkt wurde.

ISBN 3-932184-21-1 EURO 10,50

Eugen Wendmann
Der schwarze Weg
Das Buch erzählt über eine weitere Motorradsaison mit Eigen Wendmann

ISBN 3-932184-43-2 EURO 10,50

Alle Titel erhältlich im Buchhandel oder direkt beim Verlag:
www.mohland.de - E-Mail mohland@t-online.de
Telefon 0 46 73 - 6 88 Telefax 0 46 73 - 13 73

Michael Willmer
Typisch Motorradfahrer

ISBN 3-932184-69-2
Paperback, 98 Seiten, 20,5 cm x 14,5 cm, • 8,50

24 Kurzgeschichten rund um's Motorrad.
Malte bekommt seine erste Kutte – Thomas steht hilflos am Straßenrand, bis Katrin ihm weiterhilft – Julia ist es furchtbar peinlich, dass ihr Vater im hohen Alter noch Motorrad fahren will – Mike und seine Freunde wollen ein Motorradrennen life erleben – Conny überrascht ihren Mann mit einem heimlich gemachten Motorradführerschein. Diese, und noch viele andere Kurzgeschichten sollen uns beweisen, dass es den typischen Motorradfahrer gar nicht gibt.

Jürgen Graf
Josefs KAWA-Schuppen

ISBN 3-936120-90-0
Paperback, 206 Seiten, • 10,00

Kawasaki forever! Für Josef ist ein Leben ohne Motorrad kaum vorstellbar, besteht seine Freizeit doch aus Motorradtouren, dem Basteln an Maschinen, Treffen mit seinen Kumpeln aus dem Motorradclub – sogar den Urlaub verbringt er mit ihnen. Als er sein Hobby zum Beruf machen will, läuft einiges schief und er gerät in echte Schwierigkeiten. Am schlimmsten trifft ihn, dass er plötzlich ohne Motorrad dasteht. Er schmiedet einen waghalsigen Plan, um den unfreiwilligen Motorradentzug zu beenden ...

racers-story
... 25 SEKUNDEN ...

Paperback, 256 Seiten, ISBN 3-936120-89-7, • 15,00

Motorradrennsport – für manche ein Hobby oder eine Leidenschaft, für den Autor der „racers-story“ ist es ein Lebensgefühl. Nach seinem Rückzug als Profi aus diesem Sport zieht er Bilanz – dabei geht es nicht um bloße Aufzählung gewonnener Rennen, überreichter Pokale und gefahrener Spitzenzeiten. Unter dem Pseudonym „xyx36“ erzählt der Motorradrennfahrer davon, wie ihn Ehrgeiz, Begeisterung, Erfolg und Erfolgsdruck, Ängste, eben das ganze Spektrum der Gefühle zwischen Abgrund und Himmel während seiner Karriere verändert haben. Der Leser begleitet ihn auf rasanten Fahrten und nimmt nicht nur Anteil am Gefühlsleben, sondern erhält zahlreiche Hintergrundinformationen – von der Sponsorensuche bis zur Wahl des richtigen Reifens.